John Locke

Essay über den
menschlichen Verstand

KA

Klassiker Auslegen

Herausgegeben von
Otfried Höffe
Band 6

Otfried Höffe ist o. Professor für Philosophie
an der Universität Tübingen.

John Locke

Essay über den menschlichen Verstand

Herausgegeben von
Udo Thiel

2., bearbeitete Auflage

Akademie Verlag

Titelbild: John Locke, Gemälde von Michael Dahl, 1696
(National Portrait Gallery, London)

Bibliografische Information der Deutschen Nationalbibliothek

Die Deutsche Nationalbibliothek verzeichnet diese Publikation
in der Deutschen Nationalbibliografie; detaillierte bibliografische
Daten sind im Internet über http://dnb.d-nb.de abrufbar.

ISBN 978-3-05-004481-1

© Akademie Verlag GmbH, Berlin 2008

Das eingesetzte Papier ist alterungsbeständig nach DIN/ISO 9706.

Alle Rechte, insbesondere die der Übersetzung in andere Sprachen, vorbehalten. Kein Teil dieses Buches darf ohne schriftliche Genehmigung des Verlages in irgendeiner Form – durch Photokopie, Mikroverfilmung oder irgendein anderes Verfahren – reproduziert oder in eine von Maschinen, insbesondere von Datenverarbeitungsmaschinen, verwendbare Sprache übertragen oder übersetzt werden.

Gesamtgestaltung: K. Groß, J. Metze, Chamäleon Design Agentur, Berlin
Satz: deutsch-türkischer Fotosatz, Berlin
Druck und Bindung: MB Medienhaus Berlin

Printed in the Federal Republic of Germany

Inhalt

Zitierweise und Siglen VII

Vorwort zur ersten Auflage 1

Vorwort zur zweiten Auflage 2

Einleitung
Udo Thiel 3

**1.
Zur Entstehungsgeschichte des *Essay Concerning Human Understanding***
G. A. J. Rogers 11

**2.
Über Angeborene Ideen bei Locke
(*Essay* I.ii–iv; II.i)**
Rainer Specht 39

**3.
War John Locke ein Empirist?
(*Essay* I.i; II.i; II.xi–xii; III.iii–iv, vi)**
Lorenz Krüger 65

**4.
Primäre und Sekundäre Qualitäten
(*Essay* II.viii.7–26)**
Bertram Kienzle 89

**5.
Die Ideen von Kraft und Substanz
(*Essay* II.xxi, xxiii, xxvi; III.vi)**
Michael Ayers 119

**6.
Individuation und Identität
(*Essay* II.xxvii)**
Udo Thiel 149

7.
Zur Sprachphilosophie
(*Essay* III)
Reinhard Brandt und Heiner F. Klemme 169

8.
Sprachanalytisches Argumentieren bei John Locke
(*Essay* III.x; II.xiii.8–10)
Rolf W. Puster 185

9.
Lockes Theorie der empirischen Erkenntnis
(*Essay* IV.i–iii, vi, xi–xii)
John Colman 197

10.
John Lockes Konzeption der Ethik
(*Essay* I.iii; II.xxi.31 ff.; II.xxviii; IV.iii.18–20; IV.iv.7–10)
Jürgen Sprute 223

11.
Vernunft und Glaube
(*Essay* IV.xvii–xix)
Michel Malherbe 247

Auswahlbibliographie 271

Glossar 280

Stellenverzeichnis 289

Personenverzeichnis 294

Sachverzeichnis 297

Hinweise zu den Autoren 301

Zitierweise und Siglen

Lockes *Essay* wird heute meist nach der kritischen Ausgabe von Peter H. Nidditch (Oxford 1975, revidierte Paperbackausgabe 1979) zitiert. Nicht alle Autoren des vorliegenden Bandes verwenden jedoch diese Ausgabe. Um den Zugang zu verschiedenen Editionen zu erleichtern, wird in allen Beiträgen auf den *Essay* wie üblich dreigliedrig nach Buch, Kapitel und Paragraphen verwiesen. So bezieht sich beispielsweise „II.xxvii.4" auf den vierten Paragraphen im 27. Kapitel des zweiten Buches des *Essay*. Einige Autoren geben zusätzlich die Seiten- und Zeilenzahl in Nidditchs Ausgabe an. Also: „I.ii.1; 48, 16–17" bedeutet: erstes Buch, zweites Kapitel, erster Paragraph, auf Seite 48 die Zeilen 16 bis 17 in der Edition Nidditchs.

Siglen

AT: Adam, Ch./Tannery, P. (Hrsg.) 1897–1913: Œuvres de Descartes. Paris.

Drafts: John Locke. Drafts for the Essay Concerning Human Understanding, and Other Philosophical Writings. Band 1: Drafts A und B. Hrsg. von P. H. Nidditch und G. A. J. Rogers. Oxford 1990.

Works: The Works of John Locke. A new Edition, Corrected. 10 Bände. London 1823. Nachdruck Aalen 1963.

Correspondence: The Correspondence of John Locke. 9 Bände. Hrsg. von E. S. de Beer. Oxford 1976 ff.

Vorwort zur ersten Auflage

Die theoretische Philosophie John Lockes hat in Deutschland ein wechselhaftes Schicksal erfahren. Schon kurz nach der Publikation von Lockes *Essay* beschäftigten sich die derzeit führenden deutschen Philosophen Leibniz und Wolff ernsthaft und im Falle von Leibniz auch ausführlich mit Lockes Buch. In der zweiten Hälfte des achtzehnten Jahrhunderts standen Locke und das von ihm beeinflußte Denken im Mittelpunkt der philosophischen Auseinandersetzungen. Mit dem nachkantischen Deutschen Idealismus und der Romantik des neunzehnten Jahrhunderts änderte sich die Situation jedoch drastisch: Vom Standpunkt des Absoluten aus wurde Locke nun ignoriert bzw. trivialisiert. Diese Haltung sollte in Deutschland Schule machen. Sie ist noch für die 50er und 60er Jahre des 20. Jahrhunderts kennzeichnend. In einer Situation, in der Existenzialismus, Marxismus und Frankfurter Schule die Szene beherrschten, war es geradezu verpönt, sich ernsthaft mit Lockes theoretischer Philosophie zu beschäftigen. Seit den siebziger Jahren hat sich die Lage jedoch kontinuierlich verbessert. Dies ging einher mit einer verstärkt historisch orientierten Locke-Forschung im englischsprachigen Bereich. In Deutschland wurde Locke in einer wichtigen Monographie des inzwischen verstorbenen Lorenz Krüger für die Wissenschaftstheorie der Gegenwart wiederentdeckt. Gleichzeitig erschienen mehr und mehr historische, analytische und kritische Untersuchungen fast aller Aspekte von Lockes weitverzweigter theoretischer Philosophie. Dieser Trend hält an.

Der vorliegende Band ist das erste Buch in deutscher Sprache, in dem aus unterschiedlichen Perspektiven die Hauptthemen des *Essay* erörtert werden. Er vereinigt schon klassisch gewordene Interpretationen (Krüger, Ayers), Texte, die Lockes Auffassungen auf Positionen der Gegenwartsphilosophie beziehen (Puster, Krüger), und Originalbeiträge (z.B. Rogers, Colman, Malherbe). Einige Abhandlungen, die bereits an anderen Orten erschienen sind, wurden von den Autoren für den vorliegenden Band umgearbeitet (z.B. Ayers, Specht). Drei Arbeiten sind aus dem Englischen, eine aus dem Französischen übersetzt worden. Die Übersetzungen wurden vom Herausgeber des Bandes überprüft.

Für die Erlaubnis des Nachdrucks bereits publizierter Aufsätze danke ich den Autoren, Herausgebern, Verlagen und Zeitschriften, die jeweils an gegebenem Ort genannt werden. Heidi Marek danke ich für wertvolle Ratschläge in Übersetzungsfragen. Für Hilfe bei der Erstellung des Gesamtmanuskripts danke ich Chris Falzon und insbesondere Rowena Mueller.

Canberra, im Juli 1996   Udo Thiel

Vorwort zur zweiten Auflage

Durch die überaus positive Resonanz, die dieser Band erfahren hat, wurden Verlag und Herausgeber dazu ermuntert, eine zweite Auflage zu erstellen. Seit der ersten Auflage ist in deutscher Sprache nur eine weitere Aufsatzsammlung zu Locke erschienen.[1] An der Situation, daß deutsche Beiträge zur Locke-Forschung im Verhältnis zu der Vielzahl englischsprachiger Publikationen eher rar sind, hat sich demnach nichts geändert. Dennoch bezeugt die offenbar rege Nutzung des vorliegenden Buches gerade auch in der universitären Ausbildung, daß Locke in der deutschen philosophischen Lehre und Forschung kontinuierlich präsent ist und aus zahlreichen unterschiedlichen Perspektiven lebhaft und kontrovers diskutiert wird.

Für diese zweite Auflage hat der Herausgeber notwendige Korrekturen im Text vorgenommen und vor allem die Auswahlbibliographie und die Hinweise zu den Autoren auf den neuesten Stand gebracht. Aus Raumgründen ist bei der Bibliographie so verfahren worden, daß Aufsätze, die in dort aufgenommenen Sammelbänden erschienen sind, nicht auch als separate Titel aufgeführt werden.

Canberra, im Februar 2008   Udo Thiel

---

1 Lothar Kreimendahl (Hrsg.), John Locke. Aspekte seiner theoretischen und praktischen Philosophie. Hamburg 2006 (= Aufklärung. Interdisziplinäres Jahrbuch zur Erforschung des 18. Jahrhunderts und seiner Wirkungsgeschichte. Bd. 18). 240 S.

Udo Thiel

Einleitung

John Locke (1632–1704) kann ohne Übertreibung als einer der bedeutendsten und einflußreichsten Philosophen der frühen Neuzeit bezeichnet werden. Seine philosophischen Hauptwerke sind der *Essay über den menschlichen Verstand* (*An Essay Concerning Human Understanding*), der zuerst im Dezember 1689 erschien, und *Zwei Traktate über die Regierung* (*Two Treatises of Government*), die bereits im Oktober desselben Jahres publiziert worden waren. Während die *Two Treatises* Lockes politische Theorie enthalten, geht es in dem umfangreichen *Essay* hauptsächlich um erkenntnis- und wissenschaftstheoretische Fragen. Locke sagt zur Absicht, die er mit dem *Essay* verfolgt, es sei sein Ziel, „to enquire into the Original, Certainty, and Extent of humane Knowledge" (I.i.2). Im „Brief an den Leser" beurteilt Locke seine Leistung als die eines Hilfsarbeiters, dessen Aufgabe darin bestehe, den Schutt zu beseitigen, der den Weg zur Erkenntnis versperre: es sei „Ambition enough to be employed as an Under-Labourer in clearing the Ground a little, and removing some of the Rubbish, that lies in the Way to Knowledge" (*Epistle to the Reader*, 10). Freilich behandelt Locke in seinem Buch auch Probleme, die nicht der Erkenntnistheorie, sondern der Ethik, der Philosophie des Geistes und der Religionsphilosophie zuzurechnen sind.

Der *Essay* ist ein Riesenwerk. Der Text umfaßt in der gebräuchlichen kritischen Ausgabe von Peter H. Nidditch über 700 Seiten. Für den Leser ist es daher zumindest am Anfang nicht einfach, sich einen Weg durch dieses Werk zu bahnen. Dies wird durch Lockes heute altertümlich wirkenden Stil und seine vielen

Wiederholungen nicht leichter. Hinzu kommt, daß er gelegentlich selbst wichtige Themen nicht systematisch in einem Teil oder Kapitel behandelt, sondern in über den Gesamttext verstreuten Bemerkungen und Argumenten. Ein besonders extremer Fall ist Lockes Konzeption der Ethik; Ethik gehört zweifellos zu den Hauptthemen des *Essay*, aber es gibt kein bestimmtes Kapitel, in dem sich Locke ausschließlich diesem Problem widmet. Seine Gedanken hierzu sind in verschiedenen Teilen des Textes zu finden. Für den vorliegenden Band ergab sich dadurch die Schwierigkeit, daß nicht alle Beiträge fortlaufend den Kapiteln des *Essay* zugeordnet werden konnten. Der Herausgeber des Bandes hat daher viele Beiträge mehreren relevanten Stellen im *Essay* zugeordnet (siehe Inhaltsverzeichnis). Des weiteren haben wir heutige Leser einfach darum Probleme mit Lockes Text, weil uns der philosophische und historische Kontext, in den der *Essay* gehört, fremd geworden ist. Unser erstes Kapitel erläutert daher die Entstehungsgeschichte von Lockes *Essay* unter Bezugnahme auf den historischen Hintergrund, der für das Verständnis dieses Werkes im ganzen wesentlich ist.

Der *Essay* besteht aus vier Hauptteilen oder „Books", wie Locke sagt. Das erste Buch bringt eine Kritik des Innatismus – einer Lehre vom Ursprung der Erkenntnis, wonach grundlegende Prinzipien und Ideen dem menschlichen Geist eingeboren sind. Nach Widerlegung dieser im siebzehnten Jahrhundert von vielen Denkern vertretenen Lehre geht Locke in den Büchern II – IV daran, seine eigene Erkenntnistheorie vorzutragen und zu begründen. Was ist, kurz gesagt, Lockes Position in der Erkenntnistheorie? Für Locke ist wie für andere Denker des siebzehnten Jahrhunderts die Mathematik Musterbeispiel genuinen Wissens – denn sie ist dadurch charakterisiert, daß wir hier mittels bloßer Vernunft („demonstrativ", „apriorisch") zu allgemeinen und absolut gewissen Wahrheiten gelangen können, ohne daß es der Bestätigung durch Erfahrung bedürfte. Eine demgemäße apriorische Wissenschaft von der Natur, die das reale Wesen natürlicher Substanzen zum Thema hätte, kann es für den menschlichen Verstand nach Locke jedoch nicht geben. Die Grenzen unserer Naturerkenntnis sind durch die Erfahrung festgelegt. Für Locke gilt, daß Cartesianer und Scholastiker gleichermaßen der menschlichen Erkenntnisfähigkeit zu viel zutrauen; andererseits meint er, daß die radikalen Skeptiker die

Grenzen der Erkenntnis wiederum zu eng ziehen. Locke tritt für eine gemäßigte Position ein: Wir sind sehr wohl in der Lage, im Bereich der erfahrungsbezogenen („aposteriorischen") Naturforschung zu wohlbegründeten wahrscheinlichen Urteilen zu kommen und Fortschritte zu machen, die für die menschliche Gemeinschaft von Nutzen sind.*

Die Prinzipien, um die es sich bei der Widerlegung des Innatismus in Buch I dreht (siehe ausführlich unten Kapitel 2), sind teils theoretischer, teils praktischer Natur. Für viele Denker des siebzehnten Jahrhunderts sind bestimmte angeborene theoretische Prinzipien logische Grundlage aller Erkenntnis. Zu diesen Grundsätzen gehören der Satz vom verbotenen Widerspruch, wonach gilt: „'Tis impossible for the same thing to be, and not to be" und der Satz der Identität, der besagt: „Whatsoever is, is" (I.ii.4). Die praktischen Prinzipien sind grundlegende moralische Normen wie „Justice, and keeping of Contracts" (I.iii.2). Locke zweifelt nicht an der Wahrheit dieser Grundsätze. Er stellt keineswegs die Geltung dieser Prinzipien in Frage, sondern lediglich die These, gemäß der sie dem menschlichen Geist eingeboren sind.

Als beste Widerlegung des Innatismus sieht Locke seine eigene Erkenntnistheorie an, der er sich ab Buch II zuwendet: Wir bedürften gar nicht eingeborener Prinzipien; zur Erlangung von Erkenntnissen müßten wir lediglich die uns von Natur aus zur Verfügung stehenden geistigen Fähigkeiten richtig anwenden. Diese Fähigkeiten seien wirklich angeboren und brauchten nicht erst erworben zu werden. Das *Material* jeglicher Erkenntnis besteht für Locke aus Ideen. Eine Idee ist „whatsoever is the Object of the Understanding when a Man thinks" (I.i.8). Das heißt, „Idee" umfaßt alle bewußten Denkgehalte und umschließt Schmerzempfindungen ebenso wie Vorstellungen von Eigenschaften äußerer Gegenstände, Erinnerungsbilder und das, was man sonst „Begriff" nennt – wie z. B. das durch den Terminus „Gerechtigkeit" Bezeichnete. In Buch II will Locke von dem Ursprung unserer Ideen handeln: „the *Original* of those *Ideas*,

---

* Vgl. zu einer ausführlicheren Darstellung der Hauptthemen des *Essay*: Udo Thiel, *John Locke* (Rowohlts Monographien), Reinbek 2000², 66–91, 110–113. Siehe auch die Auswahlbibliographie unter „Biographien und Gesamtdarstellungen" am Ende des vorliegenden Buches.

Notions, or whatever else you please to call them, which a Man observes, and is conscious to himself he has in his Mind; and the ways whereby the Understanding comes to be furnished with them" (I.i.3). Das von ihm hierbei angewandte beobachtende Verfahren nennt er seine „Historical, Plain Method" (I.i.2). Der Ursprung unserer Ideen liegt nach Locke in der Erfahrung, die sich in eine äußere und eine innere gliedert. Durch die äußeren Sinne erhalten wir Ideen von den wahrnehmbaren Eigenschaften der Gegenstände: „This great Source, of most of the *Ideas* we have, depending wholly on the Senses, and derived by them to the Understanding, I call *SENSATION*" (II.i.3). Über den inneren Sinn, von Locke „Reflexion" genannt, beziehen wir Ideen von den Operationen des menschlichen Geistes wie z. B. *„Perception, Thinking, Doubting, Believing, Reasoning, Knowing, Willing*, and all the different Actings of our own Minds" (II.i.4). Obwohl Locke unterstreicht, daß jegliches Erkenntnismaterial letzten Endes aus Sensation und Reflexion stamme, sagt er gleichzeitig, daß sich unser Bestand an Ideen keineswegs in dem erschöpfe, was wir aus diesen Quellen gewönnen: Der menschliche Verstand habe die Fähigkeit, auf das von Sensation und Reflexion sich herleitende Material bestimmte Operationen wie Vergleichen, Zusammensetzen und Abstrahieren anzuwenden, so daß er neue, komplexe Ideen bilden könne (vgl. hierzu das Postskriptum zu Kapitel 2). Wegen seiner Betonung des Erfahrungsursprungs aller Ideen wird Locke oft als Begründer des neuzeitlichen Empirismus angesehen. Die Fragen nach der Erfahrungsgrundlage der Erkenntnis und Lockes Empirismus sollen im dritten Kapitel kritisch untersucht werden.

Für Locke steht fest, daß uns die Ideen von den Eigenschaften der Körper durch die sinnliche Wahrnehmung vermittelt werden. Aber nicht alle dieser Ideen sind nach Locke Abbilder von etwas, das in den Körpern wirklich existiert. Er unterscheidet wie andere vor ihm zwischen primären und sekundären Qualitäten (II.viii.7–26): Primäre Qualitäten wie Festigkeit, Ausdehnung, Gestalt und Beweglichkeit sind mit jedem Körper untrennbar verbunden und können im menschlichen Geist Ideen hervorbringen, die sie abbilden. Sekundäre Qualitäten dagegen sind nichts weiter als die Fähigkeiten verschiedener Kombinationen der primären Qualitäten, solche Ideen zu erzeugen, die nicht etwas abbilden, das im Körper wirklich existiert. Zu diesen Ideen gehören z. B. Farb-, Ton- und Geschmackswahrnehmungen. Während etwa der Idee der Festigkeit eine Festigkeit des Objekts entspricht, hat die Farbwahrnehmung „Blau" keine solche Entsprechung im Gegenstand. Bertram Kienzle geht diesen Gedanken Lockes in Kapitel 4 nach und argumentiert, daß die Unterscheidung zwischen primären und sekundären Qualitäten Lockes Empirismus sprenge. Kienzles Interpretation selbst ist in der Literatur Gegenstand der Diskussion geworden (siehe Auswahlbibliographie am Ende des Bandes).

Die Ideen primärer und sekundärer Qualitäten sind nach Locke wesentliche Bestandteile unserer komplexen Ideen von körperlichen Substanzen wie Mensch, Pferd, Stein, Eisen, Gold. Aber Ideen von Qualitäten allein geben uns noch nicht die Vorstellung eines einheitlichen Gegenstandes. Um Eigenschaften, die wir stets als zusammen auftretend wahrnehmen, als die eines einheitlichen Dinges auffassen zu können, müssen wir sie auf ein bestimmtes Etwas beziehen, das als Träger (Substrat) dieser Eigenschaften fungiert: Locke unterscheidet daher von den komplexen Ideen besonderer Substanzarten wie Mensch, Pferd, Stein usw. die allgemeine Idee eines Substrats oder, wie Locke diese auch nennt, die „Notion of pure Substance in general" (II.xxiii.2). Diesem für Lockes Theorie zentralen Begriff der Substanz und anderen, verwandten Begriffen wie denen der Essenz und der Kraft widmet sich Michael Ayers in Kapitel 5. Ayers stellt hier eine neue Fassung einer Interpretation vor, die seit ihrem ersten Erscheinen in englischer Sprache (1975) die Auseinandersetzung um die Deutung des *Essay* nachhaltig beeinflußt hat. Mit dem Problem der Substanz hängt auch die Frage zusammen, wodurch die *Identität* von Einzeldingen (wie z. B. Substanzen) über die Zeit hinweg garantiert wird. In diesem Kontext entwickelt Locke eine originelle und noch heute viel diskutierte Theorie der Identität von Personen (vgl. hierzu Kapitel 6).

Das dritte Buch des *Essay* („Of Words") war ursprünglich nicht eingeplant und ist erst spät eingeschoben worden; in ihm wird die Funktion der Sprache für die Erkenntnis diskutiert. Für Locke besteht der Hauptzweck der Sprache in ihrer kommunikativen Funktion. Daher hebt er die Wichtigkeit von Präzision und Klarheit der Ausdrucksweise hervor – besonders in der Philosophie und in den Wissenschaften. Eine Darstellung von Lockes Sprachphilosophie im ganzen findet sich in Kapitel 7 des vorliegenden

Buches. In Kapitel 8 soll versucht werden, Argumentationsparallelen zwischen Locke und einigen Klassikern der analytischen Philosophie (z. B. Wittgenstein) herauszustellen. In unserem dritten Kapitel, das sich mit Lockes Empirismus auseinandersetzt, wird speziell das Verhältnis von Sprache und Erfahrung kritisch beleuchtet.

Im vierten Buch des *Essay* geht es darum, wie der Verstand aus dem ihm gegebenen Material, den Ideen, die in Aussagen bzw. Propositionen sich ausdrückende Erkenntnis stiften kann. Locke untersucht dabei auch, wie es mit der Begründung von Zustimmung zu solchen Aussagen bestellt ist, die keine absolut gewisse Erkenntnis enthalten. Erkenntnis bestimmt Locke als die Perzeption von Ideenverknüpfungen (IV.iii.1). Es handelt sich hier, wie angedeutet, um solche Ideenverknüpfungen, die Aussagen sind: Erkenntnis ist propositional; denn nur Aussagen sind geltungsdifferent, d. i. können wahr oder falsch sein. Als einzige Ausnahme hiervon führt Locke die Erkenntnis durch Intuition an, die keiner Vermittlung durch Aussagen bedürfe. Er unterscheidet drei Grade von Erkenntnis: intuitive, demonstrative oder rationale und sensitive. In unserem Kapitel 9 geht es insbesondere um die Frage, ob Lockes allgemeine Theorie der Erkenntnis einen Begriff von *empirischer* Erkenntnis zuläßt.

Oben wurde Lockes Hervorhebung des mathematischen Modells der Erkenntnis erwähnt. Aber keineswegs ist für Locke die Mathematik die einzige Wissenschaft im strengen Sinne: Nach Locke sind wir prinzipiell in der Lage, auch die Ethik als eine reine Vernunftwissenschaft zu etablieren. Er ist davon überzeugt, daß prinzipiell eine vernunftgemäße Erstellung eines Systems absolut gültiger normativer praktischer Prinzipien möglich sei. Die Vernunft könne (und brauche) sich bei der Erarbeitung eines Systems der Moral weder auf eingeborene moralische Prinzipien und Ideen berufen noch auf Erfahrung und Lebenspraxis: „the Truth and Certainty of *moral* Discourses abstracts from the Lives of Men, and the Existence of those Vertues in the World" (IV.iv.8). Unser Kapitel 10 setzt sich kritisch mit Lockes Konzeption der Ethik auseinander. Dabei wird u. a. deutlich, daß die Ethik bei Locke noch nicht eine von der Religion ganz unabhängige Disziplin ist.

Lockes wichtigste religionsphilosophische Schriften sind *The Reasonableness of Christianity* (1695) und *A Letter on Toleration*

(1689). Aber auch der *Essay* enthält Gedanken, die für Lockes religionsphilosophische Position zentral sind. Insbesondere erörtert Locke im *Essay* (Buch IV) das Verhältnis zwischen religiösem Glauben und Vernunft, das in unserem Kapitel 11 behandelt wird. Vernunft bestimmt Locke als das Vermögen, die Gewißheit oder Wahrscheinlichkeit von Aussagen durch Deduktion aus gegebenen Ideen zu ermitteln. Die Zustimmung zu Aussagen, die sich aus Offenbarung herleiten, ist religiöser Glaube (IV.xviii.2). Nach Locke gilt nun, daß es Wahrheiten gibt, die sowohl durch Vernunft erkannt als auch durch Offenbarung enthüllt und überliefert werden können. Zu diesen Wahrheiten gehört z. B. die Existenz Gottes. Locke betont, daß die Vernunfterkenntnis einen höheren Gewißheitsgrad als die Offenbarung habe. Hieraus ergibt sich, daß eine Aussage, die der Vernunft widerspricht, nicht unter Berufung auf Offenbarung als wahr angenommen werden darf. Locke spricht weiterhin von Aussagen, die weder vernunftgemäß noch widervernünftig, sondern übervernünftig sind. Ein Satz, der die Vernunft übersteigt, ist z. B. der, daß die Toten auferstehen und wieder leben werden. Solche Sätze stellen, wenn sie geoffenbart werden, den eigentlichen Gegenstand des Glaubens dar (IV.xviii.7). Locke sagt allerdings, daß der Vernunft in indirekter Weise auch bezüglich der reinen Glaubensfragen eine zentrale Funktion zukomme – nämlich als Maßstab für die Beurteilung darüber, ob eine Meinung oder Handlung göttliche Autorität besitze oder nicht. Für Locke gilt: „*Reason* must be our last Judge and Guide in every Thing" (IV.xix.14). Lockes Bestimmung der Rolle der Vernunft in Religionsdingen ist nicht unproblematisch; aber sie ist Symptom für die zentrale Funktion, die die Vernunft in seiner Philosophie spielt.

Auf die Bedeutung Lockes ist schon eingangs hingewiesen worden. In der Tat ist der *Essay* eines der meistgelesenen Bücher der Philosophiegeschichte. Durch Übersetzungen, die schon früh erschienen, wirkte Lockes Denken weit über die Grenzen Englands hinaus. Dabei beschränkte sich seine Wirkung keineswegs auf die Fachwelt, sondern betraf die gesamte gebildete Öffentlichkeit. Durch den *Essay*, die *Two Treatises* und andere Publikationen wie etwa die Erziehungsschrift *Some Thoughts Concerning Education* (1693) und das erst postum veröffentlichte *Of the Conduct of the Understanding*, das ursprünglich als Kapitel für den *Essay* geplant war, verhalf Locke überdies Prinzipien wie denen des selbständigen Denkens und des Primats der Vernunft zum Durchbruch. Damit gehört er zu den Initiatoren und führenden Köpfen der europäischen Aufklärung. Aber auch im engeren philosophischen Sinne sind seine Werke weiterhin wirksam. So bezieht man sich noch heute insbesondere in der analytischen Philosophie bei der Diskussion einer Vielzahl von Themen (persönliche Identität, primäre und sekundäre Qualitäten, Sprache und Bedeutung, Erfahrung und Erkenntnis usw.) auf Lockes Argumente und Positionen, die es zu verteidigen bzw. zu kritisieren gelte.

Die Hauptthemen des *Essay*, die hier nur kurz angeschnitten werden konnten, werden, wie angedeutet, ausführlich in den Kapiteln des vorliegenden Bandes erörtert. Das Glossar erläutert einige wichtige Begriffe aus Lockes *Essay*. Die Auswahlbibliographie verweist auf weitere Literatur.

G. A. J. Rogers

Zur Entstehungsgeschichte des *Essay Concerning Human Understanding*[1]

Einleitung

John Locke fiel das Veröffentlichen nicht leicht. Er scheint die Schwierigkeiten, die mit einer Publikation einhergingen, gefürchtet zu haben und versuchte in seinen jüngeren und mittleren Jahren niemals, die Berühmtheit eines großen Autors zu erlangen. Zwar ändert sich das Bild später ein wenig, doch beaufsichtigte Locke seine Veröffentlichungen stets mit großer Sorgfalt und verzichtete oftmals darauf, sich als Autor zu erkennen zu geben. Eine wichtige Ausnahme bildet der *Essay Concerning Human Understanding*, dessen Entstehungsgeschichte sich von fast allen anderen Schriften Lockes unterscheidet. Mehr als in jedem anderen seiner Werke kommt in ihm Lockes gesamte intellektuelle Persönlichkeit zum Ausdruck. Dieses Buch beeinflußte nachhaltig die geistige Entwicklung in den folgenden zwei Jahrhunderten. Die moderne Wissenschaft, politische Theorie und Theologie wie auch die moderne Philosophie bewegten sich nun größtenteils innerhalb der erkenntnistheoretischen Parameter, die Locke abgesteckt hatte.

Die Entstehungsgeschichte des *Essay* stellt gewissermaßen einen Teil der Herausbildung dieser modernen Disziplinen dar.

---

[1] Eine umfangreichere englische Fassung dieses Aufsatzes ist inzwischen in Rogers 1998 erschienen. Des weiteren ist eine ausführlichere Darstellung der Entstehungsgeschichte von Lockes Essay unter dem Titel „The History of the Writing of Locke's Essay" für die *Clarendon Edition of the Works of John Locke* in Vorbereitung.

Es handelt sich somit potentiell um eine sehr ausführliche Geschichte, die in einem einzigen Kapitel lediglich umrissen werden kann. Diese Skizze soll jedoch außer der Genese des Manuskriptes auch Lockes persönlichen und intellektuellen Werdegang darstellen, vom Schüler, der die Grammatik der Alten Sprachen erlernt, bis zum betagten Herrn, der fünfzig Jahre später auf die Angriffe seiner Kritiker antwortet.

Locke wurde im Jahr 1632 in Wrington in der Grafschaft Somerset geboren. Zwischen dem zehnten und dem vierzehnten Lebensjahr erlebte Locke ein vom Bürgerkrieg zerrüttetes Land. Nach dem Ende des ersten Krieges, vermutlich vom Jahr 1647 an, besuchte er die Westminster-Schule in London und anschließend, von 1652 bis 1667, Christ Church in Oxford. Danach zog er nach London, wo er im Hause des Grafen von Shaftesbury wohnte. 1671 entstanden die ersten Entwürfe seiner Philosophie. In den darauffolgenden achtzehn Jahren, von denen er viele im Ausland verbrachte (Frankreich und Holland), schrieb er die Fassung des *Essay*, die Ende 1689 veröffentlicht wurde. Zu diesem Zeitpunkt war Locke 57 Jahre alt und endgültig nach England zurückgekehrt.

Das vorliegende Kapitel beginnt mit einer Darstellung des intellektuellen Kontextes, in dem sich Lockes Philosophie entwickelte, und bietet einen kurzen Abriß von Lockes frühen Lebensjahren bis zum Beginn seiner Arbeit am *Essay* im Jahre 1671. Anschließend wird die eigentliche Genese des Werkes, von den frühen Entwürfen bis zur ersten Auflage, untersucht. Zum Schluß werden einige Beweggründe genannt, die Locke möglicherweise zum Abfassen dieses Werkes bewogen haben.

Der intellektuelle Kontext

In Lockes Geburtsjahr veröffentlichte Galilei in Florenz seine folgenschwere Kritik der geozentrischen Theorie, seinen *Dialog über die beiden hauptsächlichen Weltsysteme*. Es war ein Zeichen für die sich verändernde Welt, in die Locke hineingeboren wurde. Fünf Jahre später erschien Descartes' *Abhandlung über die Methode*, und 1642, beim Ausbruch des englischen Bürgerkrieges, wurde Hobbes' *De Cive* in Paris publiziert. Innerhalb eines Jahrzehnts waren somit drei der wichtigsten Werke erschienen, die der neuzeitlichen Welt Gestalt geben sollten, und Locke wußte diese geistige Hinterlassenschaft zu nutzen. Alle drei Werke stellten einen Angriff auf die herkömmliche aristotelische Sichtweise dar und waren in ihren jeweiligen Disziplinen bahnbrechend. Gewiß hatte es frühere, vielleicht ebenso bedeutsame Werke gegeben, hierbei sei vor allem auf Kopernikus, Kepler, Bacon und Harvey hingewiesen. Zusammen mit den theologischen Herausforderungen des vorhergehenden Jahrhunderts aus Wittenberg und Genf waren nun die Bedingungen dafür geschaffen, daß sich das neue Denken allmählich von dem allzu großen Vertrauen in die Lehren Aristoteles' entfernen konnte. Diese veränderte Welt war es, die Locke, trotz des Schutzes der herkömmlichen Lehren an Schule und Universität in Oxford, das selbst von der Theologie der englischen Reformation beeinflußt war, kennenlernen sollte.

Ein besonderes Merkmal dieser sich verändernden Welt war der zunehmenden Aktivität jener Disziplinen zuzuschreiben, die wir heute als Naturwissenschaften bezeichnen, und der – zwar andersgearteten doch gleichermaßen dynamischen – Medizin. Francis Bacons Projekt des „Advancement of Learning", insbesondere in seiner Anwendung auf die Natur, wurde von einer Gruppe englischer Naturwissenschaftler aufgegriffen, die anfangs mit Samuel Hartlib in Verbindung stand. Diese Gruppe erfuhr einen großen Zuwachs in der Zeit des Interregnums. Eine geraume Zeit traf man sich in Oxford, bevor in der Restaurationszeit London wieder das Zentrum ihres Wirkens wurde. Diese neue wissenschaftliche Bewegung bildet einen Eckstein in Lockes Biographie. In Oxford zählte er zu ihren Mitgliedern und folgte ihr nach der Restauration von 1660 nach London. Die königliche Schirmherrschaft durch die Royal Society sowie das große Engagement der führenden Protagonisten wie beispielsweise Henry Oldenburg, Robert Boyle und dem unermüdlichen Robert Hooke erlauben es, von einer genuinen und bedeutenden wissenschaftlichen Gemeinschaft zu sprechen, die zudem bereits internationalen Charakter hatte. Ihr Motto, „Nullius in Verba", bezeugt, daß sie sich dem Baconschen Programm verpflichtet fühlte, das die Naturgeschichte von Phänomenen zusammenstellt, und zwar ohne Mutmaßungen oder Hypothesen, die nicht in direkter Weise durch Beobachtungen gestützt werden. Ihr höchstes Ziel war es, der Gesellschaft durch die Anwendung ihrer Erkenntnisse zu praktischen Vorteilen zu verhelfen.

Es ist behauptet worden, daß die Partei der Puritaner, die aus dem Bürgerkrieg als Sieger hervorging, das Baconsche Programm aus religiösen Gründen stärker förderte als die gegnerischen Royalisten. Sicher ist auf jeden Fall, daß die Jahre nach dem Kriegsende eine Phase beispielloser Aktivität waren. Die Hinwendung zu Beobachtung und Experiment paßte ebenfalls zur Stimmung im Land, das nach dem Konflikt eine Phase des Friedens suchte. Man zögerte, fruchtlose Mutmaßungen und Diskussionen auf Kosten von soliden, empirischen Funden zu unterstützen.

Die Kontroversen beschränkten sich jedoch nicht auf Spekulationen über die natürliche Welt, sondern umfaßten ebenfalls Diskussionen über Religion und religiöse Toleranz, sowohl innerhalb der wiedergegründeten anglikanischen Staatskirche als auch gegenüber jenen Protestanten, die sich nicht zu ihr zählen wollten. Die Fürsprecher der Toleranz, oder zumindest ein erheblicher Teil unter ihnen, wurden alsbald unter dem Namen „Latitudinarier" bekannt. Ihre Bewegung wird besonders mit jenen Philosophen in Verbindung gesetzt, die als „Cambridger Platoniker" bezeichnet werden. Ihre wichtigsten Vertreter sind Benjamin Whichcote, Henry More und Ralph Cudworth, die sich allesamt an platonischen und neuplatonischen Schriften orientierten, um ihr Engagement für Vernunftprinzipien und ihre Gegnerschaft zum entstehenden Materialismus, den sie mit Hobbes und in geringerem Maße ebenfalls mit Spinoza verbanden, zu begründen. Die Latitudinarier standen der neuen Wissenschaft positiv gegenüber, und More und Cudworth waren zudem Mitglieder (*Fellows*) der Royal Society. Die Toleranzdiskussion beschränkte sich keineswegs auf einen Austausch unter Akademikern, vielmehr handelte es sich um eine zentrale Frage für die zeitgenössische Gesetzgebung, und die Auseinandersetzungen hierzu wurden auch nach der Restaurationszeit fortgesetzt. Die Frage blieb aktuell bis weit über die Revolution von 1688 hinaus, die William und Mary auf den englischen Thron führte, und war somit ein zentrales politisches Anliegen im gesamten Leben Lockes.

Lockes frühe intellektuelle Biographie

Locke verbrachte seine frühen Jahre in einer ländlichen Gemeinde in Somerset, wo sein Vater Rechtsanwalt war. Seine Eltern waren Puritaner, während des Bürgerkrieges war Locke senior Kapitän in der Parlamentsarmee. Nach der Niederlage seiner Truppen zog er sich jedoch aus dem Militärleben zurück und nahm seine juristische Laufbahn wieder auf. Die Gedanken des jungen Locke zu diesen Ereignissen sind nicht bekannt, doch diese Erfahrung mag ihm die Bedeutung von Frieden und Toleranz für eine zivilisierte Gesellschaft bewußt gemacht und ihn gelehrt haben, in schwierigen Zeiten die eigene Meinung für sich zu behalten.

Gegen Ende des Krieges besuchte Locke die damals hoch angesehene Westminster-Schule, wo ihn der strenge Dr. Richard Busby in Latein, Griechisch und Hebräisch unterrichtete. Am Tage der Hinrichtung des Königs Karl I. in der unweit gelegenen Whitehall hielt der Royalist Busby die Schüler zum gemeinsamen Gebet für ihren König in der Schule. Als Locke im Jahre 1652 nach Christ Church kam, wurde er somit im ranghöchsten College in Oxford aufgenommen. Dieser Institution gehörte er 32 Jahre an, bis er auf Befehl des Königs ausgeschlossen wurde. 1652 war Oxford stark puritanisch geprägt. John Owen, zu Friedenszeiten ein Verfechter der Toleranz, war Dekan von Christ Church und Vizekanzler der Universität.

Locke widmete sich dem damals üblichen Studium, das zum akademischen Grad des Bachelor of Arts führt, doch gestand er später der befreundeten Damaris Masham: „he had so small satisfaction there from his studys (as finding very little light brought thereby to his understanding) that he became discontented with his manner of life; and wished his father had rather designed him for anything else than what he was destined to."[2] Trotz dieser anfänglichen Zweifel setzte Locke sein Studium fort und bekam 1656 den Grad des Bachelor of Arts, zwei Jahre später den Magistergrad (*Master of Arts*) verliehen. Zu diesem Zeitpunkt hatte Locke bereits damit begonnen, seine Interessen in einem entscheidenden Sinne zu erweitern. Naturwissenschaft und ins-

---

2 Amsterdam Remonstrant MSS J 27A. Eine Kopie wurde dem Verfasser von (dem inzwischen verstorbenen) E. S. de Beer zur Verfügung gestellt.

besondere die Medizin faszinierten ihn, was zumindest teilweise der Anregung durch seinen Schulfreund Richard Lower zu verdanken war, der ebenfalls in Christ Church studierte[3]. Von dieser Zeit an sollte die Medizin in Lockes Leben eine wichtige Rolle spielen. Sie brachte ihn in engen Kontakt mit den Oxforder Experimentalisten (*Oxford Experimental Philosophy Club*), deren wichtigstes Mitglied Robert Boyle war. Kurze Zeit später stellten Boyle und Locke medizinische Untersuchungen zur menschlichen Atmung an, die von Harveys 30 Jahre älteren Entdeckung des Blutkreislaufs ausgingen.

Ungefähr zur gleichen Zeit setzte Lockes Beschäftigung mit Descartes ein, dessen Lektüre, laut Lady Masham, Lockes Interesse an philosophischen Fragestellungen weckte, wiewohl er keineswegs immer dessen Meinung teilte. Die klare und herausfordernde Art Descartes' regte Locke jedoch zu eigenen Reflexionen an. So schrieb er viele Jahre später: „I must always acknowledge to that justly-admired gentleman [Descartes] the great obligation of my first deliverance from the unintelligible way of talking of the philosophy in use in the schools in his time" (*Works* 4, 48). Tatsächlich ist ein Großteil des *Essay*, direkt oder indirekt, eine Diskussion mit Descartes über Methode und Schlußfolgerungen. Zudem stand Locke noch in einer anderen Weise in Descartes' Schuld. Die Frage nach der Natur und den Grenzen des menschlichen Verstandes, auf die der *Essay* eine Antwort bietet, ist in erster Linie eine erkenntnistheoretische Problemstellung, und diese war vor allem durch Descartes zum Hauptanliegen philosophischer Untersuchungen geworden.

Lockes detaillierte Lektüre von Descartes spiegelt sich in einem Notizbuch wider, das er seit 1659 führte. Bemerkenswert ist, daß seine Aufzeichnungen sich zum großen Teil auf die *Principia Philosophiae* und nicht auf den *Discours* oder die *Meditationes* beziehen. Zudem sind die Einträge fast ausschließlich faktischer Art und halten Begriffe aus dem Bereich der Naturwissenschaft fest, aber nicht aus Descartes' Erkenntnistheorie oder Metaphysik. Wenngleich hieraus nicht geschlossen werden kann, daß Locke sich zu diesem Zeitpunkt nicht für die Philosophie Descartes' interessierte, so scheint es doch anzudeuten, daß er

---

[3] Lower war ein angesehener Arzt, der insbesondere deshalb bekannt wurde, weil er der erste Mediziner war, der eine Bluttransfusion durchführte.

zunächst das System begreifen wollte und in dieser Phase nicht an einer Alternative arbeitete[4].

Es wäre jedoch falsch, den philosophischen Kurswechsel zur Erkenntnistheorie einzig Descartes zuzuschreiben. Wie bereits erwähnt, gab es mehrere Problemstellungen, die dazu einluden, in diese Richtung weiter zu denken. Francis Bacons *Novum Organum* (1620) macht deutlich, daß bereits vor den Werken Descartes' der Frage der Methode große Bedeutung beigemessen wurde. Dies ging zum Teil auf die Entwicklungen in der Naturwissenschaft zurück, vielleicht insbesondere in der Astronomie, doch muß es auch mit der neuen Theologie der Reformation erklärt werden, die der Fähigkeit des Individuums, theologische Wahrheiten für sich selbst zu entdecken, große Bedeutung beimaß. Theologische Wahrheiten waren ihrerseits durch die Wiederbelebung antiker skeptischer Lehren in Frage gestellt worden. Zusammen mit der Wiederentdeckung des antiken Atomismus entstand somit ein intellektueller Sprengsatz, der fast alle Bereiche der menschlichen Forschung zu bedrohen schien. Die Philosophien von Sextus Empiricus und Epikur lieferten die Dynamik, zunächst für die positiven Antworten Descartes', Gassendis und Hobbes', später für jene Spinozas, Malebranches, Lockes und Leibniz'.

Die wahre Bedeutung Robert Boyles für Locke wird deutlich, wenn man berücksichtigt, daß sie mit ihren Untersuchungen, die Boyle als der ältere leitete, medizinisches Neuland betraten. Aus heutiger Sicht bildeten Lower, Boyle, David Thomas und Locke ein – zudem sehr gutes – Forschungsteam, dessen Stärke der gemeinsame Standpunkt war. Selbstverständlich bleibt Boyle als der herausragende Naturwissenschaftler der Gruppe in Erinnerung, so wie Locke später zum bedeutenden Philosophen wurde, aber ihr gemeinsames Forschen im Labor in Deep Hall in Oxfords High Street stellte eine hervorragende Arbeit auf der Grenze zwischen Physiologie und Iatrochemie dar (vgl. hierzu Frank 1980, *passim*).

Doch gingen Lockes Interessen zur damaligen Zeit über die Bereiche der Medizin und der Naturwissenschaft hinaus. In einem Brief an Henry Stubbe erläuterte er 1659 seine Ansichten zu den annehmbaren Grenzen der Toleranz. Stubbe war der Ver-

---

4 Das Notizbuch befindet sich in der British Library, AD. MS. 32,554.

fasser des *Essay in Defence of the Good Old Cause; or a Discourse Concerning the Rise and Extent of the Power of the Civil Magistrate in Reference to Spiritual Affairs*, in dem er für religiöse Toleranz plädierte. In seinem Brief lobt Locke Stubbes Geschichte der Toleranzfrage, die das Werk enthält, doch wünscht er sich, der Verfasser hätte die Geschichte fortgeführt „down to these times and given us an account of Holland France Poland etc." (*Correspondence* 1, 110). Stubbes Vorschlag, auch gegenüber Katholiken Toleranz zu üben, konnte Locke jedoch nicht akzeptieren, da ihm dies mit der Sicherheit der Nation unvereinbar schien. Die Katholiken seien, so Locke, dem Papst ergeben, was auf dem falschen Anspruch der Unfehlbarkeit des Papstes beruhe. Dieser Gehorsam stehe mit ihrer Treue gegenüber dem Staat in Widerspruch, so daß man ihnen kein Vertrauen schenken könne. Die Grenzen der Toleranz, so Locke, sollten klar definiert sein: wenn Toleranz die Möglichkeit von Unruhen in sich berge, sollte sie verworfen werden.

Diese Position vertrat Locke ausführlicher in zwei Abhandlungen über die Regierung, die er 1660 und 1662 verfaßte. Hierin schrieb er der staatlichen Obrigkeit das Recht zu „to lawfully impose and determine the use of indifferent things in reference to religious worship" (Locke 1660/62, 124). Diese konservative Ansicht war zweifelsohne auf Lockes Angst vor Unruhen zurückzuführen, deren Zeuge er bereits oft genug gewesen war. Als das Land von Anarchie bedroht wurde, vertrat er die Position Hobbes', daß eine starke Regierung wichtiger als Religionsfreiheit sei. Er sollte seine Meinung ändern, doch vielleicht nur aus dem Grund, weil er einsehen mußte, daß der Frieden durch ein allzu striktes Befolgen seiner früheren Prinzipien gefährdet war.

In diesen Jahren zählten die Vorlesungen zum moralischen Naturgesetz, die zu Lockes offiziellen Pflichten als „Zensor für Moralphilosophie" in Christ Church gehörten, zu seinen wichtigsten Arbeiten auf philosophischem Gebiet. Sie sind für ein genaues Verständnis seiner geistigen Entwicklung von großer Bedeutung; sie erweitern unsere Vorstellung von Lockes Interessen jenseits medizinischer und politischer Fragen, und sie sind ein wichtiger Schritt auf dem Weg zu seiner späteren Philosophie. Ein wichtiger Aspekt dieser Essays ist, daß Locke sich hier bereits einem Grundsatz seiner späteren Erkenntnistheorie verpflichtet.

Tatsächlich gibt es Belege, die andeuten, daß die von Locke schließlich vertretene Position sich im Laufe der Arbeit an diesen Schriften herausgebildet hat. Es handelt sich um die Widerlegung der eingeborenen Ideen als Ursprung moralischer oder spekulativer Erkenntnis. In der dritten Vorlesung „Is the Law of Nature Inscribed on the Minds of Men? No" bietet Locke eine Reihe von Argumenten, die die Behauptung, es gebe eingeborene Erkenntnis, widerlegen sollen. Obwohl davon ausgegangen werden kann, daß Locke zu dem Zeitpunkt nicht an das Projekt dachte, das später der *Essay Concerning Human Understanding* werden sollte, so scheint sich doch bereits beim Verfassen der dritten Vorlesung zum Naturgesetz ein Hauptgedanke, wenn nicht sogar *der* Hauptgedanke seiner Erkenntnistheorie herauszukristallisieren, daß nämlich Erfahrung der einzige Ursprung der Erkenntnis sei[5].

Einige Zeit vor der Arbeit an den Vorlesungen zum Naturgesetz entstand ein Entwurf zu einem Essay über die Unfehlbarkeit, der Fragen zur kirchlichen Autorität mit erkenntnistheoretischen Problemen verbindet. Entgegen den Forderungen der katholischen Kirche argumentiert er in einer an Falkland und Chillingworth[6] erinnernden Weise, daß der Mensch über die Wahrheit des göttlichen Gesetzes in der Heiligen Schrift zu keiner Zeit Gewißheit erlangen könne. Die Tatsache, daß selbst unter Christen Uneinigkeit über die Deutung der Heiligen Schrift herrsche, weise auf das Fehlen von unfehlbarer, sicherer Erkenntnis hin. Und gesetzt den Fall, es gäbe einen unfehlbaren Interpreten, so könnte niemand unfehlbar beweisen, daß er selbst diese Person sei. In den wesentlichen Lehren der christlichen Religion können wir höchstens nach Glauben streben, nicht jedoch nach Erkenntnis[7]. Wie bei seiner Suche nach dem Ursprung unserer Erkenntnis des Naturgesetzes stieß Locke in seinen Untersuchungen zu den Grundlagen unseres Glaubens auf erkenntnistheoretische Fragen.

---

5 Der Grund für die Vermutung, Locke sei während der Arbeit an den Vorlesungen zu dieser Ansicht gelangt, findet sich in einem ausführlichen, durchgestrichenen Passus im Manuskript des ersten Essays. Hier geht Locke von der Annahme aus, es gebe moralische Prinzipien, die von der gesamten Menschheit akzeptiert werden.
6 Vgl. Lucius Cary, zweiter Vicomte Falkland 1645; Chillingworth 1638.
7 Der Text von Lockes Essay findet sich in Biddle 1977, 301–327.

Da sich in der zweiten Hälfte der 1660er Jahre die Restauration etabliert hatte, die Royal Society gegründet worden war und ihre Tätigkeit aufgenommen hatte und zahlreiche führende Denker sich bereits in London niedergelassen hatten, mag es nicht verwundern, daß Locke, als sich ihm eine Möglichkeit bot, ebenfalls dorthin zog. Ein unmittelbarer Anlaß ergab sich als Folge seiner zufälligen Begegnung mit Anthony Ashley Cooper, dem Schatzkanzler und späteren Grafen von Shaftesbury und Lordkanzler. 1667 lud Shaftesbury Locke ein, in seinem Londoner Haus zu wohnen. Locke nahm an und diente Shaftesbury bis zum Exil und Tod des Politikers im Jahre 1683 als persönlicher Arzt und Ratgeber, wobei ihm eine relativ große Unabhängigkeit erhalten blieb.

In London traf Locke zahlreiche ihm bereits aus Oxford bekannte Naturwissenschaftler und Mediziner. Zusammen mit Thomas Sydenham, dem führenden Mediziner dieser Zeit, begann Locke mit bedeutenden medizinischen Untersuchungen. Im darauffolgenden Jahr wurde er als *Fellow* in die Royal Society gewählt. Doch gab es in seinem Leben noch eine weitere Dimension. Durch die Verbindung zu Shaftesbury war Locke über die aktuellen politischen Fragen informiert. Zu den wichtigsten gehörte wieder die Frage der religiösen Toleranz. In diesen frühen Jahren der Restauration zählte der König zu den Fürsprechern der Duldung, die anglikanische Kirche, unterstützt durch das Parlament, zu ihren Gegnern. Zu jenen, die dem König in dieser Frage ihre Unterstützung zugesagt hatten, gehörte Shaftesbury, und schon bald beauftragte er seinen neuen Hausbewohner, Schriften zu diesem Thema zu verfassen. Es wurde alsbald deutlich, daß Locke die Position der früheren Abhandlungen revidiert hatte. Für seinen neuen Standpunkt, Religionsfreiheit innerhalb des Rahmens der anglikanischen Kirche, sollte er den Rest seines Lebens plädieren.

Es ist möglich, daß Locke bereits vor seinem Umzug nach London begonnen hatte, sich von seiner konservativen Position zu entfernen. Herbst und Winter der Jahre 1665–66 verbrachte er im diplomatischen Dienst in Brandenburg, und das harmonische Zusammenleben im gegenseitigen Vertrauen, das er in Kleve zwischen Kalvinisten, Lutheranern und Katholiken erfahren hatte, beeindruckte ihn sehr. So schrieb er Boyle, der ihn auch zu einer liberaleren Haltung bewogen haben mochte: „they quietly permit one another to chose their way to heaven; for I cannot observe any quarrels or animosities amongst them upon the account of religion" (*Correspondence* 1, 228). Auf jeden Fall verfaßte Locke in den ersten Monaten, die er bei Shaftesbury verbrachte, einen Entwurf zu *An Essay Concerning Toleration*[8], der möglicherweise für den König bestimmt war.

Lockes Position kann an dieser Stelle nicht ausgeführt werden, doch stellt er unter anderem die These auf, daß es bestimmte Bereiche der Religion gibt, die ein absolutes Recht auf Duldung hätten, nämlich die spekulativen Glaubenssätze und die Kulthandlungen. Da von diesen kein direkter Einfluß auf das Leben des Menschen in der Gesellschaft ausgehe, hätten sie eindeutig Anspruch auf allgemeine Duldung. Andere Bereiche, so Locke, gestalteten sich problematischer, so daß über die Auswirkung einer liberaleren Politik auf Ruhe und Ordnung in der Gesellschaft nachgedacht werden müsse.

Zu diesem Zeitpunkt zählen erkenntnistheoretische Problemstellungen noch nicht zu den Hauptfragen in Lockes Denken, aber sie klingen bereits an. So unterstützt er seine Forderung nach Toleranz mit dem „Argument from Ignorance" (Rogers 1992, 230–52). In der Frage, inwiefern „practical principles or opinions" toleriert werden sollten, hebt er unsere fehlende Erkenntnis als entscheidenden Faktor hervor.

Die Abfassung des *Essay*

In seiner *Epistle to the Reader* schildert Locke selbst die Ursprünge des *Essay Concerning Human Understanding*: „Were it fit to trouble thee with the History of this Essay, I should tell thee that five or six Friends meeting at my Chamber, and discoursing on a subject very remote from this, found themselves quickly at a stand, by the Difficulties that rose on every side. After we had a while puzzled our selves, without coming any nearer a Resolution of those Doubts which perplexed us, it came into my Thoughts, that we took a wrong course; and that, before we set our selves upon Enquiries of that Nature, it was necessary to examine our own

---

8 Es gibt vier überlieferte Manuskriptfassungen. Eine ist bei Fox Bourne abgedruckt (Fox Bourne 1991, 1, 174–194).

Abilities, and see, what Objects our Understandings were, or were not fitted to deal with. This I proposed to the Company, who all readily assented; and thereupon it was agreed, that this should be our first Enquiry. Some hasty and undigested Thoughts ... gave the first entrance into this Discourse, which having been thus begun by Chance, was continued by Intreaty; written by incoherent parcels; and after long intervals of neglect, resum'd again, as my Humour or Occasions permitted; and at last, in a retirement, where an Attendance on my Health gave me leisure, it was brought into that order thou now seest it" (*Epistle to the Reader*, 7).

Wir sind heute in der Lage, einige, wenn auch nicht alle, Fragen zu beantworten, die Locke in seiner Skizze zu den Ursprüngen und der Abfassung des *Essay* aufwirft. Zunächst zum Datum dieses ersten Treffens. Zwei der frühen Entwürfe des *Essay* sind erhalten geblieben, *Draft A* und *Draft B*, beide sind von Locke mit dem Datum 1671 versehen. Eine genauere Datierung des Treffens erlaubt die Notiz von James Tyrrell, der zu Lockes engsten Freunden zählte und an dem Treffen teilnahm. Am Rand seines Exemplars des *Essay*, das sich jetzt in der British Library befindet, notierte er neben Lockes Bericht: „This was in the winter of 1673 as I remember being myself one of those that then met there when the discourse began about the principles of morality and reveal'd religion". Obwohl Tyrrell sich sicherlich in der Jahreszahl getäuscht hat, gibt es keinen Grund, die Angabe der Jahreszeit oder des anfänglichen Gesprächsthemas anzuzweifeln. Mit Ausnahme von Tyrrell ist jedoch nur wenig über die Teilnehmer des Treffens bekannt. Lockes eigene Angabe „five or six friends" bietet eine ungewisse Zahl zu identifizierender Personen.

Die Hauptinteressen der Gruppe betrafen in erster Linie Naturwissenschaft, Ethik, Politik und Theologie. Lockes erster Entwurf war sicherlich diesen Interessensgebieten gewidmet. Es ist daher unwahrscheinlich, daß es sich bei dem heute vorliegenden *Draft A* um den ersten Entwurf handelt. Zum einen ist er mit 31 000 Wörtern für den beabsichtigten Zweck zu ausführlich. Zum anderen entstand er erst sechs Monate nach dem ersten Treffen – das Datum „10 July 1671" erscheint auf Seite 80 (*Drafts*, 43) – was für das geplante nächste Treffen relativ spät zu sein scheint. Sieht man von der obigen Frage ab, scheint es sich zudem von vornherein um etwas anderes gehandelt zu haben, etwa um den Abriß einer umfassenderen Arbeit. So bekam das Manuskript beispielsweise sofort den abgekürzten Titel – *Intellectus* (oder häufig *De Intellectu*), den es bis zur Veröffentlichung beibehielt. Kurze Zeit danach, im Spätsommer, verfaßte Locke den zweiten Entwurf, *Draft B*, ebenfalls auf das Jahr 1671 datiert. Die Absicht zu veröffentlichen wird hier noch offensichtlicher, da das Manuskript mit „An Essay ..." überschrieben ist. *Draft B* ist mit ungefähr 65 000 Wörtern mehr als doppelt so umfangreich wie *Draft A* und umfaßt ungefähr ein Viertel der publizierten Fassung.

Aus den *Drafts* wird deutlich, daß die Hauptgedanken von Lockes späterer Philosophie bereits 1671 deutlich festgelegt waren. Es sollte einige Änderungen, Hinzufügungen und wesentlich mehr Komplexität geben, doch die Haupttendenz von Lockes Argument bleibt von 1671 bis 1689 und darüberhinaus unverändert. Dies schließt jedoch nicht aus, daß in den *Drafts* im Vergleich zur endgültigen Fassung einige wichtige Punkte unberücksichtigt bleiben. So fehlt beispielsweise in den *Drafts* der Beweis für die Existenz Gottes, obwohl er in *Draft A* angekündigt ist und mit der empiristischen Behauptung verbunden wird, alle Ideen hätten ihren letztendlichen Ursprung in der Erfahrung. Auch der Unterscheidung zwischen primären und sekundären Qualitäten widmet Locke in den *Drafts* wenig bis keine Aufmerksamkeit. Es ist sogar behauptet worden, daß er diese Unterscheidung 1671 noch nicht kannte. Allerdings gibt es Stellen, die das Gegenteil anzudeuten oder gar vorauszusetzen scheinen[9]. In der Tat wäre es erstaunlich, wenn Locke, dem die Unterscheidung durch seine Lektüre von Boyle bereits sehr vertraut war, diese nicht als selbstverständlich in seine Gedanken zur Materie und ihren Eigenschaften integriert hätte[10]. Ein wahrscheinlicherer Grund für die Auslassung in den *Drafts* ist, daß Locke dieses Problem eher der Naturwissenschaft als der Erkenntnistheorie zuordnete.

---

9 Beispielsweise *Draft B*, Paragraph 94 (*Drafts*, 209).
10 In *The Origine of Formes and Qualities* (1666) demonstriert Boyle im wesentlichen, daß die Eigenschaften von materiellen Gegenständen durch die korpuskularistische Hypothese, die zwischen primären und sekundären Qualitäten unterscheidet, erklärt werden können und sollten. Locke las das Werk kurz nach der Veröffentlichung, und seine Äußerungen über Materie im *Essay*, insbesondere Buch II, Kapitel vii, orientieren sich deutlich an Boyle.

Es verwundert nicht, daß jene Themen, die erst in der zweiten und den folgenden Auflagen des *Essay* aufgenommen wurden, nicht in den *Drafts* enthalten sind. Zu den wichtigsten zählen neben dem Kapitel über Identität und Verschiedenheit, das Lockes Auffassung der persönlichen Identität enthält und das in der zweiten Auflage von 1694 erschien, die Kapitel über die Assoziation der Ideen und über die Schwärmerei, die der vierten Auflage von 1700 hinzugefügt wurden, und die Ausführungen zum Willen im Kapitel über die Kraft. Es fehlt ebenfalls die ausführliche Behandlung zahlreicher Begriffe in einzelnen Kapiteln des *Essay*.

Diese Erwähnung einiger wichtiger Auslassungen in den *Drafts* darf jedoch nicht das große Maß an Kontinuität, das zwischen ihnen und dem fertigen Werk besteht, vergessen lassen. Die *Drafts* enthalten mehr als nur die Hauptaspekte von Lockes späterer Philosophie. So etwa die These, daß Erfahrung der Ursprung aller Ideen ist, von der Locke bereits in seinen *Essays on the Law of Nature* ausgeht, und die Unterscheidung zwischen einfachen und komplexen Ideen. Er spricht des weiteren bereits von Ideen der Sensation und Reflexion und von zentralen Begriffen wie beispielsweise denen der Modi, Substanzen und Relationen, die später in Buch II analysiert werden; ferner ist schon die Theorie der Bedeutung (Buch III) vorhanden und die Darstellung der Natur und Grenzen der Erkenntnis, wie auch die Bedeutung dieser Grenzen für die Naturwissenschaften und die Religion (Buch IV). Selbstverständlich wären zahlreiche weitere Aspekte aufzuführen. Zusammenfassend kann das veröffentlichte Werk jedoch im großen und ganzen als ausführlichere, verfeinerte und systematische Fassung dieser frühen Entwürfe, insbesondere des *Draft B*, betrachtet werden, was die Kontinuität im Denken Lockes über annähernd 20 Jahre veranschaulicht.

Nachdem Locke *Draft B* fertiggestellt hatte, sollte viel Zeit vergehen, bevor er das Manuskript für die Veröffentlichung bearbeiten konnte. Korrespondenz, Tagebücher und Notizen bezeugen jedoch, daß er stets darauf bedacht war, sich mit philosophischen Fragen auseinanderzusetzen, und er regelmäßig seine Gedanken wieder aufgriff und gründlicher bearbeitete. Der Grund für die fehlende Kontinuität in seiner Beschäftigung mit philosophischen Fragen ist vor allem in seinen zahlreichen weiteren Tätigkeiten zu suchen. So scheint er beispielsweise 1671

Sekretär für die Eigentümer der Kolonie Carolina (*Secretary to the Lords Proprietors*) geworden zu sein. Im darauffolgenden Jahr trat er eine Stelle als *Secretary of Presentations* an, die er Shaftesburys Ernennung zum Lordkanzler verdankte. Damit oblag ihm u. a. die Verwaltung von Kirchengeldern. In den nächsten Jahren sollte er ebenfalls viel Zeit in Frankreich verbringen, wo er sich häufig mit Medizin befaßte (z. B. an der berühmten medizinischen Fakultät von Montpellier). In all diesen Jahren, die auch von vielfältiger Arbeit in Politik und Verfassungsfragen geprägt waren, vernachlässigte er jedoch niemals seine philosophische Lektüre, und er füllte weiterhin seine Tagebücher mit Eintragungen zu philosophischen Themen. Zu den bedeutendsten zählen die Tagebücher von 1676 bis 1682. Außerdem muß beachtet werden, daß Locke während seines Aufenthaltes in Frankreich zahlreiche französische Philosophen las, insbesondere Descartes und Cartesianer wie Rohault, Régis, Cordemoy und La Forge, aber ebenso Pascal, Nicole, Arnauld und viele andere. Mit François Bernier, einem Schüler Gassendis, verband ihn eine enge Freundschaft[11].

Obwohl die Medizin zu seinen Hauptinteressen gehörte, arbeitete er in der Zwischenzeit mit Unterbrechungen an seinem „De Intellectu" oder „Intellectus". Der Briefwechsel macht deutlich, daß er sich weiterhin mit Fragen zur Toleranz und zur Erkenntnistheorie auseinandersetzte.

Locke kehrte 1679 nach England zurück, wo sich die politische Situation zugespitzt hatte. Shaftesbury war im Februar 1678 aus dem Londoner Tower, wo er ein Jahr lang inhaftiert gewesen war, entlassen worden und war seitdem in großem Maße in die politischen Geschehnisse eingebunden. Im Frühjahr 1679 zog eine „papistische Verschwörung" die Aufmerksamkeit der gesamten Öffentlichkeit auf sich. Der Lügenplan, dem jedoch viele glaubten, sah vor, die Regierung zu stürzen und England zu rekatholisieren. Shaftesbury, dessen Macht zunahm, hatte in diesem Jahr große Verwendung für Locke, so daß dieser erst gegen Ende des Jahres eine Reise in den Westen des Landes unternehmen

---

11 Bis zur Veröffentlichung der Tagebücher John Lockes (Clarendon Locke Ausgabe) stehen neben der *Drafts*-Ausgabe von Nidditch und Rogers folgende Werke als wichtigste Primärquellen zum philosophischen Denken Lockes in den 1670er und 1680er Jahren zur Verfügung: Auszüge aus Lockes Tagebüchern finden sich in Aaron/Gibb1936; Lough 1953; von Leyden 1954, 246–283; Bonno 1955.

konnte, wobei er ebenfalls einige Wochen in Oxford haltmachte. Dort hinterließ er eine Kiste mit persönlicher Habe, die u. a. die Tagebücher der vergangenen vier Jahre und „Intellectus", einen frühen Entwurf des *Essay*, enthielt[12]. Es besteht keine Gewißheit darüber, um welchen Entwurf es sich hierbei handelte, es kann jedoch vermutet werden, daß es *Draft B* war, da die broschierten Oktavbände dieses Manuskripts auf dem Deckblatt den Titel tragen, den Locke ihnen gegeben hatte, „Intellectus"[13]. Es ist also anzunehmen, daß *Draft B* zu der Zeit die ausführlichste Fassung des Buches war.

In den nächsten drei Jahren pendelte Locke zwischen London und Oxford, und aus seinen Tagebüchern geht hervor, daß er sich relativ häufig mit philosophischer Reflexion und Lektüre beschäftigte. Letztere umfaßte u. a. *The True Intellectual System of the Universe* (1678) von Cudworth[14]. Einige Tage später las er ein Werk eines anderen Cambridger Platonikers, John Smith, dessen *Select Discourses* (1660) im selben Monat Thema eines philosophischen Austausches mit Damaris Cudworth war, die er vermutlich im vorangegangenen Jahr kennengelernt hatte[15]. Weder im Briefwechsel noch in den Tagebüchern gibt es jedoch Hinweise darauf, daß Locke zu dieser Zeit am *Essay* arbeitete. Auch in der Darstellung seines Lebens, die Damaris Masham, wie sie dann hieß, viel später verfaßte, wird an keiner Stelle erwähnt, daß Locke sich zu der Zeit mit der Arbeit am *Essay* befaßte. Warum aber hätte sie dies verschweigen sollen, wenn ihr bekannt gewesen wäre, daß er an der Schrift gearbeitet hatte? Da sie sich über philosophische Themen austauschten, ist es ebenfalls unwahrscheinlich, daß Locke ihr dies vorenthalten hätte. Mit großer Wahrscheinlichkeit kann jedoch behauptet werden, daß er an seinem anderen großen Werk, *Two Treatises of Government*, arbeitete (oder gearbeitet hatte – die Datierung ist umstritten), aber dies war eine Angelegenheit, bei der Locke sehr auf Geheimhaltung bedacht war.

---

12 Eine Auflistung jener Dinge, die Locke in Oxford zurückließ, findet sich bei Cranston 1957, 191.
13 Eine Beschreibung des Manuskripts findet sich bei Rogers 1990, xvii–xviii.
14 Seine Tagebucheintragung für Samstag, den 18. Februar 1682, enthält Anmerkungen zu dem Buch von Cudworth.
15 Zu Damaris Cudworth als Philosophin vgl. Hutton 1992, 29–54.

Mittlerweile hatte Shaftesbury erheblich an Ansehen verloren. Der Ausgang der *Exclusion Crisis* bedeutete für ihn eine persönliche Niederlage. Es stellte sich heraus, daß von jenen, die ihm Materialien zur „papistischen Verschwörung" geliefert hatten, zahlreiche Meineide geleistet worden waren. Im Juli 1681 wurde er des Hochverrrats angeklagt und im Tower gefangen gesetzt. Er floh im darauffolgenden Jahr nach Holland, wo er im Januar 1683 in Amsterdam starb. Später, nach der Aufdeckung der Rye House-Verschwörung, bei der eine Gruppe von Whigs die Entführung des Königs geplant hatte, entschied sich Locke, ebenfalls nach Holland zu fliehen, wo er fünf Jahre bleiben sollte. Seine philosophischen und anderen Schriften nahm er selbstverständlich mit.

In welchem Stadium befand sich das Werk Lockes zum Zeitpunkt seiner Flucht nach Holland? Wie bereits erwähnt, galt das Hauptinteresse in Shaftesburys Haushalt, dem Locke seit seiner Rückkehr aus Frankreich im Jahr 1679 wieder angehörte, der politischen Krise, die auch Locke aus nächster Nähe erlebte[16]. Es ist möglich, daß er vor seiner Flucht einen weitaus ausführlicheren Entwurf als *Draft B* verfaßt hatte. Tatsächlich scheint einiges für diese Annahme zu sprechen. Die Belege sind jedoch nicht immer eindeutig, andere Materialien widersprechen dieser These. An dieser Stelle seien einige relevante Fakten genannt. Kurze Zeit nach der Veröffentlichung des *Essay* berichtet Lockes Freund und Vertrauter, James Tyrrell, über die Rezeption in Oxford. Einige behaupten, so Tyrrell, daß Locke „had taken all that was good in it from divers French authors". Zu Lockes Verteidigung habe er angeführt, daß solange er, Tyrrell, in England mit Locke in Kontakt gestanden hätte, *„which was when the maine body of the booke was written*: to my knowledge you utterly refused to read any books upon that subject: that you might not take any other mens notions" (*Correspondence* 4, 26; Hervorhebung von G.A.J. Rogers). Entweder bezieht Tyrrell sich hier auf das Treffen von 1671 und die Entwürfe, die aus ihm hervorgingen, insbesondere auf die ausführlichere und abgeschlossenere Fassung, *Draft B*. Oder er verweist auf die Jahre unmittelbar vor Lockes

---

16 In welchem Maße Locke politisch involviert war, ist eine der umstrittensten Fragen der heutigen Locke-Forschung. Die These, er habe sich in hohem Maße für die Whigs engagiert, von der Exclusion Crisis bis zu Monmouths Aufstand und der Revolution von 1688, wird von Ashcraft 1986 vertreten.

Flucht nach Holland, als Tyrrell und Locke sich ausführlich mit politischer Theorie und, zumindest im Falle Lockes, auch mit philosophischen Fragestellungen befaßten.

Weitere Belege über den Zustand des Manuskriptes finden sich bei Tyrrell. Nach seiner Ankunft in Holland hatte Locke ihm eine Fassung des *Essay* zukommen lassen. Im darauffolgenden Februar schickte Tyrrell Locke einige Bemerkungen dazu: „I shall now tell you further concerning your papers, which I have now read over with all the care I could a second time, and like them better than at the first, which I take to be one main sign when I am not fed with empty notions instead of things and I have made bold since it is your foul copy to note it on the back pages when I doubt anything; or where I think I can illustrate any thing you have said by a fitter example" (*Correspondence*, 2, 610). Hieraus geht deutlich hervor, daß er ein umfassendes Dokument vorliegen hatte, eine weniger zufriedenstellende („foul") Kopie von Lockes eigener Fassung. Zudem wird klar, daß es sich um die Früchte von Lockes Arbeit während der Wintermonate handelt, war er doch im vorigen September in Holland angekommen, oder wie Tyrrell schreibt: „so that if your thinking has bin your hunting, and hawking this winter, I may safely say, it has bin mine to read what you have thought on and put together with so much Judgment" (*Correspondence* 2, 611). Aus diesen Belegen kann meines Erachtens mit Sicherheit geschlossen werden, daß Locke gegen Anfang Januar den Entwurf des *Essay* fertiggestellt hatte, so daß eine Kopie angefertigt werden konnte, welche dann (oder die verbesserte Originalfassung selbst, die „foul copy") rechtzeitig Tyrrell erreichte, der somit Gelegenheit hatte, sich bis zur dritten Februarwoche ausführlich mit dem Text auseinanderzusetzen.

Es ist nicht feststellbar, wie ähnlich diese Fassung bereits jener war, die Locke aus Holland mitbringen sollte. Wir wissen nicht einmal, ob sie alle vier Bücher enthielt. Eine Bemerkung Tyrrells läßt jedoch vermuten, daß es sich um ein umfangreiches Werk handelte. Davon zeugt auch die Tatsache, daß *Draft B* bereits 65 000 Wörter umfaßte. Tyrrell vergleicht es mit zwei weiteren Schriften, die er kürzlich gelesen hatte, *De Mente Humana Libri Quatuor* von J.-B. Du Hamel und Hobbes' *Human Nature*, und meint, er finde „as much difference, as between a Short Epitome, and an exact work" (*Correspondence* 2, 611). Es hat den Anschein, daß der Text in dieser Phase der ersten Auflage des *Essay* sehr nahe kommt.

Somit scheint Locke ein Manuskript des *Essay* nach Holland mitgebracht zu haben, das allerdings noch nicht abgeschlossen war. Während des ersten Winters verfaßte er dann eine weitere Fassung, die vermutlich bereits so etwas wie ein endgültiger Text war, zumindest war sie sehr viel definitiver als *Draft B*. Wir wenden uns jetzt einer anderen Darstellung dieser Geschehnisse zu, einer von Locke selbst verfaßten, die jedoch, wie sich herausstellen wird, mit Vorsicht behandelt werden muß.

Philosophie und Politik

Am Neujahrstag des Jahres 1685 (in Holland) schrieb Locke einen langen Brief an Edward Clarke. Dieser soll zunächst auszugsweise zitiert und anschließend auf seine Bedeutung hin untersucht werden. „Sir, I have been very unfortunate and other people very malicious to raise Suspicions upon me without any ground but their own misinterpretations of my most innocent actions. For I am more and more confirmed in my opinion that my being much in my chamber alone the last winter and busy there for the most part about my enquiry concerneing *Humane Understanding* [...] has been the occasion of my misfortune" (*Correspondence* 2, 671). Locke erklärt, er habe seine Schriften nach Holland mitgebracht, um ungestört an dem Buch weiterarbeiten zu können, das er Freunden versprochen habe, und er hebt mehrmals hervor, daß er die meiste Zeit „in the absence of my friends and almost all company" verbringe und ganz unschuldig am *Essay* schreibe. Bei dem „misfortune", das Locke erwähnt, handelt es sich um seinen von Karl II. verfügten Ausschluß aus Christ Church vom 15. November. Dies war ohne Zweifel ein schwerer Schlag für ihn, da es, wie er selbst sagt, sein einziges wirkliches Zuhause war und er seine Pläne auf dieser Sicherheit aufgebaut hatte. Verhängnisvoller war jedoch, daß er nun offiziell als regierungsfeindlich bezeichnet worden war.

Lockes ausführlicher Brief an Clarke war nicht der erste, den er zu diesem Thema verfaßte. Drei Wochen vorher – er hatte gerade die Nachricht von seinem Ausschluß erhalten – hatte er Thomas Herbert, dem Grafen von Pembroke, einen ähnlich langen Brief geschrieben, in dem er um Unterstützung für seine Wiederaufnahme bat und beteuerte, er sei in keiner Weise politisch involviert. Einmal mehr hebt er hervor, er habe sich im allgemeinen der Kaffeehäuser ferngehalten und gar nicht daran gedacht, sich in irgendeiner Weise politisch zu engagieren: „My time was most spent alone, at home by my fires side, where I confesse I writ a good deale, I thinke I may say, more then ever I did in soe much time, in my life, but no libells, unlesse perhaps it may be a libell against all mankinde to give some account of the weaknesse and shortnesse of humane understanding, for upon that my old theme de Intellectu humano (on which your Lordship knows I have been a good while a hammering), has my head been beating, and my pen scribleing all the time I have been here except what I have spent in travelling about to see the country" (*Correspondence* 2, 665).

Diese Bemerkungen sollen weiter unten wieder aufgegriffen werden. Zunächst muß jedoch festgehalten werden, daß diese Briefe nicht wörtlich genommen werden dürfen. Richard Ashcraft hat in seiner Untersuchung des Pembroke-Briefes überzeugend dargelegt, daß dieser Halbwahrheiten und Schlimmeres enthält[17]. Locke unterhielt Verbindungen zu einigen Führern der englischen Opposition, die in die Rye House-Verschwörung verwickelt waren und nun Argylls und später Monmouths Aufstand vorbereiteten. Es ist nicht ausgeschlossen, daß er eine wichtige Rolle bei der Finanzierung revolutionärer Pläne spielte, indem er für einen Geldtransfer zwischen Holland und England sorgte. Kurzum, Locke scheint zutiefst in jene Verschwörungen der englischen Exilanten verwickelt gewesen zu sein, die im Jahr 1688 wesentlich zum Erfolg von Wilhelms Invasion beitrugen.

Diese Bemerkungen leiten über zu einer Deutung der Ereignisse, die wir insbesondere Ashcraft verdanken. Wenn diese für plausibel gehalten wird, wenn auch nicht in sämtlichen Details, so muß auch Lockes Brief an Clarke einer neuen Lektüre unterzogen werden[18]. Wenn Locke der Revolutionär war, für den Ashcraft ihn hält, dann muß das auch für Clarke gelten. Clarke muß somit gewußt haben, daß der Brief, den er von Locke erhielt, nicht der Wahrheit entsprach. Aus welchen Gründen schrieb

---

17 Ashcraft 1986, 435. Vgl. ebenfalls Cranston 1957, 248–49.
18 Wichtige Stellungnahmen zu Ashcrafts These finden sich bei Schochet 1989.

Locke ihn dann? Ein möglicher Grund ist, daß er wünschte, Clarke würde ihn anderen zeigen, vielleicht insbesondere Pembroke, als weiteren Beweis seiner tadellosen Aktivitäten, die ihn als einsamen Wissenschaftler im Elfenbeinturm erscheinen lassen. Der Brief sollte mit anderen Worten Lockes Position bei jenen stärken, die Druck ausüben konnten, um ihn seine Position in Christ Church wiedererlangen und ihn nicht länger in Holland als verdächtig erscheinen zu lassen.

Was folgt nun hieraus für die Abfassung des *Essay*? Inwieweit sagte Locke die Wahrheit? Wie erwähnt, übersandte er im Februar 1684 eine Fassung an Tyrrell. Aus dem Tagebuch geht hervor, daß er am 30. November, acht Tage bevor er Pembroke schrieb, eine Fassung des zweiten Buches des *Essay* fertiggestellt hatte. Am Ende des Briefes bietet er Pembroke an, ihm „a part of what I have been doeing here" (*Correspondence* 2, 666) zu schicken, wobei es sich wohl um das zweite Buch handelte, das nunmehr eine akzeptable Form angenommen hatte. Vermutlich hatte er in der Tat die meiste Zeit intensiv daran gearbeitet. Seine Fortschritte im Jahr 1685 sind in seinen Briefen und Tagebüchern dokumentiert. Im Mai, als Locke von Clarke erfuhr, daß Pembroke das Manuskript zu sehen wünschte, war es zu „at least three quires of paper" angewachsen (*Correspondence* 2, 721). *Draft C*, der auf das Jahr 1685 datiert ist, bezeugt diese Angabe[19]. Im Laufe des Jahres 1686 erhielt Clarke von Locke verschiedene aufeinanderfolgende Bücher des *Essay*, das vierte und letzte wurde am letzten Tag des Jahres abgeschickt. Clarke ließ diese wiederum Pembroke zukommen (*Correspondence* 3, 88–89).

Lockes Beweggründe

Wenn das Bild von Locke als einem Philosophen und Intellektuellen, der sich von politischen Realitäten fernhält, überhaupt je Glaubwürdigkeit hatte, so hat es diese durch Ashcrafts Buch zumindest etwas eingebüßt. Es ist jedoch nicht erforderlich, daß wir

---

19 Ich werde demnächst *Draft C* im zweiten Band der *Drafts* veröffentlichen. Er enthält lediglich die ersten zwei Bücher der veröffentlichten Fassung und ist zwar im wesentlichen mit dieser identisch, enthält jedoch zahlreiche kleinere und einige wichtige Varianten.

alle Schlußfolgerungen Ashcrafts übernehmen, um uns ein neues Bild von Lockes Beweggründen dafür zu machen, sich in Holland niederzulassen, um dort sein Hauptwerk zu verfassen. In dem bereits häufig erwähnten Brief an Pembroke schreibt Locke, er habe von Shaftesbury so wenig bekommen, daß er keinen Grund sehe, dessen Sache nach seinem Tod zu verteidigen (*Correspondence* 2, 662–63). Derartige Behauptungen kann Locke nur zu Papier gebracht haben, weil er sich äußerst angreifbar fühlte. Wer sich mit Lockes Leben befaßt, stellt fest, daß es von seinen frühen Londoner Jahren bis hin zu seinem Tod 1704 eine Reihe von Ideen gibt, denen er treu blieb, die er in die Praxis umzusetzen gedachte und die mit jenen Shaftesburys, zumindest aus dessen besseren Zeiten, identisch waren.

Es könnte hier eingewandt werden, daß es sich bei Erkenntnistheorie und Politik um zwei getrennte Bereiche handelt. Doch ist es unwahrscheinlich, daß Locke diese Meinung geteilt hätte. Es darf nicht außer acht gelassen werden, daß sich die Diskussionen über die Toleranz fast ausschließlich auf einen religiösen Kontext bezogen, und die Erkenntnistheorie des *Essay* bietet eine weite Spanne an religiösen Anwendungsmöglichkeiten, wie aus der Rezeption hinreichend deutlich wird: gerade die vermutete Bedrohung für religiöse Orthodoxien war es, die schärfste Kritik auslöste. Wenn Locke in dem bereits zitierten Brief an Pembroke seine Untersuchung über „the weaknesse and shortnesse of humane understanding" erwähnt, so verweist er vermutlich auf ein Hauptthema des Werkes, das seines Erachtens weitreichende soziale Implikationen hatte. Wenn wir in zentralen Forschungsbereichen nicht zu der Behauptung berechtigt sind, wir könnten Gewißheit erlangen, dann sind wir ebensowenig dazu berechtigt, andere aufgrund ihrer unterschiedlichen Meinung zu verurteilen, außer wenn innerhalb unserer engen Grenzen bewiesen werden kann, daß ihre Meinung falsch ist. Locke zweifelte selbstverständlich nicht daran, daß manches tatsächlich bewiesen werden kann. Es sei möglich, die moralischen Naturgesetze, zumindest bis zu einem gewissen Grad, zu erkennen. Vieles müsse jedoch ungewiß bleiben. Aus diesem Grund hat das vierte Buch des *Essay* viele Leser enttäuscht, da man hoffte, dort auf eine große Ansammlung von Erkenntnissen zu stoßen. Statt dessen stellte man fest, daß Locke die Meinung vertrat, alles, was traditionellerweise für Erkenntnis gehalten worden war, sei gar nicht genuine Erkenntnis. Es sei bestenfalls eine Sache des Glaubens mit einem größeren oder geringeren Grad an Wahrscheinlichkeit.

Die moralische Eindringlichkeit, die meines Erachtens dem *Essay* zugrunde liegt, mag nicht offensichtlich sein. Dennoch ist sie spürbar, beispielsweise am Ende des ersten Buches, wo Locke vehement jene angreift, die ihren Anspruch auf Autorität auf eingeborene Ideen stützen. *Draft C* aus dem Jahr 1685 enthält den Text bereits im gleichen Wortlaut. Seinen ersten Ausdruck findet dieser Gedanke jedoch in *Draft B* (1671), womit belegt wird, daß es sich um ein bleibendes Thema in Lockes Werk handelt. Die Stelle soll hier trotz ihrer Länge ausführlich zitiert werden: „When men have found some general Propositions that could not be doubted of, as soon as understood, it was, I know, *a short and easy way to conclude them innate*. This being once received, it eased the lazy from the pains of search, and stopped the enquiry of the doubtful, concerning all that was once stiled innate: And it was of no small advantage to those who affected to be Masters and Teachers to make this the Principle of *Principles*, that Principles must not be questioned: For having once established this Tenet, That there are innate Principles, it put their followers upon a necessity of receiving some Doctrines as such, which was to take them off from the use of their own Reason and Judgement, and put them upon believing and taking them upon trust, without farther examination: In which posture of blind Credulity, they might be more easily governed by, and made useful to some sort of Men, who had the skill and office to principle and guide them."[20] Es ist nicht verwunderlich, daß der Verfasser dieses Abschnittes aus einer Schrift, die laut eigener Aussage nicht politisch ist, im selben Jahr ein wichtiges Werk zur religiösen Duldung schreibt, das ursprünglich an einen seiner berühmten holländischen Freunde, Philippus van Limborch, gerichtet war[21].

Zahlreiche weitere Textstellen in *Draft B*, *Draft C* und der ersten Auflage des *Essay* belegen Lockes tiefgreifendes Engagement für religiöse Toleranz und seine Feindseligkeit gegenüber

---

20 I.iv.24, 101–102. Der Passus findet sich ebenfalls in *Draft B*, Paragraph 13, in *Drafts*, 122–23.
21 Dies war bis dato die gängige Auffassung zum Ursprung der *Epistola*. Von Montuori 1983, insbesondere xxv–xxvii, wurde es vor kurzem in Frage gestellt.

jenen theoretischen Positionen, die gegen sie verwendet werden konnten. Im ersten Buch, Kapitel iii, sind besonders viele dieser Bemerkungen enthalten, zahlreiche werden bereits in *Draft B* vorweggenommen[22]. So schreibt er beispielsweise: „'Tis easy to foresee, that if different Men of different Sects should go about to give us a List of those innate practical Principles, they should set down only such as suited their distinct Hypotheses, and were fit to support the Doctrines of their particular Schools or Churches: A plain evidence, that there are no such innate Truths."[23]

Im *Essay* und in *Draft B* versucht Locke die an sich merkwürdige Tatsache zu erklären, daß unterschiedliche Menschen für entgegengesetzte Prinzipien sogar zu sterben bereit sind. Dies kann laut Locke nur dadurch erklärt werden, daß diese Prinzipien dem Kind bereits in jungen Jahren als unanfechtbare Wahrheit beigebracht wurden, obwohl sie nicht höheren Ursprungs waren als „the Superstition of a Nurse, or the Authority of an old Woman"[24]. So etwas kann nur schreiben, wer davon überzeugt ist, daß eine bestimmte erkenntnistheoretische Auffassung – die Ablehnung von eingeborenen Ideen als Ursprung der Erkenntnis – für Ethik und Religion, und durch diese für die Politik, von Bedeutung ist.

Es lohnt sich festzuhalten, daß in *Draft B* zwar zahlreiche derartige Bemerkungen gegen eingeborene Ideen und den unberechtigten Anspruch auf Gewißheit in den Bereichen Ethik und Religion vorkommen, sie aber keineswegs in dieser Häufigkeit in *Draft A* zu finden sind. Allerdings hebt Locke sogar schon im *First Tract on Government* (1660), in dem er sich anders als in seinen späteren politischen Abhandlungen *gegen* Toleranz ausspricht, die Gefahr von ungerechtfertigten Mutmaßungen in religiösen Fragen hervor: „if men would suffer one another to go to heaven every one his own way, and not out of a fond conceit of themselves pretend to greater knowledge and care of another's soul and eternal concernments than he himself..."[25] Mit anderen

---

22 Vgl. beispielsweise folgende Paragraphen: I.iii.8, 11, 14, 20, 21, 24, 26.
23 I.iii.14.
24 I.iii.22. Vgl. *Draft B*, Paragraph 9 (*Drafts*, 115).
25 Locke 1660/2, 161. Ähnliche Äußerungen finden sich in Lockes Brief an Henry Stubbe vom September (?) 1659, *Correspondence* 1, Nr. 75 und Locke an Boyle, Dezember 1665, ibid., Nr. 175, insbesondere 228.

Worten: Locke war sich bereits sehr früh der erkenntnistheoretischen Schwierigkeiten in zahlreichen ethischen und religiösen Fragen durchaus bewußt.

Diese „Erkenntnistheorie der Toleranz", wie sie hier genannt werden soll, hatte einen weitreichenden und tiefgreifenden Einfluß nicht nur auf Politik und Religion, sondern ebenfalls auf das, was heute als Naturwissenschaft bezeichnet wird. Dieser Einfluß kann hier zwar nicht ausführlich untersucht werden, doch ist die allgemeine Richtung klar. Aufgrund der Begrenztheit unserer Fähigkeiten, die Wahrheit zu erfassen, müssen wir von dem ungerechtfertigten Anspruch Abstand nehmen, Theorien und Hypothesen über das Wesen der Natur mit Gewißheit behaupten zu können. Wir können nicht einmal das Wesen der „bodies that are about us" erfassen, noch weniger jenes der „whole nature of the Universe". Und „as to a perfect *Science* of natural Bodies, (not to mention spiritual Beings,) we are, I think, so far from being capable of any such thing, that I conclude it lost labour to seek after it" (IV. iii.29).

Diese Ablehnung von Gewißheit in der Naturwissenschaft war gleichzeitig eine Ablehnung des apriorischen Weges zur Erkenntnis der Natur, den Locke bei Descartes und einigen seiner Schüler vorfand und dem er sich (mit Newton) rückhaltlos widersetzte. Doch die Ablehnung von Gewißheit in der Wissenschaft war niemals eine Ablehnung ihrer *Nützlichkeit*. Das Studium der Natur kann der Menschheit von großem Nutzen sein, Locke meinte lediglich: „We should not be forwardly possessed with the Opinion, or Expectation of Knowledge, where it is not to be had; or by ways, that will not attain it: That we should not take doubtful Systems, for complete Sciences; nor unintelligible Notions, for scientifical Demonstrations." (IV. xii.12) Der große Feind der Naturwissenschaft, wie auch der Theologie und der Wahrheit im allgemeinen, war die Sünde der Schwärmerei: „assuming an Authority of Dictating to others."[26] Für Locke war sie die verabscheuungswürdigste aller intellektuellen Sünden.

Aus welchen Gründen schließlich schrieb Locke die endgültige Fassung seines großen Werkes in Holland? Hatte das Land besondere Eigenschaften, die sein Schreiben anzuregen vermochten? Natürlich vervollständigte er sein Buch an diesem Ort

---

26 „Of Enthusiasm", IV.xix.2.

u. a. deshalb, weil er in einer Lebensphase angelangt war, die es ihm erlaubte, seine Gedanken zu ordnen. Aber es mag auch weitere Faktoren gegeben haben. Einer der Gründe, der mit Vorsicht angeführt werden soll, ist Lockes feste Überzeugung, daß eine Gesellschaft, die religiöse und intellektuelle Toleranz praktiziert, auch in der Medizin und in den Naturwissenschaften, die wünschenswerteste Gesellschaftsform darstellt, die die Menschheit zu erreichen hoffen kann. Zu diesem Schluß war er vermutlich bereits lange Zeit vor seiner Abreise aus England im Jahr 1683 gelangt. Seine Einstellung hatte sich zum großen Teil schon vor Shaftesburys Tod gefestigt und geht auf die Treffen von 1671 zurück, die zur Entstehung der frühen Entwürfe des *Essay* führten. Als er jedoch in Holland ankam und seine Welt durch den Tod Shaftesburys und das politische Versagen der englischen Revolutionäre erschüttert war, fand er ein Land vor, in dem viele seiner intellektuellen, politischen, medizinischen und sozialen Ziele in die Praxis umgesetzt zu sein schienen. Der liberale Charakter der holländischen Gesellschaft in den 1680er Jahren sollte nicht überbewertet werden, aber in einigen wichtigen Punkten fiel der Vergleich mit der zeitgenössischen englischen Gesellschaft zu ihrem Vorteil aus.

Hier können lediglich exemplarische Belege für diese Thesen angeführt werden, doch könnten die folgenden Beispiele problemlos erweitert werden. So mußte Locke im Bereich der medizinischen Praxis, der für ihn von erheblicher Bedeutung war, feststellen, daß die Methode, die Sydenham und er einführen wollten, in Holland bereits weitgehend angewandt wurde[27]. In bezug auf andere Bereiche wird aus seinen Tagebüchern deutlich, daß er der Meinung war, die Prüfungsmethoden an holländischen Universitäten seien denen in Oxford weit überlegen. Dieselben Tagebücher zeigen seine Bewunderung und Faszination für die holländischen Errungenschaften im Deichbau und im Bau auf morastigem Boden. Von dem Altersheim für Frauen, das die kalvinistische Kirche in Amsterdam eingerichtet hatte, zeigte er sich sehr beeindruckt. Vor allem fand er in dem kleinen Land, das von

---

27 Zur Situation in England vgl. Cooke 1986, *passim*. Vgl. auch Schaffer 1989, 167–190. Zahlreiche Einträge in Lockes Tagebuch belegen seine Bewunderung für die holländische medizinische Praxis, eine Bewunderung, die auf Gegenseitigkeit beruhte.

einem übermächtigen Feind bedroht wurde, eine liberale Atmosphäre und Sorge um religiöse Duldung vor, die in seinen Augen auch auf England übertragen werden könnten. Er war fest davon überzeugt, daß die wichtigsten Gründe der Intoleranz in den Herzen der Menschen zu finden seien, nicht in der Natur der Dinge, und noch weniger in Gottes Wort. So schrieb er: „... the great disputes that have been & are still in several churches have been for the most part about their own inventions & not about things ordeind by god himself or necessary to salvation."[28] Es handele sich im wesentlichen um philosophische Debatten. Um so mehr sah er sich darin bestätigt, sein Projekt voranzutreiben. Und um so mehr gab es Grund, die englischen Reformer zu unterstützen. Vor allen Dingen bot Holland die Möglichkeit, in einer von Toleranz geprägten Umgebung alte Freundschaften zu erneuern und neue hinzuzugewinnen. Ein Beispiel hierfür ist Lockes Verbindung zu Limborch und der Ethik der Remonstranten, die in einem Brief Limborchs anläßlich einer theologischen Meinungsverschiedenheit zum Ausdruck kommt: „Let our contest be in acts of sincere friendship and unfeigned affection" (*Correspondence* 2, 756). Dies stehe im Gegensatz zu der Haltung der Unaufgeklärten in vielen Ländern, „*cooped* in close *by the laws* of their Countries, and the strict guards of those, whose Interest it is to keep them ignorant" (IV. xx.4). Locke sah in Holland, was er für sein eigenes Land suchte: eine Gesellschaft, deren Bürger in den Genuß von „Liberty and Opportunities of a fair Enquiry" (IV.xx.4) kamen. Es kann sogar vermutet werden, daß Holland Hebammendienste bei der Geburt von Lockes Genie leistete.

(Übersetzung von Angela Kuhk)

---

28 Aus Lockes Tagebuch vom 17. Juli, 1684. Bodleian Library Locke MS f. 8.

Literatur

Aaron R. I./J. Gibb 1936: An Early Draft of Locke's Essay. Oxford.
Ashcraft, Richard 1986: Revolutionary Politics and Locke's Two Treatises of Government. Princeton.
Biddle, John C. 1977: John Locke's Essay on Infallibility: Introduction, Text, and Translation. In: Journal of Church and State 19, 301–327.
Bonno, Gabriel 1955: Les Relations Intellectuelles de Locke avec la France. Berkeley – Los Angeles.
Boyle, Robert 1666: The Origine of Formes and Qualities (According to the Corpuscular Philosophy). In: M. A. Stewart (Hrsg.): Selected Philosophical Papers. Manchester 1979, 1–96.
Cary, Lucius, zweiter Vicomte Falkland 1645: Of the Infallibilitie of the Church of Rome. Oxford.
Chillingworth, William 1638: The Religion of Protestants a Safe Way to Salvation. Oxford.
Cooke, Harold J. 1986: The Decline of the Old Medical Regime in Stuart England. Ithaca.
Cranston, Maurice 1957: John Locke. A Biography. London.
Fox Bourne, H. R. 1991: The Life of John Locke. Zwei Bände. London 1876. Band 1. Nachdruck Bristol.
Frank Jr., Robert 1980: Harvey and the Oxford Physiologists. Berkeley – Los Angeles.
Hutton, Sarah 1992: Damaris Cudworth, Lady Masham: Between Platonism and Enlightenment. In: The British Journal for the History of Philosophy 1, 29–54.
Locke, John 1660/2: Two Tracts on Government. Hrsg. v. Philip Abrams. Cambridge 1967.
Lough, John 1953: Locke's Travels in France, 1675–79. Cambridge.
Montuori, Mario 1983: John Locke on Toleration and the Unity of God. Amsterdam.
Rogers, G. A. J. 1990: Introduction. In: Peter H. Nidditch, G. A. J. Rogers (Hrsg.): Drafts for the Essay Concerning Human Understanding, and other Philosophical Writings. Band 1. Oxford.
– 1992: Locke and the Latitude-Men: Ignorance as a Ground of Toleration. In: Richard Kroll, Richard Ashcraft und Perez Zagorin (Hrsg.): Philosophy, Science and Religion in England 1640–1700. Cambridge, 230–252.
– 1998: Locke's Enlightenment. Aspects of the Origin, Nature and Impact of his Philosophy. Hildesheim.
Schaffer, Simon 1989: The Glorious Revolution and Medicine in Britain and the Netherlands. In: Notes and Records of the Royal Society of London 43, 167–190.
Schochet, Gordon J. 1989: Radical Politics and Ashcrafts Treatise on Locke. In: Journal of the History of Ideas 50, 491–510.
von Leyden, Wolfgang (Hrsg.) 1954: John Locke. Essays on the Law of Nature. Oxford.

Rainer Specht

Über Angeborene Ideen bei Locke*

Essay I.ii-iv; II.i

Das Erste Buch des *Essay Concerning Human Understanding* dient der Widerlegung der Behauptung, daß es angeborene Prinzipien und Ideen gibt. Lockes Terminologie ist reich an Synonymen: Er spricht von angeborenen Ideen, aber auch von „notions naturally imprinted", „native inscriptions", „characters, as it were stamped upon the mind", „innate principles" und „innate truths"[1]. Das ist nicht schlimm, denn Prinzipien bestehen aus Ideen: „no Proposition can be innate, unless the *Ideas*, about which it is, be innate" (I.ii.18; 58, 1-2). Lockes Position wirkt auf den ersten Blick klar: Wir bringen keine fertigen Ideen und keine fertigen praktischen oder theoretischen Prinzipien mit, sondern nur natürliche Fähigkeiten (faculties), die uns zur Bildung von Ideen befähigen. Diese angeborenen Kräfte, die unser Geist schon hat, wenn er in ande-

---

* Überarbeitete Fassung eines Vortrags, der 1969 auf der Tagung des Engeren Kreises der Allgemeinen Gesellschaft für Philosophie in Mannheim gehalten und 1971 unter dem Titel „Les idées innées chez Locke" in *Archives de Philosophie* [Éditions Beauchesne] Bd. 34, S. 245-264, veröffentlicht wurde.

1 Zum Beispiel findet man im *Essay:* „*Ideas* [...] innate": I.ii.1; 48, 16-17. – I.ii.15; 55, 16. – I.ii.16; 56, 10. – I.ii.18; 58, 2-3. – „Notions naturally imprinted": I.ii.5; 50, 5-6. – „innate Notions": I.ii.5; 50, 34. – „Notions writ on our Mind by the finger of God": I.iii.16; 77, 29-30. – „Characters, as it were stamped upon the Mind of Man": I.ii.1; 48, 7. – „innate Characters": I.ii.22; 60, 12. – „Impressions of Nature, and innate Characters": I.ii.1; 48, 20. – „natural Characters ingraven on the Mind": I.iii.1; 66, 4. – „native Inscriptions": I.ii.7; 51, 15. – I.ii.11; 53, 1. – „natural Inscription": I.ii.28; 65, 13-14. – „Truths [...] innate", „innate Truths": I.ii.3; 49, 10-11. – I.ii.5; 49, 30. – I.ii.9; 52, 3. – I.iii.22; 82, 2. – „innate Principles": I.ii, Überschrift; 48, 4. – I.ii.1; 48, 6. – I.ii.4; 49, 15.

rer Hinsicht noch ein unbeschriebenes Blatt ist[2], bringt Locke ins Spiel, charakterisiert sie aber vorerst nur im Vorübergehen[3]. Einiges spricht dafür, daß er analoge Stellen von Gassendi kennt[4].

Locke hat sich schon früher über angeborene Ideen und Prinzipien geäußert. *Draft A*, der älteste erhaltene Entwurf des *Essay*, widmet ihnen zwar nur einige Sätze[5], aber *Draft B*, der ebenfalls von 1671 stammt, erweitert die Darstellung zu einem größeren Block[6]. In *De Lege Naturae* von 1676, das erst nach dem Zweiten Weltkrieg von Wolfgang von Leyden herausgegeben wurde, zeigt Locke, daß das natürliche Gesetz nicht angeboren ist[7]. Das Erste Buch des *Essay* von 1689/90 ist schließlich mehr als doppelt so umfangreich wie der Textblock in *Draft B* und muß in siebzehn Jahren allmählich entstanden sein. Vielleicht hängt es mit dieser komplexen Entstehungsgeschichte zusammen, daß sich der Leser am Ende fragt, weswegen das Buch wohl geschrieben wurde.

---

2 II.i.2; 104, 15–16: „white Paper, void of all Characters".
3 Zum Beispiel I.ii.1; 48, 13 und I.iii.13; 75, 34: „natural Faculties". I.iv.12; 91, 29, hat „natural Abilities". I.iv.12; 91, 30–31: diese Fähigkeiten stammen von Gott, „God having embued Man with those Faculties of knowing which he hath". – Für den praktischen Bereich finden sich entsprechend I.iii.3; 67, 23–24: „natural tendencies imprinted on the Minds of Men", I.iii.12; 73, 24: „natural Inclination", und I.iv.11; 90, 27: „natural Propensity". – Allgemein spricht Locke in I.i.6; 46, 22, von „*Powers* of our own Minds"; z.B. II.i.15; 113, 5–6: „so admirable a Faculty, as the Power of thinking". – An weiteren Einzelfähigkeiten werden bis zum Ende des Ersten Buchs z.B. erwähnt: *The Epistle to the Reader*; 6, 9–10: „*the* UNDERSTANDING [...] *as it is the most elevated Faculty of the Soul*". – I.ii.14; 54, 29–30: „the Understanding of general Names, being a Concomitant of the rational Faculty". – I.ii.9; 51, 33–35: „*Reason* [...] the Faculty of deducing unknown Truths from Principles or Propositions". I.ii.15; 55, 9: [the Mind] „its discursive Faculty." Auch die Sinne gehören zu den Fähigkeiten: I.ii.1; 48, 16–18: „a Power to receive them" [the *Ideas* of Colours].
4 Vgl. Gassendi 1658. Dort z.B.: *Disquisitio Metaphysica*, Med. 5, Dub.1, art. 5; 3, 379 a: „ista omnia, quae vel a te, vel ab aliis de Ideis rerum innatis dicuntur, nihil aliud ostendunt, quam esse in nobis facultatem cognoscendarum rerum innatam."
5 Siehe *Drafts* § 8; 19: „noe new notion nor an innate Idea". – § 30; 58: „to be an innate congenet Idea". – § 43; 74: „certain innate Ideas or principles". – § 43; 77: „comes to be knowne to us not by any innate notion borne with us".
6 §§ 4–16; 103–128, von *Draft B* sind dem Thema der angeborenen Ideen gewidmet.
7 von Leyden 1965. Dort: *De Lege Naturae* III. An lex naturae hominum animis inscribatur? Negatur; 136–145.

Aaron schlägt vor, Locke habe darin klarmachen wollen, daß wir „von angeborenen Wahrheiten nicht sprechen sollten, wenn wir nicht bereit sind, den ganzen Weg zu gehen und die Meinung zu akzeptieren, daß ein Kind bei seiner Geburt das Identitätsprinzip kennt"[8]. Diese Mahnung ist plausibel, man fragt sich aber, auf wen sie gemünzt sein könnte. Schrieb Locke vielleicht das Erste Buch aus literarischen Gründen, weil er nicht ohne Vorbemerkung mit der Tür ins Haus fallen wollte und lieber der Ordnung halber zeigte, daß es kein menschliches Wissen aus Nicht-Erfahrung gibt, bevor er zeigte, daß es nur menschliches Wissen aus Erfahrung gibt? Oder wollte er sich gegen einen philosophischen Gegner wenden? Er sagt zu Anfang: „IT is an established Opinion amongst some Men" (I.ii.1; 48, 5). Sobald man versucht, diesen Hinweis auf bestimmte Autoren zu beziehen, macht er Verdruß. Locke nennt zwar namentlich Herbert von Cherbury[9], doch zeigt der Kontext mit „Als ich dies geschrieben hatte"[10], daß es sich um eine Anfügung handelt, die das Buch nicht veranlaßt haben kann, weil sie schon Teile von ihm voraussetzt. „Die Scholastiker" kann man in diesem Fall nicht gut bemühen, denn sie vertraten in der Regel nicht die Meinung, daß es angeborene Ideen in dem von Locke bekämpften Sinne gibt.

Verbreitet ist die Ansicht, Locke habe im Ersten Buch Descartes und die Cartesianer treffen wollen. Leibniz äußert sie in den *Nouveaux Essais*[11], in denen er auf Lockes Nähe zu Gassendi hinweist[12]. Nun könnte man in der Tat mit Gründen der Ansicht

---

8 Aaron 1971, II 2: *The Polemic against Innate Knowledge*; 96–97.
9 I.iii.15; 77. Der Hinweis auf „my Lord Herbert" findet sich schon in *Draft B* (*Drafts* § 6; 111, letzte Zeile).
10 *Essay* I.iii.15; 77, 4: „When I had writ this, being informed, [...]. Vgl *Draft B* (*Drafts* § 6; 111, letzte Zeile: „Since the writing of this being informed [...]").
11 Leibniz 1882. Dort 1.1.1; 66, TH. – Siehe auch den Text in der folgenden Anmerkung.
12 Zum Beispiel ebenda S. 62, wo Philalèthe, der Vertreter Lockescher Meinungen, von sich erklärt: „je trouvois les sentimens de Gassendi, éclaircis par M. Bernier, plus faciles et plus naturels" [als die von Descartes]. Ebenda S. 63 äußert Philalèthe über „un illustre Anglois", nämlich Locke: „Cet auteur est assés dans le Système de M. Gassendi, qui est dans le fonds celuy de Democrite; il est pour le vuide et pour les Atomes; il croit que la matiere pourroit penser; qu'il n'y a point d'idées innées; que nôtre esprit est 'tabula rasa', et que nous ne pensons pas toujours; et il paroit d'humeur à approuver la plus grande partie des objections que M. Gassendi a faites à M. Descartes."

sein, daß Locke sein Erstes Buch in diesem Sinn verstanden hat. Dann wäre allerdings seine Tendenz der Sache nach kaum haltbar, denn Descartes hat nicht selten gesagt, was er unter angeborenen Ideen verstehen will. Gegen Hobbes verweist er darauf, daß „eine angeborene Idee besitzen" für ihn nichts anderes bedeutet als „die Fähigkeit besitzen, sie hervorzurufen"[13]; und in den *Notae in Programma* verwahrt er sich dagegen, daß man unter angeborenen Ideen in seinem Sinn etwas versteht, das vom Vermögen zu denken verschieden ist: Er meine etwas Ähnliches wie Leute, die behaupten, in einigen Familien sei Großmut oder die Veranlagung zu bestimmten Krankheiten angeboren[14]. Schon in der Dritten Meditation teilt er mit, daß für ihn die angeborene Gottesidee nur die Signatur des göttlichen Künstlers ist und daß sie von Gottes Werk nicht verschieden sein muß[15]. Auf Gassendis Insistieren hin geht Descartes so weit zu sagen, es genüge, wenn das Bild so vollkommen sei, daß man schließen müsse: Es kann nur von Apelles stammen[16]. Gewiß sind einige cartesische Texte über angeborene Ideen weniger eindeutig und lassen sich auch anders interpretieren. Aber wenn ein Autor so genaue Anweisungen gibt, wie seine Texte zu verstehen sind, dann behält

---

13 *Meditationes, Objectiones Tertiae; AT* VII 189, 1–4: „Denique, cum dicimus ideam aliquam nobis esse innatam, non intelligimus illam nobis semper obversari: sic enim nulla prorsus esset innata; sed tantum nos habere in nobis ipsis facultatem illam eliciendi."

14 *Notae in Programma,* In art. 12; AT VIII/2 357, 26–358, 11: „Non enim unquam scripsi vel judicavi, mentem indigere ideis innatis, quae sint aliquid diversum ab ejus facultate cogitandi; sed cum adverterem, quasdam in me esse cogitationes, quae non ab objectis externis, nec a voluntatis meae determinatione procedebant, sed a sola cogitandi facultate, quae in me est, ut ideas sive notiones, quae sunt istarum cogitationum formae, ab aliis adventitiis aut factis distinguerem, illas innatas vocavi. Eodem sensu, quo dicimus, generositatem esse quibusdam familiis innatam, aliis vero quosdam morbos ut podagram, vel calculum: non quod ideo istarum familiarum infantes morbis istis in utero matris laborent, sed quod nascantur cum quadam dispositione sive facultate ad illos contrahendos."

15 *Meditationes, Tertia; AT* VII, 15–18: „Et sane non mirum est Deum, me creando, ideam illam mihi indidisse, ut esset tanquam nota artificis operi suo impressa; nec etiam opus est ut nota illa sit aliqua res ab opere ipso diversa." – Lockes Stelle *Essay* I.iv.9; 89, 27–30, steht inhaltlich dieser Erklärung ganz nahe.

16 *Meditationes, Quintae Responsiones; AT* VII 372, 3–10: „idem est ac si aliqua in tabella tantum artificii deprehendens ipsam a solo Apelle pingi potuisse judicarem, diceremque inimitabile istud artificium esse veluti quandam notam, quam Apelles tabellis omnibus suis impressit ut ab aliis dignoscantur, tu vero quareres: quae forma istius notae, quisve modus impressionis?"

man nicht viel Spielraum. Man kann deshalb, wie v. Hertling zeigt, ohne Bedenken die These der alten Geilschen Dissertation[17] wieder aufnehmen, nach der in der Frage der angeborenen Ideen zwischen Descartes und Locke im Grunde keine Meinungsverschiedenheit besteht.

Die Vermutung, Locke habe sich im Ersten Buch gegen die Cambridger Platoniker wenden wollen, ist verbreitet und alt. Aber der spätere Reichskanzler v. Hertling hat schon vor über hundert Jahren gezeigt, daß sie in dieser Allgemeinheit nicht haltbar ist, denn mehrere Cambridger Platoniker haben die Annahme angeborener Ideen nicht in dem Sinn vertreten, gegen den sich Locke wendet, oder sie sogar bekämpft (Hertling 1892, 293–4 und 300–305). Auch James Gibson kannte solche Autoren (Gibson 1917, 30–31). 1956 hat John Yolton, der Hertlings Buch nicht nennt, gezeigt, daß in den Jahren vor 1688 der Innatismus (die Meinung, daß es angeborene Ideen gibt) in England sowohl in einer naiven als auch in einer verfeinerten Form, die lediglich angeborene Dispositionen annahm, häufig vertreten wurde und daß sich Locke bei seiner Gedankenführung im Ersten Buch möglicherweise auf Arbeiten Parkers, Burthogges, Mores und Culverwells stützt (Yolton 1971³, 40–48 und 186). Der Leser hat am Ende den Eindruck, daß diese Polemik anscheinend gegen niemanden polemisiert, und ist deswegen nicht erstaunt, wenn ihm ein Autor nahelegt, historische Fragen zum Ersten Buch von der Tagesordnung zu streichen.[18] Aber wie kommt es zum Beispiel, daß Locke als Vertreter einer neuen Ära auf den Innatismus nicht mit originellen Gegengründen reagiert, sondern daß er sich so verhält wie jemand, der konzeptualistische Scholastiklehrbücher der Ockhamschen Richtung studiert hat? Wie kommt es zweitens, daß er seine Auseinandersetzung so breit und undifferenziert führt, obwohl sich seine Meinung kaum von der damals verbreiteten Position unterscheidet, die Yolton als dispositionellen Innatismus charakterisiert? (Yolton 1971³, 43–8). Ich möchte anläßlich dieser beiden Fragen unterstellen, daß das Erste Buch

---

17 Hertling 1892, 306. Es handelt sich um die Arbeit von G. Geil 1887.
18 O'Connor 1967, 39: „Scholars have disputed whether Locke is here controverting Descartes and his followers, contemporary scholasticism, or the Cambridge Platonists. But for the purpose of understanding Locke's own theory of knowledge we can neglect this historical nicety and need only attend very briefly to the arguments which he offers against innate knowledge."

nicht nur eine Polemik, sondern mindestens zwei enthält, von denen die erste unmittelbar philosophisch ist, die zweite weniger unmittelbar.

Die Verdopplung des Umfangs des Ersten Buchs beruht nicht nur darauf, daß Locke im *Essay* die Argumente von *Draft B* erweitert, sondern auch darauf, daß er neue Argumente einführt. Man kann in einer groben Einteilung drei Schichten der Argumentation unterscheiden. Argumente aus dem Bereich der allgemeinen Erfahrung, zu denen auch ethnologische Informationen gehören, überwiegen in *Draft B* und werden später zum Substrat des Ersten Buchs. In diesem gibt es darüber hinaus Argumente, die in einem engeren Sinn theoretisch sind, und zwar erstens die Behauptung, daß ein Prinzip, das angeboren ist, auch angeborene Ideen voraussetzt (den bloßen Hinweis darauf findet man schon in einer Stelle von *Draft B*[19], er wird jedoch im Ersten Buch thematisiert)[20]. Das zweite in einem engeren Sinn theoretische Argument behauptet, daß unser Geist keine Idee haben kann, die er nicht aktuell perzipiert. Die dritte Argumentationsschicht besteht aus politischen Argumenten, nach welchen der Glaube an angeborene Ideen von Interessenten durchgesetzt wurde, die ihre Opfer ausnutzen wollten. Einiges davon steht schon in *Draft B*, aber auch diese Gruppe bekommt im Ersten Buch ein deutlich größeres Gewicht[21].

Die Argumente aufgrund der allgemeinen Erfahrung sind interessant und teils kommentarbedürftig. Zu dem ersten im engeren Sinn theoretischen Argument muß man nicht viel sagen. Auf das zweite und auf die politischen Argumente, die im *Essay* stärkeres Gewicht bekommen, möchte ich mich konzentrieren. Die These, daß wir keine Ideen haben, die wir nicht aktuell denken, erscheint zuerst in § 5 des Zweiten Kapitels und muß in Lockes Augen Gewicht besessen haben, denn er nimmt sie mehrmals

---

19 *Draft B*, Anfang von § 16; (*Drafts*, 126–127).
20 I.iv.19; 95–96: „No Propositions can be innate, since no Ideas are innate."
21 In Kapitel 2 findet sich wenig Einschlägiges, nämlich I.ii.1; 48, 24–26 und I.ii.25; 63, 6–10. – In Kapitel 3 ist das Motiv ab § 20 recht häufig: I.iii.20; 80, 10–20. – I.iii.21; 81, 9–18. – I.iii.22; 81, 19 – 82, 2. – I.iii.23; 82, 3–15. – I.iii.25; 82, 30–36 und 83, 3–14. – I.iii.26; 83, 15 – 84, 4. – I.iii.27; 84, 5–21. – Schließlich taucht es gegen Ende des 4. Kapitels wieder auf: I.iv.22; 99, 23–29. – I.iv.23; 100, 33–35 und 101, 4–27. – I.iv.24; 101, 30 – 102, 10. – Es gibt schon in *Draft B* einige einschlägige Stellen, doch ist das Motiv dort deutlich schwächer: *Drafts* § 7; 114. – § 9; 115–116. – § 10; 116–118. – § 13; 122–123.

wieder auf²². Ich vermute, daß er auch hier konzeptualistisches Lehrgut an die Neuzeit tradiert. Wenn man grundsätzlich eine solche Überlieferung annimmt, dann werden einige Positionen Lockes verständlicher, z. B. Behauptungen im Rahmen der Ideenlehre, aber auch die Lehre vom „sensitive knowledge", in der vermutlich Ockhams intuitive notitia sensitiva wieder aufersteht, die Erinnerungslehre in Buch 2, Kapitel 10, und das Universalienkapitel im Dritten Buch mit seiner schon fast schamlos konventionellen Behauptung, das Allgemeine sei eine „fiction of the understanding". Allerdings ist die Vertrauenswürdigkeit dieser Vermutung geringer als ihre Fähigkeit, bestimmte Texte plausibler erscheinen zu lassen. Denn bis heute gibt es keinen systematischen Nachweis der ockhamistischen und gassendistischen Elemente im *Essay*, die wiederum zum Teil konzeptualistisch sind.

Das ist von Nachteil, denn die Wörter in Lockes Texten stehen für Bedeutungen, von denen der Autor die meisten so gut wie unbesehen aus der Umgangssprache oder aus professionellen Sprachen übernommen hat. Nur wenige modifiziert oder präzisiert er, und wir gehen mit Recht davon aus, daß Stellen, an denen er modifiziert oder präzisiert, für uns aufschlußreicher sind als Stellen, an denen er so spricht wie jedermann. Aber wir können nur dann entscheiden, ob er tatsächlich modifiziert oder präzisiert hat, wenn wir wissen, welche Bedeutungen er vorfand. Insofern hätten die fehlenden Untersuchungen über Lockes Rezeption gassendistischer und konzeptualistischer Elemente zu den Voraussetzungen der Urteile über seine Originalität gehört, mit denen die Literatur nicht sparsam war. Mit den folgenden Hinweisen auf Analogien zwischen Ockhamtexten und Locketexten ist für die Historie wenig ausgerichtet, weil wenig dafür spricht, daß Locke ein Buch von Ockham gelesen hat; man wird mit komplexen literarischen Vermittlungen rechnen müssen. Deshalb brauchen wir Angaben über den Konzeptualismus der Schulphilosophen, bei denen der junge Locke gelernt hat, und Untersuchungen darüber, welche Lehrbücher er in Oxford tatsächlich benutzt hat²³.

22 Erstes Vorkommen: *Essay* I.ii.5; 49, 30 – 50, 5. – Wiederaufnahmen: I.ii.5; 50, 9–10. – I.ii.5; 50, 33– 51, 2. – I.ii.6; 60, 1–3. – I.ii.25; 62, 17–27. – I.ii.26; 63, 20–22. – I.iii.11; 73, 10–11. – I.iii.13; 75, 18–22. – I.iv.20; 96, 31– 98, 25.
23 Allgemein zu diesem Punkt mit Literaturhinweisen: Schobinger 1988, Kap. 1: Die philosophischen Lehrstätten, 1: Oxford, I 6–9.

Kennzeichnend für Ockhams Ideenlehre ist die Ablehnung der sogenannten Speciestheorie, das heißt, der Behauptung, daß durch den Erkenntnisakt in unserem Geist bleibende Abbilder oder Repräsentativentitäten („species") entstehen, die später deponiert, zum Zweck des Erinnerns wieder ins Vorderhaupt geholt und danach von neuem im Hinterhaupt abgelegt werden. Die Lehre, daß beim Erkenntnisakt solche Abbilder („species") entstehen, unterstellt, daß es neben dem Denkakt einen physisch von ihm verschiedenen Denkinhalt gibt, der den Denkakt überdauert. Gegen diese Meinung wendet Ockham ein, daß sie gegen das Ökonomieprinzip verstößt, denn alle Phänomene, die durch die Annahme von Species gerettet werden können, kann man auch ohne diese Annahme retten[24]. Intuitive Erkenntnis läßt sich genau so gut durch das bloße Zusammenwirken von Verstand und erkanntem Gegenstand erklären[25].

Was Ockham sagen möchte, kann man mit einem Blick auf den Sprechakt erläutern. Das Aussprechen eines Worts ist eine physische Realität, die durch Tätigkeiten der Sprechorgane hervorgebracht wird und die zugleich mit diesen Tätigkeiten vergeht. Es ist nicht so, als würde das Wort vor dem Sprechen beispielsweise in einem Kehlsack aufbewahrt, zum Sprechen herausgeholt und schließlich wieder im Kehlsack abgelegt. Ähnlich ist für Ockham der Denkakt eine physische Realität, die durch jeweils besondere Tätigkeiten besondere Gegenstände repräsentiert, und insofern ist der Erkenntnisakt selbst dem repräsentierten Gegenstand ähnlich[26]. Für Ockham ist das, was Locke Idee nennt,

---

24 Ockham 1981, qu. 12/13; V, 268, 5-7: „Frustra fit per plura quod potest fieri per pauciora. Sed per intellectum et rem visam, sine omni specie, potest fieri cognitio intuitiva, igitur." – Entspr. Occam, 1494-6: In Sententiarum II–IV, Libri secundi qu. 14/15, O.

25 Ockham 1981, 268, 1-4: „Ad cognitionem intuitivam habendam non oportet aliquid ponere praeter intellectum et rem cognitam". – Ockham 1981, 269, 13-15: „Sine omni specie ad praesentiam obiecti cum intellectu sequitur actus intelligendi ita bene sicut cum illa specie."

26 Zum Beispiel Ockham 1981, 287, 16-17: „Intellectio est similitudo obiecti sicut species si poneretur". – Ebenda 295, 14–296, 1: „Sufficit assimilatio quae fit per actum intelligendi qui est similitudo rei cognitae". – 309, 14-21: „Anima est quodammodo omnia per cognitionem omnium. Nam per cognitionem sensitivam est omnia sensibilia, et per cognitionem intellectivam est omnia intelligibilia. Et utraque cognitio est ita perfecta similitudo obiecti et perfectior quam species." – Entsprechend Occam 1494-6, Libri secundi qu. 14/15 HH.

nur sehr bedingt aus Denkakt und Bedeutung zusammengesetzt. Denn die im Denkakt hervorgebrachte Bedeutung ist nichts physisch Reales außerhalb des Denkakts, sie ist lediglich etwas Vorgestelltes. Trotzdem ist sie irgend etwas, nämlich eine Hervorbringung (ein fictum) des Verstandes, etwas, das kein anderes Sein hat als sein Vorgestelltsein (esse objectivum). Die Formulierung, daß jeder Begriff nur ein *figmentum intellectus*[27] ist, kehrt später in Lockes Universalienlehre als „workmanship", „creature" oder „fiction" des Verstandes wieder[28]. Sobald der Denkakt vorüber ist, ist nach Ockham im Gegensatz zu den Speciesphilosophen auch der Denkinhalt dahin[29].

Bei dieser Erklärung liegt folgender Einwand nahe: Wie können wir uns an einen Gegenstand erinnern, wenn seine Idee nach der Wahrnehmung überhaupt nicht mehr da ist? Für die *notitia abstractiva*, unter die in dieser Philosophie Erinnerung und allgemeine Erkenntnis fallen, räumt Ockham ein: „Man muß [in diesem Fall] notwendigerweise zwischen Objekt und Verstand etwas Früheres ansetzen", und zwar etwas, das den Erkenntnisakt überdauert hat[30]. Aber dieses ist keine Species, sondern nur die Fähigkeit unseres Denkvermögens, die früher im Erkenntnisakt präsente Bedeutung im Rahmen der Erinnerung zu reproduzieren. Sie gehört systematisch zur Klasse der Habitus, denn sie ist eine durch Gewohnheit erworbene Leichtigkeit, etwas Bestimmtes zu tun[31]. Mit diesem Habitus kann man alles erklären, was man auch

---

27 Einen knappen textgeschichtlichen Überblick gibt Boehner 1958, 169–171.
28 „Workmanship": z.B. III.iii.12; 415, 12. – III.iii.13; 415, 18–19, und III.iii.14; 416, 14. – III.v.4; 430,3. – III.v.6: 431, 21–22. – III.v.13; 436, 13–14. – III.v.14; 436, 30. – III.vi.37; 462, 34. – IV.xii.3; 640, 24. – „Creature": III.iii.11; 414, 3 und 12. – III.v.5; 430, 18. – III.v.12; 435, 31–32. – „Fiction": IV.vii.9; 596, 2–3: „general *Ideas* are Fictions and Contrivances of the Mind".
29 Zum Besipiel Ockham 1981, 258, 4: „[…] si res sit absens et cognitio intuitiva corrumpitur", und ebenda 271, 3–4: „derelictum non est species."
30 Ockham 1981, 269, 20–22: „Ad habendum cognitionem abstractivam oportet necessario ponere aliquid praevium praeter obiectum et intellectum." – Entspr. Occam 1494–6, Libri secundi qu. 14/15, Q. – Ähnlich Ockham 1981, 270, 4–8: „Habita cognitione intuitiva aliquid relinquitur in intellectu ratione cuius potest in cognitionem abstractivam et prius non potuit. Igitur praeter obiectum et potentiam necesse est ponere aliquid aliud ad cognitionem abstractivam."
31 Ockham 1981, 262, 18–23: „Oportet ponere aliquem habitum inclinantem ad istum actum, quia ex quo intellectus potest modo prompte elicere ad istum actum quod prius non fuit. Illud autem vocamus habitum." – Ebenda 272, 3–4: „Illud

mit der Species erklären kann. Also ist deren Annahme überflüssig, denn der Habitus genügt[32]. Ockham räumt allerdings ein, daß der Erinnerungs-Habitus Informationen über den früher erkannten Gegenstand enthalten muß und daß er diesem insofern ähnlich ist[33].

Lockes Ansichten über die Natur der Ideen erinnern an diese Überlegungen, und wenn sie aus einer konzeptualistischen Erkenntnislehre stammen, die derjenigen Ockhams nahe steht, dann muß Locke, selbst wenn er keinen bestimmten Gegner ins Auge faßt, die Annahme ablehnen, daß es angeborene Ideen gibt. Er lehnt sie nicht in erster Linie deshalb ab, weil bei ihr von „angeboren" die Rede ist, sondern deshalb, weil sie verkennt, daß Ideen an den Denkakt gebunden sind, und weil sie so tut, als gäbe es Ideen, die den Denkakt überdauern. Lockes philosophischer Anstoß daran dürfte ursprünglicher und prinzipieller sein als sein Anstoß an der Vorstellung des Angeborenseins. Ähnlich wie bei Platon die Anamnesis zu Überlegungen über die Natur der Ideen führt, so bekommt man bei Locke in der Erinnerungslehre Auskunft über die Natur der Ideen[34]. Ideen, die wir nicht mehr aktuell denken, heißt es dort, werden deponiert. Locke weiß, daß „Deponieren" eins der klassischen Bilder der Species-Erinnerungslehre ist, und gibt durch den Ausdruck „as it were" zu verstehen, daß er es bildlich benutzt[35]. Ein weiteres Bild der Specieslehre („Lagerhaus") wird auf dieselbe Weise als Metapher gekennzeichnet[36].

---

derelictum non est species sed habitus". – Entspr. Occam 1494–6, Libri secundi qu. 14/15, R.

32 Ockham 1981, 272, 3–4: „Omnia illa quae possunt salvari per speciem, possunt salvari per habitum; igitur habitus requiritur et species superfluit." – Entspr. Occam 1494–6, Libri secundi qu. 14/15, D.

33 Ockham 1981, 309, 20–21: „Habitus ita perfecte est similitudo rei sicut species vel actus." – Entspr. Occam 1494–6, libri secundi qu. 14/15, ZZ.

34 Bezeichnenderweise geht Locke auch in der Polemik gegen angeborene Ideen verhältnismäßig ausführlich auf die Erinnerungslehre ein; siehe I.iv.20; 96, 31– 98, 25: „No innate Ideas in the Memory."

35 II.x.2; 149, 25–27: „The other way of Retention is the Power to revive again in our Minds those *Ideas*, which after imprinting have disappeared, or have been as it were laid aside out of Sight."

36 II.x.2; 149, 27 – 150, 6: „And thus we do, when we conceive Heat or Light, Yellow or Sweet, the Object being removed. This is *Memory*, which is as it were the Store-house of our *Ideas*. For the narrow Mind of Man, not being capable of having many *Ideas* under View, and Consideration at once, it was necessary to have a Repository, to lay up those *Ideas*, which at another time it might have use of."

Trotz dieser Vorsichtsmaßnahmen verstand 1690 John Norris in seinen „Cursory Reflections" zu Lockes *Essay* die Stellen so, als gäbe es nach Locke im Geist Ideen, „die er nicht perzipiert", und zog daraus Konsequenzen für die Beurteilung der Stringenz von Lockes Argumentation gegen angeborene Ideen[37]. Deshalb erklärt dieser in der zweiten Auflage des *Essay*, weshalb die genannten Bilder das Wesen der Sache nicht treffen: Ideen sind keine deponierbaren Entitäten, sondern bestehen bloß im aktuellen Perzipiertwerden, existieren nicht länger als der Erkenntnisakt[38] und „hören auf, irgend etwas zu sein, sobald sie nicht mehr perzipiert werden"[39]. Ähnlich ist „Lagerhaus für Ideen" nur ein bildlicher Ausdruck dafür, „daß der Geist in vielen Fällen ein Vermögen besitzt, Wahrnehmungen, die er einmal hatte, wiederzubeleben"[40]. Locke formuliert diesen Zusatz zur Zweiten Auflage so, als sei ihm diese Pointe selbstverständlich, und soweit ich sehe, gibt es keinen zwingenden Grund, ihm nicht zu glauben. Nur geht aus dem einschlägigen § 23 in *Draft B* nicht hervor, daß er bereits vor Norris' Einwand so bestimmte Ansichten über das Erinnerungsvermögen hatte[41]. Allerdings weist ein Text, der in *Essay* I.iv.12 aufgenommen wird, schon in die spätere

---

37 Aaron 1971, IV: *The Beginnings of Modern Psychology*; 137–138.
38 Darauf stützt sich im Ersten Buch z.B. das Argument von I.ii.26; 63, 20–22: „Since, if they are innate Truths, they must be innate thoughts: there being nothing a Truth in the Mind, that it has never thought on."
39 II.x.2; 150, 6–8: „But our *Ideas* being nothing, but actual Perceptions in the Mind, which cease to be any thing, when there is no perception of them, [...]." Diese Stelle enthält Lockes Erklärung für seine auf angeborene Ideen bezogene Behauptung in I.ii.5; 50, 7–10: „To say a Notion is imprinted on the Mind, and yet at the same time to say, that the mind is ignorant of it, and never yet took notice of it, is to make this Impression nothing."
40 II.x.2; 150, 8–11: „[...] this *laying up* of our *Ideas* in the Repository of the Memory, signifies no more but this, that the Mind has a Power, in many cases, to revive Perceptions, which it has once had, with this additional Perception annexed to them, that it has had them before. And in this Sens it is, that our *Ideas* are said to be in our Memories, when indeed they are actually no where."
41 *Draft B* § 23 (*Drafts* 134): „the power to revive again in our mind [...]." – „by the assistance whereof we may be said to have all those simple Ideas in our understandings, which though we do not actualy contemplate, yet we can bring in sight or make appeare again [...]." Diese Ideen werden allerdings in § 23, S. 135, in einer Weise charakterisiert, die den Leser am ehesten an Species denken läßt: „latent Ideas", „dormant pictures" und „hidden Idea"; der Wille „turns as it were the eye of the soule upon it."

Richtung: „Da Gott den Menschen mit denjenigen Erkenntnisvermögen ausgestattet hat, die er hat, war es für die Vollkommenheit des Menschen genauso unnötig, daß Er seinem Geist jene angeborenen Ideen einpflanzte, wie daß Er ihm Brücken oder Häuser baute, obgleich Er ihm Vernunft, Hände und Baustoffe gab."[42] Dieser Punkt der Polemik im *Essay* beruht weniger auf Vorbehalten gegen bestimmte Philosophen als auf Assoziationen, die das Stichwort „angeborene Ideen" in einem Konzeptualisten auslöst, der Ockham nahe steht; und die entsprechenden Teile des Ersten Buchs sind sozusagen das Ergebnis einer Eskalation des Assoziierens.

Allerdings bekommt man mit der konzeptualistischen Lehre vom Erinnerungshabitus eine Schwierigkeit. Der Konzeptualist gibt zu, daß dieser Habitus bestimmte Informationen mitumfaßt. Der Speciesphilosoph sagt daraufhin: Eben diese Restinformationen bezeichne ich als Species. Zum Beispiel bestehen nach Pedro de Fonseca die Species nur in habituellen Ähnlichkeiten mit Gegenständen[43]. Durch solche Formulierungen wird der sachliche Streit beinahe auf einen Streit um Worte reduziert, denn man könnte sich nunmehr leicht einigen. Daß man sich trotzdem nicht geeinigt hat, liegt wahrscheinlich weniger am Gegenstand des Streits als daran, daß es den Kontrahenten auch noch um etwas anderes ging. Bei einer Schulkontroverse trägt man seine Meinungen unter Umständen nicht nur deshalb vor, um sie zum Opponenten zu transportieren, sondern auch deshalb, um zusätzliche Effekte zu erzielen, die von uns aus gesehen sachfremd sein können[44].

Ich gebe der Einfachheit halber ein skurriles Beispiel. Wenn Respondens und Opponens zu konkurrierenden Gruppen gehören, dann kann es für jeden von beiden nützlicher sein, das letzte Wort zu behalten, als eine Einigung zu erzielen. Denn dadurch erhielte vielleicht der Gegner Chancen, die er nicht haben soll. Zum Beispiel weiß der Herzog von Medinasidonia nicht, ob

---

42 *Draft B* § 12 (*Drafts*, 119-120).
43 Fonseca 1615. In primum librum, cap. 2, qu. 3; I 181 C: „De speciebus autem intelligibilibus, quae sunt habituales rerum similitudines, maior dubitatio est."
44 In einem anderen Sinn sind sie das allerdings nicht. Denn Philosophie ist als öffentliche Veranstaltung an Institutionen gebunden und kann nicht ohne sie existieren. Insofern sind ihre institutionellen Bedingungen keine indifferenten Begleiterscheinungen, sondern ein Teil der Sache selbst.

es besser ist, einen Dominikaner oder einen Franziskaner zum Beichtvater zu wählen. In dieser Situation muß der Dominikaner versuchen, in allen Disputationen das letzte Wort zu behalten, weil das dem Herzog seine Wahl erleichtert. Trotz aller semantischen Anlässe wäre es töricht, sich mit einem Franziskaner zu einigen, denn dann verlöre der Herzog eine Entscheidungshilfe. In solchen Fällen können pragmatische Aspekte ausschlaggebender werden als der theoretische Gehalt der Debatte. Denn Fonsecas Formulierung „species [...] sunt habituales rerum similitudines" steht der ockhamschen Formulierung „habitus perfecte est similitudo rei" ganz nahe.

Genau so leicht kann man Lockes Formulierungen mit denen von Cartesianern oder dispositionellen Innatisten in Einklang bringen, obgleich Locke nicht daran denkt, das zu tun. So hat etwa La Forge in einem Werk, das Locke als einer der besten britischen Kenner in seiner französischen Einführung ins Studium des Cartesianismus empfiehlt[45], ausführlich dargelegt, daß Ideen nicht so in unserer Erinnerung hängen wie Bilder in einer Galerie[46]. Es ist kein Wunder, daß wenig später David Hume nicht weiß, was diese ganze Kontroverse soll: „Um ehrlich zu sein, muß ich mich zu der Meinung bekennen, daß Locke sich in diesen Disput durch die Schulmänner hineinlocken ließ, die undefinierte Termini benützen und dadurch ihre Dispute ermüdend in die Länge ziehen, ohne je den Punkt zu berühren, um den es geht.

---

45 Aaron/Gibb 1936, 105–111: 1678. Mund. Mar. 7: „Methode pour bien etudier la doctrine de Mr de Cartes." Dort wird La Forge auf S. 108–109 erwähnt: „Mais parceque la connoissance del'homme fait la principale partie de la physique il est necessaire de lire avec attention le traité del homme de *Des Cartes* et celuy de la generation du foetus que Mr de la Forge a commentez et auquelles il a ajoute le traité de l'esprit pour rendre cet ouvrage accompli." Das ebenfalls 1666 erschienene und in der Themenstellung ähnliche Werk Cordemoys wird ebd. auf S. 110 als „Discernement du Corps et del ame" erwähnt. Der in diesem Entwurf Lockes mit Abstand am häufigsten empfohlene Cartesianer ist Johannes Clauberg aus Solingen.
46 La Forge 1974: Das interessante Kapitel 10: „Des Especes Corporelles, & des Idées ou Notions intellectuelles"; 157–182, behandelt Beschaffenheit und Unterschiede der sensorischen Affektionen (espèces) und der Ideen des Verstandes. Siehe dort; 181: „Mais ces Idées sont acquises, & non pas naturelles, si par ce mot de naturelles on entend qu'elles soient dans la substance de l'Ame comme dans un reservoir, a la manière qu'on dispose des tableaux dans une galerie, pour les considerer quand on veut."

Eine ähnliche Zweideutigkeit und Langatmigkeit scheint sich durch die Überlegungen des genannten Philosophen über diesen und andere Gegenstände zu ziehen."⁴⁷ Die Frage ist, ob eine solche Deutung ausreicht. Gewiß hätte Locke sich unter dem Aspekt der theoretischen Philosophie die Auseinandersetzung ersparen können. Aber neben der Möglichkeit, die Hume erwähnt, gibt es noch die, daß Locke den Streit zu externen Zwecken geführt hat, indem er den Ausdruck „angeborene Ideen" als Metapher gebrauchte oder mißbrauchte. Mit dieser Bemerkung wechsle ich das Thema und spreche von der zweiten, nicht unmittelbar philosophischen Kontroverse, die m.E. im Ersten Buch des *Essay* ausgetragen wird.

Daß es dort nicht bloß um Erkenntnislehre, sondern auch um Interessen geht, wird in der Literatur allgemein zugestanden. Hertling erklärt, Locke sei es weniger auf bestimmte philosophische Thesen als auf die „den verschiedenen gemeinsam zugrundeliegende dogmatistische Tendenz" angekommen; er wende sich im Ersten Buch gegen eine Denkweise, „welche alle Prüfung und Untersuchung abschneidet, indem sie gewisse Lehren oder Meinungen für angeboren erklärt" (Hertling 1892, 286 und 285). Fraser glaubt, daß es sich um einen Protest der Vernunft gegen die Tyrannei traditioneller Meinungen und leerer Worte handelt, die unter dem Vorwand des Angeborenseins gegen eine mögliche Überprüfung abgeschirmt werden⁴⁸. Und Richard Aaron schreibt über Lockes Polemik: „Sie wollte einen gezielten Schlag gegen den Obskurantismus jener Tage in Religion und Moral ausführen und erklärte auf diesen Gebieten frisches Denken für wesentlich."⁴⁹ Diese Autoren sind sich darüber einig, daß Locke, obgleich er von angeborenen Ideen spricht, im Grunde etwas anderes meint und daß er als Beleber und Aufklärer tätig sein wolle. Das alles dürfte auch zutreffen. Er wendet sich z. B. gegen Pedanten, die in ihren eigenen Augen „die einzigen Sittenlehrer" sind⁵⁰, und macht darauf aufmerksam, daß jeder Ammenaber-

---

47 Hume 1979, Sect. 2, § 17, letzter Absatz der Anmerkung; 22.
48 Fraser 1894. Dort z.B. die Anmerkungen zu I.ii.14; 47 a, zu I.ii.22; 87 b, und zu II.iii.25; 116 a.
49 Aaron 1971, II: *The Polemic against Innate Knowledge*; 98.
50 I.iii.20; 80, 10-15: „Unless those Men will think it reasonable, that their private Perswasions, or that of their Party, should pass for universal Consent; a thing not unfrequently done, when Men presuming themselves to be the only Masters

glaube, wenn man ihn lange genug verkündet, das Ansehen einer unbezweifelbaren angeborenen Wahrheit bekommt[51]. Nur deshalb hat ja jede Richtung ihre eigenen angeborenen Prinzipien, die mit denen der Gegenrichtung konkurrieren, obgleich jede behauptet, alle Menschen stimmten ihnen zu. In Wirklichkeit besteht unter allen Richtungen nur Einigkeit über ein einziges Prinzip: Daß man Prinzipien nicht in Frage stellen darf[52]. Mit Billigung der Literatur darf man also behaupten: Das Erste Buch ist nicht nur eine Abhandlung über Erkenntnislehre, sondern zugleich ein aufklärerisches Manifest; und wenn in diesem von angeborenen Ideen die Rede ist, dann muß man überlegen, ob Locke „angeblich angeborene Ideen" meint.

Das Erste Buch ist aber noch mehr als das Manifest eines Aufklärers, der es wunderbar fände, wenn Menschen selbständig dächten und ihre eigene Meinung bildeten (wobei mit „die Menschen" eine Minorität gemeint ist, und zwar eine bürgerliche). Das alles interessiert Locke sehr, er will aber mehr als bloße Meinungsfreiheit in Philosophie und Religion, denn beides ist für ihn eingebettet in ein politisches Programm. Deshalb kann man die allgemeine pragmatische Interpretation, über die die Autoren sich einig sind, noch etwas verschärfen und folgendes vermuten: Das Erste Buch richtet sich nicht nur gegen rechthaberische Pedanten, die jeden anderen verdummen möchten, damit er ihre Klugheit weiter ehrt; sondern es ist zugleich ein politisches Manifest gegen Männer, die ihnen nicht zustehende Macht über andere erschleichen oder behalten wollen und die die Lüge, daß es angeborene Ideen gibt, als Herrschaftsinstrument benützen. Wenn aber auch darin das pragmatische Interesse des Ersten Buches liegt, dann steht es in engem Zusammenhang mit der Tendenz der *Treatises of Government*.

Locke assoziiert in den Kapiteln 3 und 4 auffällig oft Ideen wie Pression und Machtausübung[53]. Zum Beispiel: Wer träge hin-

of right Reason, cast by the Votes and Opinions of the rest of Mankind, as not worthy the reckoning."
51 I.iii.22; 81, 22–26: „how really it may come to pass, that *Doctrines*, that have been derived from no better original, than the Superstition of a Nurse, or the Authority of an old Woman; may, by length of time, and consent of Neighbours, *grow up to the dignity of Principles* in Religion and Morality."
52 I.iii.25; 82, 35–36: „especially when one of their Principles is, That Principles ought not to be questioned."
53 Siehe die Angaben in Anm. 21.

nimmt, was Interessenten über angeborene Ideen erklären, der versklavt seinen Geist unter die Herrschaft anderer⁵⁴. Was das im einzelnen bedeutet, erläutert drastisch ein Passus aus dem Vierten Buch⁵⁵. Der Umstand, daß ähnliche Stellen auch im Ersten Buch recht häufig sind, deutet darauf hin, daß es Locke dort nicht nur um geistige Frische oder um spontane Meinungsbildung, sondern auch um Macht geht – direkte Macht der Krone und indirekte Macht der Kirchen und Parteien, die auf sie setzen. Der von beiden geförderte Aberglaube, daß es angeborene und von Gott sanktionierte Ideen und Prinzipien gibt, nützt der herrschenden Macht, sobald sie ihre eigenen Doktrinen für angeboren erklärt. Wer diesen Aberglauben widerlegt, der betreibt zwar Aufklärung, aber die Pointe seiner Aufklärung liegt darin, daß sie die Mächtigen schwächt und schwächen soll.

Bei einigen der angeführten Stellen kann man sich damit begnügen, sie auf Vertreter philosophischer oder theologischer Richtungen zu beziehen, aber nicht bei allen. Zum Beispiel: Der Aberglaube, daß Prinzipien unantastbar sind, nützt den Regierenden, denn er hindert ihre Anhänger daran, Gebrauch von ihrer eigenen Urteilskraft zu machen⁵⁶. Angeblich angeborene Ideen dienen als Variable für Überzeugungen, die den Machthabern angenehm sind, geben ihnen den Anschein der Unantast-

---

54 I.iv.22; 99, 23–28: „The great difference that is to be found in the Notions of Mankind, is, from the different use they put their Faculties to, whilst some (and those the most) taking things upon trust, misimploy their power of Assent, by lazily enslaving their Minds, to the Dictates and Dominion of others, in Doctrines, which it is their duty carefully to examine."
55 IV.iii.20; 552, 24–29: „Whilst the Parties of Men, cram their Tenets down all Men's Throats, whom they can get into their Power, without permitting them to examine their Truth or Falsehood; and will not let Truth have fair play in the World, nor Men the Liberty to search after it; What Improvements can be expected of this kind?"
56 I.iv.24; 101, 32–102, 6: „And it was of no small advantage to those who affected to be Masters and Teachers, to make this the Principle of *Principles*, That Principles must not be questioned: For having once established this Tenet, That there are innate Principles, it put their Followers upon a necessity of receiving some Doctrines as such; which was to take them off from the use of their own Reason and Judgement, and put them upon believing and taking them upon trust, without farther examination; In which posture of blind Credulity, they might be more easily governed by, and made useful to some sort of Men, who had the skill and office to principle and guide them."

barkeit und erleichtern die Ausübung der Gewalt, indem sie selbständiges Denken verhindern. Ich nehme an, das ist Lockes Art von Aufklärung: Weniger Befreiung von geistiger Bevormundung, damit die Bürger ungehindert meinen können, was ihnen heute oder morgen paßt, als Befreiung von politisch interessiertem Meinungsdruck z. B. deshalb, damit es in England nie wieder einen absoluten Monarchen gibt.

Locke sagt: Es gibt den Herrschenden eine große Macht, wenn sie das, was ihnen Nutzen bringt, unangefochten zum angeborenen Prinzip erklären können[57]. Darin sieht später Lockes Freund Molyneux das leitende Interesse des *Essay*[58], und es läßt das Erste Buch als politisches Manifest eines Stuartfeindes erscheinen, das ähnliche Tendenzen verfolgt wie die *Treatises of Government*, die gegen das göttliche Recht der Könige polemisieren[59]. Der „Zweite Treatise" enthält in § 112 ein Beispiel für das, wogegen das Erste Buch des *Essay* sich wendet: „Man dachte nicht im Traume je daran, die Monarchie sei *jure divino;* davon haben wir nie etwas unter Menschen gehört, bevor es uns die Theologen unseres Zeitalters offenbarten."[60] Hier erscheinen die Metaphern „Offenbarung" und „göttliches Recht", die mit der Metapher „Angeborensein" die Eigentümlichkeit gemeinsam haben, daß sie göttliche Sanktionen insinuieren. Dagegen spielt die Me-

---

57 I.iv.24; 102, 6–10: „Nor is it a small power it gives one Man over another, to have the Authority to be the Dictator of Principles, and Teacher of unquestionable Truths; and to make a Man swallow that for an innate Principle, which may serve to his purpose, who teacheth them."

58 Früher zitiert nach: „Some familiar Letters between Mr. Locke, and several of his Friends", in *Works* 9, 401–402: „I fancy I pretty well guess what it is that some men find mischievous in your Essay: it is opening the eyes of the ignorant, and rectifying the methods of reasoning, which perhaps may undermine some received errors, and so abridge the empire of darkness; wherein, though the subjects wander deplorably, yet the rulers have their profit and advantage." – Jetzt in *Correspondence* 6, Brief 2221 von Molyneux an Locke, 16. März 1697; 38.

59 Peter Lasletts „Introduction" in Locke 1967, IV 2; 83: „The famous doctrine of the *tabula rasa*, for example, the blank sheet of the mind on which experience and experience alone can write, made men begin to feel that the whole world is new for everyone and we are all absolutely free of what has gone before. [Absatz] The political results of such an attitude have been enormous."

60 Locke 1967 II, § 112; 361, 8–11: „Though they never dream'd of Monarchy being *Jure Divino*, which we never heard of among Mankind, till it was revealed to us by the Divinity of this last Age."

tapher „angeborene Ideen" in den *Treatises*, soweit ich sehe, keine Rolle. Wenn Peter Lasletts Meinung richtig ist, dann sind sie schon vor 1683, also vor Lockes Emigration in die Niederlande, geschrieben worden[61]. Das bedeutet, daß sie unter dem Stuart-Regime im Angesicht des Todes verfaßt worden sind, wie das Verfahren gegen Algernon Sidney zeigt, der ebenfalls gegen Filmer geschrieben hatte und im Dezember 1683 hingerichtet wurde[62]. Daß man in einem solchen Buch weniger in philosophischen Metaphern redet als das Erste Buch des *Essay*, ist verständlich. Wenn aber diese zweite Vermutung richtig ist, dann führt Lockes erkenntnistheoretische Behauptung: „Es gibt keine angeborenen Prinzipien und Ideen" zu der praktischen Folgerung: Man soll Behauptungen politischer Interessenten auf keinen Vorwand hin glauben, sondern man soll sie mit der eigenen Urteilskraft überprüfen, zum Beispiel diese: Der Mensch ist von Natur nicht frei, Adam war nach göttlichem Recht der absolute Herr der Welt, und weil Monarchen legitime Nachfolger Adams sind, ist ihre Herrschaft nach göttlichem Recht absolut.

Sammlungen überkommener und geschützter Meinungen bezeichnet schon Locke als Traditionen, und der Ausdruck „angeborene Ideen" wird bei ihm zu einer pragmatisch angemessenen und zugleich philosophisch interessanten Metapher für die Stabilisierung von Meinungen durch Festsetzung vorgeblich unantastbarer Maximen. Denn die Tradition erfüllt im Raum des Sozialen ähnliche Funktionen wie angeborene Ideen im Bereich des Individuums. Betrachtet man die tradierende Gruppe, dann ist die Tradition der vorgegebene Inhalt ihres Kollektivhirns – das, was die Gruppe als Gruppe denkt und weiß. Wer in die Gruppe eintritt, dem stehen die Inhalte der Gruppentradition vor allem eigenen Denken zur Verfügung. Er findet sie genau so vor, wie er angeborene Ideen vorfände, wenn es sie gäbe. Insofern ist die Leitmetapher des Ersten Buchs überzeugend. Die Tradition ist aber eins der Probleme des 17. Jahrhunderts. Wer nachweisen kann, daß er von ihr nicht abgewichen ist, der befindet sich im Besitz der Rechte, um die die Gegenseite mit ihm konkurriert. Das gilt zunächst für christliche Konfessionen, die alle

---

61 Locke 1967, „Introduction" III: *Two Treatises of Government and the Revolution of 1688*; 45–66.
62 Locke 1967, „Introduction" II und III; 32, 51 und 63.

die wahre Offenbarung tradieren wollen. Es gilt aber auch für ihre Theologien, die im Grunde konkurrierende Philosophien sind, und für die Inhaber der weltlichen Gewalt, die sich für eine Konfession zu entscheiden haben. Weil Gläubige gegenüber einem häretischen Herrscher laut Naturrecht nicht zu Gehorsam verpflichtet sind und ihn als Tyrannen behandeln dürfen, ist es für einen Herrscher wichtig, kein Häretiker zu sein. Er ist es nicht, wenn es ihm gelingt, sich mit Traditionen zu schützen.

Insofern ist Tradition ein Mittel zur politischen Stabilisierung. Praktisch steht dem entgegen, daß die Entscheidung darüber, was als Tradition zu gelten hat, auf Interpretation beruht. Durch Interpretation kann man ferner sehr verschiedene Positionen mit ein und derselben Traditionsautorität in Einklang bringen. Ein bekanntes Beispiel dafür ist der Umstand, daß die Gnadenlehre des Jansenismus sich nicht weniger als die der Gesellschaft Jesu auf Augustinustexte beruft. Wenn man aber gegensätzliche Ansichten durch Interpretation derselben Autoritäten als Traditionen ausweisen kann, dann ist die Tradition kein Mittel zur Konzentration von Legitimität, das Frieden schafft, sondern ein Mittel zu ihrer breiten Streuung, das die Unsicherheit vergrößert. Locke spricht 1676 von der „großen Vielfalt einander bekämpfender Traditionen"[63]. In solchen Situationen kann die Tradition vielleicht regional stabilisieren, doch dringt im 17. Jahrhundert die Ansicht vor, daß sie keine Chance mehr bietet. An ihre Stelle hat als weniger gestaltbares Prinzip das richtige Selberdenken zu treten, und das Vermögen des Selberdenkens heißt Vernunft. Weil uns die Tradition von anderen verkündet wird, ist sie ein Gebot der Menschen und nicht der Vernunft[64]. Es kommt aber auf die Vernunft an, weil jeder Angehörige der Gattung über sie verfügt und weil nur sie bei der Beurteilung von Sachverhalten kontrollierbare Gewißheit vermittelt. Denn man hat erst dann einen überzeugenden Grund, den einen Traditionsverkünder dem

---

63 Locke in von Leyden 1965: An lex naturae sit lumine naturae cognoscibilis? Affirmatur; 128: „tanta traditionum inter se pugnantium varietate." Vgl. auch das Zitat aus ebenda 128–130 in Anm. 65.
64 In von Leyden 1965, 128: „quae enim ab aliis fando audimus, si ideo solum amplectimur quia alii honesta esse dictitarunt, haec licet fortasse mores nostros recte satis dirigant et intra officii nostri cancellos contineant, nobis tamen hominum dictata sunt, non rationis."

anderen vorzuziehen, wenn die Vernunft die Alternativen überprüft hat[65].

Die Tradition ist ein Mittel zur Produktion derjenigen traditionellen Legitimität, gegen die Autoren wie Locke sich nun wenden, weil sie keinen Konsens mehr garantiert und weil sie Falschdeklarationen begünstigt. Was sich als Tradition ausweist, das ist bereits durch sein wirkliches oder fiktives Alter geschützt, aber den Interessenten ist das nicht genug. Indem sie die Inhalte ihrer Tradition zu angeborenen Prinzipien erklären, bauen sie einen Zaun um das Gesetz und sichern die Sicherung zusätzlich ab: Gott hat es so gewollt, dies ist das Gesetz der Natur, und es widerstreitet Gottes Willen, sich nicht daran zu halten. Locke findet ein solches Verfahren nicht plausibel: „Hätten wir das Gesetz der Natur aus der Tradition zu erkennen, dann wäre es eher Glaube als Wissen, denn es beruhte mehr auf der Autorität des Redenden als auf der Evidenz der Sache."[66] Die Überwindung der Tradition, sofern sie politisch relevant ist und von den Inhabern der Gewalt im eigenen Interesse abgesichert wird, ist schwierig und risikoreich. Descartes begegnet diesem Problem auf unnachahmliche Weise, denn er umgeht als Edelmann, der seinem König zu Loyalität verpflichtet ist, die Auseinandersetzung mit der Tradition, indem er zeigt, daß man an ihren Inhalten zumindest zweifeln kann, und dann betont, daß etwas Bezweifelbares kein Inhalt der Wissenschaft ist, denn wissenschaftliche Aussagen müssen notwendig sein.

Locke geht einen direkteren Weg. Indem er behauptet, daß wir allein durch individuelle Erfahrung Wissen bekommen, spielt er

---

65 In von Leyden 1965, 128–130: „Cum enim tam variae sint ubique traditiones, tam contrariae plane et inter se pugnantes hominum sententiae, non solum in diversis nationibus sed eadem civitate, unaquaeque enim opinio quam ab aliis discimus traditio est, cum denique pro sua quisque sententia tam acriter contendat et sibi credi postulat, impossibile plane esset, si traditio solum officii nostri dictaret rationem, quae nam illa sit cognoscere vel in tanta varietate verum eligere, cum nulla assignari potest ratio cur huic homini potius quam alteri contrarium plane asserenti majorum traditionis deferenda sit authoritas aut pronior adhibenda fides, nisi ratio in ipsis rebus quae traduntur aliquam reperiat differentiam et ideo alteram amplectitur alteram rejicit opinionem quod in hac minor in illa major sit evidentia lumine naturae cognoscibilis."
66 In von Leyden 1965, 130: „si a traditione discenda esset lex naturae, fides hoc potius esset quam cognitio, cum penderet potius ex authoritate loquentis quam ipsius rei evidentia, et ita demum mutuatitia potius esset quam innata lex."

die Tradition, die jedenfalls nicht individuelle Erfahrung ist, vom Feld. Zugleich gibt er dem Bürger durch seine Theorie der gemischten Modi ein Instrument zur Verwerfung von nicht auf individueller Erfahrung gründendem angeblichem Wissen, das praktikabler ist als Descartes' nicht konstantes Kriterium des Nicht-mehr-zweifeln-Könnens. Ein gemischter Modus ist nach Locke sein eigener Archetyp und hat kein Urbild in der äußeren Realität, sondern wird von Menschen nach Gutdünken hergestellt. Wenn jemand will, daß ich einen für ihn nützlichen gemischten Modus akzeptiere, dann kann er in Zukunft nicht mehr behaupten, ich sei aufgrund der menschlichen Natur, der Natur der Sache oder des Willens Gottes dazu verpflichtet. Ich werde analysieren, aus welchen Ideen der von ihm favorisierte Modus besteht, und er wird zeigen müssen, daß er auch für mich von Vorteil ist. Wie verheerend dieses Verfahren das Feld des als verbindlich Hinzunehmenden dezimiert und welche Art von Begriffen durch es am härtesten getroffen wird, zeigt der Erste der *Two Treatises of Government*. Mit Lockes Lehre von der individuellen Erfahrung als Quelle der Gewißheit und von der Freiheit des Verstandes bei der Bildung gemischter Modi ist die Tradition als Tradition überwunden. Man kann auch weiterhin die richtigen Thesen akzeptieren, die in ihr enthalten sind, aber nicht deshalb, weil sie in ihr enthalten sind, sondern deshalb, weil sie den Lockeschen Test überstanden haben (oder auch, weil man vergessen hat, sie ihm zu unterziehen).

Der *Essay* ist ähnlich wie die Cartesischen *Meditationen* ein Ort der Reinigung. Er vollzieht durch die Ideenanalyse, die bei gemischten Modi, Substanzen und Universalien immer auch Sprachanalyse ist, die Destruktion der dunklen, undeutlichen, phantastischen, inadäquaten und falschen Ideen. Er skizziert zugleich den Aufbau einer besseren Welt aus jenen einfachen Ideen, die durch Ideenanalyse aus unzweckmäßigen Verbindungen befreit worden sind, und zeigt den Weg zu einer unzweideutigen Terminologie. Wenn man aber diese bessere Welt genauer betrachtet, dann findet man in ihr gewisse Eigentümlichkeiten der vorigen wieder und hat den Eindruck, daß Locke für jemanden, der auf individuelle Erfahrung setzt, ziemlich viel weiß. Das spielt, sofern das Erste Buch ein politisches Manifest ist, keine Rolle, denn hier ist das Kriterium die Wirkung. Aber wenn man von politischen Interessen absieht, dann wirkt das Ergebnis nach einem so fanfarenreichen Auszug aus der Tradition in die Mündigkeit des vernünftigen Individuums etwas enttäuschend, denn Locke übernimmt konzeptualistische, Baconsche, Gassendische, Cartesische und andere Traditionen in geradezu schulphilosophischem Ausmaß[67].

Vielleicht ist der *Essay* mit seinen schönen nautischen Metaphern eine Robinsonade vor Robinson. Der Erforscher des eigenen Verstandes erbaut sich ohne das hilfreiche Inventar, das die Gesellschaft ihm durch ihre Traditionen fertig böte, Steinchen um Steinchen eine neue bewohnbare Welt aus Gedankenatomen. Robinson, dem etwas Ähnliches aufgegeben war, schuf seine Robinson-Welt nicht nur aus Eigenem. Er fand in dem gestrandeten Schiff eine reduzierte Zivilisation und hätte sonst nicht überleben können. Auch Locke hat so etwas wie ein gestrandetes Schiff gefunden. In seinem *Essay* spielt die Tradition eine eindrucksvolle Rolle. Doch handelt es sich um eine reduzierte Tradition, die keinen Anspruch mehr mit ihrem bloßen Überliefertsein begründen kann. „Dies bedeutet nicht, der Tradition zu glauben, sondern über die Dinge selbst zu urteilen, und das hebt die Autorität der Tradition ganz auf."[68]

Postscriptum

Wir haben keine angeborenen Ideen, sondern nur natürliche Fähigkeiten, die Locke als „faculties", „abilities" und „powers" bezeichnet. Er hält sie nicht für besondere Entitäten neben dem Geist, der Ausdruck „Fähigkeit des Geistes" steht vielmehr für den Geist, sofern er bestimmte Arten von Tätigkeit ausüben oder

---

67 Das wird u. a. deshalb nicht unmittelbar deutlich, weil Locke in der Regel darauf verzichtet, seine Bezugsautoren zu nennen. Infolgedessen kommt ein Interpret, der textliche Abhängigkeiten erschließen will, meist nicht über die Registrierung inhaltlicher Analogien und charakteristischer Termini hinaus, die sozusagen als Leitfossilien dienen können. Wer mehr verlangt, der verlangt mehr, als man angesichts der Lockeschen Zitiergepflogenheiten vernünftigerweise verlangen kann. Es gibt im *Essay* zwar eine Reihe verhältnismäßig genauer Quellenhinweise, sie beziehen sich aber nicht auf philosophische Texte, sondern auf Reiseberichte. Daß auch darin eine Pointe liegt, darf man annehmen.
68 In von Leyden 1965, 130: „quod sane non est traditioni credere, sed de rebus ipsis judicare, quod tollit omnem traditionis authoritatem."

erleiden kann. Bei uns verbindet sich mit „Fähigkeit" die Vorstellung von Aktivität. Für Locke dagegen ist „faculty" synonym mit „power", und „power" ist eine Übersetzung des Schulausdrucks „potentia". So, wie die Schulphilosophie aktive und passive *potentiae* kennt, unterscheidet Locke „active powers" von „passive powers". In der Fähigkeit, Ideen zu empfangen, sieht er wie später Kant etwas Passives: Wahrnehmungen kommen zu uns unabhängig von unseren Wünschen, auch haben wir es nicht in der Hand, welche Ideen wir in welcher Reihenfolge bekommen.

Die Fähigkeit, Ideen zu empfangen, verzweigt sich in die äußere und innere Sinnlichkeit. Die erste vermittelt uns über die Sinnesorgane Ideen von Qualitäten in der Außenwelt, die zweite Ideen von Tätigkeiten des Geistes wie Erinnern, Hassen oder Träumen. Seit *Draft B* bezeichnet Locke die äußere Sinnlichkeit als „Sensation", die innere als „Reflection." „Reflection" bedeutet hier nicht „Nachdenken über etwas", sondern es zeigt an, daß der innere Sinn als Vermögen der Selbstwahrnehmung eine Fähigkeit ist, mit der der Geist sich auf sich selber richtet. Einfache Ideen der äußeren Sinnlichkeit sind in der Regel Qualitätsideen, einfache Ideen der Reflexion Ideen von Kräften zu Tätigkeiten oder Erleidungen. Locke versucht, die Divergenz zwischen beiden Zweigen zu überbrücken, indem er den Qualitätsbegriff eng an den Kraftbegriff bindet.

Seine Ideentheorie ist „aktualistisch": Ideen sind Tätigkeiten. Denn von dem Denkakt, mit dem wir sie denken, sind sie nicht wirklich verschieden und überdauern ihn nicht, obgleich wir sie mit Hilfe unserer Erinnerungsfähigkeit manchmal „wiederbeleben" können. Ideen, die wir durch die innere oder äußere Sinnlichkeit empfangen, sind grundsätzlich einfach. Auch sind sie ursprünglich nicht abstrakt, sondern partikulär. Nicht ihre Wahrnehmung, sondern erst ihr Wiedererkennen, Benennen und Klassifizieren setzt Abstraktion voraus. Doch ist die Kluft nicht groß, denn für Locke sind abstrakte Ideen nur der Funktion nach allgemein: Der Verstand setzt partikuläre Ideen auf ähnliche Weise zu Repräsentanten ihrer Ideenart ein, wie man einen Abgeordneten zum Repräsentanten einer Klasse von Menschen wählt.

Die Einfachheit der einfachen Ideen schließt nicht aus, daß sie in der Regel bei uns in Gruppen eintreffen, die Locke manchmal

„Collections of *Ideas*" nennt. Diese enthalten Ideen, die bislang nur durch räumliche und zeitliche Nähe verbunden sind und die noch nicht die Einheit komplexer Ideen besitzen. Eine solche Einheit entsteht durch synthetische Fähigkeiten, mit deren Hilfe der Verstand Gruppen einfacher Ideen in komplexe Ideen verwandelt. Komplexe Ideen sind Modi bzw. zusammengesetzte Eigenschaften, Substanzideen und Relationen. Mit der Fähigkeit des Erweiterns erzeugen wir einfache Modi, also solche, die aus mehreren Exemplaren nur einer einfachen Idee bestehen (z. B. Zahlen, die mehrere arithmetische Einheiten enthalten). Zusammensetzen erzeugt gemischte Modi oder Modi, die aus verschiedenen einfachen Ideen bestehen (z. B. „kariert", das aus den Ideen „Viereck" und „Farben" besteht). Durch Zusammensetzen erzeugen wir außerdem aus Gruppen von Qualitätsideen, die uns in der Erfahrung wiederholt begegnen, die Einheit von Substanzideen, indem wir die Idee eines inneren Trägers, der diese Qualitätsideen zusammenhält, zu ihnen hinzudenken. Schließlich entstehen durch das Vergleichen von Ideen Relationsideen.

Aus einfachen oder komplexen Ideen bildet der Geist mit Hilfe seiner Fähigkeit des Verbindens oder Trennens Aussagen. Durch Kombinieren von Aussagen entstehen Schlüsse, durch Kombinieren von Schlüssen Wissenschaften. Daß Locke im Ersten Buch die Leistung unserer Fähigkeiten so stark hervorhebt, ist angemessen. Auf dem, was wir können, beruhen alle Erkenntnisschritte vom Wahrnehmen bis hin zur Bildung komplexer Ideen, vom Verbinden einzelner Ideen bis hin zur Kombination von Aussagen und Schlüssen. Wenn aber jemand Ideen so vielfältig empfangen, kombinieren und strukturieren kann, dann braucht er keine angeborenen Ideen.

Literatur

Aaron, Richard I. 1971[1]: John Locke. Oxford.

Aaron, R. I./Gibb, J. (Hrsg) 1936: An Early Draft of Locke's Essay, together with Excerpts from his Journals. Oxford.

Boehner O .F. M., P. 1958: Collected Articles on Ockham. Hrsg. von E. M. Buytaert O. F. M. St. Bonaventure, New York.

Fonseca, P. 1615: Libri Metaphysicorum Aristotelis [...] tomi quatuor. Köln. Nachdruck Hildesheim 1964.

Fraser, A. C. (Hrsg.) 1894: John Locke. An Essay Concerning Human Understanding. 2 Bände. Oxford. Nachdruck New York 1950.

Gassendi, Petrus 1658: Opera Omnia. 6 Bände. Lyon. Nachdruck Stuttgart-Bad Cannstatt 1964.

Geil, G. 1887: Über die Abhängigkeit Lockes von Descartes. Straßburg.

Gibson, John 1917: Locke's Theory of Knowledge and its Historical Relations. Cambridge. Nachdruck Cambridge 1968.

Hertling, Georg Freiherr von 1892: John Locke und die Schule von Cambridge. Freiburg.

Hume, David 1979[3]: Enquiries Concerning Human Understanding and Concerning the Principles of Morals. Hrsg. von L. A. Selby-Bigge, mit revidiertem Text und Anmerkungen hrsg. von P. H. Nidditch. Oxford.

La Forge, Louis de 1974: Oeuvres philosophiques. Hrsg. von P. Clair. Paris (Le mouvement des idées au XVIIe siècle. Collection dirigée par A. Robinet).

Leibniz, Gottfried Wilhelm 1882: Nouveaux essais sur l'entendement humain. In: C.I. Gerhardt (Hrsg.), Die Philosophischen Schriften von Gottfried Wilhelm Leibniz. Band 5. Berlin. Nachdruck Hildesheim 1965.

Locke, John 1967[2]: Two Treatises of Government. Hrsg. von Peter Laslett. Cambridge.

O'Connor, D. J. 1967[2]: John Locke. New York. 1. Auflage 1952.

Occam, Guillelmus 1494-6: Opera Plurima. Band 4. Lyon. Nachdruck London 1962.

Ockham, Guillelmus de 1981: Opera Theologica. Band 5. Quaestiones in librum secundum Sententiarum. Reportatio. Hrsg. von G. Gál O. F. M. und R. Wood. St. Bonaventure/New York..

Schobinger, J. P. (Hrsg.) 1988: Grundriß der Geschichte der Philosophie. Die Philosophie des 17. Jahrhunderts. Band 3: England. Basel.

von Leyden, Wolfgang (Hrsg.) 1965: John Locke. Essays on the Law of Nature. Oxford.

Yolton, J. W. 1971[3]: John Locke and the Way of Ideas. Oxford. 1. Auflage Oxford 1956.

Lorenz Krüger

War John Locke ein Empirist?*

Essay I.i; II.i; II.xi-xii;
III.iii-iv,vi

War John Locke ein Empirist? Was soll uns diese Frage? Wir alle wissen, daß man in der Philosophie der Aufklärung mit gutem Sinn die Schulen des Rationalismus und des Empirismus unterscheiden kann; und wenn man das tut, kann kaum ein Zweifel sein, auf welche Seite Locke gehört. Meine Frage ist also mit „ja" zu beantworten.

Aber ich würde sie natürlich nicht zum Thema machen, wenn ich glaubte, daß man mit dieser simplen Antwort zufrieden sein könnte. Bei der flotten Handhabung unseres Schulwissens wird in der Philosophie jedem etwas unbehaglich zumute; denn wir alle kennen die Gefahr, daß hinter dem wohlgeordneten Gefüge, das Lehrbücher und Philosophiegeschichten nun einmal nicht entbehren können, die Probleme und damit das eigentliche Leben der Philosophie dem Blick entschwinden. Wir haben also Veranlassung, einen Schritt zurückzugehen und uns wenigstens zu fragen, was denn jener Einteilung der Philosophie des 17. und 18. Jahrhunderts in die beiden Schulen des Rationalismus und Empirismus zugrunde liegt. Ich bin kein Philosophiehistoriker, allenfalls ein Dilettant der Philosophiehistorie; ich will und kann daher nicht den Anspruch machen, die Gründe und Hintergründe dieser geläufigen Gegenüberstellung im ganzen in Betracht zu ziehen und auszubreiten. Ich möchte nur auf einen, wie ich glaube, allerdings sehr wichtigen, Aspekt hinweisen, der zugleich

---

* Dieser Beitrag erschien zuerst in *Studia Leibnitiana* [Franz Steiner Verlag, Stuttgart, vormals Wiesbaden] 2, 1970, 261–283.

einen Rahmen bezeichnet, in dem auch heute noch die systematischen Probleme ihren Ort finden, die sich hinter der historischen Frage, ob John Locke ein Empirist gewesen sei, verbergen.

Unter den mancherlei Veränderungen, die den Beginn der Neuzeit markieren und deren Folgen unser Leben heute bestimmen, ist die Entwicklung der modernen Wissenschaften vielleicht die wichtigste. Die Überzeugungskraft und die Wirksamkeit der neuen Wissenschaften entsprang aus zweierlei Quellen: der mathematischen Methode und der Beobachtung bzw. dem Experiment. Die natürlichen Kräfte menschlicher Vernunft und menschlicher Sinneswahrnehmung erschlossen diese Quellen und ließen das Erschlossene als unabweisbar erscheinen. So verband sich das Vertrauen auf die eigene Fähigkeit des Menschen mit der Überzeugung der Gewißheit und Zuverlässigkeit der Entdeckungen. Hierbei nun scheint die Mathematik vornehmlich die Rolle gespielt zu haben, die frei spekulierende menschliche Vernunft sich selbst vertrauenswürdig und ihrer selbst gewiß werden zu lassen. Der Philosoph der mathematischen Methode ist wohl nicht zufällig zugleich derjenige des Selbstbewußtseins gewesen; er hat seine von der Mathematik abgelesene Philosophie der Methode in den *Regeln zur Leitung des Geistes* höchstwahrscheinlich verfaßt, bevor er die Philosophie des Selbstbewußtseins konzipierte, wie wir sie aus den *Meditationen über die erste Philosophie* kennen. Welche Rolle die Mathematik dann in der von Descartes ausgehenden Tradition spielte, die den Namen „Rationalismus" erhalten hat, ist bekannt.

Die Rolle der Beobachtung auf der anderen Seite scheint vornehmlich die gewesen zu sein, gegen die starr und verbal gewordenen Traditionen der Schulen mit ihren öden Disputationen die von jedem selbst erlebbare Wirklichkeit wieder zur Geltung zu bringen. John Locke jedenfalls empfand sogleich zu Beginn seiner Studienzeit in Oxford sehr deutlich den Gegensatz zwischen der überlieferten rein literarischen Bildung und Ausbildung einerseits und der selbständigen beobachtenden Erkundung der Wirklichkeit andererseits. Der Einfluß seiner Beschäftigung mit allerlei naturwissenschaftlichen Beobachtungen und Experimenten, vor allem auch mit der Medizin, haben seine philosophischen Gedanken ohne Frage beträchtlich beeinflußt[1]. Und in dem *Brief*

---

1 Cranston 1957, Kap. 3, 6 und bes. 8; Dewhurst 1963.

an den Leser, den er seinem *Essay über den Menschlichen Verstand* vorausschickt, erklärte er sich als untergeordneten Arbeiter in der gelehrten Welt, die er nicht ohne Grund durch die Namen von Boyle, Sydenham, Huygens und Newton, also die Namen großer Naturwissenschaftler und Ärzte, bezeichnete. In der experimentellen Naturforschung sah er einen Weg, leeren oder leer gewordenen Worten einen Sinn zu geben, Aussagen Realität zu verschaffen oder auch begründet abzusprechen. Es war, wie Locke sich ausdrückt, nötig geworden, „den Boden ein wenig zu säubern". Denn, so sagt er weiter: „Vage und bedeutungslose Redeweisen und Mißbrauch der Sprache haben bisher als Geheimnis der Wissenschaft gegolten"; tatsächlich aber sind sie nach seiner Meinung „Deckmantel der Unwissenheit und Hindernis wahrer Erkenntnis. In das Heiligtum der Eitelkeit und Ignoranz einzubrechen wird ... für das menschliche Verstehen von einigem Nutzen sein..." *(Epistle to the Reader*, 14)[2].

Hiermit spricht Locke ein Motiv aus, das bis heute die Arbeit vieler Philosophen bestimmt: nämlich durch den leeren Nebel der Reden, durch die in den Schulen tradierten Täuschungen der Sprache, durch Scheinwissen und Scheinprobleme hindurch zur Wirklichkeit und damit zu wahrer Erkenntnis durchzudringen. Und hierin steht Locke am Beginn der Tradition, die den Namen „Empirismus" erhalten hat. Wenn wir ferner einen Blick auf den Aufbau seines *Essay* werfen, bietet sich uns im ganzen etwa folgendes Bild: Nach der Ablehnung eingeborener Prinzipien und Ideen im ersten Buch verwendet Locke etwa zwei Drittel seines Hauptwerkes darauf, die natürliche Genese unserer Vorstellungen aus deren Wahrnehmungen bzw. die Genese der sprachlichen Bezeichnungen für diese zu erörtern, ehe er sich seiner erklärten Aufgabe im letzten der vier Bücher zuwendet, das *Wissen* bzw. die *Erkenntnis* des Menschen zu behandeln. Diesem groben Überblick folgend, darf man wohl sagen, daß Lockes *Essay* der erste geschlossene Versuch war, die empirischen Grundlagen der neuen Naturwissenschaften als Fundament von Verstehen und Wissen überhaupt philosophisch ernst zu nehmen und zu einem System auszuarbeiten, das Herkunft, *Gewißheit und Grenzen des menschlichen Wissens* (Introduction, § 2) im ganzen darstellen sollte.

---

2 Alle Zitate aus Locke entstammen seinem *Essay Concerning Human Understanding* nach der Ausgabe von A. C. Fraser, Nachdruck New York 1959. Übersetzung von mir.

Wenn wir in dieser überschlägigen Weise unseren Blick darauf richten, wie die Unterscheidung von Rationalismus und Empirismus biographisch und sachlich mit dem stärksten Faktor der geistigen Entwicklung im 17. Jahrhundert, der neuen Wissenschaft, zusammenhängt, scheint sich uns auf die Frage, ob Locke ein Empirist war, die triviale Antwort „ja" zu bestätigen, zu der uns auch schon unser Schulwissen genötigt hatte.

Indem wir dabei schematisierend Rationalismus und Empirismus auf den Hintergrund der neuen Wissenschaften projizieren und auf Mathematik und Beobachtung gewissermaßen verteilen, wird freilich die Gegenüberstellung der beiden philosophischen Schulen nicht nur erläutert, sondern zugleich auch schon fragwürdig. Mindestens hat, um nur einen Punkt zu erwähnen, fast allenthalben bei den Empiristen die Mathematik als eine unbezweifelbare Wissenschaft aus reiner Vernunft in hohem Respekt gestanden. So hat etwa Hume in dem berühmten Schluß seiner *Untersuchung über den Menschlichen Verstand* bei der fingierten Verwüstung der Bibliotheken neben den experimentellen Argumenten über Tatsachen auch noch die abstrakten Argumente über Quantität und Zahl der Nachwelt aufbewahren wollen. Und für Locke ist die Mathematik sogar der unbezweifelbare Orientierungspunkt für eine projektierte, freilich nie ausgeführte Wissenschaft von den Prinzipien der Moral gewesen. Die Empiristen des 20. Jahrhunderts haben es schließlich nötig gefunden, den Namen ihrer philosophischen Position ausdrücklich durch das Attribut „logisch" zu erläutern; und die Geschichte dieser erneuerten empiristischen Schule in den Jahrzehnten seit ihrer Entstehung ist nun geprägt von der Diskussion über die Frage, was von unserem Wissen wir auf die Erfahrung zurückführen können und auf welche Weise dies zu geschehen habe; das aber bedeutet: sie ist geprägt von der Auseinandersetzung um den „Empirismus", ja von ernsten und mittlerweile verbreiteten Zweifeln an seiner Möglichkeit.

Diese Sachlage der gegenwärtigen Diskussion nehme ich zum Anlaß, nunmehr einen dritten Anlauf auf die Frage zu nehmen, ob John Locke ein Empirist gewesen sei. Zuerst habe ich unser Schulwissen zitiert, dann habe ich dilettantisch, und darum absichtlich oberflächlich und kurz, ins Historische ausgegriffen; jetzt will ich zur philosophischen Betrachtung im engeren Sinne übergehen; und das heißt u. a. allemal: nicht nur etwas zu fragen, sondern zugleich auch auf den Sinn der Frage zu reflektieren. Auf diese philosophische Reflexion führt, wie ich anzudeuten versuchte, sowohl die Geschichte des Empirismus wie auch sein Verhältnis zu den Wissenschaften, die philosophisch adäquat zu verstehen stets ein Hauptanliegen der Empiristen gewesen ist. Was also bedeutet „Empirismus"?

Ich will die üblichen vagen und daher ziemlich wertlosen Definitionen der philosophischen Lexika hier nicht anführen, sondern nur einen neueren und überzeugenderen Versuch erwähnen, im Vergleich zu dem ich meine eigene Vorgehensweise verdeutlichen kann. Friedrich Kambartel hat in einer kritischen Untersuchung die „Frage nach der Möglichkeit des Empirismus" (Kambartel 1968, 12) erneut aufgeworfen; dabei hat er eingangs einen Vorschlag zur Bestimmung des Begriffs „Empirismus" gemacht, der die notwendige Allgemeinheit mit möglichster begrifflicher Schärfe vereinigt und überdies den Vorzug hat, einen historischen und systematischen Zusammenhang der empiristischen Tradition von Locke bis zu Carnap sichtbar zu machen: Er legt zwei „Grundpostulate des Empirismus" zugrunde; sie lauten:

„1. Es läßt sich unmittelbar Gegebenes vom Unterscheidungs- und Aussageapparat der natürlichen Sprache wie der Wissenschaftssprache rein ablösen.

2. Nur diejenigen Termini und Begriffe sind wissenschaftlich gerechtfertigt, deren Bedeutung bzw. Inhalt sich auf der Basis dieses Gegebenen konstituieren läßt" (Kambartel 1968, 21).

Da Kambartel sein Buch mit einem ausführlichen Kapitel über Locke beginnt und da er überdies ebenfalls das Empiristische an dessen Philosophie herausstellen will, kann ich mit Nutzen an seine vorzügliche Arbeit anknüpfen. Insbesondere werde ich mehr oder weniger an seine Darlegungen anschließen, was etliche kritische Analysen der Lockeschen Position betrifft; dann werde ich mich freilich in einer gewissermaßen optimistischen Deutung Lockes von ihm entfernen. Vorweg kann ich den Unterschied seiner und meiner sich teilweise überschneidenden Überlegungen etwa so skizzieren:

(l) Ich bin mit Kambartel einer Meinung, daß man bei der Begriffsbestimmung des Empirismus auf den *Zusammenhang von Sprache und Erfahrung* zu sprechen kommen muß. Im Falle Lockes ist diese Wendung auch offenkundig nicht künstlich und modernisierend; denn nicht umsonst hat er ein ganzes seiner vier

Bücher über den menschlichen Verstand der Sprache gewidmet. Er sagt: „... man wird mir hoffentlich verzeihen, wenn ich im dritten Buch lange bei diesem Gegenstande verweilt habe und ihn so klar zu machen versucht habe, daß weder die tiefe Verwurzelung des Unheils noch die Herrschaft der Mode denen noch zur Entschuldigung dienen könne, die sich um die Bedeutung ihrer eigenen Worte nicht kümmern und die nicht dulden wollen, daß man nach der Sinnhaftigkeit ihrer Reden fragt" *(Epistle to the Reader,* 15). Denn – so fährt er etwas später fort – „die meisten Fragen und Kontroversen, die die Menschheit beunruhigen, hängen am zweifelhaften und unsicheren Gebrauch der Wörter, oder (was dasselbe ist) unbestimmter Vorstellungen, die mit diesen verbunden werden" *(Epistle to the Reader,* 23).

(2) Das wichtigste und auffälligste Charakteristikum der eben nach Kambartel zitierten Grundpostulate des Empirismus ist sicherlich die Annahme eines von allem Sprachlichen isolierbaren „Gegebenen". Gerade diese Hypothese ist es, die nach Kambartel erstens den Zusammenhang der empiristischen Tradition von Locke bis hin zu Carnap herstellt und die zweitens Angriffspunkt für seine Kritik wird und ihn zu seiner Folgerung führt, daß der Empirismus unhaltbar, daß seine Durchführung unmöglich sei. Auch in diesem Punkt bin ich zunächst von der Folgerichtigkeit und der Glaubwürdigkeit der Überlegungen Kambartels überzeugt. Aber ich schlage unter anderem gerade auch deshalb vor, mit der gesamten Betrachtung noch einmal neu anzusetzen. Mein Grund ist dieser, daß auch eine vergleichsweise prägnante und fruchtbare Formel für den Begriff des Empirismus, wie sie Kambartel gewählt hat, von vornherein Einschränkungen oder auch Einseitigkeiten der Untersuchung mit sich bringt. Dafür allerdings ein klares Ergebnis; was unsere heutige Frage angeht, ist es dieses: Gemessen am gegebenen Begriff und ausgewiesen durch Kambartels Analysen, ist Locke ein Empirist gewesen, d. h. nach Kambartel ein Vertreter der Vorstellung, daß eine von sprachlicher Verarbeitung ablösbare Erfahrungsbasis und eine ihr gegenüber prinzipiell nachträgliche Verarbeitung des Gegebenen alle menschliche Erkenntnis charakterisiert. Das heißt dann aber zugleich: Lockes Erkenntnistheorie ist unhaltbar; denn der eben noch einmal umschriebene Empirismus ist unhaltbar.

Demgegenüber möchte ich für heute den durchaus weniger klaren Ausgangspunkt wählen, daß wir nicht wissen, was „Empirismus" bedeutet, und daß wir deshalb auf eine Begriffsbestimmung am Beginn unserer Untersuchungen verzichten müssen, jedenfalls über jeweils nur vorläufig und hypothetisch vorgeschlagene Formeln nicht hinausgehen können. Wie ich mit der historischen Wendung meiner Titelfrage habe andeuten wollen, will ich versuchen, erst einmal ein gutes Stück Locke selbst zu folgen, in der Hoffnung, daß sich von ihm noch Neues über einen sozusagen optimalen, auch heute noch diskutablen Empirismus lernen läßt. Mit dieser Absicht ist naturgemäß eine gewissermaßen optimistische und harmonisierende Tendenz der Interpretation verbunden. Durchführbar wird diese dadurch, daß ich mich im einzelnen nicht so sehr an die verschiedenen, zum Teil geradezu widersprüchlichen Formulierungen halte, sondern mehr an die Phänomene, von denen ich glaube, daß sie Locke bei seinen Formulierungen vor Augen gehabt hat.

Zur Einteilung des Folgenden taste ich mich an Hand der Hypothese vor, daß „Empirismus" wohl eine These bezeichnen wird von der Art, daß wir irgendetwas „ausschließlich aus Erfahrung gewinnen". Und ich frage, auf welche Gegenstände sich eine solche These denn allenfalls beziehen könne. Hierzu gibt uns nun Locke selbst einen Fingerzeig, nämlich gleich mit dem Titel des ersten Buches seines *Essay*, welcher lautet: „Weder Prinzipien noch Ideen sind angeboren." Hiermit ist über zweierlei Gegenstände etwas behauptet: über Grundsätze und über Vorstellungen. Und diese Unterscheidung bestimmt im weiteren den Aufbau des ganzen *Essay*: die Bücher II und III handeln von den Ideen bzw. den sie bezeichnenden Termini, das Buch IV von den Aussagen (Propositionen). Daraus entnehme ich die Anweisung, für die folgende Betrachtung in zwei Schritten vorzugehen: nämlich erstens nach einem „Empirismus der Ideen" und zweitens dann nach einem „Empirismus der Aussagen" zu fragen. Den ersten Schritt kann ich sogleich weiter gliedern. Es ist nämlich offensichtlich, daß nicht alle Ideen unmittelbar aus der Erfahrung stammen können; dies mag zwar für „rot" und für „Baum" gelten, für die Vorstellung „roter Baum" aber ist es mindestens zweifelhaft, und für die Idee „Kentaur" ausgeschlossen, daß sie direkt aus der Erfahrung erworben werden kann. Daher ist es nützlich, zwischen zwei Klassen von Ideen zu unterscheiden: (1) den Ideen der Erfahrungsbasis, die wir direkt aus eigener Anschauung erwerben, (2) den Ideen, die erst, wie Locke sagt, durch „Operationen des Verstandes" hergestellt werden und nur mittelbar auf die Erfahrung bezogen sind. Einsatzpunkt und Anfang des Empirismus muß nach dieser Einteilung wohl die Basis sein. Und sie ist es denn auch, die zu einem großen Teil der Probleme der empiristischen Philosophie Anlaß gibt. Wenn man keine vernünftige Vorstellung von der Basis entwickeln kann, stürzt die gesamte Theorie in sich zusammen.

Genau diesen Ansatzpunkt hat auch, wie schon erwähnt, Kambartel für seine Kritik des Empirismus genommen. Und, wie angekündigt, werde ich von seinen Analysen Gebrauch machen, um auf diese Weise einige Probleme und Inkonsistenzen, die den Empirismus Lockes bedrohen, in der gebotenen Kürze so deutlich wie möglich machen zu können. Das wichtigste Ergebnis Kambartels zum Basisproblem ist die Beobachtung, daß die Basis bei Locke zweideutig bestimmt wird:

(1) als die Menge der sogenannten „einfachen Ideen", denen die zusammengesetzten oder „komplexen" Ideen gegenüberstehen,

(2) als die Menge der sogenannten „besonderen (particular) Ideen", denen die „allgemeinen" oder „abstrakten" Ideen gegenüberstehen. Als Beispiele für einfache Ideen wollen wir uns vorzugsweise homogene Sinnesqualitäten vormerken, wie „rot", „bitter", „glatt" usw.; die komplexe Idee irgendeiner Waldbeere kann dann aus diesen (und vielleicht noch weiteren) Ideen zusammengesetzt gedacht werden. Die besonderen Ideen betreffend, ist es nicht ebenso klar, welche Beispiele wir im Sinne Lockes angeben sollen. Falls man sich der verbreiteten Tendenz anschließt, Locke auf den in seiner Philosophie latenten Sensualismus hin zu interpretieren, wird man die einzelnen momentanen Sinnesdaten, ob nun komplexe oder einfache, als die einschlägigen Beispiele ansehen. Für diese Bestimmung spricht auch der genetische Gesichtspunkt, den Locke in seiner ganzen Theorie einnimmt: wenn man wie er auf das faktische Zustandekommen von Wissen in einer „einfachen, historischen" (Introduction, § 2), d. h. einer die Tatsachen schlicht beobachtenden und berichtenden Methode ausgeht, so ist es konsequent, die (inneren und äußeren) Wahrnehmungen, als reale Ereignisse verstanden, für das Material der Erfahrungsbasis auszugeben. Man muß leider dazu bemerken, daß Locke selbst zwischen besonderen Ideen in diesem Sinne und den Ideen von besonderen Gegenständen, d. h. Individuen, nirgends sauber unterscheidet.

Wenn er etwa seine Abstraktionstheorie darlegt (III.iii), geht er immer schon von einzelnen Gegenständen aus, die eine Fülle von Aspekten zeitüberbrückend zusammenfassen, etwa von Personen, und nicht, wie man erwarten sollte, von einzelnen Sinnesdaten oder auch einzelnen zeitlich mehr oder weniger punktuellen komplexen Wahrnehmungseindrücken. Ich hoffe, diesen scheinbaren Verstoß gegen die genetische Betrachtungsweise plausibel aufklären zu können.

Aber zunächst haben wir es mit beträchtlich wichtigeren Unstimmigkeiten zu tun. Es gibt nämlich ziemlich überzeugende Gründe dafür, die Festlegung der Erfahrungsbasis sowohl auf die einfachen wie auch auf die besonderen Ideen für inakzeptabel zu halten, sei es aus den Texten Lockes heraus, sei es aufgrund der offensichtlichen Tendenzen seiner gesamten Theorie. Darüber möchte man sich vielleicht freuen, da sich beide Festlegungen ohnehin nicht decken und man sie durch die Kritik loswird; aber das Ergebnis ist natürlich, daß man dann überhaupt keine Bestimmung der Basis übrig behält, womit der fragliche Empirismus Lockes in der Luft hinge. Gegen die Festlegung der Basis auf die einfachen Ideen gebe ich drei Gründe an:

(a) Locke verpflichtet sich der historischen, einfachen Methode, von der ich schon gesprochen habe und die eben die besonderen Ideen oder Eindrücke als fundamental ansehen läßt.

(b) Die einfachen Ideen sind als Basis unzulänglich, denn die Naturerkenntnis beruht (nach Lockes Meinung wie nach unserem Wissen) mindestens teilweise auf der Beobachtung von Koexistenzen, d. h. der Simultaneität verschiedener Eindrücke oder auch Gegenstände. Locke kennt dementsprechend unter seinen komplexen Ideen neben den in der Phantasie des Menschen erst hergestellten auch die unmittelbar erfahrenen (z. B. II.xii.1). Also muß die Basis in jedem Falle auch komplexe Ideen enthalten. Es kommt aber noch schlimmer; denn: (c) die Basis kann keine einzige einfache Idee enthalten, da die einfachen Ideen nach Locke „abstrakt" bzw. „generell" sind. In der Tat ist z. B. „rot" kein Name eines einzelnen Eindrucks oder auch eines einzelnen Teileindrucks, sondern einer im Prinzip beliebig großen Klasse von Eindrücken bzw. von Gegenständen, die unter diesen Begriff fallen. Die Texte belegen, daß Locke einfache Ideen unter die abstrakten einordnet (II.xxxi.12; III.iv.2). Ferner gilt für ihn der Grundsatz: „Universalia, ob Ideen oder sprachliche Ausdrücke, sind gemacht" (II.xi.9). An anderer Stelle nennt er sie in einer kraß nominalistischen Formulierung „die Erfindungen und Kreaturen des Verstandes" (III.iii.11). Und um es ganz deutlich zu machen, gibt er bei der ersten Darstellung der Abstraktion ausgerechnet das Beispiel „weiß", also eine nach seiner Auffassung einfache Idee.

Alles in allem sollten diese Gründe es ausschließen, innerhalb der Lockeschen Theorie die einfachen Ideen als Erfahrungsbasis anzusprechen. Aber auch die besonderen Ideen scheinen dafür nicht in Frage zu kommen:

(a) Wenn Locke mit der Begründung aller Erkenntnis auf die konkrete Genese der Ideen in jedem einzelnen Bewußtsein wirklich ernst machen wollte, müßte er, wie wir gesehen haben, auf die jeweiligen Erlebnisdaten einzelner Menschen zurückgehen. Diese Basis bliebe aber zwangsläufig unbestimmt und unbestimmbar. Da wir keine Namen oder Kennzeichnungen für die einzelnen Wahrnehmungskomplexe besitzen und es offenbar auch keine intersubjektiv verständlichen Benennungen für sie geben kann, ließe sich die Basis nicht angeben. Sie wäre daher in einer Erkenntnistheorie für einen expliziten Aufbau der Erkenntnisse aus ihren einfachsten Bausteinen gar nicht nutzbar. Genau hierin besteht der entscheidende Punkt der Kritik Kambartels am Empirismus, sofern dieser durch eine von sprachlicher Kennzeichnung ablösbare Basis bestimmt ist. Locke, so möchte man nun mit Kambartel meinen, müßte mit seiner genetischen Betrachtungsweise ebenfalls dieser Kritik verfallen. Tatsächlich allerdings – aber das können wir vorerst nur als Inkonsequenz ansehen – gibt Locke einen expliziten Aufbau der Erkenntnis aus namhaft gemachten Elementen an. Dabei kann er dann nicht die besonderen Ideen als Basis benutzt haben.

(b) Die Prüfung des Textes zeigt auch wirklich, daß der Aufbau des Begriffsapparates, durch den Locke die verschiedenen Wissenszweige kennzeichnen will, de facto von den einfachen Ideen ausgeht. Im Einklang damit betont er allenthalben deren unwillkürliche Gegebenheit bzw. die Passivität des Verstandes hinsichtlich ihrer (II.i.25; II.xii.1). Sie sind, wie er sagt, „Kopien" (II.xxxi.12); und es heißt von ihnen: „Ebensowenig wie ein Spiegel die Bilder oder Ideen, die die davor gestellten Gegenstände in ihm erzeugen, zurückweisen, abändern oder auslöschen kann, kann der Verstand die einfachen Ideen zurückweisen, wenn sie dem Bewußtsein dargeboten werden, oder abändern, wenn sie eingedrückt werden, oder sie auslöschen und sich selbst neue machen" (II.i.25; vgl. für Namen einfacher Ideen: III.iv.17). Hier erscheinen also offensichtlich die einfachen Ideen als unmittelbar Gegebenes; und daß sie keine besonderen, sondern allgemeine Ideen sind, wissen wir schon.

Damit scheiden bei der Interpretation des *Essay* auch die besonderen Ideen als Erfahrungsbasis aus. Aber es bleibt nunmehr nicht nur kein diskutabler Vorschlag zur Bestimmung der Basis mehr übrig, sondern dieses Ergebnis hängt darüberhinaus, wie die eben vorgeführten Argumente gezeigt haben, unmittelbar mit widersprüchlichen Tendenzen Lockes bei der Festlegung der Basis zusammen: Die einfachen Ideen sollen einmal unabänderlich *gegeben*, dann aber als abstrakte Ideen auch wieder vom Verstande *gemacht* sein; und die genetische Betrachtung der Erkenntnis schloß eine explizit angebbare Basis aus, während Locke doch einen expliziten Aufbau des Begriffsapparates auf einer explizit angegebenen Basis durchführt.

Im Sinne der angekündigten Tendenz zu einer fragenden und zugleich harmonisierenden Auslegung werde ich nun veranlaßt, es für wenig plausibel zu halten, daß ein Denker vom Rang Lockes schlichte und massive Inkonsistenzen einfach übersehen haben sollte und daß das Gleiche sogar von seinen kritisch eingestellten und scharfsinnigen Zeitgenossen gelten soll. Leibniz hat zwar gegen die Gegebenheit einfacher Ideen polemisiert (*Nouveaux Essais*, II.i.25; II.xxx.3), aber auch er hat nicht die erwähnten Widersprüche als Argument benutzt. Ich werde versuchen, zuerst den Widerspruch zwischen den beiden Behauptungen, einfache Ideen seien gemacht und sie seien gegeben, als scheinbaren nachzuweisen, und von da aus zu einer neuen Bestimmung der Basis vorstoßen, um wenigstens einen konsistenten Ansatz für den Empirismus Lockes aufzuzeigen.

Zur Aufklärung des Widerspruchs, den die Formulierungen Lockes über die einfachen Ideen ohne Frage zeigen, weise ich zunächst auf eine Doppeldeutigkeit des Terminus „machen" hin:

(1) „Machen" kann heißen: ganz neue und über alle Erfahrung möglicherweise hinausliegende Ideen in der Phantasie erzeugen, also z. B. die Idee des Kentauren; im allgemeinen wird dies durch Zusammensetzung (composing oder compounding) geschehen, unter die auch die wiederholte Zusammenfügung derselben Idee

gehört, wie sie z. B. zur Bildung der Idee „unendlich" verwendet wird.

(2) „Machen" kann aber auch heißen: aus Gegebenem durch Abstraktion gewinnen. Dabei ist aber der Verstand einschneidend beschränkt durch die Eigenart des Vorstellungsmaterials, von dem er ausgehen muß. Er kann beim Abstrahieren lediglich „weglassen" (leave out: III.iii.7–9; III.ix.14), d. h. aber: er kann „nichts Neues machen" (III.iii.7). In dieses Weglassen greift aber nun das von Locke beobachtete Phänomen ein, daß das gegebene Material nicht beliebig viele Unterschiede in sich enthält: die Abstraktion kommt bei bestimmten in sich homogenen Teilideen zum Stillstand, bei dem, was Locke eine „einheitliche, einförmige Erscheinung oder Vorstellung im Bewußtsein" (one uniform appearance or conception in the mind, II.ii.l) nennt, und das sind gerade die einfachen Ideen, z. B. eine Farbe. Diese ist zwar nicht unmittelbar als isoliertes Datum gegeben; sie wird erst durch eine Operation der Abstraktion und Zerlegung am Gegebenen faßbar; aber gerade diese Operation des Verstandes führt, falls sie überhaupt unternommen wird, zwangsläufig zu ihr hin. Die einfachen Ideen sind gewissermaßen als Randbedingungen der Verstandesanalyse des Gegebenen schließlich doch wieder nur passiv zu übernehmen.

So viel zur Interpretation des scheinbaren Widerspruchs: die Formulierungen Lockes enthalten ihn, die Phänomene, von denen sie handeln, jedoch nicht. Aber damit haben wir den Kern der Sache noch nicht erreicht. Locke weiß, daß sich die einfachen Ideen „rot", „weiß" usw. noch einmal abstrahierend unter Oberbegriffe fassen lassen, z. B. den der Farbe oder, höher noch, den der Sinnesqualität. Er findet zwar die Auskunft, dies geschehe nicht mehr durch Weglassen von Teilideen (III.iv.16), sondern durch Reflexion auf die Gegebenheitsweise der Ideen durch ein bestimmtes Sinnesorgan; aber seine Bemerkung zeigt gerade, daß auch ein Begriff wie „rot" in dem Sinne nicht einfach ist, daß ihn niemand verstehen kann, der dabei nicht auch die Teilvorstellung impliziert, daß es sich um etwas mit den Augen Aufzunehmendes handelt.

Um zu sehen, was sonst noch hinter der behaupteten Einfachheit gewisser Ideen stecken könnte, führe ich eine Folgerung an, die Locke aus der unterschiedslosen Homogenität des sinnlichen Eindrucks zieht. Er sagt: „... die Namen einfacher Ideen, und nur diese, können nicht definiert werden. Der Grund dafür ist dieser: da die verschiedenen Ausdrücke in einer Definition verschiedene Ideen bedeuten, können sie alle zusammen keinesfalls für eine Idee stehen, die überhaupt keine Zusammensetzung aufweist" (III.iv.7). Ein Terminus, der nicht definiert werden, d. h. nicht durch den Rückgang auf andere Termini erklärt werden kann, bleibt aber unverständlich, es sei denn, er könnte auf andere Weise verständlich gemacht werden: nämlich durch Hinweis auf bestimmte Erfahrungen. Stellen wir also dem, was Locke „Definition" genannt hat, mit einem modernen Namen die „ostensive Definition" gegenüber[3], so können wir die einfachen Ideen als Erfahrungsbasis dadurch auszeichnen, daß sie ausschließlich ostensiv definiert werden können. Daß diese Auszeichnung neben der vagen und psychologisierenden Bestimmung der einfachen Ideen als „homogener Erscheinung im Bewußtsein" eine Rolle spielt, hat Locke an Beispielen drastisch klar gemacht: „Die einfachen Ideen, die wir besitzen, sind so, wie sie uns die Erfahrung lehrt; aber wenn wir versuchen, sie darüberhinaus durch Worte im Geiste klarer zu machen, werden wir nicht mehr Erfolg damit haben, als wenn wir uns daran machten, die Finsternis in eines blinden Mannes Innerem durch Reden aufzuhellen und die Vorstellungen von Licht und Farben in ihn hineinzudebattieren" (II.iv.4).

Indem wir ausdrücklich vom Zusammenhang zwischen Sprache und Erfahrung Gebrauch machen, erreichen wir den Boden, auf dem, wie ich schon ankündigte, erst Aussicht besteht, der Sache nach zu klären, was mit „Empirismus" bei Locke und überhaupt gemeint sein könnte. Von hier aus zeigt sich, wie mir scheint, nun auch der Weg, die Divergenz zwischen den beiden Bestimmungen der Basis, einmal durch die einfachen, dann durch die besonderen Ideen, zu erklären. Statt daß wir in der radikalen Verfolgung einer genetischen Methode auf die unbestimmten und unbestimmbaren Eindrücke jedes einzelnen Menschen ausgehen, halten wir uns an die Namen, die Einzelnes bezeichnen. Und genau das ist es, was Locke an allen den Stellen tut, wo er auf partikulare Ideen eingeht, z. B. im Zusammenhang der Abstraktionstheorie in III.iii. Auch die Bedeutung solcher

---

3 Für eine nicht zu enge Umschreibung dieses Begriffs vgl. man Russell 1948, Part II, chap II.

Namen nun kann ostensiv erklärt werden. In jeweils einzelnen Fällen läßt sich dies zwar durch eine genügend umständliche Beschreibung, also die Ausführung einer komplexen Idee, umgehen; aber doch nicht auf einmal für alle besonderen Ideen bzw. Namen zusammen. Denn das liefe auf eine Sprache ohne Eigennamen hinaus; schlimmer noch: es ließe sich keine Sprache entwickeln, da auch die abstrakten Namen zunächst an Hand von Beispielen und Gegenbeispielen eingeführt werden müssen, d. h. zunächst als Eigennamen verwendet werden, die erst vermittels einer Abstraktion auf Grund von Ähnlichkeiten der Wahrnehmungen (III.iii.13) auf neue Wahrnehmungen übertragen und damit „allgemein gemacht" werden können (II.xi.9)[4]. Besondere Ideen bzw. die Bedeutungen von Wörtern, die etwas Einzelnes bezeichnen, kommen notwendig bei der Entstehung jeder Sprache vor und sind darüberhinaus natürlich in jeder fertigen Sprache, wenn sie brauchbar sein soll, enthalten.

Damit haben wir eine neue Interpretation der Erfahrungsbasis gewonnen, von der ich meine, daß sie den Phänomenen, von denen Locke offenbar sprechen will, adäquat sei: Basis ist das ostensiv Definierbare. Sie ist offenbar nicht eindeutig bestimmt, was die besonderen Ideen bzw. Namen angeht, die von einem Erkennenden zum nächsten und mit der Zeit mehr oder weniger variieren werden; sie ist wohl auch hinsichtlich der abstrakten Ausdrücke nicht unbedingt eindeutig. Aber die relativ konstante Ausstattung der Menschen mit bestimmten Organen und bestimmten Fähigkeiten des Geistes läßt erwarten, daß es mindestens einen Kern von Begriffen gibt, die nicht nur ostensiv definiert werden können, sondern auch müssen, wie dies Locke von den einfachen Ideen behauptet.

Der Kürze halber kann ich nur am Rande anmerken, aber nicht ausführen, daß die eben bestimmte Erfahrungsbasis natürlich auch Ideen der Reflexion enthalten wird. Einige Bezeichnungen für Zustände, Vorgänge oder die von Locke nahezu ausschließlich betrachteten (vgl. aber II.i.4, Schluß) Tätigkeiten des Geistes müssen zweifellos mit Hilfe jeweils eigener Erfahrungen in ihrer Bedeutung festgelegt werden. Es ist also keineswegs so, daß

---

4 Es scheint mir beachtenswert, daß Locke diese Wendung vom „allgemein machen" mit seiner Theorie des Weglassens verbindet, und daher irreführend, diese beiden Elemente als *verschiedene* Interpretationen des Abstraktionsprozesses einander entgegenzusetzen, wie es Aaron 1937, 197 ff. tut.

Locke schon deshalb kein Empirist sein könnte, weil er ein „Reflexionist" gewesen ist. Er hat die „Reflexion" als Quelle von Ideen ja geradezu als einen „inneren Sinn" (II.i.4) bezeichnet und sie damit absichtlich den äußeren Sinnen gleichgestellt.

Ebenso will ich nur erwähnen, aber nicht ausführen, daß sich nicht nur Wörter, die Ideen bezeichnen, sondern auch Partikeln, deren Sinn nur im Zusammenhang eines oder mehrerer Sätze erklärt werden kann (III.vii), zur Basis gehören können, d. h. von der Art sein können, daß sie nur zusammen mit dem Hinweis auf bestimmte Erfahrungssituationen erlernbar sind. Das muß sogar für einige *logische* Partikeln gelten, sofern sie nicht nur Zeichen in einem Kalkül sind, sondern interpretiert werden. Z. B. scheint „und" ein guter Kandidat für ostensive Erläuterung zu sein, etwa an Hand der Anschauung von Zusammenfügen, Nebeneinanderstellen, Hintereinanderausführen usw. Andere Versuche ostensiver Erläuterungen finden sich bei B. Russell[5]; sein Name gehört zur Perspektive einer heutigen Locke-Interpretation, insofern Russell bekanntermaßen einen ausnahmslosen Empirismus vertreten hat, soweit es sich um die Bedeutung sprachlicher Ausdrücke handelt.

Wie steht es nun hiermit bei Locke? Was heißt überhaupt „Empirismus" im Hinblick auf Ideen bzw. Bedeutungen von Wörtern, die *nicht* der Basis angehören? Nichts anderes, als daß alle Ideen der Basis vom Verstande „durch den gewöhnlichen Gebrauch seiner eigenen Fähigkeiten" (II.xii.8) hervorgebracht werden. Das ist eine zunächst ganz unentbehrliche und unverdächtige Erweiterung des unserem Verstehen offenliegenden Feldes; denn wie wir gesehen haben, enthält schon die Basis – weit davon entfernt, eine bloße Masse zusammenhangloser und namenloser Daten zu sein – das mit aller Sprache verbundene Element geistiger Tätigkeit: in sie gehen ein die Operationen des Erinnerns, des Vergleichens mit Erinnertem, damit verbunden das Erkennen von Ähnlichkeiten und Unterschieden, ferner das davon wieder angeleitete Abstrahieren. Und im Zusammenhang mit der durch Abstraktion geleisteten Analyse an gegebenem komplexen Material ist unmittelbar auch die Erfahrung möglicher Komposition verbunden, man kann sich violette Bäume oder auch Willy mit der Nase von Karl vorstellen, usw. Auch das

---

5 Russell 1940, chap. V; Russell 1948, part II, chap. IX.

Vergleichen, gewissermaßen das Nebeneinanderhalten von Vorstellungen, muß schon beim Gewinnen der Basis im Spiele sein, wenn es um die Bedeutung elementarer Relationen, z. B. „größer als", geht.

Man muß freilich zugeben, daß Locke selbst die Verflechtung von Wahrnehmungen und Tätigkeiten des Geistes nicht darstellt, vielmehr umgekehrt durch die Anordnung seines Materials den Eindruck erweckt, als ob wir zunächst nur Ideen der Sinneswahrnehmung hätten, dann erst begännen, sie im Geiste zu bearbeiten und daraus neue und schließlich alle Ideen zu entwickeln. Aber es ist nicht ganz unberechtigt, diesen Gesichtspunkt Lockes als eine Art naturphilosophischer Ergänzung seiner Erkenntnistheorie anzusehen, die deren Struktur nicht bestimmt, wohl aber konsistent ergänzt und in gewissem Maße begründet und deshalb auch Einfluß auf den Gang der Darstellung nimmt. Die Gründe, die er für deren Anordnung nennt (II.xi.14), sind mehr didaktischer als grundsätzlicher Art. Wichtig für uns ist vor allem, daß jedenfalls auch die Operationen des Geistes, die zur Erzeugung neuer Ideen führen, unter den einfachen, d. h. unmittelbar aus Erfahrung kennenzulernenden Ideen vorkommen. Darin besteht über die Basis hinaus der Empirismus der Ideen (z. B. II.xii.8).

Nachdem wir uns darauf eingelassen haben, auch gewisse Tätigkeiten des Verstandes als empiristisch unverdächtig anzuerkennen, stehen wir natürlich vor der Frage, welche Verfahren der Ideenbildung ein Empirist zulassen kann und welche nicht. Eine zugespitzte Formulierung des hiermit angeschnittenen Problems findet sich bei Yolton (1963, 50); ich will sie „Yoltons Dilemma" nennen. Dieses besteht kurz gesagt in folgender Alternative: entweder wird „Erfahrung" streng definiert als „Sensation plus Reflexion", die zweite im Sinne einer inneren Wahrnehmung (internal sense) verstanden, dann ist der Empirismus Lockes offenkundig falsch; oder aber in „Erfahrung" werden *alle* Operationen des Geistes eingeschlossen, zu denen Menschen überhaupt fähig sind, und dann ist der Empirismus Lockes wahr, aber leider trivial. Anders gewendet: Sobald es nicht mehr gelingt, einen Terminus unmittelbar auf Erfahrung zu beziehen, d. h. innerhalb der durch Sensation und Reflexion bestimmten Erfahrungsbasis in seinem Sinn zu klären, kann ein *nicht-trivialer* Empirismus (der Ideen) nur noch dann behauptet werden, wenn es gelingt, erlaubte und unerlaubte bzw. sinnvolle und sinnlose Verfahren der Verknüpfung eines solchen Terminus mit der Basis voneinander zu unterscheiden. Nur durch Lösung dieser Aufgabe ist Yoltons Dilemma zu überwinden.

Locke nun war sich dieser Aufgabe durchaus bewußt. Gegen die Schulmetaphysik, insbesondere gegen die These von der Angeborenheit, aber auch gegen die enthusiastisch überhöhten Ansprüche angeblicher religiöser Offenbarungen will er seinen Begriff von den „eigenen" (II.i.5 et passim), also den natürlichen Tätigkeiten des menschlichen Geistes und vom „normalen Gebrauch seiner eigenen Fähigkeiten" (II.xii.8) stellen; und was die Aufzählung dieser Fähigkeiten, was ferner Beispiele für ihren normalen Gebrauch angeht, ist er in Buch II des *Essay* einigermaßen weitläufig explizit geworden. Dabei hat er überdies Wert darauf gelegt, nicht wie die Empiristen des 20. Jahrhunderts eine analytische und damit erfahrungsfreie Wissenschaft (Logik in einem mehr oder minder begrenzten Sinne) zur Klärung der Relationen irgendeines theoretischen Terms zur Basis heranzuziehen, sondern in jedem Schritt den empirischen, d. h. durch Basiserfahrung ausgewiesenen Sinn aller Operationen klarzumachen, die bei der Bildung neuer Termini bzw. Ideen verwendet werden.

Obwohl im modernen Empirismus im allgemeinen (eine Ausnahme ist z. B. Russell) auf eine Deutung der Logik im Ausgang von der Erfahrung verzichtet, in dieser Hinsicht also das Programm Lockes ermäßigt wird, so ist das „Problem der Reduktion auf die Basis", d. h. der Festlegung des Sinnes aller Ausdrücke durch Klärung ihrer Relation zu Ausdrücken der Basis, doch noch ungelöst, ja geradezu als unlösbar zu vermuten. Bekanntlich kommen die entscheidenden Schwierigkeiten dadurch hinein, daß der Sinn gewisser Nicht-Basisterme, etwa „Elektron", nur im Rahmen einer *ganzen Theorie* bestimmt ist. Und mehr und mehr setzt sich auch die Überzeugung durch, daß auch Basisterme durch Einbeziehen in eine Theorie neue Sinnkomponenten erhalten können, was zwar nicht dazu zwingt, die Behauptung der Existenz einer ostensiv erschließbaren Basis aufzugeben, wohl aber dazu, ihre Rolle im Rahmen des gesamten Erkenntnisprozesses neu zu bestimmen. Diese kurzen Andeutungen über einen allenthalben bekannten und diskutierten Problemkomplex mache ich hier, um zu begründen, weshalb ich zur Beantwortung meiner Frage, ob John Locke ein Empirist war, nicht auf die weiteren Details seines Ideenaufbaus eingehe.

Dies hätte nämlich wenig Aussicht auf neue sachliche Belehrung über einen akzeptablen Begriff des Empirismus, weil es in das Reduktionsproblem hineinführen müßte, das, wie wir heute klarer sehen, in den Bereich der Aussagen, ja der Theorien auszugreifen nötigt. Deshalb will ich lieber in der gebotenen Kürze noch ein paar Fragen nach dem „Empirismus der Aussagen" bei Locke erörtern.

Den entscheidenden Unterschied zum „Empirismus der Ideen" sehe ich darin begründet, daß wir bei Wörtern oder Ausdrücken, die keine vollständigen Sätze sind, nur nach der *Bedeutung* zu fragen haben bzw. danach, wie wir zu einer entsprechenden Idee gelangen, während bei den Aussagen die ganz andersartige Frage nach der *Wahrheit* hinzutritt. Dieser Unterschied war Locke deutlich bewußt. Im ersten Buch seines *Essay* erörtert er die Frage, ob die selbstverständliche Zustimmung zu evidenten Aussagen vielleicht für einen nichtempirischen Charakter, nämlich für die Angeborenheit von Ideen spreche. Seinem konsequenten Empirismus der Ideen folgend, verneint er diese Frage natürlich und erläutert dies an den Ideen „Gott" und „Anbetung": Beide erwerben wir erst im Laufe der Zeit und je nach den besonderen Umständen, also aus Erfahrung, aber die mit ihnen gebildete Aussage ist dann ohne weitere Erfahrung, ja ohne Rücksicht darauf, daß die in sie eingehenden Ideen aus der Erfahrung stammen, als wahr einzusehen. Locke sagt wörtlich: „... *wie auch immer die Ideen zustande gekommen sind*, die Zustimmung zu den Worten, die die Übereinstimmung oder Nichtübereinstimmung derartiger Ideen ausdrücken, wird *notwendigerweise* folgen. Jeder, der eine wahre Idee von Gott und Anbetung hat, wird der Aussage zustimmen, 'daß Gott anzubeten ist', wenn sie in einer ihm verständlichen Sprache ausgedrückt wird" (I.iii.20, Kursivsetzungen von mir).

Diese Äußerung Lockes führt uns auf die wohl wichtigste Schwierigkeit seines Empirismus der Aussagen. Einerseits vertritt er bezüglich der Angeborenheit das Theorem: „wenn die Ideen nicht angeboren sind, dann auch nicht die aus ihnen gebildeten Aussagen"; da die Aussagen in einer Zusammenfügung von Ideen bestehen, können sie offenbar nicht vor den Ideen dagewesen sein (I.iii.1). Andererseits scheint nun eine analoge Behauptung über die Herkunft aus Erfahrung nicht zu gelten; sie müßte lauten: „wenn die Ideen aus Erfahrung stammen, dann auch die mit ihnen gebildeten Aussagen." In einer Hinsicht ist das zwar richtig: Die Existenz einer Aussage, auch der ihr zugeschriebene Sinn, ergibt sich aus Erfahrung; aber ihre Begründung (oder auch Widerlegung) soll ohne Rücksicht darauf erfolgen können. Wie ist so etwas möglich?

Wenn überhaupt eine Lösung dieses Problems erreichbar sein sollte, so wird man am ehesten hoffen, sie im Hinblick auf den Charakter gewisser Erkenntnisse oder Aussagen zu finden, den man heutzutage meistens mit dem Wort „analytisch" zu fassen versucht. Analytische Aussagen wollen wir etwas pauschal solche nennen, deren Wahrheit sich allein schon aus der Kenntnis ihres Sinnes ergibt. Zwar nicht notwendig vom psychologischen, aber doch vom erkenntnistheoretischen Gesichtspunkt aus kann man derartige Aussagen als trivial ansehen, eben als solche, die nur ein (freilich konsequentes) Spiel mit Wörtern voraussetzen. Unter diesem Blickwinkel zeigen sie eine Verwandschaft zu Aussagen, die Locke mit einer Anspielung auf das bloß Verbal-Spielerische („trifling with words", IV.viii.3) „trifling" nennt. (Da ich keine passende deutsche Übersetzung kenne, werde ich das englische Wort beibehalten.) Als Beispiele führt er auf (IV.viii.2-4): identische Aussagen wie „Seele ist Seele" und aus der Definition einer komplexen Idee hervorgehende Aussagen wie „Blei ist schmelzbar". Solange das Wort „Blei" allein dadurch festgelegt wird, daß es sich um einen grauen, schweren, schmelzbaren Körper handeln soll, mag uns Lockes Auskunft, die Wahrheit derartiger Aussagen sei ohne weiteres gewiß, befriedigen. Da sie sich allein auf unseren Gebrauch der Wörter beziehen und damit, wie Locke sagt, „bloß verbal" (IV.viii.12) sind, können wir sie als entschlossene Empiristen gelten lassen, wie das denn auch allgemeine Übung ist.

Aber schon bei einer nächsten Klasse von Aussagen, von denen Locke nirgends ausdrücklich sagt, ob er sie noch als „trifling" ansehen will, die aber den „trifling propositions" sehr nahe stehen, ergeben sich erste Bedenken: bei den Aussagen über die Differenz von Ideen. Sie bilden eine Klasse von Elementen strengen Wissens („knowledge", IV.i.3). Die Begründung liegt natürlich in Lockes Auffassung, derzufolge alle abstrakten Ideen die Produkte unseres Verstandes sind. Bei der Zusammensetzung einer

Idee mögen wir in der Tat die Verschiedenheit zweier Ideen darauf zurückführen, daß wir irgendeine Teilidee gegenüber einer anderen Zusammensetzung abändern, z. B. „grau" durch „gelb" ersetzen und so „Blei" zu „Gold" machen. Im Sinne dieses Nominalismus kann Locke bei der Erörterung der abstrakten Ideen bis zu der scharfen Äußerung gelangen: „Da nun jede abstrakte Idee unterschiedlich ist, so daß von zwei beliebigen die eine niemals die andere sein kann, wird der Geist vermöge seines *intuitiven* Wissens ihre Verschiedenheit wahrnehmen..." (III.viii.1; Hervorhebung von mir).

Das Problem kommt nun aber spätestens da heraus, wo Locke auch einfache Ideen einbezieht (was er bei der ersten thematischen Erörterung des Wissens von den Unterschieden der Ideen [IV.i.4] ausdrücklich tut), indem er Beispiele wie „weiß ist nicht rot" oder „rund ist nicht quadratisch" anführt. Diese einfachen Ideen sind zwar, wie wir gesehen haben, auch gemacht, aber in dem schwachen Sinne, daß sie aus Erfahrungs*gegebenheiten* heraus abstrahiert werden müssen, also nicht willkürlich, sondern unter passiver Hinnahme der Eindrücke, die uns die Dinge mit ihren Ähnlichkeiten und Unähnlichkeiten anbieten. Allein dieser Werdegang der Bezeichnung „weiß" gibt ihr eine Bedeutung, aber verhindert natürlich auch, daß „weiß" und – sagen wir – „grau" klar voneinander geschiedene Ideen sind. Ein weißes Hemd geht unmerklich in ein solches über, das man besser in die Wäsche gibt, und unversehens hat sich der schönste Winterschnee in Frühjahrsschmutz verwandelt. Diese Unbestimmtheit der einfachen Begriffe, sofern sie ihre Bedeutung aus der Erfahrung haben sollen, wirkt sich aber natürlich sogleich auch auf alle aus ihnen zusammengesetzten Ideen aus. Diese können nicht schärfer voneinander geschieden sein, als es die Unterschiedenheit der Teilideen zuläßt.

Damit haben wir das folgende Dilemma vor uns: entweder sind die Wörter mit empirischer Bedeutung begabt; dann erfordert die Erkenntnis schon des Unterschiedes zweier Bedeutungen ebenfalls Erfahrung; oder aber wir setzen Bedeutungsunterschiede in Postulaten fest[6], dann können nicht beide Bedeutungen unabhängig voneinander auf einfache Ideen zurückgeführt werden. Gerade diese Rückführung auf einfache Ideen stellt

---

6 Wie es z. B. dem Vorschlag R. Carnaps entspricht, vgl. Carnap 1952.

Locke jedoch als erstrebenswerten Idealfall hin (III.iii.10); ja er sieht sie sogar letztlich als das einzige Mittel an, zu einem inhaltlichen und zugleich genauen Verständnis eines Wortes zu kommen (III.iv.12-14). Vom Empirismus der Ideen her sind diese Forderungen motiviert. Aber sie lassen einen Nominalismus der Begriffe ebenso wenig zu wie das auf diesen gegründete intuitiv gewisse Wissen von Identität und Differenz zweier beliebig herausgegriffener Ideen.

Aber Locke geht noch einen Schritt weiter: Er behauptet ein ebenso gewisses Wissen („knowledge" im engeren Sinne) auch von komplizierten Ideenrelationen, die nicht mehr durch Intuition, sondern nur noch mit zusätzlicher Hilfe der Demonstration erkannt werden können. Beispiele dafür nimmt er aus der Mathematik, z. B. die Aussage, daß die Winkelsumme im Dreieck zwei rechte Winkel betrage, oder aus der Moralphilosophie bzw. der natürlichen Religion, z. B. die schon erwähnte Aussage, daß Gott anzubeten sei. Solche Erkenntnisse sind nun auch nicht mehr „trifling", sondern „instructive", d. h. sie vergrößern unser Wissen; das Prädikat einer Aussage ist „eine notwendige Konsequenz der genau festgelegten komplexen Idee (*sc.* des Subjekts), aber nicht in ihr enthalten" (IV.viii.8). Diese letzte Formulierung legt (neben anderen) nahe, die „instruktiven" Aussagen eher als synthetisch denn als analytisch anzusehen, womit sich herausgestellt hatte, daß Locke im Sinne gewisser heute geläufiger Formeln kein Empirist war. Diese Feststellung ist verbreitet genug und im Rahmen des üblichen, von Kant mitbestimmten Begriffsapparats plausibel genug, so daß ich nicht weiter dabei verweilen möchte. Nur auf die Mißlichkeit will ich hinweisen, daß die Entscheidung darüber, ob bestimmte Aussagen bei Locke analytisch oder synthetisch gemeint sind, nicht leicht zu treffen ist, da er diese Begrifflichkeit eben noch nicht besaß.

Statt mich auf die Feinheiten der Textinterpretation einzulassen, die deshalb in dieser Sache unentbehrlich sind, will ich abschließend noch einmal auf die Verknüpfung dieser Frage nach dem Status des mathematischen und moralischen Wissens mit dem Empirismus der Ideen zurücklenken. An Hand des Wissens von Identität und Differenz von Ideen hatte ich eine Alternative aufgestellt, die ich etwas verkürzt und leicht mißverständlich so aussprechen kann: entweder *empirische Bedeutung* sprachlicher Ausdrücke oder (durch Postulate der Begriffsbildung begründetes) *gewisses Wissen* über Ideenrelationen, aber nicht beides zusammen. Angewandt auf das mathematische Wissen bedeutet dies, daß nur bei Festlegung der *gesamten* Bedeutung der vorkommenden Ausdrücke durch ihre Relation zu anderen Ausdrücken ein gewisses mathematisches Wissen möglich sein sollte. Dies ist eine geläufige Auffassung von Mathematik bzw. den Grundlagen ihrer offenbar nicht abzustreitenden Gewißheit, wie sie denn auch in der Interpretation der axiomatischen Methode durch Hilbert für diese Wissenschaft selbst eine gewisse, freilich heute längst nicht mehr unumstrittene Verbindlichkeit erreicht hat. Die Axiome legen, als implizite Definition verstanden, alle möglichen Verwendungen, d.h. den gesamten Sinn der in sie eingehenden Ausdrücke, fest.

Es ist aber nun offenkundig, daß diesen Ausdrücken dann nichts mehr von den „Ideen" angeheftet werden darf, die wir ursprünglich vielleicht aus unserer Erfahrung mitgebracht haben mögen, auch wenn es sich um etwas so Vertrautes handeln sollte wie die natürlichen Zahlen, von denen Kronecker seinen bekannten Ausspruch getan hat, alles übrige in der Mathematik sei Menschenwerk, aber die natürlichen Zahlen habe Gott gemacht. Insoweit ist dann also der „Empirismus der Ideen", ich will nicht sagen: aufzugeben, aber außer Kraft zu setzen. Und ich weiß nicht, ob derjenige, der eine prinzipielle Scheidung von mathematischer *Gewißheit* und empirischer *Wahrscheinlichkeit* annimmt, irgendeine andere Auskunft finden könnte.

Nun ist aber klar, daß Locke diesen Weg, mathematische Aussagen als gewisses Wissen zu sichern, in seiner Strenge nicht kannte und wahrscheinlich nicht hätte beschreiten wollen. Jedenfalls sagt er des öfteren, es handele sich um „reales Wissen" (real knowledge, IV.viii.8; IV. iv.6–7). Das heißt zwar keineswegs: um Wissen von realer *Existenz*, aber – wenn denn ein Unterschied zum bloß „verbalen" oder „trifling" Wissen bestehen soll – doch um so etwas wie ein *möglicher* Existenz konformes Wissen. Daß Locke etwas in dieser Richtung Liegendes vorgeschwebt haben muß, zeigt vor allem, daß er die Moral genauso einordnet wie die Mathematik (IV.xii.8). Zwar sagt sie nichts darüber, daß ihren Begriffen entsprechende Gegenstände existieren; aber es hat andererseits auch keinen Sinn, die Bedeutung dieser Begriffe ausschließlich nach Art impliziter Definitionen, d. h. allein in ihren wechselseitigen Relationen festzulegen. Sie müssen schon, wie

Locke dies an zahlreichen Beispielen erläutert, aus normalen empirischen Begriffen zusammengesetzt werden, z. B. „Mord" aus „Töten", „Mensch", usw. Die Absicht, empirischen Sinn festzuhalten, sollte jedoch Gewißheit und damit Wissen im engeren Sinne ausschließen. Sofern Locke Gewißheit in Mathematik, Moral und natürlicher Religion jedoch lehrt und sie ausdrücklich über die sonstige bloß wahrscheinliche Erkenntnis der Natur erhebt, redet er über Erfahrbares, ohne sich auf Erfahrung zu stützen, und verstößt somit gegen die Konsequenz seines empiristischen Ansatzes.

Hiermit beende ich meinen Durchgang durch die Philosophie Lockes. Zur Frage, ob John Locke ein Empirist war, möchte ich zusammenfassend folgende Ergebnisse festhalten:

(1) Locke war ein Empirist darin, daß er die Existenz einer Erfahrungsbasis behauptete, die mindestens teilweise explizit angebbar ist.

(2) Locke war ferner ein Empirist darin, daß er ausschließlich mit Operationen des Verstandes, die von dieser Basis her bekannt sind, alle anderen, über die Basis hinausliegenden Bausteine unserer Erkenntnis konstruierte. Genauer gesagt: hierin wollte er Empirist sein; ob er es der Sache nach überhaupt sein konnte, ist heute noch ein offenes Problem, das sogenannte Problem der Reduktion theoretischer Ausdrücke.

(3) Eine konsistente Interpretation des Lockeschen Empirismus, die u. a. die eben genannten Ergebnisse liefert, läßt sich jedoch nur angeben, wenn man in der Erkenntnistheorie von vornherein die unlösbare Verknüpfung von Sprache und Erfahrung bzw. von Tätigkeit des Verstandes und passiver Wahrnehmung in Rechnung setzt. Dafür bildet die in Lockes *Essay* hervorgehobene Rolle der Sprache eine legitime Grundlage. Man muß dann allerdings darauf verzichten, seine Erkenntnistheorie auf die Unterscheidung von Wahrnehmungsdaten und einer diesen gegenüber prinzipiell nachträglichen Verarbeitung festzulegen; diesen Aspekt seiner Theorie, den ich nicht wegdiskutieren will, kann man als eine plausible Naturphilosophie des Menschen ansehen, die sich mit der Erkenntnistheorie konsistent verbinden läßt, sie aber nicht ersetzen kann und bei Locke *de facto* nicht ersetzt.

(4) Bei der Begründung der Wahrheit von Aussagen kann man ohne einen Rückgriff auf die Erfahrung nur dann auskommen,

wenn auch die Bedeutungen der verwendeten Ausdrücke ohne Rücksicht auf Erfahrung festgelegt werden. Locke ist also kein konsequenter Empirist der Aussagen gewesen, weil er ein konsequenter Empirist der Ideen war.

Literatur

Aaron, R. I. 1937: John Locke. Oxford. Paperback Oxford 1965.
Carnap, R. 1952: Meaning Postulates. In: Philos. Studies 3. Abgedruckt in: R. Carnap, Meaning and Necessity, enlarged ed. Chicago 1956, 222–229.
Cranston, M. 1957: John Locke. A Biography. London.
Dewhurst, K. 1963: John Locke. Physician and Philosopher. London.
Kambartel, F. 1968: Erfahrung und Struktur, Bausteine zu einer Kritik des Empirismus und Formalismus. Frankfurt a. M.
Russell, B. 1940: An Inquiry into Meaning and Truth. London.
– 1948: Human Knowledge, Its Scope and Limits. London. Deutsch: Darmstadt o. J.
Yolton, J. W. 1963: The Concept of Experience in Locke and Hume. In: Journal of the History of Philosophy 1, 53–71. Teilweise abgedruckt in [und zitiert nach] C. B. Martin und D. M. Armstrong (Hrsg.): Locke and Berkeley, A Collection of Critical Essays. London und Melbourne 1968, 40–52.

Bertram Kienzle

Primäre und Sekundäre Qualitäten*

Essay II.viii.7–26

Im viii. Kapitel des II. Buches seines *Essay Concerning Human Understanding*[1] entwickelt John Locke eine faszinierende Theorie der Qualitäten materieller Körper. Leider wird ihr Verständnis durch eine bisweilen ungenaue und mißverständliche Ausdrucksweise erschwert; manche seiner Bemerkungen sind eher dazu angetan, seine Leser in die Irre zu führen, als ihnen seine Theorie zu erschließen. So kann man Peter Alexander nur beipflichten, wenn er in einem Aufsatz über die Unterscheidung von primären und sekundären Qualitäten bei Boyle und Locke schreibt: „Locke has been seriously misrepresented in various respects ever since Berkeley set critics off on the wrong foot." (Alexander 1977, 62)

Nun bin ich allerdings der Meinung, daß es selbst Alexander nicht gelungen ist, Licht in die Lockesche Theorie der primären und sekundären Qualitäten zu bringen. Auch sein glänzendes Buch *Ideas, Qualities and Corpuscles* (Alexander 1985) enthält neben vielen wichtigen Einsichten und etlichen brillanten Gedanken auch einige problematische Bemerkungen zu diesem Thema. Im vorliegenden Aufsatz möchte ich deshalb einen erneuten Ver-

---

* Gekürzte Fassung von „Primäre und Sekundäre Qualitäten bei John Locke", *Studia Leibnitiana* [Franz Steiner Verlag, Stuttgart, vormals Wiesbaden] 21, 1989, 21-41. In dem vorliegenden Beitrag fehlen die Fußnoten 5 und 6 sowie der ganze Abschnitt 7 („Sind die Ideen der primären und sekundären Qualitäten doch nicht einfach?") des Originaltextes.
1 John Locke: *An Essay Concerning Human Understanding*. Hrsg. von Peter H. Nidditch. Oxford 1975. Alle Zitate werden nach der korrigierten Fassung wiedergegeben, welche die Paperback-Ausgabe dieses Textes von 1979 bietet.

such unternehmen, Lockes Theorie zu interpretieren. Dabei werde ich mich einzig und allein auf den Wortlaut des *Essay* stützen. Denn ich bin fest davon überzeugt, daß man weder Texte von Vorgängern noch von Zeitgenossen oder gar Nachfolgern Lockes heranzuziehen braucht, um seine Theorie der Qualitäten zu verstehen.

1. Einleitung

Zu Beginn des IV. Buches seines *Essay* erklärt Locke Wissen als die Wahrnehmung von Verknüpfung und Übereinstimmung bzw. von Nicht-Übereinstimmung und Widerstreit zwischen unseren Ideen (IV.i.2). Warum nimmt er in dieser Erklärung nicht auch auf Dinge Bezug? Warum sagt er nicht, Wissen sei die Wahrnehmung der Übereinstimmung bzw. der Nicht-Übereinstimmung unserer Ideen mit den Dingen? Folgt aus seiner Erklärung nicht sofort, daß sich unser Wissen gar nicht auf die Dinge selbst bezieht, daß es also gar nicht objektiv ist? Auf diese Fragen hält Locke in IV.iv.3 die folgende Antwort parat: „'Tis evident, the Mind knows not Things immediately, but only by the intervention of the *Ideas* it has of them. *Our Knowledge* therefore is *real*, only so far as there is a conformity between our *Ideas* and the reality of Things."

Der Prüfstein für die Objektivität bzw. (nach dieser Stelle:) Realität des Wissens besteht also darin, daß die Ideen, in deren Übereinstimmung oder Nicht-Übereinstimmung es besteht, mit den Dingen übereinkommen. Zu diesen Ideen gehören neben den archetypischen, zusammengesetzten Ideen (vgl. IV.iv.5) auch die einfachen Ideen, von denen es in IV.iv.4 heißt: „... they represent to us Things under those appearances which they are fitted to produce in us: whereby we are enabled to distinguish the sorts of particular Substances, to discern the states they are in, and so to take them for our Necessities, and apply them to our Uses. Thus the *Idea* of Whiteness, or Bitterness, as it is in the Mind, exactly answering that Power which is in any Body to produce it there, has all the real conformity it can, or ought to have, with Things without us. And this conformity between our simple *Ideas*, and the existence of Things, is sufficient for real Knowledge."

Doch wie sollen ausgerechnet die Ideen der Weiße und der Bitterkeit mit den Dingen selbst übereinkommen? Sind nicht gerade sie die besten Beweise für die Subjektivität unserer Ideen? Denn es ist doch eine nur allzu vertraute Tatsache, daß ein Blatt Papier bei entsprechender Beleuchtung bald weiß, bald rot oder gar grün aussehen kann und daß, was dem einen schon bitter schmeckt, für den anderen durchaus noch genießbar sein mag.

Diese Phänomene zu wahren und dennoch den Nachweis dafür zu erbringen, daß die einfachen Ideen mit den Dingen übereinkommen, dieses Ziel hat sich Locke in seiner Theorie der Qualitäten gesteckt. Und der Atomismus ist der Preis, den er dafür bezahlt. Denn sein Ausgangspunkt besteht in der Annahme, die materiellen Körper seien aus nicht wahrnehmbaren Bestandteilen, sog. Korpuskeln, zusammengesetzt.

Aber wie läßt sich die Existenz solcher Korpuskel beweisen, wo diese doch so klein sein sollen, daß wir weder ihre Ausmaße noch ihre Gestalten und schon gar nicht ihre Bewegungen mit unseren Sinnen wahrnehmen können (vgl. II.viii.13)? Wie kann ein Empirist überhaupt von etwas nicht Wahrnehmbarem sprechen? Lockes Versuch, den Ideen mit Hilfe der Annahme von Atomen ein fundamentum in re zu sichern, führt ihn offensichtlich weit über die Grenzen der Erfahrung hinaus.

Diese Schlußfolgerung beruht indessen auf einer versteckten Doppeldeutigkeit in der Rede von einem nicht wahrnehmbaren Ding. Diese Doppeldeutigkeit ist von Locke nie aufgeklärt worden; vielleicht hat er sie auch selbst nicht ganz durchschaut. Man muß nämlich unterscheiden zwischen dem, was der Wahrnehmung überhaupt nicht zugänglich ist, und dem, was ihr nur unmittelbar nicht zugänglich ist. Ersteres ist in der Tat jeder Erfahrung entzogen; letzteres muß jedoch nicht unbedingt jenseits von ihr liegen: nämlich dann nicht, wenn es mittelbar wahrgenommen werden kann. Wenn man folglich unter etwas nicht Wahrnehmbarem auch etwas unmittelbar nicht Wahrnehmbares verstehen dürfte, wenn sich also zeigen ließe, daß die angeblich nicht wahrnehmbaren Korpuskel mittelbar durchaus wahrgenommen werden können, so ließe sich Lockes Korpuskularhypothese doch noch mit den Anforderungen einer empiristischen Erkenntnistheorie vereinbaren.

Diese Vereinbarkeit sicherzustellen ist die Aufgabe seiner Unterscheidung von primären und sekundären Qualitäten. Dieser

Unterscheidung liegt die Idee zugrunde, daß die Korpuskel deshalb – mittelbar – wahrnehmbar sind, weil sie sich in Form von sekundären Qualitäten an Körpern beobachtbarer Größe bemerkbar machen. Damit stellen also Lockes sekundäre Qualitäten die von einem Empiristen zu verlangenden Beweise für die Existenz der (unmittelbar) nicht wahrnehmbaren Bestandteile aller Materie dar.

2. Was sind Qualitäten?

Die §§ 7 und 8 des viii. Kapitels von Buch II des *Essay* tragen die gemeinsame Überschrift „*Ideas* in the Mind, Qualities in Bodies". Doch so einleuchtend sich diese Lokalisierung von Ideen und Qualitäten auch anhört, so verwirrend gestaltet sich ihre Begründung. Es ist nämlich alles andere als klar, daß nicht auch in den Körpern selbst Ideen anzutreffen sind. In II.viii.7 geht Locke jedenfalls davon aus, daß es zwei Arten von Ideen gibt: „Perceptions in our Minds" und „modifications of matter in the Bodies that cause such Perceptions in us". Diese Unterscheidung hält er vor allem deshalb für wichtig, damit man nicht in den Fehler verfällt zu glauben, alle Ideen seien (Spiegel-)Bilder von etwas, das den Gegenständen inhäriert. Zur Begründung führt er an: „most of those [*scil. ideas*] of Sensation being in the Mind no more the likeness of something existing without us, than the Names, that stand for them, are the likeness of our *Ideas*, which yet upon hearing, they are apt to excite in us." (II.viii.7)

Die Unterscheidung zwischen den beiden Arten von Ideen wird von Locke im nächsten Paragraphen terminologisch fixiert, indem er den Terminus „Idee" für die Wahrnehmungen im Geiste reserviert und die anderen Ideen in „Qualitäten" umbenennt: „Whatsoever the Mind perceives in it self, or is the immediate object of Perception, Thought, or Understanding, that I call *Idea*; and the Power to produce any *Idea* in our mind, I call *Quality* of the Subject wherein that power is." (II.viii.8) Diese Definition hat Locke nicht ohne Absicht so formuliert, daß von einem Vermögen, irgendeine Idee hervorzurufen, die Rede ist. Sicher hätte es näher gelegen, statt von einer beliebigen Idee von der Idee der Qualität F zu sein zu sprechen und zu sagen „F zu sein ist eine Qualität von x genau dann, wenn x das Vermögen hat, die Idee der *F*-heit in unserem Geist hervorzurufen". Doch in diesem Fall wäre Locke hinter seine eigene Einsicht zurückgefallen, daß die Ideen keine (Spiegel-)Bilder von etwas sein müssen, das den Gegenständen inhäriert. Denn in diesem Fall wäre es ausgeschlossen, einem Gegenstand *x* die Qualität *F* zu sein zu-, das Vermögen, die Idee der *F*-heit in unserem Geist hervorzurufen, jedoch abzusprechen. Genau darin aber besteht, wie wir noch sehen werden, der ganze Witz von Lockes Konzeption der sekundären Qualitäten: daß sie Körpern zugesprochen werden, welche die Ideen dieser Qualitäten gar nicht hervorrufen. Um ein Beispiel zu geben: Wenn wir von einem Körper sagen, er sei rot, so sprechen wir ihm zwar die Qualität zu, rot zu sein, aber wir legen uns dadurch nicht darauf fest, daß er es ist, der die Idee der Röte in unserem Geist hervorzurufen vermag. Nach Locke ist die Ursache dieser Idee vielmehr eine bestimmte Kombination der primären Qualitäten der (unmittelbar) nicht wahrnehmbaren, korpuskularen Bestandteile eines Körpers. Weitaus irreführender sind Wendungen wie „warme Kleidung" oder „warme Handschuhe". Denn was wir meinen, wenn wir von „warmen Handschuhen" sprechen, ist nicht, daß die Handschuhe warm sind, sondern daß sie wärmen; die Wärme, die wir warmen Handschuhen attribuieren, ist keine Qualität, die an ihnen selbst ablesbar wäre, sondern eine Empfindung, die sie in unseren Händen hervorzurufen vermögen[2].

Doch ich greife vor. Kehren wir zurück zu dem, was Locke über Qualitäten allgemein zu sagen hat. Wir haben gesehen, daß er zwischen den Ideen im Geist und den Ideen in den Körpern unterscheiden möchte, welch letztere er „Qualitäten" nennt. Die sorgfältige Beachtung der Rede vom Hervorrufen „irgendeiner Idee" in seiner Definition des Begriffes *Qualität* vermittelt uns folgendes Bild von den Gründen dafür, daß wir die Idee der *F*-heit in Form der Qualität *F* zu sein in die Körper hineinzuprojizieren geneigt sind. Das liegt an unserer Angewohnheit, den Körper, dem wir eine Qualität zuschreiben, mit der Ursache der Idee dieser Qualität in unserem Geist zu identifizieren. Auf Grund dieser Angewohnheit schließen wir von der Wahrnehmung der Idee der *F*-heit in unserem Geist nur allzu leicht auf das

---

[2] Vgl. Lockes Drei-Schüssel-Experiment in II.viii.21, auf das noch in Abschnitt (3) einzugehen sein wird.

Vorhandensein einer für die Existenz dieser Idee verantwortlichen Qualität *F* zu sein in demjenigen Körper außer uns, an dem wir diese Qualität ablesen. Doch was wir aus unserer Wahrnehmung schließen dürfen, ist allenfalls, daß es *irgendeine* Qualität in den Körpern gibt, welche für das Vorhandensein der Idee der *F*-heit in unserem Geist verantwortlich ist. Ob diese Qualität der Idee in uns ähnlich ist oder nicht, ist eine ganz andere Frage.

Locke selbst hat die von unserer Angewohnheit ausgehende Gefahr nicht nur erkannt, wie aus II.viii.15 und II.viii.16 hervorgeht, sondern er weiß auch sehr genau, wie schwer es ist, ihr nicht zu erliegen. Ausdrücklich macht er darauf aufmerksam, daß er bisweilen selbst so redet, als seien die Ideen nicht nur im Geist, sondern auch in den Dingen: „... which *Ideas*, if I speak of sometimes, as in the things themselves, I would be understood to mean those Qualities in the Objects which produce them in us." (II.viii.8) Mit der Unterscheidung von Ideen im Geist und Qualitäten in den Dingen hat Locke also anderes im Sinn, als die Grenze zwischen dem Reich des Subjektiven und dem des Objektiven abzustecken. Objektiv im Sinne von „nicht auf ein erkennendes Subjekt angewiesen" sind die Qualitäten nach seiner Definition gerade nicht. Kann doch ihr zufolge nichts eine Qualität sein, was keine Idee in unserem Geist zu verursachen vermag. Die Absicht, die Locke mit seiner Unterscheidung von Ideen und Qualitäten verfolgt, besteht vielmehr darin, im Reich der Ideen eine Stelle für so etwas wie den objektiven Widerhalt der subjektiven Ideen zu schaffen. Dazu braucht er die Annahme von Qualitäten – oder wenn man lieber will: von Ideen – in den Körpern, welche in der Lage sind, Ideen bzw. Wahrnehmungen im Geist zu verursachen, ohne ihnen ähneln zu müssen. Denn erst solche Qualitäten scheinen den subjektiven Wahrnehmungen unähnlich genug zu sein, um so etwas wie Objektivität beanspruchen zu können. Wenden wir uns nun den Einzelheiten dieser Theorie der Qualitäten zu.

3. Was sind primäre Qualitäten?

Um die Rolle besser zu verstehen, die Locke den primären Qualitäten zugedacht hat, wollen wir von seinem Beispiel mit dem Weizenkorn ausgehen: „Take a grain of Wheat, divide it into two parts, each part has still *Solidity, Extension, Figure,* and *Mobility;* divide it again, and it retains still the same qualities; and so divide it on, till the parts become insensible, they must retain still each of them all those qualities." (II.viii.9) Wenn Locke hier von sinnlich nicht wahrnehmbaren Teilen spricht, so meint er damit nur, daß diese Teile nicht mehr unmittelbar mit den Sinnen wahrzunehmen sind. Weist er doch in II.xxiii.11 selbst darauf hin, daß sich mit Hilfe eines Mikroskops noch eine ganze Reihe weiterer derartiger Teilungsprodukte beobachten lassen: „Sand, or pounded Glass, which is opaque, and white to the naked Eye, is pellucid in a Microscope; and a Hair seen this way, loses its former Colour, and is in a great measure pellucid, with a mixture of some bright sparkling Colours, such as appear from the refraction of Diamonds, and other pellucid Bodies. Blood to the naked Eye appears all red; but by a good Microscope, wherein its lesser parts appear, shews only some few Globules of Red, swimming in a pellucid Liquor; and how these red Globules would appear, if Glasses could be found, that yet could magnify them 1000, or 10000 times more, is uncertain."

Weshalb macht Locke die Annahme, daß sowohl das unzerteilte Weizenkorn als auch seine (unmittelbar) nicht mehr wahrnehmbaren Teile, mithin auch seine korpuskularen Bestandteile eine ganze Reihe gemeinsamer Qualitäten aufweisen? Nun, wenn es keine qualitativen Gemeinsamkeiten von Korpuskeln und unmittelbar beobachtbaren Körpern gäbe, dann könnten wir uns die Korpuskel überhaupt nicht vorstellen. Wir hätten buchstäblich nicht die geringste Idee von ihrer Beschaffenheit. Wie wir bereits gesehen haben, verwendet Locke die Unterscheidung von Ideen im Geist und Qualitäten in den Körpern zur Bekämpfung der naiven Annahme, die Ideen seien den Qualitäten ähnlich. Nun ist diese Annahme in ihrer unbeschränkten Allgemeinheit zwar falsch, enthält aber dennoch einen richtigen Kern. Es gibt nämlich durchaus Ideen, die den Qualitäten in den Körpern ähneln: die Ideen der primären Qualitäten: „... the *Ideas of primary Qualities* of Bodies, *are Resemblances* of them, and their Patterns do really exist in the Bodies themselves; but the *Ideas, produced* in us *by* these *Secondary Qualities, have no resemblance* of them at all." (II.viii.15)

Wenn Sensation und Reflexion die einzigen Fenster (vgl. II.xi.17) sind, durch die der Verstand zu Ideen kommen kann, so

muß Locke entweder die Hypothese, alle Körper seien aus winzigen, (unmittelbar) nicht wahrnehmbaren Partikeln zusammengesetzt, aufgeben, oder er muß sich die Beschaffenheit dieser Korpuskel nach dem Modell der Körper beobachtbarer Größe vorstellen. Auf die Korpuskularhypothese verzichten, hieße jedoch, sich der besten Erklärungsmöglichkeit für die Qualitäten von Körpern berauben, wie Locke in IV.iii.16 zu verstehen gibt:
„I have here instanced in the corpuscularian Hypothesis, as that which is thought to go farthest in an intelligible Explication of the Qualities of Bodies [...]."

Auch bei der Erklärung, wie Ideen gebildet werden, ist ihm diese Hypothese von großem Nutzen. Einen eindrucksvollen Beleg hierfür gibt er in II.viii.21, wo er zu erklären versucht, wie es möglich ist, daß dasselbe Wasser zur selben Zeit durch die eine Hand die Idee der Kälte und durch die andere die der Wärme hervorrufen kann. Um besser zu verstehen, was er hier zu erklären versucht, stelle man sich das folgende Drei-Schüssel-Experiment vor: Man stelle drei Schüsseln auf; die linke enthalte kaltes, die rechte warmes und die mittlere lauwarmes Wasser. Nun tauche man seine Hände in diese Schüsseln: zunächst die linke Hand in die linke Schüssel und die rechte in die rechte. Dort lasse man sie, sagen wir, eine halbe Minute lang eingetaucht. Dann tauche man beide Hände gemeinsam in die mittlere Schüssel. Obwohl nun die Hände vom Wasser der gleichen Schüssel umgeben sind, wird man unterschiedliche Wärmeempfindungen in ihnen haben. Wäre nun die auf diese Weise hervorgerufene Idee der Wärme wirklich im Wasser, so argumentiert Locke, dann müßte dieses zugleich warm und kalt sein. Das ist offensichtlich nicht möglich. Folglich kann sie nicht im Wasser sein. Nun sind jedoch Versuchspersonen ohnehin geneigt, die Situation so zu beschreiben, daß sie nicht das Wasser, sondern ihre Hände warm oder kalt nennen. Auch Locke geht von dieser Beschreibung aus und versucht zu erklären, weshalb die Temperatur des Wassers von derselben Person zur selben Zeit verschieden empfunden wird:

„For if we imagine *Warmth*, as it is *in our Hands*, to be *nothing but a certain sort and degree of Motion in the minute Particles of our Nerves, or animal Spirits*, we may understand, how it is possible, that the same Water may at the same time produce the Sensation of Heat in one Hand, and Cold in the other; which yet Figure never does, that never producing the *Idea* of a square by one Hand, which has produced the *Idea* of a Globe by another. But if the Sensation of Heat and Cold, be nothing but the increase or diminution of the motion of the minute Parts of our Bodies, caused by the Corpuscles of any other Body, it is easie to be understood, That if that motion be greater in one Hand, than in the other; if a Body be applied to the two Hands, which has in its minute Particles a greater motion, than in those of one of the Hands, and a less, than in those of the other, it will increase the motion of the one Hand, and lessen it in the other, and so cause the different Sensations of Heat and Cold, that depend thereon." (II.viii.21)

Und in II.viii.12 schreibt Locke:

„And since the Extension, Figure, Number, and Motion of Bodies of an observable bigness, may be perceived at a distance *by* the sight, 'tis evident some singly imperceptible Bodies must come from them to the Eyes, and thereby convey to the Brain some *Motion*, which produces these *Ideas*, which we have of them in us."

Wenn sich Locke also nicht der Möglichkeit einer plausiblen Erklärung dafür berauben will, wie Ideen in unserem Geist zustandekommen, so muß er darauf bestehen, daß die sinnlich nicht wahrnehmbaren Korpuskel und die unmittelbar beobachtbaren Körper gewisse qualitative Gemeinsamkeiten aufweisen.

Diese Überlegungen zeigen allenfalls, daß es Qualitäten geben muß, die allen Materiepaketen zukommen, gleichgültig, ob es sich dabei um einzelne Korpuskel oder um ganze Korpuskelschwärme handelt. Sie zeigen jedoch nicht, welche Qualitäten dies sind. Immerhin können wir ihnen jedoch schon einmal einen Namen geben: sie sollen *primäre Qualitäten* heißen.

Primäre Qualitäten sind also sowohl in den Körpern anzutreffen, die wir unmittelbar wahrnehmen (können), als auch in den Korpuskeln, die wir (unmittelbar) nicht wahrnehmen (können).

Was läßt sich vom Text des *Essay* her zugunsten dieser These vorbringen? Nun, sie findet eine direkte Bestätigung in II.viii.23, wo es von den primären Qualitäten der Dinge heißt: „those are in them, whether we perceive them or no." Die einzige Schwierigkeit beim Verstehen dieser Stelle besteht in der Interpretation des Nebensatzes „whether we perceive them or no". Denn worauf bezieht sich das Pronomen „them", das in ihm vorkommt? Auf das „those" des Hauptsatzes, also auf die primären Qualitäten? Oder auf das „them" des Hauptsatzes, also auf die Dinge, um deren primäre Qualitäten es in ihm geht?

Angenommen, es beziehe sich auf die primären Qualitäten; dann ist diese Stelle so zu verstehen: „diese Qualitäten sind in den Dingen, ob wir diese Qualitäten nun wahrnehmen oder nicht." So verstanden, scheint Locke sagen zu wollen, das Wesen einer primären Qualität bestehe anders als das einer sekundären Qualität nicht in ihrem Wahrgenommenwerden, sondern in ihrer Inhärenz, d. h. darin, daß sie in den Dingen selbst ist.

Gegen diese Interpretation läßt sich eine ganze Reihe von Einwänden erheben: In II.viii.8 definiert Locke den Terminus „Qualität" ganz allgemein, wenn er schreibt: „... the Power to produce any *Idea* in our mind, I call *Quality* of the Subject wherein that power is." Da diese Definition der Unterscheidung von primären und sekundären Qualitäten vorausgeht, darf sie nicht auf die eine oder andere Sorte von Qualitäten allein bezogen werden. Folglich müssen alle Qualitäten als etwas den Körpern selbst Inhärierendes aufgefaßt werden. Hinzu kommt, daß Locke seine Definition des Begriffes *Qualität* durch folgende Trias aus zwei sekundären und einer primären Qualität erläutert: „Thus a Snowball having the power to produce in us the *Ideas* of *White, Cold,* and *Round,* the Powers to produce those *Ideas* in us, as they are in the Snow-ball, I call *Qualities* [...]." (II.viii.8)

Und außerdem sagt er zu Beginn der Zusammenfassung seiner Theorie der Qualitäten in II.viii.23: „The Qualities then that are in Bodies rightly considered, are of Three sorts." Folglich sind nach Lockes eigenen Worten sowohl die primären als eben auch die sekundären Qualitäten etwas in den Körpern selbst und können daher nicht bloß im Wahrgenommenwerden bestehen.

Locke kann also mit „... those [*scil.* the primary qualities] are in them, whether we perceive them or no" nicht meinen, das Wesen einer primären Qualität bestehe anders als das einer sekundären Qualität in der Inhärenz. Denn das wäre nicht nur falsch, es wäre darüber hinaus auch mit seiner Konzeption der Qualitäten unvereinbar. Folglich kann sich das Pronomen „them" nicht auf die Qualitäten beziehen, von denen im Hauptsatz die Rede ist.

Die diskutierte Stelle muß daher folgendermaßen verstanden werden: „die Qualitäten sind in den Dingen, ob wir diese Dinge nun wahrnehmen oder nicht." Dieser zweiten Lesart zufolge wiederholt der Nebensatz nicht die bereits im Hauptsatz behauptete Inhärenz der primären Qualitäten, sondern er behauptet ergänzend, daß diese Inhärenz sowohl im Bereich des (unmittelbar) Wahrnehmbaren als auch im Bereich des (unmittelbar) nicht Wahrnehmbaren vorliegt, d. h. daß die primären Qualitäten sowohl den Körpern wahrnehmbarer Größe als auch den Korpuskeln (unmittelbar) nicht wahrnehmbarer Größe inhärieren.

Diese Lesart wird auch durch den Kontext der diskutierten Stelle gestützt. So lautet ihre direkte Fortsetzung: „and when they are of that size, that we can discover them, we have by these an *Idea* of the thing, as it is in itself" (II.viii.23). Wenn man das Wort „they" auf die primären Qualitäten bezöge, stünde man vor der Frage: Warum sollten uns ausgerechnet die primären und sonst keine Qualitäten eine Vorstellung von den Dingen, wie sie an sich sind, vermitteln können, wenn diese Fähigkeit doch nur von der Größe dieser Qualitäten abhängen soll? Daß eine solche Bevorzugung der primären Qualitäten willkürlich wäre, liegt auf der Hand. Beziehen wir das Wort „they" statt dessen auf die Dinge, um deren primäre Qualitäten es geht, so verliert die Stelle jeden Anschein von Willkür und fügt sich zwanglos in unsere bisherige Interpretation ein. – Ähnlich heißt es in dem Paragraphen, welcher der diskutierten Stelle vorhergeht: „the *primary*, and *real Qualities* of Bodies [...] are sometimes perceived by us, *viz.* when the Bodies they are in, are big enough singly to be discerned" (II.viii.22). Daß auch diese Stelle unsere Interpretation bestätigt, erkennt man schnell, wenn man sich überlegt, weshalb Locke hier seine These von der Wahrnehmung der primären Qualitäten einschränkt und sagt, daß sie manchmal wahrgenommen werden. Das tut er aus dem einfachen Grund, daß es Körper gibt, die zu klein sind, als daß man sie beobachten und ihre Qualitäten von ihnen ablesen könnte. Gemeint sind natürlich die Korpuskel, die zu klein sind, um noch für sich selbst ausgemacht werden zu können.

4. Was sind sekundäre Qualitäten?

Da die primären Qualitäten sowohl den unmittelbar wahrnehmbaren Körpern als auch den unmittelbar nicht wahrnehmbaren Korpuskeln inhärieren, können wir sie von den unmittelbar wahrnehmbaren Körpern auch unmittelbar ablesen; aber woran können wir die primären Qualitäten der unmittelbar nicht wahrnehmbaren Korpuskel ablesen? Da wir nur Körper beobachtbarer Größe unmittelbar wahrnehmen können, können wir zwangsläufig die primären Qualitäten der Korpuskel auch nur an Körpern dieser Größe ablesen. Die solchermaßen an den unmittelbar wahrnehmbaren Körpern ablesbaren primären Qualitäten der Korpuskel können jedoch nicht die primären Qualitäten der wahrnehmbaren Körper selbst sein. Denn die primären Qualitäten kommen ja ausschließlich demjenigen Körper zu, von dem sie abgelesen werden. Das meint Locke, wenn er sagt: „... when they [*scil.* the bodies] are of that size, that we can discover them, we have by these [*scil.* primary qualities] an *Idea* of the thing, as it is in it self." (II.viii.23) Ich glaube nicht, daß man diesen Satz dahingehend auslegen darf, daß die primären Qualitäten den Dingen unabhängig von ihrem Wahrgenommenwerden zukommen. Diese Auslegung würde unweigerlich zu der irrigen Ansicht führen, die sekundären Qualitäten bestünden einzig und allein im Wahrgenommenwerden. Nachdem wir bereits gesehen haben, daß das nicht die Lockesche Auffassung ist, müssen wir uns nach einer anderen Lesart für den eben zitierten Satz umsehen. Nun kann man ihn auch dahingehend verstehen, daß die primären Qualitäten denjenigen Körpern, von denen sie abgelesen werden, und keinen anderen Körpern zukommen. Wären also die Qualitäten, die von einem Körper beobachtbarer Größe ablesbar sind und die über die primären Qualitäten der (unmittelbar) nicht wahrnehmbaren Korpuskel Aufschluß geben sollen, primär, so wären sie Qualitäten der Körper, von denen sie abgelesen werden, und folglich gerade nicht Qualitäten der Korpuskel.

Damit wissen wir zwar noch nicht, welche Qualitäten von den beobachtbaren Körpern ablesbar sind, ohne dabei über diese selbst, sondern vielmehr über die Korpuskel Aufschluß zu geben; aber wir können diesen Qualitäten auf jeden Fall schon einmal einen Namen geben: sie sollen *sekundäre Qualitäten* heißen.

Sekundäre Qualitäten sind also die an Körpern beobachtbarer Größe ablesbaren Qualitäten, die Aufschluß geben über die primären Qualitäten der (unmittelbar) nicht wahrnehmbaren Korpuskel. Folglich müssen sie von den primären Qualitäten der Korpuskel abhängen und können dadurch diese Korpuskel und deren Qualitäten der (mittelbaren) Wahrnehmung zugänglich machen.

Meine Bestimmung dessen, was sekundäre Qualitäten sind, läßt sich auch so aussprechen: Sie sind die Erscheinungsweisen der (unmittelbar) nicht wahrnehmbaren Korpuskel. Analog hierzu lassen sich die primären Qualitäten beobachtbarer Körper[3] als die Erscheinungsweisen dieser Körper auffassen[4]. Folglich kann keine beobachtbare primäre Qualität einem anderen Körper zugeschrieben werden als dem, von dem sie abgelesen wird.

Aus meiner Interpretation dessen, was Locke unter einer sekundären Qualität versteht, folgt, daß Korpuskel keine sekundären Qualitäten haben können. Denn sekundäre Qualitäten können ja ihrer Definition zufolge ausschließlich Körpern beobachtbarer Größe inhärieren. Sollen sie doch die primären Qualitäten der (unmittelbar) nicht beobachtbaren Korpuskel mittelbar wahrnehmbar machen.

Was läßt sich vom Text des *Essay* her zugunsten meiner Interpretation der sekundären Qualitäten vorbringen? Nun, mit etwas Geduld läßt sie sich sogar aus Lockes umständlicher Definition des Terminus „sekundäre Qualität" herauspräparieren. Diese Definition lautet:

„Such *Qualities*, which in truth are nothing in the Objects themselves, but Powers to produce various Sensations in us <by their *primary Qualities, i. e.* by the Bulk, Figure, Texture, and Motion of their insensible parts,> as Colours, Sounds, Tasts [*sic*!], *etc.* These I call *secondary Qualities*." (II.viii.10; Winkelklammern von mir)

Um diese Definition zu analysieren, gehen wir in zwei Schritten vor. Im ersten Schritt übergehen wir den in Winkelklammern eingeschlossenen Teil und bringen ihn erst im zweiten Schritt wieder ins Spiel. Im ersten Schritt haben wir es also mit dem folgenden Torso der Lockeschen Definition zu tun:

„(1) Such Qualities, which in truth are nothing in the Objects themselves, but Powers to produce various Sensations in us <...> as Colours, Sounds, Tasts, *etc.* These I call secondary Qualities."

---

3 Man beachte diese Einschränkung. Da die primären Qualitäten der Korpuskel (unmittelbar) nicht wahrnehmbar sind, lassen sie sich auch nicht als Erscheinungsweisen von etwas deuten.
4 Die Tatsache, daß auch primäre Qualitäten von Körpern beobachtbarer Größe unterschiedlich erscheinen können, bildet den Hintergrund für Molyneux' Problem, das Locke in II.ix.8 diskutiert.

Dieser Definitionstorso weist zwei Mängel auf: 1. enthält er eine Aufzählung von Beispielen für Qualitäten der definierten Art, und 2. ist er zu wortreich, um auf Anhieb verständlich zu sein. – Zum 1. Mangel: Farben, Töne und Geschmäcker sind nach Locke zwar tatsächlich sekundäre Qualitäten, aber gerade deshalb dürfen sie in einer Definition dieses Terminus nicht erwähnt werden. Dieser Mangel läßt sich einfach durch die Streichung dieser Beispiele beheben. Dadurch schrumpft unser Definitionstorso auf die Worte zusammen:

„(2) Such Qualities, which in truth are nothing in the Objects themselves, but Powers to produce various Sensations in us <...>. These I call secondary Qualities."

Doch dieser Resttorso ist immer noch zu umständlich formuliert; damit bin ich beim 2. Mangel. Wie wir in Abschnitt (2) gesehen haben, definiert Locke den Terminus „quality" in II.viii.8 wie folgt: „the Power to produce any *Idea* in our mind, I call *Quality* of the Subject wherein that power is." Mit Hilfe dieser Definition läßt sich unser Resttorso wie folgt umformen:

„(3) Such Powers to produce any *Idea* in our mind, which in truth are nothing in the Objects themselves, but Powers to produce various Sensations in us <...>. These I call secondary Qualities."

Der so gewonnene Satz ist lediglich eine verbose Fassung des kürzeren und weitaus durchsichtigeren Satzes:

„(4) Such Powers to produce any *Idea* in our mind <...>. These I call secondary Qualities."

Da solche Kräfte per definitionem nichts anderes sind als Qualitäten, stellt sich damit zu guter Letzt heraus, daß der bisher analysierte Definitionstorso die Angabe des Genus proximum für den Begriff der sekundären Qualität ist. Damit ist klar, daß der nun, im 2. Schritt, zu analysierende Teil der Definition des Terminus „sekundäre Qualität" von der Differentia specifica handeln muß. Fügen wir Genus proximum und Differentia specifica, also die aus dem Definitionstorso herauspräparierte Formulierung (4) und den in Winkelklammern eingeschlossenen Teil zusammen, so erhalten wir den Satz:

„(5) Such Powers to produce any *Idea* in our mind <by their primary Qualities, *i. e.* by the Bulk, Figure, Texture, and Motion of their insensible parts>. These I call secondary Qualities."

Das Verständnis dieses Satzes wird durch das zweimalige beziehungslose Vorkommen des Pronomens „their" beeinträchtigt.

Ein Blick auf seine ursprüngliche Fassung lehrt jedoch, daß sich dieses Pronomen auf das in ihr vorkommende Wort „objects" beziehen muß. Nach Satz (5) sind also sekundäre Qualitäten in den Objekten liegende Kräfte, die durch deren primäre Qualitäten, d. h. durch Ausmaß, Gestalt, Textur und Bewegung von deren (unmittelbar) nicht wahrnehmbaren Teilen, gewisse Ideen in unserem Geist hervorrufen.

Das ist nun allerdings sachlich ungereimt. Denn entweder rufen die Kräfte durch die primären Qualitäten der Objekte, in denen sie sind, gewisse Ideen in unserem Geist hervor, dann haben wir Ideen von primären Qualitäten vor uns; oder sie rufen diese Ideen durch Ausmaß, Gestalt, Textur und Bewegung der (unmittelbar) nicht wahrnehmbaren Teile dieser Objekte hervor, in diesem Fall haben wir es wirklich mit Ideen von sekundären Qualitäten zu tun.

Die Frage, worauf sich denn nun das Pronomen „their" bezieht, ließe sich mühelos beantworten, wenn man es an der ersten Stelle seines Vorkommens durch den Artikel „the" ersetzte. Aber ist diese Ersetzung gerechtfertigt? Was gegen sie zu sprechen scheint, ist die Tatsache, daß dieselbe Spannung zwischen grammatischer Konstruktion und intendierter Aussage im selben Paragraphen noch einmal auftritt: „For the power in Fire to produce a new Colour, or consistency in Wax or Clay by its primary Qualities, is as much a quality in Fire, as the power it has to produce in me a new *Idea* or Sensation of warmth or burning, which I felt not before, by the same primary Qualities, *viz.* the Bulk, Texture, and Motion of its insensible parts." (II.viii.10)

Diese beiden Stellen sind jedoch die einzigen ihrer Art im ganzen viii. Kapitel des II. Buches[5]. Alle übrigen Stellen, an denen von der Entstehung der sekundären Qualitäten die Rede ist, machen eindeutig die primären Qualitäten der Korpuskel für die sekundären Qualitäten verantwortlich. In II.viii.14 heißt es unter Anspielung auf die von uns erörterte Definition: „What I have said concerning Colours and Smells, may be understood also of Tastes and Sounds, and other the like sensible Qualities; which,

---

[5] Ähnlich und ebenfalls ganz ohne Not ungenau drückt sich Locke nur noch in II.viii.23 und II.viii.24 aus. Da diese Stellen jedoch mittelbar wahrnehmbare sekundäre Qualitäten betreffen, werde ich erst am Ende von Abschnitt (5) auf sie eingehen.

whatever reality we, by mistake, attribute to them, are in truth nothing in the Objects themselves, but Powers to produce various Sensations in us, and depend on those primary Qualities, *viz.* Bulk, Figure, Texture, and Motion of parts; as I have said."

Damit darf unsere Ersetzung des ersten Vorkommens des Pronomens „their" durch den Artikel „the" wohl als sachlich gerechtfertigt gelten. Macht man darüber hinaus noch den Bezug dieses Pronomens auf die Objekte explizit, denen die besagten Kräfte inhärieren sollen, so ergibt sich folgender Satz:

„(6) Such Powers to produce any *Idea* in our mind by the primary Qualities, *i. e.* by the Bulk, Figure, Texture, and Motion of the insensible parts of those objects in which these powers are. These I call secondary Qualities."

Berücksichtigt man nun noch, daß „Bulk, Figure, Texture, and Motion" eine Aufzählung von Beispielen für primäre Qualitäten ist, so läßt sich dieser Satz noch ein letztes Mal vereinfachen:

„(7) Such Powers to produce any *Idea* in our mind by the primary Qualities of the insensible parts of those objects in which these powers are. These I call secondary Qualities."

Als Ergebnis unserer Analyse der Lockeschen Definition des Terminus „sekundäre Qualität" ergibt sich also folgende endgültige Formulierung: Sekundäre Qualitäten eines Gegenstandes sind Kräfte in ihm, welche kraft der primären Qualitäten seiner unmitttelbar nicht wahrnehmbaren Teile Ideen in unserem Geist hervorrufen. Das bedeutet, daß die sekundären Qualitäten eines Gegenstandes von den primären Qualitäten seiner unmitttelbar nicht wahrnehmbaren Korpuskel abhängen. Insofern machen sie dann die unmitttelbar nicht wahrnehmbaren Korpuskel mittelbar wahrnehmbar. Dies genau ist aber der Inhalt meiner vorhin entwickelten Interpretation der sekundären Qualitäten.

5. Was sind unmittelbar bzw. mittelbar wahrnehmbare sekundäre Qualitäten?

Nun kennt Locke außer den bisher unterschiedenen noch eine weitere Art von Qualitäten. In II.viii.26 zählt er sie ebenfalls zu den sekundären Qualitäten, indem er das, was er in II.viii.10 so genannt hat, nun als „Secondary Qualities, immediately perceivable" bezeichnet und für die dritte Art von Qualitäten die Bezeichnung „Secondary Qualities, mediately perceivable" einführt. Diese dritte Art von Qualitäten bezeichnet er bisweilen auch als „bare Powers" (II.viii.25; vgl. II.viii.10, II.viii.23, II.viii.24).

Diese Kräfte klassifiziert Locke zu Recht als sekundäre Qualitäten, wie eine genauere Untersuchung der Art und Weise ergibt, wie er seine Unterscheidung zwischen zwei Arten von nicht primären Qualitäten einführt. Wie wir vorhin gesehen haben, lassen sich von den Körpern beobachtbarer Größe (sekundäre) Qualitäten ablesen, die über die (primären) Qualitäten der Korpuskel Aufschluß geben. Diese (sekundären) Qualitäten lassen nun folgende Unterteilung zu: entweder sie lassen sich von dem Körper selbst ablesen, über dessen Korpuskel sie Aufschluß geben, oder sie lassen sich von einem anderen Körper ablesen. Im ersten Fall haben wir es mit unmittelbar wahrnehmbaren, im zweiten Fall mit mittelbar wahrnehmbaren sekundären Qualitäten zu tun.

Die unmittelbar wahrnehmbaren sekundären Qualitäten eines Körpers hängen also einzig und allein von den Qualitäten derjenigen Korpuskel ab, aus denen er selbst besteht, und machen diese Korpuskel und deren Qualitäten indirekt wahrnehmbar. Die mittelbar wahrnehmbaren sekundären Qualitäten eines Körpers dagegen hängen außerdem noch von den Qualitäten derjenigen Korpuskel ab, aus denen ein anderer, von ihm beeinflußter Körper besteht, und machen die primären Qualitäten der Korpuskel des ersten Körpers an den sekundären Qualitäten des zweiten Körpers mittelbar wahrnehmbar. Um diese mittelbare Wahrnehmbarkeit besser zu verstehen, muß man sich klarmachen, daß man es mit zwei Körpern, A und B, zu tun hat. Angenommen, A besitze eine sekundäre Qualität, die sich von B ablesen lasse. Dann besteht A aus Korpuskeln, deren Qualitäten auf die Qualitäten der Korpuskel einwirken, aus denen B besteht. Diese Einwirkung verändert zunächst die Qualitäten der Korpuskel von B, welche Veränderung sich dann in einer Veränderung der unmittelbar wahrnehmbaren sekundären Qualitäten von B niederschlägt. Da diese Veränderung der unmittelbar wahrnehmbaren sekundären Qualitäten von B zunächst auf die Veränderung der Qualitäten der Korpuskel von B verweist und da deren Veränderung wiederum auf die Einwirkung der Qualitäten der Korpuskel von A zurückzuführen ist, ist die Ablesung der Veränderung der unmittelbar wahrnehmbaren sekundären Qualitäten von B eine mittelbare Wahrnehmung der Qualitäten der Korpuskel von A.

Diese Interpretation der mittelbar wahrnehmbaren sekundären Qualitäten ist zugegebenermaßen etwas verwickelt. Der Grund hierfür besteht allerdings darin, daß Locke in seiner Konzeption dieser Qualitäten eine Theorie der Veränderung mit einer Theorie der Wahrnehmung dieser Veränderung verknüpft hat. Die Theorie der Veränderung betrifft das Verhältnis der Körper A und B auf der Ebene der Qualitäten ihrer Korpuskel; und die Theorie der Wahrnehmung dieser Veränderung betrifft das Verhältnis der von B vor und nach der Einwirkung durch A ablesbaren unmittelbar wahrnehmbaren sekundären Qualitäten. Daß bei dieser Art von Qualitäten das Verhältnis zweier Körper eine Rolle spielt, macht sich in der Tatsache bemerkbar, daß sie mit Hilfe transitiver Verben bezeichnet werden („to make white", „to make fluid": II.viii.23; „to melt", „to blanche", „to warm", „to enlighten": II.viii.24). Zur Bezeichnung der unmittelbar wahrnehmbaren sekundären Qualitäten dagegen, bei denen man es nur mit einem Körper allein zu tun hat, reichen gewöhnliche Adjektive aus.

Was läßt sich vom Text des *Essay* her zugunsten unserer Interpretation der beiden Arten von sekundären Qualitäten vorbringen? Zunächst ist festzuhalten, daß Lockes Definition des Terminus „sekundäre Qualität" in II.viii.10 sich bei genauerem Hinsehen als eine Definition des Terminus „unmittelbar wahrnehmbare sekundäre Qualität" entpuppt. Diese Definition lautet ja in der in Abschnitt (4) rekonstruierten Fassung: „Such Powers to produce any *Idea* in our mind by the primary Qualities of the insensible parts of those objects in which these powers are. These I call secondary Qualities." In dieser Definition geht es ersichtlich nur um diejenigen sekundären Qualitäten eines Dinges, die lediglich von den primären Qualitäten seiner eigenen Korpuskel abhängen. Locke hat denn auch bereits in II.viii.10 bemerkt, daß die in diesem Paragraphen definierten Qualitäten noch von den Qualitäten zu unterscheiden seien, die er zunächst als bloße Kräfte bezeichnet und in II.viii.26 als mittelbar wahrnehmbare sekundäre Qualitäten klassifiziert. An seine Definition der (unmittelbar wahrnehmbaren) sekundären Qualitäten schließt sich folgende Passage an:

„To these might be added a third sort which are allowed to be barely Powers though they are as much real Qualities in the Subject, as those which I to comply with the common way of speaking call *Qualities*, but for distinction *secondary Qualities*. For the power in Fire to produce a new Colour, or consistency in Wax or Clay by its primary Qualities, is as much a quality in Fire, as the power it has to produce in me a new *Idea* or Sensation of warmth or burning, which I felt not before, by the same primary Qualities, *viz.* The Bulk, Texture, and Motion of its insensible parts." (II.viii.10)

Diese Stelle bestätigt unsere Interpretation der mittelbar wahrnehmbaren sekundären Qualitäten. Was wir vorhin als Körper A bezeichnet haben, wird in ihr durch das Feuer exemplifiziert, und was wir als Körper B bezeichnet haben, durch das Wachs (bzw. den Ton). Die Einwirkung der primären Qualitäten der Korpuskel von A auf die primären Qualitäten der Korpuskel von B stellt sich in dieser Stelle als die Hervorbringung einer neuen Farbe oder Konsistenz im Wachs (bzw. im Ton) dar, welche auf die primären Qualitäten der Korpuskel zurückgeht. Diese neue Farbe oder Konsistenz ist natürlich eine unmittelbar wahrnehmbare sekundäre Qualität des Wachses (bzw. des Tons); neu ist diese Qualität insofern, als sie vor der Einwirkung des Feuers noch nicht vom Wachs (bzw. vom Ton) abgelesen werden konnte. Diese neue Qualität gibt deshalb Zeugnis von einer Veränderung der primären Qualitäten der Wachs- (bzw. Ton-) Korpuskel. Diese Veränderung wird von uns wahrgenommen, wenn sich unser Gesichtseindruck oder unsere Wärmeempfindung ändern, nachdem das Wachs (bzw. der Ton) dem Feuer ausgesetzt worden ist.

Eine Bestätigung findet unsere Interpretation der mittelbar wahrnehmbaren sekundären Qualitäten auch in folgender Stelle aus II.viii.23, an der Locke die dritte von ihm unterschiedene Art von Qualitäten charakterisiert: „The *Power* that is in any Body, *by* Reason of the particular Constitution of *its primary Qualities*, to make such a *change* in the *Bulk, Figure, Texture, and Motion of another Body*, as to make it operate on our Senses, differently from what it did before." Nun hat Locke an dieser Stelle nicht, wie er es unserer Interpretation zufolge eigentlich hätte tun sollen, von den primären Qualitäten der korpuskularen Bestandteile von Körpern gesprochen, sondern von den primären Qualitäten dieser Körper selbst. Doch das ist dieselbe Art von Ungereimtheit, die wir schon in seiner Definition der (unmittelbar wahrnehmbaren) sekundären Qualitäten gefunden haben. Daß es sich dabei tatsächlich um nicht mehr als um eine ungenaue Redeweise handelt, geht aus seinen Beispielen mit der Sonne und dem Feuer in II.viii.24 hervor. Danach besitzt nämlich die Sonne die Kraft, Wachs zu bleichen, und das Feuer die Kraft, Blei zu schmelzen. Und von der Sonne heißt es dann am Ende von II.viii.24: „it is able so to alter the Bulk, Figure, Texture, or Motion of the insensible Parts of the Wax, as to make them fit to produce in me the distinct *Ideas* of White and Fluid." Damit ist schon einmal klar, daß die Sonne nicht auf die primären Qualitäten des Wachses, sondern auf die seiner korpuskularen Bestandteile einwirkt; aber damit ist noch nicht gezeigt, daß sie das vermöge der primären Qualitäten ihrer korpuskularen Bestandteile und nicht vermöge ihrer eigenen primären Qualitäten tut. Doch auch dieser letzte Zweifel kann ausgeräumt werden. In II.viii.26 heißt es nämlich: „To conclude, beside those before mentioned *primary Qualities* in Bodies, *viz.* Bulk, Figure, Extension, Number, and Motion of their solid Parts; all the rest, whereby we take notice of Bodies, and distinguish them one from another, are nothing else, but several Powers in them, depending on those primary Qualities." Jene primären Qualitäten, von denen diese Kräfte abhängen, sind Ausmaß, Gestalt, Ausdehnung, Zahl und Bewegung der festen Teile, d. h. der festen Partikel, aus denen die Körper bestehen.

Damit ist auch unsere Interpretation der mittelbar wahrnehmbaren sekundären Qualitäten am Text des *Essay* verifiziert worden, und wir können uns nun der Frage zuwenden, wie man entscheidet, ob eine gegebene Qualität primär ist oder nicht.

6. Wie kann man feststellen, ob eine Qualität primär ist?

Unsere Interpretation der Lockeschen Theorie der Qualitäten hat bisher zu folgenden Ergebnissen geführt: Körper und Korpuskel weisen qualitative Gemeinsamkeiten auf. Die Qualitäten, die ihnen gemeinsam sind, heißen primäre Qualitäten. Unmittelbar wahrzunehmen sind diese Qualitäten natürlich nur an

Körpern beobachtbarer Größe. Nun sind freilich auch die primären Qualitäten der Korpuskel wahrnehmbar. Ihre Wahrnehmung erfolgt allerdings indirekt über die Wahrnehmung der sekundären Qualitäten von Körpern beobachtbarer Größe. Sekundäre Qualitäten sind nämlich nichts anderes als Effekte, die von den (unmittelbar) nicht wahrnehmbaren primären Qualitäten der Korpuskel herrühren. Unmittelbar wahrnehmbare sekundäre Qualitäten eines Körpers heißen die an ihm selber ablesbaren Effekte der primären Qualitäten seiner Korpuskel. Mittelbar wahrnehmbare sekundäre Qualitäten eines Körpers dagegen heißen die an einem anderen Körper ablesbaren Effekte der primären Qualitäten seiner Korpuskel.

Aus der bisherigen Rekonstruktion der zentralen Termini der Lockeschen Theorie der Qualitäten geht noch nicht hervor, welche Qualitäten eines Körpers primär und welche sekundär sind, geschweige denn, welche von ihnen zu den unmittelbar und welche zu den mittelbar wahrnehmbaren sekundären Qualitäten gehören. Denn die primären und sekundären Qualitäten sind bisher nur durch die Funktion charakterisiert worden, die sie zu erfüllen haben, damit Locke die Korpuskularhypothese in seine Erkenntnistheorie einbeziehen kann. Überlegen wir also, welche Qualitäten im einzelnen diesen verschiedenen Funktionen zugeordnet werden können.

Da die primären Qualitäten die Vorstellbarkeit der qualitativen Beschaffenheit der Korpuskel sicherstellen sollen und da sie diese Aufgabe nur erfüllen können, wenn sie sich auch an Körpern beobachtbarer Größe ablesen lassen, können wir mit einem relativ einfachen Verfahren ermitteln, welche Qualitäten primär sind. Wir brauchen einen Körper beobachtbarer Größe nur immer weiter zu teilen und festzustellen, welche Qualitäten den entstehenden Teilen gemeinsam sind und welche nicht. Dieses Verfahren hat nur den Nachteil, daß es früher oder später auf praktisch (bzw. technisch) unteilbare Teile führt. Daß es jenseits dieser Teilbarkeitsgrenze noch kleinere Teile gibt, ist keine Erfahrungstatsache, sondern eine Hypothese: nämlich die sog. Korpuskularhypothese. Und welche Qualitäten die Partikel jenseits dieser Grenze haben, können wir ebenfalls nicht durch Wahrnehmung ermitteln. Aussagen hierüber sind keine Beobachtungsaussagen, sondern Aussagen theoretischer Natur.

Die kleinsten noch zu beobachtenden Teile wollen wir in Anlehnung an Berkeley als Minima sensibilia bezeichnen[6]. Da wir alle Teile eines Körpers, die mindestens so groß sind wie die Minima sensibilia, beobachten können, können wir deren Qualitäten miteinander vergleichen und so die ihnen gemeinsamen Qualitäten ermitteln. Meine These ist, daß alle und nur die den Körpern beobachtbarer Größe und ihren Teilen bis hinab zu den Minima sensibilia gemeinsamen Qualitäten primär sind.

Zur Begründung sei folgendes angeführt: Wie wir uns bereits in Abschnitt (3) klargemacht haben, sind diejenigen Qualitäten eines Körpers beobachtbarer Größe primär, die sämtlichen seiner Teile gemeinsam sind, wie klein diese auch sein mögen, seien es nun Minima sensibilia, oder seien es die (unmittelbar) nicht wahrnehmbaren Korpuskel selbst. Nun müssen wir uns die primären Qualitäten der Korpuskel nach den primären Qualitäten der Körper beobachtbarer Größe vorstellen, um uns überhaupt eine Vorstellung von ihnen machen zu können. Also sind die gemeinsamen Qualitäten der Körper und ihrer Teile bis hinab zu den Minima sensibilia die einzigen unmittelbar wahrnehmbaren Qualitäten, nach denen wir uns eine Vorstellung von den primären Qualitäten der Korpuskel machen können. Folglich sind die den Körpern und ihren Teilen bis hinab zu den Minima sensibilia gemeinsamen Qualitäten die primären Qualitäten der Körper aller Größen und mithin auch der Korpuskel.

Aus diesen Überlegungen geht hervor, daß das Teilungsverfahren eine geeignete Methode darstellt, um die primären Qualitäten von Körpern und Korpuskeln zu ermitteln.

Was läßt sich vom Text des *Essay* her zugunsten meiner These über die Ermittlung der primären Qualitäten vorbringen? Zunächst einmal dürfte der Umstand, daß wir von den primären Qualitäten nicht auf experimentellem, sondern auf theoretischem Wege gezeigt haben, daß sie allen Körpern ungeachtet ihrer Größe zukommen müssen, Lockes uneingeschränkten Beifall finden. Denn in II.viii.9 stellt er selber von diesen Qualitäten fest, daß der Geist sie nicht von der Materie trennen könne: „Qualities thus considered in Bodies are, First such as are utterly inseparable from the Body, in what estate soever it be; such as in all the alterations and changes it suffers, all the force can be used

---

[6] Vgl. Berkeley 1975, 1–59. §§ 54, 62, 80–83, 86 und Appendix.

upon it, it constantly keeps; and such as Sense constantly finds in every particle of Matter, which has bulk enough to be perceived, and the Mind [*nota bene!*] finds inseparable from every particle of Matter, though less than to make it self singly be perceived by our Senses."[7]

Daß Locke das Teilungsverfahren kennt, steht ebenfalls außer Frage. Benutzt er es doch selbst, um die primären Qualitäten einzuführen: „Take a grain of Wheat, divide it into two parts, each part has still *Solidity, Extension, Figure,* and *Mobility;* divide it again, and it retains still the same qualities; and so divide it on, till the parts become insensible, they must retain still each of them all those qualities." (II.viii.9)

Und auch die Minima sensibilia kommen im *Essay* dem Begriffe nach vor, wenngleich sich dieser Terminus selbst darin nicht nachweisen läßt. Lockes Lehre von den Minima sensibilia steckt in seiner Lehre von der Einfachheit der Ideen von Raum und Zeit. Diese beiden Ideen werden nach ihm zu Recht unter die einfachen Ideen gezählt, obwohl sie, wie er sogleich einräumt, nicht ohne alle Zusammengesetztheit seien. Da aber alle Teile dieser Ideen von derselben Art seien wie die Ideen von Raum und Zeit selbst und da sich keine andere Idee mit diesen Teilideen vermischt finde, dürften sie weiterhin als einfach angesehen werden. Über die unteilbaren und deshalb einfachen Ideen von Raum und Zeit liest man dann schließlich:

„Every part of Duration is Duration too; and every part of Extension is Extension, both of them capable of addition or division *in infinitum.* But the least Portions of either of them, whereof we have clear and distinct *Ideas,* may perhaps be fittest to be considered by us, as the simple *Ideas* of that kind, out of which our complex modes of Space, Extension, and Duration, are made up, and into which they can again be distinctly resolved. Such a small part in Duration, may be called a *Moment*, and is the time of one *Idea* in our Minds, in the train of their ordinary Succession there. The other, wanting a proper Name, I know not whether I may be al-

---

7 Vgl. auch Locke, *Essay*, II.iv.1, wo es in bezug auf die Idee der Festigkeit heißt: „... and though our Senses take no notice of it, but in masses of matter, of a bulk sufficient to cause a Sensation in us; Yet the Mind [*nota bene!*], having once got this *Idea* from such grosser sensible Bodies, traces it farther; and considers it, as well as Figure, in the minutest Particle of Matter, that can exist; and finds it inseparably inherent in Body, where-ever, or however modified."

lowed to call *a sensible Point*, meaning thereby the least Particle of Matter or Space we can discern, which is ordinarily about a Minute, and to the sharpest eyes seldom less than thirty Seconds of a Circle, whereof the Eye is the centre." (II.xv.9)

Aus dieser Stelle geht nicht nur hervor, daß Locke sehr wohl ein Minimum sensibile kennt, aus ihr geht sogar hervor, für wie groß bzw. klein er es hält. Im Falle des Raumes bezeichnet er es als Punctum sensibile („sensible Point") und schätzt es auf 1/2 bis 1 Bogenminute eines Kreises um das Auge eines Beobachters. Damit wird erstens das Minimum sensibile des Raumes als ein von der Position des Beobachters abhängiges Minimum visibile gedeutet; und zweitens wird damit dem Umstand Rechnung getragen, daß das Auflösungsvermögen des Auges mit der Entfernung abnimmt. Beobachtet man einen Gegenstand in 1 m Entfernung vom Auge, so beträgt Lockes Punctum sensibile ca. 0,15 bis 0,3 mm; beobachtet man hingegen in einer sternklaren Nacht den Mond, so beträgt das lunare Punctum sensibile (bei einer mittleren Entfernung Erde-Mond von 384.000 km) immerhin schon ca. 56 bis 112 km. Bei weitem wichtiger ist jedoch, daß Locke das Punctum sensibile mit dem kleinsten wahrnehmbaren Materiepartikel identifiziert; das Punctum sensibile ist für ihn „the least Particle of Matter or Space we can discern". Dieses „or" erklärt sich daraus, daß alle Materie einen gewissen Raum einnimmt, so daß kein Materiepartikel mehr unterhalb des kleinsten Raumpartikels wahrnehmbar ist.

Nun kennt Locke neben dem räumlichen auch ein zeitliches Minimum sensibile. Damit dürfen wir wohl annehmen, daß er der Meinung ist, daß die Materie nicht nur einen gewissen Raum ausfüllt, sondern auch eine gewisse Zeit lang existiert. Ein Materiepartikel, das unterhalb des zeitlichen Minimum sensibile existiert, läßt sich (unmittelbar) nicht mehr wahrnehmen. Da das zeitliche Minimum sensibile nur einen Moment ausmacht, welchen Locke auf die Dauer einer Idee im Fluß der Ideen schätzt, heißt das: Was kürzer dauert als eine Idee, dauert zu kurz, um in unserem Geist noch eine Idee hervorrufen zu können.[8]

Da das Minimum sensibile ein Maß für die Grenzen des unmittelbar Wahrnehmbaren ist, hängt die Menge der mit dem Tei-

---

8 Der Biologe Hans Mohr gibt als Auflösungskraft unseres Sehvermögens „etwa 1/10 mm im Raum und 1/16 s in der Zeit" an – vgl. Mohr 1983, 230.

lungsverfahren ermittelten primären Qualitäten und damit natürlich auch die komplementäre Menge der sekundären Qualitäten von der Beschaffenheit unserer Sinne ab. Wenn wir schärfere Sinne hätten, so könnte das jetzige Minimum sensibile durch ein noch kleineres ersetzt werden. Dann könnten sich aber auch die Mengen der primären und sekundären Qualitäten ändern.

Derlei Überlegungen können auch Locke nicht ganz fremd gewesen sein, wie folgende Stelle aus II.xxiii.11 zeigt: „Had we Senses acute enough to discern the minute particles of Bodies, and the real Constitution on which their sensible Qualities depend, I doubt not but they would produce quite different *Ideas* in us; and that which is now the yellow Colour of Gold, would then disappear, and instead of it we should see an admirable Texture of parts of a certain Size and Figure. This Microscopes plainly discover to us [...]." Aus dieser Äußerung geht klar hervor, daß Locke an die Abhängigkeit der sekundären Qualitäten von der Beschaffenheit unserer Sinne bzw. unserer instrumentellen Hilfsmittel denkt[9]. Dieser Eindruck wird durch die Beispiele verstärkt, die er dann im weiteren anführt und in denen es samt und sonders um sekundäre Qualitäten geht. Zwar hat er also nachweislich an die Möglichkeit gedacht, daß sich unter Umständen sogar die Korpuskel selbst wahrnehmen lassen könnten, aber es scheint ihm entgangen zu sein, daß sich unter diesen Umständen auch die (Zusammensetzung der) Menge der primären Qualitäten ändern könnte. Denn er spricht an dieser Stelle so, als sei es ganz selbstverständlich, daß wir eine „bewundernswerte Textur der Teile einer gewissen Größe und Gestalt", also ganz bestimmte primäre Qualitäten, zu sehen bekämen, wenn wir die Korpuskel selbst wahrnehmen könnten (vgl. auch II.xxiii.12).

Nun scheint aber auch Locke die Abhängigkeit der Menge der primären Qualitäten von der Beschaffenheit unserer Sinne erkannt zu haben. In II.xxi.73 stellt er eine Liste von acht ursprünglichen, einfachen Ideen auf, von denen er dann sagt: „... by these, I imagine, might be explained the nature of Colours, Sounds, Tastes, Smells, and all other *Ideas* we have, if we had but Faculties acute enough to perceive the severally modified Exten-

---

9 Unklar ist, warum Locke das Vorhandensein von Mikroskopen nicht ausnutzt, um das Minimum sensibile durch ein Minimum instrumentale zu ersetzen.

sions, and Motions, of these minute Bodies, which produce those several Sensations in us." Locke bezeichnet hier die acht von ihm für ursprünglich gehaltenen Ideen als diejenigen Ideen, auf deren Grundlage sich alle übrigen Ideen erklären ließen, falls uns nur hinreichend auflösungsstarke Wahrnehmungsorgane zur Verfügung stünden, um Ausdehnung und Bewegung der Korpuskel wahrzunehmen. Da aber außer Ausdehnung und Bewegung im Sinne von „Bewegbarkeit" nur noch Festigkeit, Wahrnehmungsfähigkeit, Bewegungskraft, Existenz, Dauer und Zahl zu diesen einfachen Ideen zählen, ist es klar, daß er die Menge der primären Qualitäten bei schärferen Sinnen für kleiner hält, als sie es auf Grund von deren gegenwärtiger Beschaffenheit ist. Gegenwärtig gehören zu dieser Menge Festigkeit, Ausdehnung, Gestalt und Bewegbarkeit (vgl. II.viii.9)[10]; zu dieser Grundmenge kommen bald noch Ausmaß („bulk"), Anzahl und Lage (vgl. II.viii.23), bald noch Textur (vgl. II.viii.10) oder Größe (vgl. II.viii.18) hinzu. Auch Auswahlen aus der Menge der eben genannten Qualitäten finden sich im viii. Kapitel des II. Buches; und statt von Bewegbarkeit spricht Locke an manchen Stellen auch von der Bewegung der nicht wahrnehmbaren Teile (vgl. II.viii.10) bzw. von Bewegung und Ruhe der Teile (vgl. II.viii.23). Allein schon aus der Differenz zwischen der Anzahl der von ihm aufgezählten primären Qualitäten – sie beträgt neun bzw. sogar zehn – und der Anzahl von nur acht urspünglichen Ideen ergibt sich, daß für Locke die Menge der primären Qualitäten von der Beschaffenheit unserer Sinne, d. h. vom Minimum sensibile, abhängen müßte.

Die vielleicht spektakulärste Konsequenz der Annahme, wir könnten Korpuskel sehen, hat er indessen nicht erwähnt; vielleicht ist sie ihm auch gar nicht bewußt geworden. Es könnte sich nämlich durchaus herausstellen, daß es gar keine qualitativen Gemeinsamkeiten aller Körper und ihrer Teile bis hinab zu den Korpuskeln gibt, d. h. daß die Menge der primären Qualitäten leer ist. In dem extremen Fall, daß wir sogar die Korpuskel selbst sehen könnten, wären die primären Qualitäten allerdings auch

---

10 Nach Alexander 1985, 133 (vgl. 131, 139, 143, 148, 149), gehören allerdings nur Gestalt, Größe und Bewegbarkeit zu Lockes primären Qualitäten. Dieser These liegt allerdings die von der meinen abweichenden Interpretationshypothese zugrunde: „the primary qualities would be just those that the natural philosopher finds sufficient for explaining physical phenomena" (Alexander 1985, 131).

funktionslos geworden. Denn ihre Funktion besteht ja darin, uns eine Idee von den Qualitäten der (unmittelbar) nicht wahrnehmbaren Korpuskel anhand der Ideen der Qualitäten von Körpern beobachtbarer Größe zu verschaffen.

7. Lockes Unterscheidung von primären und sekundären Qualitäten sprengt den Rahmen seines Empirismus

Nachdem wir im letzten Abschnitt die Frage „Wie kann man feststellen, ob eine gegebene Qualität primär ist?" behandelt haben, ist die Exposition von Lockes Theorie der Qualitäten abgeschlossen, und wir können sie nun abschließend einer kritischen Prüfung unterziehen. Das zentrale Problem seiner Theorie – und auf seine Diskussion möchte ich mich hier beschränken – läßt sich in die Frage kleiden: Ist die Unterscheidung zwischen primären und sekundären Qualitäten mit seinem Empirismus vereinbar?

Zur Vorbereitung einer Antwort sei noch einmal kurz an die einschlägigen Aussagen von Lockes Theorie der Qualitäten erinnert. In ihr macht er von der Hypothese Gebrauch, daß alle Körper aus winzigen, (unmittelbar) nicht wahrnehmbaren Korpuskeln bestehen. Wenn es deshalb keine Qualitäten gäbe, die nicht gleichermaßen sowohl diesen (unmittelbar) nicht wahrnehmbaren Korpuskeln als auch den (unmittelbar) wahrnehmbaren Körpern zukämen, so könnten wir uns gar keine Vorstellung von den Korpuskeln und ihrer Beschaffenheit machen. Die Qualitäten, deren Aufgabe es ist, diese Vorstellbarkeit zu ermöglichen und die deshalb allen Körpern ungeachtet ihrer Größe zukommen müssen, nennt Locke primäre Qualitäten. Was primäre Qualitäten sind, ergibt sich also aus der Rolle, die sie im Gesamtzusammenhang seiner Theorie der Qualitäten spielen. Folglich ergibt sich auch der Sinn des Terminus „primäre Qualität" erst aus dieser Theorie als ganzer; mit anderen Worten: dieser Terminus ist ein theoretischer Begriff.

Dasselbe gilt auch für den Terminus „sekundäre Qualität". Auch er gewinnt seinen Sinn erst aus dem Gesamtzusammenhang der Lockeschen Theorie der Qualitäten; auch die sekundären Qualitäten gehen ganz in der Funktion auf, die sie in dieser Theorie zu erfüllen haben. Diese besteht darin, die primären Qualitäten der (unmittelbar) nicht wahrnehmbaren Korpuskel an Körpern beobachtbarer Größe (mittelbar) wahrnehmbar zu machen. Sekundäre Qualitäten sind Erscheinungsweisen von Korpuskeln und liefern damit einen indirekten Beweis für deren Existenz.

Die theoretische Natur der Termini „primäre" und „sekundäre Qualität" stellt eine unüberwindliche Schwierigkeit für Lockes Empirismus dar. Wenn diese Termini nämlich erst kraft ihrer Rolle in seiner Theorie der Qualitäten einen Sinn haben, dann können ihre Bedeutungen – und das sind für Locke die mit diesen Termini verknüpften Ideen (vgl. III.ii.2) – nicht direkt aus der Erfahrung stammen. Denn die Erfahrung ist ja für ihn das unverarbeitete und folglich theoretisch neutrale Rohmaterial all unserer Erkenntnis. Folglich können die Bedeutungen dieser Termini keine einfachen Ideen sein. Da aber jede zusammengesetzte Idee auf einer Aktivität des Geistes beruht, ist sie das Ergebnis der Verarbeitung mehr oder weniger (und womöglich sogar überhaupt nicht) zusammengesetzter Ideen. Eine einfache Idee ist daher nicht Produkt, sondern Material der Verarbeitung durch den Geist.

Nun können die Ideen, für welche die Termini „primäre" und „sekundäre Qualität" stehen, aber auch nicht indirekt aus der Erfahrung stammen, d. h. sie können keine zusammengesetzten Ideen sein. Zusammengesetzte Ideen kommen nach Locke nämlich dadurch zustande, daß der Geist einige der bereits verfügbaren Ideen auswählt, sie zu einer einzigen Idee zusammenfügt und diese mit einem Namen versieht (vgl. III.v.4). Dieser Name kann unter Verwendung der Namen der Ideen definiert werden, die aus der Menge der bereits verfügbaren Ideen ausgewählt wurden. Denn nach Locke sind ja die Namen aller zusammengesetzten Ideen definierbar; und die Namen, mit deren Hilfe sie sich definieren lassen, müssen schließlich auf undefinierbare und damit auf Namen einfacher Ideen zurückführbar sein (vgl. III.iv.4). Weil also die Namen aller zusammengesetzten Ideen aus den Namen der einfachen Ideen konstruiert werden können, sind die von ihnen bezeichneten Ideen aus einfachen und damit aus theorieneutralen Ideen zusammengesetzt. Folglich sind die so zusammengesetzten Ideen und mit ihnen auch die sie bezeichnenden Termini theorieneutral. Da dies jedoch gerade nicht von den beiden Termini „primäre" und „sekundäre Qualität" gilt, können sie nicht Namen zusammengesetzter Ideen sein. Sie haben also auch keine indirekt aus der Erfahrung ableitbare Bedeutung.

Da die Termini „primäre" und „sekundäre Qualität" weder einfache noch zusammengesetzte Ideen bezeichnen bzw. weder direkt noch indirekt aus der Erfahrung stammen, sind sie Lockes Erkenntnistheorie zufolge illegitim. Denn eine legitime Idee können wir letztlich nur aus der Erfahrung schöpfen.

Damit sprengt also die Lockesche Unterscheidung von primären und sekundären Qualitäten den Rahmen seines Empirismus.

Literatur

Alexander, Peter 1977: Boyle and Locke on Primary and Secondary Qualities. In: I. C. Tipton (Hrsg.): Locke on Human Understanding. Selected Essays. Oxford, 62-76.
 – 1985: Ideas, Qualities and Corpuscles. Locke and Boyle on the External World. Cambridge.
Berkeley, George 1975: An Essay towards a New Theory of Vision. In: ders.: Philosophical Works Including the Works on Vision. Hrsg. von M. R. Ayers. London, Totowa, N. J.
Mohr, Hans 1983: Evolutionäre Erkenntnistheorie – ein Plädoyer für ein Forschungsprogramm. In: Sitzungsberichte der Heidelberger Akademie der Wissenschaften. Mathematisch-naturwissenschaftliche Klasse. Berlin/Heidelberg/New York/Tokio, 223-232.

Michael Ayers

Die Ideen von Kraft und Substanz*

Essay II.xxi, xxiii, xxvi;
III.vi

1. Einleitung

Dem Begriff der Substanz kommt in Lockes Philosophie mindestens eine ebenso große Bedeutung wie dem Begriff der Idee zu. In der Tat trägt seine Lehre von der Substanz zu jenem Zweck bei, zu dem die allgemeine Theorie der Ideen und der Erkenntnis ein Mittel oder eine Vorbereitung ist: die Darstellung der Reichweite und Grenzen des menschlichen Verstandes. Lockes Wissenschaftstheorie beruht auf zwei großen Unterteilungen. Die eine Unterteilung erfolgt zwischen Wissenschaften wie Geometrie und (nach der Meinung Lockes) Ethik einerseits, in denen Gewißheit und apriorische Erkenntnis erreicht werden können, und theoretischer Naturwissenschaft andererseits, in der eine solche Gewißheit außerhalb der menschlichen Möglichkeiten liegt: hier müssen wir uns im besten Falle mit vernünftigen

---

* Dieser Beitrag erschien zuerst als „The Ideas of Power and Substance in Locke's Philosophy" in: *Philosophical Quarterly* [Oxford: Blackwell], 25 (1975), 1–27. In überarbeiteter Form wurde er auch in Tipton 1977, 77–104 veröffentlicht. In vorliegende Übersetzung wurden zusätzliche Änderungen des Autors aufgenommen. Diese umfassen sowohl die Auslassung als auch Verbesserung von Punkten, die sich als falsch erwiesen haben, und die summarische Hinzufügung einiger neuer Materialien, die Lockes Position zu verdeutlichen vermögen. Diese entstammen einer umfassenderen Diskussion, die zur selben Interpretation von Lockes Substanztheorie gelangt wie vorliegender Aufsatz, jedoch auf etwas anderem, weniger polemischen Wege. Vgl. Ayers 1991, Band 2, Erster Teil. Der fünfte Abschnitt des englischen Originaltextes („The Nature of Locke's Philosophy") ist aus Raumgründen nicht in die Übersetzung für diesen Band aufgenommen worden.

Hypothesen und Annäherungen, schlimmstenfalls mit völliger Unkenntnis zufriedengeben[1]. Die zweite Unterteilung erfolgt zwischen dieser für uns unerreichbaren, erklärenden Naturwissenschaft und der beschreibenden, praktisch ausgerichteten „Naturwissenschaft" (*Natural History*) der Royal Society, die nicht Dinge und Prozesse, wie sie an sich selbst sind, untersucht, sondern *Phänomene*, Dinge, wie sie regelmäßig in ihrem Sein und Verhalten beobachtet werden können. Eine vollständige Untersuchung von Lockes Substanztheorie müßte analysieren, wie er diese Unterteilungen erklärt.

Hier soll jedoch lediglich versucht werden, eine einzige Frage zu beantworten, bei der es um die wohl wichtigste und radikalste, noch ungeklärte Meinungsverschiedenheit in der Interpretation von Lockes Philosophie geht. Die Frage lautet wie folgt: Hält Locke die „Substanz" oder das „*Substrat*" der *beobachtbaren* Eigenschaften für eine Entität, die von *all* ihren Eigenschaften zu unterscheiden ist? Er nimmt auf jeden Fall eine Unterscheidung vor zwischen den grundlegenden, wesentlichen Qualitäten eines Dinges, dessen „realer Essenz" oder Konstitution, und den phänomenalen oder beobachtbaren Qualitäten, der „nominalen Essenz", die uns erlaubt, etwas als Gold, Blei, einen Diamanten, einen Menschen oder was auch immer zu erkennen. Aber ist die unbekannte „Substanz" oder das „*Substrat*" nichts anderes als die unbekannte „reale Essenz"? Oder muß mit Pringle-Pattison behauptet werden: „Locke plainly distinguishes the two, and teaches a twofold ignorance", sowohl der realen Essenz als auch der „nackten Substanz"?[2] Meine Argumentation läuft darauf hinaus, daß Lockes logische Unterscheidung zwischen „Substanz im allgemeinen" und spezifischer „realer Essenz" nicht bedeutet, daß beispielsweise die „Substanz eines Körpers" eine Entität ist, die sich von der allgemeinen Essenz eines Körpers unterscheidet[3].

1 Ein solche Hypothese war beispielsweise der Korpuskularismus. Im Bereich der Psychologie gab es nichts Entsprechendes (vgl. IV.xii.12; IV.iii.16–17; IV.iii.29; IV.vi.14).
2 Vgl. in seiner gekürzten Ausgabe des *Essay* (Oxford 1924) die Anmerkung zu III.iii.15. Zu anderen Versionen dieser Interpretation vgl. Gibson 1917, Kap. 5; Bennett 1971, Kap. 3; Buchdahl 1969, Kap. 4; Woolhouse 1971, Kap. 4 und 7. Interpretationen, die dieser Deutung entgegenstehen und die eher mit der hier vertretenen Meinung übereinstimmen, finden sich u. a. bei Aaron 1955, Kap. 5; Mandelbaum 1964, Kap. 1; Copleston 1944–66, Band 5; Yolton 1970, Kap. 2.
3 Zum Ausdruck „substance of body" vgl. II.xxiii.5, 16, 30 usw.

Über die Bedeutung dieser Frage dürfte kein Zweifel bestehen, denn wenn Locke tatsächlich ontologisch zwischen Substanz und Essenz unterscheidet, muß gefragt werden, worauf er abzielt. Auf diese Frage gibt es eine Vielzahl von mehr oder weniger scharfsinnigen Antworten, die zum großen Teil durch die philosophischen Neigungen des jeweiligen Interpreten geprägt sind. Demzufolge gibt es sehr unterschiedliche Meinungen darüber, was für ein Philosoph Locke ist: nicht nur, ob er ein guter oder ein schlechter Philosoph ist, ob in hohem Maße konfus oder ziemlich kohärent, sondern auch in bezug auf seine Motivation. So besteht Uneinigkeit darüber, ob er durch ein Interesse an „logischen" Fragen wie auch an der Wissenschaftstheorie motiviert ist und ob sein stets gegenwärtiger Agnostizismus einer transzendentalistischen Tendenz, Unkennbares[4] zu postulieren, zuzuschreiben oder eher als eine vernünftige und realistische Einschätzung der begrenzten Errungenschaften und Möglichkeiten der zeitgenössischen Wissenschaft und wissenschaftlichen Methodologie zu charakterisieren ist. Es läßt sich sogar darüber streiten, ob Locke eine „Substrat"theorie vorlegt oder diese angreift, je nachdem, ob seine Worte ernst genommen oder für Ironie gehalten werden.

Meines Erachtens können jetzt all diese Fragen entscheidend geklärt werden, wobei gegen die These Pringle-Pattisons argumentiert werden muß. Zu diesem Schluß führt eine kurze, jedoch umständliche Argumentation, die vermutlich bei Philosophen nicht auf große Begeisterung stoßen wird. Denn es ist unwahrscheinlich, wenn nicht sogar unmöglich, daß Locke, der ein anti-aristotelischer Anhänger des Korpuskularismus der Schule Boyles war, mit der Verwendung seines Begriffes „Substratum" etwas Ähnliches meint wie es bei Berkeley folgendermaßen beschrieben wird: „that antiquated and so much ridiculed notion of *materia prima* to be met with in Aristotle and his followers."[5] Locke vertrat lediglich die offizielle Linie, wenn er selbst seinem Bedauern über „those obscure and unintelligible discourses and disputes which have filled the heads and books of philosophers concerning *materia prima*" (III.x.15) Ausdruck ver-

---

4 Zu dieser üblichen empiristischen und polemischen Fehlinterpretation vgl. Berkeley 1975, Einleitung, §§ 1–2 und I, § 101.
5 Berkeley 1975, I, § 11.

lieh⁶. Was auch immer Lockes „Substrat" ist, wenn er sein Buch *compos mentis* geschrieben hat, kann dieser Ausdruck nicht eine Entität bezeichnen, die faktisch undifferenziert oder etwas „anderes" als all ihre Qualitäten ist; obwohl dies von unserem subjektiven Standpunkt aus behauptet werden könnte, zumal das „Substrat" in einem gewissen Sinne etwas „anderes" ist als die phänomenalen Qualitäten, durch die wir von seiner Existenz wissen. Dieser Einwand soll etwas deutlicher erhoben werden, da er die Art der Gründe zu illustrieren vermag, aus denen einige Kritiker es unterlassen haben, detaillierte Argumente gegen die These Pringle-Pattisons vorzubringen. Wer eine kluge Interpretation einzelner Textstellen bei Thomas von Aquin als Ausdruck von Atheismus vorstellte, müßte mit einem ähnlich kurzen Prozeß rechnen.

Es gibt jedoch eine weitere mögliche Strategie zur Verteidigung der These, daß Locke ontologisch zwischen Substanz und Essenz unterschieden habe. Es kann vermutet werden, daß er hiermit einen der beiden Begriffe aus seinem System entfernen wollte, zugunsten der Erhaltung des anderen. Aus dieser Sicht ist Locke ironisch aufzufassen, wenn er zuzugeben scheint, daß es verstandesmäßig notwendig sei, ein „gemeinsames Subjekt" oder einen Rahmen, in dem beobachtbare Qualitäten existieren können, zu fordern: er beschreibe hier lediglich ein Manöver, das er selbst für sinnlos oder nicht begründbar halte. Eine derartige Interpretation vermeidet zwar den historischen Einwand, ver-

---

6 Locke argumentiert hier, diese Lehre verdanke sich dem Fehler, daß eine Unterscheidung zwischen Ideen für eine ontologische oder reale Unterscheidung gehalten wird: d. h. die Unterscheidung zwischen der Idee der *festen* (*solid*) Substanz und der einer *festen und ausgedehnten* Substanz. Es gibt hier keinen realen Unterschied, da alle Dinge, denen Festigkeit zukommt, auch ausgedehnt sind. Die Unterscheidung zwischen Substanz und Attribut ist hier nicht Thema, doch illustriert das Argument Lockes deutlich, daß er es ablehnt, Entitäten aufgrund bloß logischer Unterscheidungen zu vermehren. Zudem war ihm die Meinung Descartes', die Unterscheidung zwischen Substanz und Attribut sei selbst eine bloß logische, vermutlich wohlbekannt. Wir werden sehen, daß Locke sogar noch weiter geht: denn wenn uns die Essenz bekannt wäre, gäbe es keinen Unterschied zwischen unserer Idee einer allgemeinen Substanz wie der Materie und unserer Idee ihrer Essenz, so daß nicht einmal eine logische Unterscheidung möglich wäre. (Doch gibt es sehr wohl eine logische Unterscheidung zwischen der allgemeinen Substanz und einer bestimmten spezifischen „Essenz".) Zum Verhältnis von Lockes Argument zu aristotelischer und cartesianischer Logik vgl. Ayers 1981 und Ayers 1991, Kap. 2, 4 und 6.

langt jedoch, daß zu viele seiner offensichtlich ernsthaften und direkten Äußerungen und einige unzweideutige Aussagen außer acht gelassen werden müßten. Die Textstelle, die sich am ehesten ironisch lesen läßt, entstammt der Diskussion des Raumes in Buch II.xiii.16–20. Sie ist höhnisch und polemisch und *kann* als Teil eines uneingeschränkten Angriffs auf den Begriff (*notion*) der Substanz selbst interpretiert werden. Und doch kann die Stelle schon *auf den ersten Blick* ebenso als ein Angriff auf die Auffassung verstanden werden, daß die Rede über „Substanz" Ausdruck einer *Erkenntnis* von etwas Fundamentalem sei: insbesondere einer Erkenntnis, die ausreiche, um uns Gewißheit darüber zu verschaffen, daß „there ... could be, nothing but solid beings which could not think, and thinking beings that were not extended" – eine Position, die keinen ontologischen Freiraum für einen leeren Raum ließe. Die ausdrückliche Schlußfolgerung des Arguments, die sich auf die Substanz bezieht, ist lediglich: „of *substance*, we have no *idea* of what it is, but only a confused obscure one of what it does."[7] Aus den zahlreichen weiteren Textstellen, die bei der Beantwortung dieser Frage hilfreich sein können, ist es lohnend, Lockes ausführliches und aufgebrachtes Dementi an Stillingfleet zu erwähnen, der sich darüber beschwert hatte, Locke würde „deny or doubt that there is in the world any such thing as substance". Doch wer bereit ist, auf Lockes Seite genügend Unaufrichtigkeit, geheime Lehren, Zweideutigkeit und Konfusion vorauszusetzen[8], kann wohl die These aufrechterhalten, daß II.xiii.16–20, als Ablehnung der gesamten *notion* von

---

[7] Diese Stelle wird von Locke selbst in *The First Letter to the Bishop of Worcester* zitiert.

[8] Bennett, der zugibt, daß der *Letter* an Stillingfleet nicht ironisch gemeint ist, fragt: „... but is Locke likely to have been less clear and candid in his magnum opus than in his letters to a touchy and not very intelligent bishop?" (Bennett 1971, 61). Diese Frage stellt sowohl die Fakten als auch das Problem falsch dar. Da es unwahrscheinlich ist, daß Locke in beiden Werken etwas schreibt, das nicht seiner Meinung entspricht, sollte jene Interpretation bevorzugt werden, die keinen Konflikt zwischen beiden impliziert. Bei dem *Letter* handelt es sich nicht um Privatkorrespondenz, sondern um Lockes veröffentlichte Antwort an einen prominenten Kritiker. Da es im *Letter* u. a. um Klarstellungen geht, ist es nicht erstaunlich, daß Locke deutlich formuliert. Erläuternde Auszüge aus den *Letters* wurden in die fünfte Auflage des *Essay* aufgenommen, möglicherweise mit der Zustimmung Lockes. Vgl. Yoltons Einleitung zur Everyman-Ausgabe des *Essay*, xv; vgl. die Clarendon-Ausgabe (Nidditch 1975), xxxii.

Substanz verstanden, Lockes wahre Gedanken zur Substanz wiedergibt. Um weitere überflüssige Komplikationen zu vermeiden, wende ich mich nun einer positiveren Argumentation zu.

2. Die Idee der Kraft

Locke behandelt die Idee der Substanz im *Essay* nicht isoliert. Eine Annäherung kann durch die analoge Diskussion der Idee der Kraft erfolgen. Zwischen beiden besteht nicht nur eine Analogie, sie bilden zusammenhängende Teile einer einzigen Theorie, die als Lockes Wissenschaftstheorie bezeichnet werden kann. Die Idee von Kraft wird wie folgt gebildet:

„The mind ... concluding from what it has so constantly observed to have been, that the like changes will for the future be made, in the same things, by like agents, and by the like ways, considers in one thing the possibility of having any of its simple *ideas* changed, and in another the possibility of making that change; and so comes by that *idea* which we call *power*. Thus we say, fire has a *power* to melt gold ... and gold has a *power* to be melted ... In which, and the like cases, the *power* we consider is in reference to the change of perceivable *ideas*" (II.xxi.1).

Was besagen diese und ähnliche Textstellen im selben Kapitel? Der letzte Satz des Zitats macht Lockes Anliegen deutlich, zu zeigen, daß der Gehalt unserer Idee der Kraft – und unserer Ideen von bestimmten Kräften – nicht weiter reicht als unsere Beobachtung. Trotzdem verweist die Idee auf etwas Nichtbeobachtbares, ein postuliertes Etwas in Wirkendem und Leidendem, das sich hinter der beobachteten Verknüpfung von beiden befindet. Die Idee der Kraft ist der Idee von Gelb unähnlich insofern, als sie erstens nicht in einer besonderen Erfahrung erworben wird und zweitens verwendet wird, um auf etwas zu verweisen, das jenseits der Erfahrung liegt; hieraus ergibt sich jedoch, daß sie selbst keinen positiven Gehalt besitzt, da sich der positive Gehalt in jedem einzelnen Fall von der beobachtbaren Wirkung herleitet. Meines Erachtens fungiert sie für Locke im alltäglichen Denken und in Ermangelung eines Besseren als eine Art Behelfskonstrukt (*dummy concept*).

Die Funktion dieser Idee entsteht mit anderen Worten aus dem Gedanken, beobachtete Interaktionen mit Hilfe von zugrundeliegenden, unbeobachteten Eigenschaften der interagierenden Dinge zu erklären. Aus der Beobachtung sind uns diese Eigenschaften lediglich als Qualitäten bekannt, die unter bestimmten Umständen bestimmte Wirkungen haben. Mit den Worten Russells: Unsere Erkenntnis ist Erkenntnis durch Beschreibung. Es ist somit vollkommen natürlich, daß Locke, wenn er von der atomistischen Hypothese ausgeht, gelegentlich die Kraft mit den realen primären Qualitäten, die vermutlich eine bestimmte Wirkung verursachen, *gleichsetzt*: „... what is sweet, blue, or warm in *idea* is but the certain bulk, figure, and motion of the insensible parts in the bodies themselves, which we call so" (II.viii.15).

Nicht durch die Beobachtung von bloßer Veränderung, sondern von wiederholter, regelmäßiger Veränderung entsteht nach Locke in uns die Idee der Kraft. Durch den Kontakt mit Dingen, die sich immer oder fast immer unter bestimmten, beobachtbaren Umständen in bestimmter Weise verhalten, wird diese Idee vom Verstand erworben oder diesem suggeriert. Da wir *regelmäßig* das Schmelzen von Gold beobachten, *jedesmal wenn* es in Kontakt mit Feuer gebracht wird, können wir es verstandesmäßig nicht vermeiden, beiden kontinuierlich existierende, doch mit Unterbrechungen agierende Qualitäten zuzuschreiben, die von diesem Verhältnis und dieser Reaktion unabhängig sind. Trotzdem sehen wir ein, daß die Idee universell anwendbar ist, so daß „whatever change is observed, the mind must collect a power somewhere, able to make that change, as well as a possibility in the thing itself to receive it" (II.xxi.4). Die Kraft wird auf abstrakter Ebene als „the source from whence all action proceeds" (II.xxii.11) definierbar – sie ist nicht bloß beobachtbare, regelmäßige Handlung.

Als Darstellung dessen, wie eine Idee allein aus der Erfahrung entsteht, mag dieser Erklärungsversuch unbefriedigend sein. Den Gedanken, daß nichtkontinuierliches, aber „regelmäßiges", beobachtbares Verhalten als Anzeichen für eine zugrundeliegende, permanente, kausal operierende Struktur zu betrachten ist, kann man zwar akzeptieren; er scheint aber nicht nur den Begriff der Kausalität, sondern auch die Existenz einer kausalen Ordnung vorauszusetzen – daß Geschehnisse sich nicht lediglich ereignen, sondern daß Erfahrung die Erfahrung eines von Gesetzen bestimmten Universums ist, in dem sie selbst stattfindet.

Locke scheint jedoch nicht der Idee der Kausalität Priorität gegenüber der Idee der Kraft gegeben zu haben. Im Gegenteil, letztere wird zuerst behandelt, und die Ideen von Ursache und Wirkung werden diskutiert, als wären sie Begriffe der gleichen Art und auf der gleichen Ebene wie der Begriff der Kraft. Locke erläutert dies folgendermaßen: „In the notice, that our senses take of the constant vicissitude of things, we cannot but observe, that several particular, both qualities, and substances, begin to exist; and that they receive this their existence from the due application and operation of some other being. From this observation, we get our *ideas* of *cause* and *effect* ... Thus finding, that, in that substance which we call wax, fluidity, which is a simple *idea*, that was not in it before, is constantly produced by the application of a certain degree of heat, we call the simple *idea* of heat, in relation to fluidity in wax, the cause of it, and fluidity the effect" (II.xxvi.1).

Auch hier wird die Idee durch die beobachtete Regelmäßigkeit hervorgerufen, wenn die Erfahrung des „ständigen Wechsels" uns dazu zwingt, daß wir gewisse hypothetische Aussagen als verläßlich annehmen. Und doch bezieht sich die Idee auch auf das, was sich jenseits des Beobachtbaren befindet, d. h. auf die unbeobachtete Beziehung, die die Relata verbindet: denn normalerweise bringt die Ursache die Wirkung hervor, „working by insensible ways" (II.xxvi.2)[9]. Locke bezeichnet die unbekannte, aber rational vorausgesetzte Verknüpfung zwischen Ursache und Wirkung als *„modus operandi"* oder „manner of operation": „For to have the *idea* of *cause* and *effect*, it suffices to consider any simple *idea*, or substance, as beginning to exist, by the operation of some other, without knowing the manner of that operation" (II.xxvi.2). An anderer Stelle heißt es: „... *many words, which seem to express some action*, signify nothing of the action, or *modus operandi* at all, but barely *the effect*, with some circumstances of the subject wrought on, or cause operating; *v. g.* creation, annihilation, contain in them no *idea* of the action or manner, whereby they

---

9 Vgl. IV.iii.29: „The things that, as far as our observation reaches, we constantly find to proceed regularly, we may conclude, do act by a law set them; but yet by a law, that we know not." In manchen Fällen ist der *modus operandi* wahrnehmbar: in II.xxvi.2 erwähnt Locke „making", wenn ein Objekt „[is] produced by a sensible separation or *juxtaposition* of discernible parts".

are produced, but barely of the cause, and the thing done" (II.xxii.11).

Wir können uns der Frage, was es hieße, den *modus operandi* einer Kausalbeziehung zu kennen, durch Lockes Behauptung nähern, wir hätten lediglich von zwei Handlungsarten Ideen: „... we can, I think, conceive [action], in intellectual agents, to be nothing else but modes of thinking, and willing; in corporeal agents, nothing else but modifications of motion" (ibid.). Diese beiden Handlungsarten stellen für den Menschen die Grenzen der Erkennbarkeit von Geschehnissen dar. Es gibt komplizierte Interpretationsprobleme in bezug auf Beispiele der geistigen Aktivität, doch wird deutlich, daß die Eingrenzung von physischer Handlung auf eine „Modifikation der Bewegung" als Resultat der damals üblichen korpuskularistischen Sichtweise verstanden werden muß. Diese tritt an anderer Stelle im *Essay* noch deutlicher zutage, wenn Locke behauptet, daß die einzig erkennbare physische Veränderung die mechanische Veränderung ist. Grob gesagt sind wir nach Locke in der Lage zu erkennen, wie Uhren oder Billiardkugeln funktionieren. Eigentlich akzeptiert er nur begrenzt, daß wir fähig sind, das Funktionieren eines Uhrwerks zu erkennen. Er äußert gewisse Zweifel an der Adäquatheit unseres Erfassens selbst der mechanischen Operationen, beispielsweise Zweifel an der Erkennbarkeit von Kohäsion. Mechanische Erklärungen gehen von *kohärenten, starren* Teilchen aus, wie man sich auch Atome vorstellte. Wer allein diese Zweifel hervorhebt, wie beispielsweise Gibson, kann argumentieren, daß Locke der Meinung war, es sei uns überhaupt nicht möglich, die *modi operandi* irgendeiner Interaktion zu erfassen. Doch müßte in diesem Fall geleugnet werden, daß er die atomistische Theorie an allen, ausgenommen den agnostischsten Stellen des *Essay* als gutes hypothetisches Erklärungsmodell, und zwar als das beste ihm zur Verfügung stehende, akzeptierte. Seine bevorzugte Gegenüberstellung von „den Mechanismus sehen" und „lediglich die Vorderseite der Uhr sehen" impliziert, daß für ihn die mechanische Veränderung zumindest teilweise durch den Verstand erkennbar ist (vgl. z. B. III.vi.3; II.xxiii.10–14).

Zusammenfassend kann festgehalten werden, daß Lockes Diskussion der Idee der Kraft und verwandter Ideen weitaus mehr ist als ein umständlicher Versuch, dem Prinzip, daß all unsere Ideen aus der Erfahrung stammen, einige merkwürdige abstrakte Begriffe hinzuzufügen. Es handelt sich um einen positiven Beitrag zu einem zentralen Thema des *Essay*, nämlich der Identifizierung einer erkenntnistheoretischen Lücke zwischen der Ebene der Phänomene (objektive, nicht subjektive Phänomene – *nicht* Sinnesdaten, *sense-data*) und der unbeobachtbaren Ebene, auf der die Wirklichkeit bloß im Prinzip erkennbar ist; zwischen der alltäglichen Ebene, auf der menschliche Erkenntnis und Weltauffassungen durch unser Empfindungs- und Beobachtungsvermögen vermittelt werden, und der Ebene der Dinge, wie sie an sich selbst sind und in der theoretischen, erklärenden Naturwissenschaft verstanden werden müßten. Angesichts der Tatsache, daß es eine solche Lücke gibt und wir keine eingeborene Erkenntnis von dieser zweiten, tieferen Ebene haben, steht Locke vor der Aufgabe zu erklären, wie wir alltägliche Kausalbegriffe erwerben und verwenden. Er argumentiert, daß die Ideen von Kraft und Ursache und Wirkung einfach als rationale Reaktion auf die Phänomene, auf die Wirklichkeit, wie wir sie erfahren, entstehen. Demzufolge implizieren sie das Unbekannte, teilen uns jedoch in direkter Weise nichts darüber mit. Vielleicht folgt hieraus, daß für denjenigen, der Erkenntnis von der (bloß prinzipiell) erkennbaren Ebene besitzt, der Begriff der Kraft entbehrlich wäre, oder daß ihm eine andere Funktion zukäme[10]; doch stünde eine solche Folgerung dem Rationalismus nahe.

Lockes Kritiker mögen die Meinung vertreten, er sei einfach von einer eingeborenen oder, wahlweise, einer willkürlichen *notion* von erkennbarer Kausalität ausgegangen; aber Locke war eben weder Leibniz noch Hume. Es soll hier zwischen ihnen nicht entschieden werden. Ebensowenig liegt auf der Hand, daß Lockes Position die am wenigsten haltbare oder die verworrenste ist.

---

10 Selbst wenn wir die wesentlichen Eigenschaften und allgemeinen Gesetze kennen würden, wäre es immer noch informativ zu wissen, welche Kräfte aus ihnen fließen; dementsprechend können wir die Essenz eines Dreiecks kennen, ohne zu wissen, was sie alles bewirkt. Erkenntnistheoretisch betrachtet, wäre dies eine andere Funktion als die eines Begriffes, durch den wir *unbekannte* wesentliche Eigenschaften denken können. Zumindest scheint dies der Standpunkt zu sein, von dem aus Locke den Begriff erklärt.

3. Die Idee von Substanz

Manche Begriffe werden von Locke als „Ideen von Substanzen" bezeichnet. Was versteht er hierunter? Obwohl die Behauptung nicht sehr hilfreich erscheinen mag, sind Substanzen „Dinge" im engeren Sinne, in dem nicht alles, was Diskussionsgegenstand sein kann, ein *Ding* ist. Zustände, Eigenschaften, Ereignisse, Prozesse und so weiter sind Nicht-Dinge. „Verpflichtung, Trunkenheit, eine Lüge, usw." werden von Locke als Beispiele von „mixed modes" angeführt, eine seiner Kategorien der Nicht-Dinge. Blei, Wasser, Menschen, Leoparden und Uhren sind Dinge[11].

Einem Logiker mag eine solche Unterscheidung wie eine schändliche Notlösung erscheinen, und man ist geneigt zu versuchen, sie zur eigenen philosophischen Zufriedenheit etwas zu verbessern, in der Hoffnung, die Unterscheidung genau identifizieren zu können, an die Locke von Anfang an gedacht haben *mußte*. Doch abgesehen von der Tatsache, daß diese Vorgehensweise sich – natürlich – als sehr schwierig erweist, lenkt sie zudem von der Aufgabe des Historikers ab festzustellen, was Lockes eigene Auffassung zu diesem Thema war.

Im 20. Jahrhundert verbinden zahlreiche Philosophen in ihren Diskussionen die „Frage der Substanz" mit der der Einzelheit oder der Individuation. Der abgedroschenen Frage, „Is a *thing* anything over and above its properties?" fehlt es an ontologischem Biß, wenn nicht das „Ding" als *Einzel*ding betrachtet wird. Es fehlen jedoch Belege dafür, daß Lockes Gedanken zur Idee der Substanz jemals auf eine solche Frage ausgerichtet waren; ob-

---

11 *Father, servant, islander* etc. sind für Locke keine Substanzbegriffe, sondern Relationsbegriffe, wobei die Relation „something extraneous and superinduced" ist. Funktionsbegriffe können relational aufgefaßt werden: ob etwas eine *Uhr* ist, ist davon abhängig, wie *Menschen* es benutzen. Tatsächlich bemerkt Boyle „whether a bullet be silver, or brass, or lead, or cork, if it swing at the end of a string, 'tis enough to make it a *pendulum*" (Boyle 1666, 342). Sowohl Boyle als auch Locke vergleichen jedoch Funktionen mit Kräften: d. h. für sie macht es keinen Unterschied, ein Pendel als etwas zu definieren, das *Menschen* als ein pendelndes Gewicht *verwenden*, oder als etwas, das am Ende einer Schnur pendeln *könnte* oder *würde*. Folglich können sie im Dienste ihres Mechanismus die Analogie zwischen natürlichen und künstlichen Substanzen verwerten, ohne dabei durch komplizierende Vorbehalte behindert zu werden. Unsere Ideen von beiden sind „Ideen von Substanzen": vgl. III.vi.39, eine Textstelle, die sich besonders mit Uhren befaßt.

wohl er natürlich nicht leugnen würde, daß Platon oder dieser Baum individuelle Substanzen sind. Zahlreiche Belege im *Essay* deuten darauf hin, daß Locke mit dem Status von Einzeldingen gegenüber Universalien sehr traditionell umgehen möchte (was nicht das Schlechteste ist), zumal er davon ausgeht, daß alle Einzeldinge eine Position in Raum und Zeit besitzen, während Universalien Schöpfungen des Verstandes sind. Der Idee der *Substanz* kommt jedoch die Aufgabe zu, die Idee vom *Menschen* zu erklären, d. h. den Begriff der aristotelischen „sekundären" Substanz, nicht den der aristotelischen „primären" Substanz, die Idee von *diesem bestimmten Menschen*[12].

Locke erläutert „Ideen von Substanzen" als komplexe Ideen, die aufgrund von Beobachtungen gebildet werden und auf eine bestimmte Korrespondenz mit dem in der Natur Existierenden hinzielen: d. h. unter einer komplexen Idee sollen die Ideen von Eigenschaften, die in der Natur zu einer genuinen Einheit verbunden sind, zusammengeführt werden. Die Art dieser Verknüpfung kann nach Locke leicht begreiflich gemacht werden: die einzelnen Eigenschaften sind Kräfte und wahrnehmbare Qualitäten, die insofern verbunden sind, als sie alle von einer gemeinsamen Struktur abhängen. *Wasser*, wie es der menschliche Beobachter kennt, hat die Kraft, manche Substanzen aufzulösen, an manchen Metallen Korrosion zu verursachen und Feuer zu löschen. Es hat ebenfalls die Eigenschaft der Flüssigkeit, die Disposition, bei Kälte fest und bei Hitze gasig zu werden, wahrnehmbare Transparenz, einen gewissen Geschmack (oder „Geschmacklosigkeit") und so weiter. Wir nehmen zu Recht an, daß sich all diese bekannten Eigenschaften ein und derselben zugrundeliegenden Struktur verdanken: laut Locke ist dies mehr oder weniger, was wir *meinen*, wenn wir sagen, daß sie alle zu einem *Ding* gehören, oder wenn wir Wasser als eine *Substanz* mit bestimmten, beobachtbaren Eigenschaften definieren. Von der

---

12 Letztere wird im *Essay* kaum diskutiert. Locke scheint sich um die Kluft zwischen dem Bestimmtsein einer Idee und der Tatsache, daß sie die Idee von einem bestimmten Einzelding ist, nicht zu kümmern; oder, besser gesagt, um die Frage, wie „circumstances of time and place" in der Idee von einem Einzelding enthalten sind, so daß seine Einzelheit auf nicht zirkuläre Weise erklärt werden kann (wobei Zeit und Ort für Locke relativ sind). Fest steht jedoch, daß 1) es nicht verwunderlich ist, daß er diese schwierige Frage nicht löst, und 2) seine Substanztheorie hiermit nichts zu tun hat.

Natur dieses Dinges oder dieser Substanz ist jedoch (aus Lockes für das 17. Jahrhundert sinnvoller Perspektive) nichts weiter bekannt, als daß sie „etwas" ist, das für die Verknüpfung dieser Eigenschaften verantwortlich ist. Um nun die Annahme einer derartigen, natürlichen Einheit unter den Kräften, die wir aufgrund der beobachteten „Koexistenz" unter einer komplexen Idee zusammenführen, hervorzuheben, fügen wir eine weitere Idee hinzu: die Idee von „some substratum wherein they do subsist, and from which they do result".

Der Begriff von „substance", „*substratum*" oder „thing (having such and such properties)" wird demnach verwendet, um auf Unbeobachtetes oder Unbekanntes zu verweisen oder auf das, was uns nur durch seine Wirkung und in bezug auf die Ebene der Beobachtung bekannt ist. Mit anderen Worten ist *Substanz* als Begriff ebenso ein Behelfskonstrukt (*dummy concept*) wie der Begriff der *Kraft*, und Lockes Spott richtet sich gegen jene, die darüber hinausgehen wollen. Seine Witze über „indische Philosophen" und „children who, being questioned what such a thing is which they know not, readily give this satisfactory answer, that it is *something*", erinnern in Inhalt und Absicht an Molières Witz über die angebliche Erklärung der Wirkung einer Arznei durch Hinweis auf ihre „einschläfernde Kraft": Zielscheibe ist in beiden Fällen, daß so getan wird, als hätte man etwas verstanden, was man in Wirklichkeit nicht verstanden hat, und daß impliziert wird, man könne noch mehr wissen. Es ist daher nicht verwunderlich, daß Locke gereizt reagierte, als Stillingfleet ihn mit dem Vorschlag provozierte, Locke könnte, da er sie so wenig ernst genommen habe, die Existenz der Substanz ebensogut leugnen.

Warum wird Locke aber weiterhin mißverstanden? Gewiß ist zum Teil seine eigene Terminologie schuld, falls dieses Wort überhaupt für Lockes Ausdrucksweise, die gelegentlich auf vorgetäuschte Weise unpräzise und bildlich zu sein scheint, verwendet werden kann[13]. Doch lassen sich alle Zweideutigkeiten beseitigen, wenn man die Begriffe in ihren textuellen und historischen Zusammenhang stellt.

---

13 Daß sich Locke als Dilettant ausgibt, der an der gekünstelten Pedanterie der akademischen Philosophen nicht teilhat, kann durchaus eine bewußte Verstellung sein, die seinen Text durchdringt (Vgl. u. a. die *Epistle to the Reader* oder seine Anmerkung zu II.xv.9. Und vgl. Colie 1969). Sollte dies der Fall sein, so rächen sich die professionellen Philosophen noch heute.

Ein Beispiel für die Interpretationsschwierigkeiten bietet § 1 des Kapitels über Substanzideen: „The mind being, as I have declared, furnished with a great number of the simple *ideas* conveyed in by the *senses*, as they are found in exterior things, or by *reflection* on its own operations, takes notice also, that a certain number of these simple *ideas* go constantly together; which being presumed to belong to one thing, and words being suited to common apprehensions and made use of for quick dispatch, are called, so united in one subject, by one name; which by inadvertency we are apt afterward to talk of and consider as one simple *idea*, which indeed is a complication of many *ideas* together; because, as I have said, not imagining how these simple *ideas* can subsist by themselves, we accustom ourselves, to suppose some *substratum*, wherein they do subsist, and from which they do result, which therefore we call *substance*" (II.xxiii.1).

Was versteht Locke unter „simple ideas conveyed in by the senses" und „go constantly together"? Selbst der ansonsten kluge Gibson hält sie für „elements of immediate experience", die in bestimmten Kombinationen verbunden sind, so daß „the problem of substance centres ... round their reference to something which is not itself a simple idea or content of experience" (Gibson 1917, 92). Aus dieser Sicht ist „Inhärenz" das Verhältnis zwischen *Empfindungs*mustern und ihren äußeren Ursachen oder Gegenständen (oder zwischen Ideen der Reflexion und ihren Gegenständen)[14]. Bennett hat diese Interpretation von § 1 mehr oder minder bestätigt. Er weist jedoch darauf hin, daß Locke sich an anderer Stelle deutlich mit dem Verhältnis nicht von Sinneswahrnehmungen (oder Empfindungen) und physischen Gegenständen, sondern von Dingen und ihren Eigenschaften auseinandersetzt. Seine Lösung des Problems ist, daß Locke zwei unterschiedliche philosophische Probleme miteinander verschmolzen hat: d. h. Lockes Denken ist auf elementare Weise

---

14 Berkeley, der die Unterscheidung zwischen Ideen und sinnlichen Qualitäten ablehnt, kann so eine polemische Darstellung von Lockes Auffassung von materieller Substanz geben. Er fragt dann, wie eine Sinneswahrnehmung etwas anderem als dem Geist innewohnen könne (vgl. Ayers 1970). Doch selbst wenn wir Berkeleys wenig überzeugende Prämisse akzeptieren, sollten wir den Unterschied zwischen polemischer Karikatur und ernsthafter Deutung eines Vorhabens erkennen können.

konfus[15]. Diese Konfusion gibt es jedoch gar nicht, denn Gibson hat sich getäuscht. In dem vorangehenden Kapitel über Kraft sagt Locke, nachdem er sich gebührend entschuldigt hat, daß er die Idee der Kraft als „einfache Idee" behandeln will, obwohl sie relational ist: „[it] may well have a place amongst other simple *ideas*, and be considered as one of them, being one of those that make a principal ingredient in our complex *ideas* of substances" (II.xxi.3). Tatsächlich bietet es sich an, Ideen von spezifischen Kräften als „einfache Ideen" zu betrachten, im Gegensatz zur Komplexität der Ideen von Substanzen. Mit dieser Frage setzt sich Locke zudem in Kapitel 23 ausführlich auseinander: die Paragraphen 7–10 bieten einen Kontext, in dem sich die Interpretation von „einfachen Ideen" als „elements of immediate experience" als vollkommen ungerechtfertigt herausstellt. Jedenfalls ist hinreichend bekannt, daß Locke „Idee" sowohl für die Eigenschaft eines Gegenstandes als auch für den unmittelbaren Gegenstand einer Erfahrung verwendet[16]. Seine Aussage, manche „Ideen" seien „conveyed in by the senses as they are found in exterior things", bedeutet – leider – nichts weiter als dies, daß wir zu Erkenntnis über und Begriffen von jenen Eigenschaften durch Beobachtung der physischen Welt gelangen.

15 Bennett 1971, 78 ff. Bennett verwendet ein weiteres Argument, um eine große Verwirrung bei Locke nachzuweisen. Da er Lockes Auseinandersetzung mit der Unterscheidung zwischen Substanz und Eigenschaft fälschlicherweise in der „rein logischen" Frage „What is it for a quality to be instantiated by a particular?" lokalisiert hat, nennt er Aussagen wie „which go constantly together" und „from which they do result" aus verständlichen Gründen „puzzling". Diese „puzzles" verschwinden laut Bennett dann, wenn wir uns daran erinnern, daß „ideas can also be sensory states": denn die „*patterns*" unter unseren Sinneswahrnehmungen beinhalten den Grund für die Annahme, daß es physische Gegenstände gibt, und der Realist geht davon aus, daß diese physischen Gegenstände die Sinneswahrnehmungen *verursachen*. Glücklicherweise muß dieses lächerliche Durcheinander nicht Locke zugeschrieben werden, der lediglich behauptet, daß wir die Idee der Substanz erwerben, wenn wir gezwungen sind, koexistierende Kräfte und sinnliche Qualitäten auf einen gemeinsamen Grund, „the unknown cause of their union", zu beziehen. Das von uns erfahrene immer gemeinsame Vorkommen von Eigenschaften spielt die gleiche Rolle bei der Erwerbung der Substanzidee wie die Regelmäßigkeit im Falle der Ideen von Kraft und Ursache und Wirkung.
16 Vgl. das oft zitierte II.viii.8 und beispielsweise das oben zitierte II.xxvi.1. Hier wird Flüssigkeit als eine „einfache Idee" in Wachs beschrieben und die „einfache Idee von Wärme" als deren Ursache genannt.

Wer wird im übrigen [in § 1] der „inadvertency" beschuldigt? Der Durchschnittsmensch? Verweist das Wort vielleicht nach vorn zu „accustom" mit seiner Assoziation der Geistlosigkeit? Gibson weist zu Recht daraufhin, daß aus anderen Textstellen deutlich hervorgeht, daß die Idee der Substanz gemäß Locke rational begründet und daher unumgänglich ist. Das Wort „accustom" scheint sich nicht auf den Prozeß zu beziehen, durch den eine Idee erworben und zuerst angewendet wird, sondern auf den Zustand, in dem wir uns befinden, sobald wir sie regelmäßig verwenden. Die „inadvertency", die diesem Zustand und unseren Sprachgewohnheiten nachfolgt, besteht in dem Versäumnis mancher zu erkennen, daß unsere Ideen von Substanzen komplex sind. Locke spielt hier auf die Lehre an, daß Substanzen einfache Einheiten sind (was er in einem gewissen Sinne nicht leugnen würde)[17], und auf *Philosophen*, die fälschlich, wenn auch verständlicherweise, annehmen, wir hätten dementsprechend einfache, adäquate Begriffe von ihnen. Ein klassischer Text ist die *Metaphysik* des Aristoteles, Buch VII, in dem der Substanzausdruck „Mensch" von zusammengesetzten Termini wie „Athlet" unterschieden wird. Aristoteles' Beispiel ist das Wort „Himation", das willkürlich als „weißer Mensch" definiert wird und somit einen Komplex von Substrat und Akzidens darstellt. Locke behauptet, daß die Definitionen all *unserer* Substanzausdrücke auf ähnliche Weise zerlegbar sind, mit dem Substrat als dem unbekannten „Ding", das die Akzidentien trägt.

Es wird häufig angenommen, daß es sich bei Lockes „one subject" um ein Individuum und bei „one name" um einen Eigennamen handele; und daß die Beobachtung einer Reihe von Qualitäten „going constantly together", durch die unsere Idee der Substanz entsteht, die wiederholte Beobachtung eines Individuums, beispielsweise des Katers Peter, sei. Locke denkt jedoch an Artbezeichnungen (*specific names*) und an die wiederholte Beobachtung von Arten (*types*), d. h. Katzen, Gold usw. Die beobachteten Qualitäten kommen natürlich in Einzeldingen zusammen

---

[17] Vgl. II.ii.1: „... the qualities that affect our senses are, in the things themselves, so united and blended, that there is no separation, no distance between them ..." Substanzen können aus einfacheren Substanzen zusammengesetzt sein, wie eine Uhr aus ihren Teilen zusammengesetzt ist, doch sind sie nicht aus Eigenschaften zusammengesetzt – im Gegensatz zu *Ideen* von Substanzen, die aus Ideen von Eigenschaften bestehen.

vor, doch bezieht sich „constantly" auf alle Fälle, in denen sie koexistieren, unabhängig davon, ob in meiner Katze, in der Katze der Nachbarn oder der Katze des Colleges. Zum Glück kommt Lockes Neigung zu Wiederholungen dem Interpreten zu Hilfe, der das Argument in II.xxiii.14 wiederfindet: „These *ideas* of substances, though they are commonly called simple apprehensions, and the names of them simple terms, yet in effect are complex and compounded". Als Beispiel gilt „the *idea* which an *Englishman* signifies by the name *swan*", wobei verwiesen wird auf „a man who has long observed that kind of birds". Natürlich sind Schwäne Individuen, aber der Ausdruck „Swan" und die Idee von einem *Schwan* sind zweifellos allgemeiner Natur. Die allgemeine Idee der Substanz oder des „einen gemeinsamen Subjekts" ist an dieser und allen anderen Stellen des *Essay* nicht als der logische Begriff eines Individuums aufzufassen.

Der Verweis auf einen weiteren Passus bei Aristoteles bietet eine Erklärung der Struktur von II.xxiii.1. In *Analytica Posteriora*, B 19, einer knappen und verderbten, aber äußerst einflußreichen Textstelle, werden vier Erkenntnisphasen identifiziert (wenigstens wird allgemein angenommen, daß sie hier identifiziert werden): (i) die Wahrnehmung eines Dinges oder Zustandes, (ii) „Erfahrung" oder Erinnerung wiederholter Wahrnehmungen ähnlicher Dinge, (iii) das Bilden eines allgemeinen Begriffs oder Gedankens, und (iv) die Erkenntnis, die mit einer angemessenen Definition einer Essenz einhergeht. Im Fall der Substanzen (so scheint es), (i) nehmen wir wahr und (ii) erinnern uns an wiederkehrende und sich wiederholende Ähnlichkeiten zwischen Individuen; (iii) gelangen wir zu einem Begriff (*notion*) einer universalen Spezies (die gleiche Spezies in all diesen Fällen der Wahrnehmung) und machen, nachdem weitere fortgesetzte Beobachtung und Reflexion es ermöglicht haben, Genus und funktionale Unterschiede aus, (iv) gelangen wir schließlich zu einer wissenschaftlichen Definition der Essenz der Spezies, die das von uns wahrgenommene gleichzeitige Vorhandensein von Eigenschaften erklärt. Es besteht eine enge strukturelle Übereinstimmung zwischen diesem Prozeß und dem von Locke postulierten, und es ist unwahrscheinlich, daß es sich hierbei um einen Zufall handelt. Laut Locke entsteht die komplexe Idee von einer Substanz nicht, sobald wir einmal wahrnehmen, daß sinnliche Qualitäten zusammen auftreten, sondern erst dann, wenn deutlich wird, daß diese immer (*constantly*) zusammen auftreten, d. h. wie zu erwarten, nach der zweiten aristotelischen Phase. Die Idee, die wir dann bilden (dritte Phase), ist allgemein und bezieht sich auf Arten, ist aber komplex. „Nachher" (vierte Phase) wird diese Idee, durch eine natürliche Illusion, für einfach gehalten. Locke setzt die aristotelische Darstellung des Prozesses ins rechte Licht, indem er eine andere Interpretation der letzten beiden Phasen bietet.

Bevor ich auf weitere (scheinbare) Schwierigkeiten zu sprechen komme, die meine Interpretation mit sich bringt, empfiehlt es sich wohl, das bis jetzt Vorgebrachte zusammenzufassen. Locke interpretiert die Unterscheidung zwischen Substanz und Akzidens im Rahmen der Unterscheidung, auf der seine gesamte Wissenschaftstheorie beruht: die Unterscheidung zwischen den zugrundeliegenden Realitäten und den Phänomenen, die objektiv mit Bezug auf ihre phänomenalen oder beobachtbaren *Eigenschaften* aufgefaßt werden. Diese beziehen sich auf unser Empfindungsvermögen, sind jedoch keine Sinneswahrnehmungen oder Sinnesdaten (*sense-data*). Diese beobachtbaren Eigenschaften schließen Kräfte ein, die für uns wahrnehmbar auf andere Dinge einwirken. Sie sind nicht, wie die Aristoteliker annehmen, „reale Wesen"[18], d. h. absolute oder wesentliche Eigenschaften der Substanz, von denen gesagt werden könnte, daß sie als Akzidentien in ihr „bestehen" oder „in ihr enthalten" sind oder von ihr „getragen" werden. Tatsächlich ergibt die Rede von einem solchen

---

18 Dies ist eine etwas lockere Anspielung auf II.xiii.19, wo Locke eine ältere Kritik ‚realer Akzidentien' wiederholt, wie etwa Boyles komplizierten Angriff auf „one Thing the Modern Schools are wont to teach concerning Accidents ... namely that there are in Natural Bodies stores of *real Qualities*, and other *real Accidents*, which are not onely no Moods of Matter, but are real Entities distinct from it, and ... may *exist separate* from all Matter whatsoever" (Boyle 1666, 7). Boyle argumentiert, verkürzt gesagt, daß es unmöglich ist, sich körperliche Eigenschaften vorzustellen, die weder „determined quantities" der Materie sind noch Kräfte – einschließlich der sekundären Qualitäten, die „are not in the Bodies that are Endow'ed with them any Real or Distinct Entities, or differing from the Matter it self, furnish'd with such a Determinate Bignesse, Shape, or other Mechanical Modifications" (Boyle 1666, 13). So können und brauchen wir keine andere natürliche Substanz als die Materie selbst zu postulieren. Lockes Ansatz in II.xiii.19 ist, naturwissenschaftlich betrachtet, agnostischer und, philosophisch gesehen, weniger deutlich, doch kritisiert er offensichtlich jene, die so tun, als könnte die Rede von Akzidentien (d. h. Kräften und sinnlichen Qualitäten), die einer Substanz innewohnen, eine *letztgültige* Beschreibung der Wirklichkeit bieten.

Träger oder einem *Ding*, das phänomenale Eigenschaften *hat*, nur dann einen Sinn, wenn wir sie als Verweis auf diese unbekannte, wesentliche Natur verstehen, die für die relationalen[19], phänomenalen Eigenschaften kausal verantwortlich ist, d. h. für die Wirkung der Substanz auf uns und andere Dinge: „When we speak of any sort of substance, we say it is a *thing* having such or such qualities, as body is a *thing* that is extended, figured, and capable of motion; a spirit, a *thing* capable of thinking; and so hardness, friability, and power to draw iron, we say, are qualities to be found in a loadstone. These, and the like fashions of speaking intimate, that the substance is supposed always *something* beside the extension, figure, solidity, motion, thinking, or other observable *ideas*, though we know not what it is" (II.xxiii.3).

Demnach scheinen wir also zu wissen, daß wir nicht wissen, und dies impliziert, daß wir eine Vorstellung davon haben, was es hieße, das reale Wesen einer Substanz zu kennen. Ich hoffe, bereits hinreichend angedeutet zu haben, daß wir nach Locke nur dann annehmen könnten, das reale Wesen von etwas zu kennen, wenn dessen Verhalten, einschließlich der Wirkung auf unser Empfindungsvermögen, vollkommen „erkennbar" wäre. Locke weist auf die Unmöglichkeit hin, über das gemeinsame Vorhandensein von beobachtbaren Eigenschaften eines „Pferdes oder Steines" Erkenntnis zu erlangen, „because we cannot conceive, how they should subsist alone, *nor one in another*, we suppose them existing in, and supported by some common subject" (II.xxiii.4, meine Hervorhebungen).

Bei den erwähnten Schwierigkeiten, die meine Interpretation mit sich bringt, handelt es sich im wesentlichen um zwei Probleme. Erstens: Die *primären* Qualitäten von physischen Gegenständen sind nicht nur Kräfte. Laut Locke befinden sie sich tatsächlich „im Gegenstand". Aus welchem Grund sollte er dann postulieren, daß es eine unbekannte Wesenheit jenseits dieser

---

19 Eine deutliche Aussage zur Relationalität von Kräften findet sich in II.xxiii.37: „... most of the simple *ideas*, that make up our complex *ideas* of substances, when truly considered, are only powers, however we are apt to take them for positive qualities ... all which *ideas*, are nothing else, but so many relations to other substances; and are not really in the gold, considered barely in itself, though they depend on those, real and primary qualities of its internal constitution, whereby it has a fitness, differently to operate, and be operated on by several other substances." Vgl. II.xxi.3 *et al.*

Qualitäten gebe? Zwei Schritte in einem von Lockes Argumenten bringen etwas Klarheit in diese Angelegenheit: „If anyone should be asked, what is the subject wherein colour or weight inheres, he would have nothing to say but, the solid extended parts: and if he were demanded, what is it, that that solidity and extension inhere in, he would not be in a much better case, than the *Indian* before mentioned ..." (II.xxiii.2).

Es mag schwierig sein, hieraus nicht zu dem Schluß zu gelangen, daß „Substanz" ein unbekanntes Etwas sein soll, das sich hinter *allen* Eigenschaften befindet, wie real oder wesentlich diese auch sein mögen.

Eine Antwort auf dieses Problem wurde bereits von Yolton in seinem Vorschlag angedeutet, „solidity and extension" hier als *beobachtbare* Solidität und Ausdehnung aufzufassen[20]. In dieser Deutung sind die „solid extended parts" die wahrnehmbaren Teile, nicht die „minute parts", und die Diskussion bezieht sich auf den nicht näher zu bestimmenden Träger des durch Beobachtung Bekannten, d. h. „such qualities which are capable of producing simple *ideas* in us; which qualities are commonly called accidents". Locke würde dann darauf hinweisen, daß nichts erklärt wird, wenn wir einfach sagen, daß Farbe und Gewicht den festen, ausgedehnten Teilen inhärent sind. Es gibt nichts in der *wahrnehmbaren* Solidität und Ausdehnung, das erklären würde, warum das Ding auch noch eine bestimmte Farbe und Gewicht hat[21]. In einer noch überzeugenderen Deutung von II.xxiii.2 kann jedoch angenommen werden, daß die „solid extended parts" genau die Partikel oder Atome sind, die von Boyle und den modernen Epikureern postuliert wurden. Dieser Korpuskularismus ist, mit anderen Worten, die beste hypothetische Antwort, die es auf die Frage gibt: „Was ist das Subjekt der wahrgenommenen Farbe oder des Gewichts (oder jeglicher wahrnehmbarer Eigenschaften oder Kräfte)?" Aber auch diese Antwort ist nicht gut genug. Wie Locke an späterer Stelle im selben Kapitel schreibt, setzt der Begriff von der Ausdehnung eines Körpers des-

---

20 Yolton 1970, 45. Vgl. II.xxiii.3 „... the extension, figure, solidity, motion, thinking, or other observable *ideas* ..." Dieser Passus wird von Buchdahl auf bedeutsame Weise falsch zitiert. Indem er „other" ausläßt, stellt er einen Gegensatz heraus, der den Intentionen Lockes gerade widerspricht (Buchdahl 1969, 217).
21 Dies ist Lockes Argument in II.xxiii.4: „... we cannot conceive how they should subsist ... one in another ..."

sen Kohäsion voraus, und da es uns nicht möglich ist, diese Kohäsion der postulierten Partikel begreiflich zu machen, folgt hieraus „[we] very ill comprehend the extension of body" (II.xxiii.23-24). Anders gesagt setzt die korpuskularistische Antwort auf die aristotelische Frage[22] voraus, daß der Mechanismus für uns auf eine besondere Weise begreiflich ist; dies wiederum setzt voraus, daß es Partikel gibt, die fest (und somit undurchdringbar) und kohärent sind. Und dies veranlaßt Locke zu der Vermutung, daß es im Prinzip eine andere, fundamentalere Antwort auf diese Frage gibt: d. h. mit Rücksicht auf fundamentalere, uns unbekannte Eigenschaften. Somit hat der Korpuskularismus das Eingeständnis, daß der Körper eine „Substanz" ist, d. h. „*etwas*", „which in truth signifies no more, when so used, either by children or men, but that they know not what", lediglich einen Schritt weiter als der Aristotelismus aufgeschoben.

4. Substanz im allgemeinen und reale Essenz

Das zweite (scheinbare) Problem meiner Interpretation muß ausführlicher behandelt werden. Es geht hierbei um das Verhältnis zwischen *Substanz* und *realer Essenz*. Die beobachtbaren Eigenschaften jeder „bestimmten Substanzart" sollen aus der „unbekannten Essenz dieser Substanz" fließen. Wenn es sich hierbei um das gleiche Verhältnis handelt, das durch den Ausdruck bezeichnet wird, etwas sei der Substanz „inhärent", dann scheinen die Essenz, aus der jene beobachtbaren Eigenschaften „fließen", die eine Art definieren, und die Substanz, „aus der sie hervorgehen", ein und dasselbe zu sein. Bei Locke finden sich jedoch viele Stellen, die auf eine Unterscheidung zwischen beiden hinweisen.

Zunächst wird die Idee der Substanz, die in unsere Ideen von Substanzarten eingeht, von Locke beschrieben als „Begriff von der reinen Substanz im allgemeinen" und als „obskure und relative Idee der Substanz im allgemeinen". Er spricht ebenfalls von „der geheimen und abstrakten Natur der Substanz im allgemeinen" und sagt, „die allgemeine Idee von Substanz ist überall gleich".

---

22 D. h. die Frage „Was ist dies? (ti estin)? Was ist, letztlich, ein wahrnehmbares Ding?"

Es ist jedoch ebenfalls deutlich, daß „reale Essenzen" spezifisch sind[23]. Von der realen Essenz von Blei muß angenommen werden, daß sie sich von jener von Eisen einfach deshalb unterscheidet, weil die beobachtbaren Qualitäten und Kräfte verschieden sind. Lockes Modell für den Fall, daß die reale Essenz bekannt wäre, beruht natürlich auf der atomistischen Theorie, trotz seiner ambivalenten Haltung gegenüber der mechanistischen Erklärungsweise. Andererseits könnten wir uns fragen, was es hieße, die „geheime und abstrakte Natur" der Substanz zu kennen. Handelt es sich hierbei vielleicht um eine ironische Art auszudrücken, daß Substanz als etwas, das allen Eigenschaften zugrundeliegt, im Prinzip unerkennbar ist, da es keine „Natur" hat? Oder sollte es Locke erstaunlicherweise nicht aufgefallen sein, daß etwas, das *allen* Eigenschaften zugrundeliegt, keine Natur haben kann?[24]

Die Antwort lautet, erstens, daß die allgemeine *Idee* der Substanz „everywhere the same" ist, nicht weil Locke glaubt, es gebe ein geheimnisvolles, undifferenziertes Substrat, das in allen Dingen gleich ist, sondern weil es der *Idee*, wo immer sie erscheint, an positivem Gehalt fehlt: die Idee von „Etwas" ist überall gleich[25]. Zweitens, und von größerer Bedeutung ist, daß Locke sich mit den Worten: „Whatever therefore be the secret and abstract nature of *substance* in general, all *the ideas we have of particular distinct sorts of substances* ..." (II.xxiii.6) von der Diskussion der allgemeinen oder bestimmbaren Substanzen, Geist und

---

23 Es soll an dieser Stelle nicht auf die Position Lockes eingegangen werden, daß Arten Schöpfungen des Verstandes sind. (Laut Locke sind spezifische „reale Essenzen" auf „nominale Essenzen" zu beziehen, da es keine ontologische Unterscheidung zwischen spezifischen und nicht-spezifischen Unterschieden gibt.) Es muß jedoch klargestellt werden, daß, obwohl Locke normalerweise, vielleicht ausschließlich, den Terminus „reale Essenz" für *spezifische* Naturen verwendet, er den Ausdruck „Essenz" auch im Sinne Descartes' für die allgemeine Natur der Materie oder des Geistes gebraucht (Vgl. II.i.10: „... the perception of *ideas* being ... to the soul, what motion is to the body, not its essence, but one of its operations"). In *dieser* Verwendung sind Erkenntnis der Essenz und Erkenntnis der Substanz identisch.
24 Vgl. Pringle-Pattison 1924 zu II.xxiii.15.
25 Dies ist der Kern des Problems, um das es in II.xiii.18 geht. Gott, endlicher Geist und Körper sind alle im gleichen Sinne „Substanzen", nicht weil sie übereinstimmen „in the same common nature of *substance*" („a very harsh doctrine"), sondern weil uns ihr jeweiliges Wesen gleichermaßen unbekannt ist und das Wort „Substanz" lediglich Ausdruck dieser Unkenntnis ist.

Körper, abwendet. In dem dualistischen Gedankensystem, das Locke etwas zurückhaltend mit Descartes teilt, besitzen diese ohne Zweifel eine „abstrakte", d. h. bestimmbare Natur. Gemäß Locke identifizieren und unterscheiden wir Geist und Körper nicht nach deren jeweiliger essentieller Natur, die wir nicht kennen, sondern nach deren phänomenalen Eigenschaften und Handlungen: im Falle des Körpers nach „those many sensible qualities which affect our senses" und im Falle des Geistes nach dem „thinking, knowing, doubting, and a power of moving, etc.". Hieraus ist folgendes abzuleiten: „*We have as clear a notion of the [nature, or] substance of spirit, as we have of body*; the one being supposed to be (without knowing what it is) the *substratum* to those simple *ideas* we have from without; and the other supposed (with a like ignorance of what it is) to be the *substratum* to those operations, which we experiment in ourselves within" (II.xxiii.5: der Ausdruck „nature, or" findet sich nur in der ersten Auflage).

Fragen zur abstrakten oder bestimmbaren Natur der Substanz im allgemeinen (einschließlich der Frage, ob es zwei „endliche" allgemeine Substanzen, Geist und Körper, mit ihrer jeweils eigenen Natur, gibt) sind nicht gleichzusetzen mit Fragen zur spezifischen Natur der „besonderen" Substanzen *Mensch, Pferd, Sonne, Wasser, Eisen*, doch sind sie eng mit diesen verwandt. Sowohl Wasser als auch Eisen sind Materie, doch unterscheiden sie sich in bezug auf ihre Struktur. Diese bestimmte Struktur ist die „reale Essenz". Tatsächlich ist Lockes Wort „Konstitution", das stets dann im *Essay* gebraucht wird, wenn der Terminus „reale Essenz" erklärt wird, lediglich und offensichtlich ein Synonym für „Struktur". Somit deckt sich seine Verwendung des Ausdrucks „Substanz" als eines unbekannten, bestimmbaren *Etwas* (wenn wir seinen schwankenden Agnostizismus in Betracht ziehen) mit der Descartes' oder der Boyles, wenn etwa letzterer von der physischen Welt sagt, es gebe *eine* Substanz, die „universelle Materie". Diese Substanz ist quantitativ in vielerlei Weise „konstituiert", verhält sich daher auf vielerlei Weise und wird ebenfalls so wahrgenommen; daraus ergibt sich die qualitative Verschiedenheit auf der Beobachtungsebene der „bestimmten Substanzarten" – in einer anderen Bedeutung des Wortes „Substanz", die sich mehr oder weniger mit jener der Aristoteliker deckt, wenngleich sie sehr unterschiedliche philosophische Konnotationen haben.

Pringle-Pattison und andere ließen sich jedoch besonders von zwei Textstellen beeindrucken, die hier noch nicht erwähnt wurden, die sie aber, wie nunmehr aufgezeigt werden kann, ganz falsch interpretiert haben. Pringle-Pattison zitiert aus dem *First Letter to the Bishop of Worcester*: „I do not take [real essences] to flow from the substance in any created being, but to be in everything that internal constitution or frame or modification[26] of the substance, which God in his wisdom and good pleasure thinks fit to give to every particular creature, when he gives a being ... [And such essences] may be changed all as easily, by that hand that made them, as the internal frame of a watch."

Pringle-Pattison behauptet, diese Stelle erhelle Lockes Auffassung von „nackten Substanzen", denen jegliche Art von Qualitäten „angehängt" (*annexed*) werden könnte[27]. Buchdahl beruft sich hier auf die „explizite" ontologische Unterscheidung zwischen Substanz und realer Essenz. Wenn dieser Passus jedoch aus der richtigen Perspektive untersucht wird, wird deutlich, daß es in ihm um die rein logische Unterscheidung zwischen der allgemeinen „abstrakten" Substanz, wie etwa der Materie, und den unterschiedlichen Determinationen dieser Substanz in konkreten Dingen geht. Locke deutet nirgendwo an, daß Gott eine „nackte Substanz" schaffen und dieser anschließend eine „Konstitution" oder „Modifikation" hinzufügen könnte; ebensowenig könnte Gott etwas schaffen, das zunächst nur eine *bestimmbare* Gestalt hat, und ihm dann eine *bestimmte* Gestalt geben. Gemäß der korpuskularistischen Hypothese „fließt" die reale Essenz darum nicht aus der Substanz, weil die Gesetze der Mechanik, die für die allgemeine Natur der Materie gelten, nicht festlegen, daß es Atome von bestimmter Gestalt geben muß, die in irgendeiner bestimmten Relation zueinander stehen müssen. Lockes Fest-

---

26 Der Ausdruck „modification" (d. h. „mode" oder „mood") wird hier im bekannten Sinne als determiniertes oder determinierbares Attribut verwendet. Vgl. Boyle 1666, 7: „... these Accidents [*determinate* sizes and shapes] may ... conveniently enough be call'd the Moods or primary affections of Bodies, to distinguish them from those lesse simple Qualities (as Colours, Tastes, and Odours), that belong to Bodies upon their account." Der Gegensatz zwischen einem Unterschied in der *Substanz* und einem Unterschied bloß in der *Modifikation* (d. h. Konstitution, realer Essenz) wird von Locke sehr deutlich in II.xiii.18 herausgearbeitet.
27 Pringle-Pattison 1924, Anmerkung zu III.iii.15.

stellung, daß reale Essenzen veränderlich sind, ist nichts weiter als die anti-aristotelische Behauptung, daß Arten in bezug auf die allgemeinen Gesetze der Natur nicht unveränderlich sind. Lockes Beispiel aus dem Alltag – die Veränderung eines Uhrwerks – ist nicht bloß eine menschliche, physische Analogie für ein göttliches, transzendentes Hinzufügen von neuen Qualitäten zu einem metaphysischen Substrat, sondern buchstäblich ein Beispiel für das, worum es uns hier geht. Für Locke als mechanistisch Denkenden macht es im Prinzip keinen Unterschied, ob die spezifische Eigenschaft eines Tieres oder die einer Maschine durch eine Modifikation der Struktur verändert wird. Boyle argumentiert ähnlich, wenn er annimmt, daß die ursprüngliche Schöpfung von Arten Gottes unmittelbarer Modifikation der Materie zuzuschreiben ist: „the first and Universal, though not immediate cause of Forms is none other but God, who put Matter into motion (which belongs not to its Essence) ... and also, according to my Opinion, guided it in divers cases at the beginning of Things" (Boyle 1666, 101).

An einer anderen Stelle im *Essay* ist folgendes zu lesen (Locke hebt die Unvollständigkeit unserer Ideen von Substanzen hervor): „And, after all, if we could have, and actually had, in our complex *idea*, an exact collection of all the secondary qualities, or powers of any substance, we should not yet thereby have an *idea* of the essence of that thing. For since the powers, or qualities, that are observable by us, are not the real essence of that substance, but depend on it, and flow from it, any collection whatsoever of these qualities, cannot be the real essence of that thing. Whereby it is plain, that our *ideas* of substances are not *adequate* ... Besides, a man has no *idea* of substance in general, nor knows what substance is in itself" (II.xxxi.13).

Auf diese Textstelle bezieht sich Pringle-Pattisons Bemerkung, die von Buchdahl und Woolhouse lobend zitiert wird: Locke „teaches a twofold ignorance – in the first place, of the essence ... and in the second place, of the substance itself". Doch wird der letzte Satz des Zitats hier falsch interpretiert. Das Wort „besides" ist angemessen, nicht weil die Erkenntnis der Substanz zur Erkenntnis von realer Essenz noch *hinzukäme*, sondern weil erstere in einem gewissen Sinn als *geringere* Erkenntnis angesehen werden kann, die in letzterer inbegriffen ist – ähnlich wie die Erkenntnis, daß etwas eine ebene Figur ist, in der Erkenntnis, daß es ein Dreieck ist, inbegriffen ist[28]. Der Satz als Ganzes bedeutet daher, „Mehr noch, Menschen kennen nicht einmal die *allgemeine* Natur der Substanz, wie sie an sich selbst ist". Was den „von uns beobachtbaren Kräften oder Qualitäten" in allem zugrundeliegt, ist *eine Substanz*, die *auf bestimmte Weisen konstituiert* (oder modifiziert oder determiniert) ist. Es gibt nicht zwei zugrundeliegende Ebenen, *erst* die reale Essenz, und *dann* darunter die Substanz.

Diese Deutung wird durch einen Passus im *First Letter* bestätigt. Locke argumentiert, es sei nicht möglich „[to have] as clear and distinct an idea of the general substance, or nature, or essence of the species man, as we have of the particular colour and figure of a man when we look on him". Er fährt fort: „Because the idea we have of the substance, wherein the properties of a man do inhere, is a very obscure idea: so in that part, our general idea of man is obscure and confused: as also, how that substance is differently modified in the different species of creatures, so as to have different properties and powers whereby they are distinguished, that also we have very obscure, or rather no distinct ideas of at all." In diesem Abschnitt wird die „twofold ignorance" in einer klareren Reihenfolge als in der anderen Textstelle beschrieben. Diese Reihenfolge läßt deutlich werden, daß die Unterscheidung zwischen zwei Ebenen der Erkenntnis – erstens, jene der zugrundeliegenden allgemeinen Substanz oder determinierbaren Natur, und zweitens, jene ihrer Modifikationen oder Determinationen – keine Unterscheidung zwischen Entitäten oder *ontologischen* Ebenen bedeutet, da sie auf einer rein logischen Unterscheidung beruht.

Wir kehren nun zu einer zentralen und berühmten Textstelle zurück, auf die sich eines der wichtigsten Argumente Buchdahls bezieht. Es handelt sich um die zweite Hälfte des oben zitierten Passus II.xxiii.3, wo Locke behauptet, daß unsere „fashions of speaking intimate, that the substance is supposed always *something* besides the extension, figure, solidity, motion, thinking, or other observable *ideas*". Locke argumentiert, daß die beobachtbaren Eigenschaften, durch die wir eine Substanz definieren,

---

28 Es könnte behauptet werden, daß die *explizite* Erkenntnis, daß etwas eine ebene Figur ist, der Erkenntnis, daß es sich um ein Dreieck handelt, nachfolgen könnte. Aber Locke wollte anscheinend nicht darauf hinaus. Auf jeden Fall berührt dies nicht die hier aufgestellte allgemeine These.

nicht die Natur oder Essenz dieser Substanz ausmachen, und daß die *sprachliche Form unserer Definitionen* verrät, daß wir zumindest eine vage Ahnung davon haben. Es gibt kein Anzeichen dafür, daß er etwas anderes im Blick hat als unsere Definitionen der spezifischen oder allgemeinen Substanztermini und ihre Relation zu unseren komplexen Ideen von diesen Substanzen. Seine Behauptung ist nicht in eine allgemeine Darstellung (oder Kritik) des sprachlichen oder logischen Subjekt-Prädikat-Verhältnisses in dessen anderen Manifestationen integriert. Er behauptet lediglich, daß es etwas in den Wortdefinitionen dieser elementaren Nominalprädikate (*primitive noun predicates*) gibt, welches der allgemeinen Idee der Substanz entspricht, die, so Locke, ein Teil unserer komplexen Idee von jeder Art von Substanz ist.

Daß Lockes Hinweis auf die Sprache problematisch ist, braucht kaum erwähnt zu werden. Dies wird daran deutlich (worauf Leibniz verweist), daß wir die Form der Definition nicht ändern würden, auch wenn uns die nichtwahrnehmbare Essenz eines Körpers bekannt wäre: wir würden *Körper* weiterhin als eine Substanz mit gewissen Eigenschaften definieren. Buchdahl und andere greifen diesen Punkt auf und folgern, daß Locke die Substanz als wesentlich unerkennbar und *allen* Eigenschaften zugrundeliegend begreift. Er bemerkt, „It is a ‚logical' fact that where there is such a body, with such and such a constitution ... the fact of such a body's existence may be construed in terms of the [substance-]attribute logic" (Buchdahl 1969, 223). Doch Locke ließ sich offensichtlich durch solch „logische Fakten" nicht beeindrucken. Gewiß konnte er seine Annahme, daß die Form einer Definition Unwissenheit nahelegt, nicht konsequent aufrechterhalten, ohne gleichzeitig den wenig überzeugenden Standpunkt zu vertreten, daß Erkenntnis von Essenzen automatisch eine Veränderung in der Sprache mit sich bringen würde. Aber es hat den Anschein, daß Locke tatsächlich dieser Meinung war: nicht nur, weil es eine offensichtliche Folge des hier Gesagten ist, sondern weil er auf sehr ähnliche (wenn nicht sogar identische) Weise auch an weniger bekannten Stellen auf die Sprache hinweist: „That *body* and *extension*, in common use, stand for two distinct *ideas*, is plain to anyone that will but reflect a little. For were their signification precisely the same, it would be proper, and as intelligible to say, the *body of an extension*, as *the extension of a body*" (III.x.6).

Locke meint hier natürlich, daß *Ausdehnung* nicht das Wesen von *Körper* ist, wobei der sprachliche oder logische Unterschied einen Unterschied der Ideen widerspiegeln soll[29]. Wenn etwa entdeckt würde, daß die Essenz von S (bis dato durch die beobachtbaren Eigenschaften B definiert) E ist, hätten die Ausdrücke S und E die gleiche Bedeutung und wären austauschbar, *weil es nicht mehr zwei unterschiedliche Ideen gäbe*. Der grammatische Unterschied, der dem Einschluß einer allgemeinen Idee von *Etwas*, das B zugrundeliegt, in der Idee von S entspricht, könnte nicht aufrechterhalten werden. Diese Gedanken müssen in bezug auf Descartes betrachtet werden, der betont, daß Denken und Ausdehnung – im allgemeinen Sinne, nicht im Sinne bestimmter Modi des Denkens und der Ausdehnung – „als nichts anderes aufzufassen sind als die denkende Substanz selbst und die ausgedehnte Substanz selbst, das heißt als Geist und Körper" (*Principia Philosophiae* I.63). Bedeutender noch ist die gleiche Identifizierung Malebranches aus der entgegengesetzten Richtung. Er argumentiert, daß Ausdehnung eine Substanz sei, da sie kein Modus von etwas anderem ist, wie Rundheit ein Modus der Ausdehnung ist. Er verurteilt die Ansicht, daß Ausdehnung nicht das Wesen der Materie sei und „etwas anderes als ihr Subjekt und Prinzip" voraussetze, als konfusen Mißbrauch der „vagen Idee von Sein im allgemeinen" bei der Konstruktion einer rein logischen Entität: Wenn man behaupte, „etwas anderes" sei *Subjekt* und *Prinzip* der Ausdehnung, so sei dies unbegründet und offen-

---

[29] In III.vi.21 liefert Locke das gleiche Argument, sowohl gegen die cartesianische Lehre, derzufolge Ausdehnung die wesentliche Eigenschaft der Körper ist, als auch gegen die aristotelische, daß (z. B.) Rationalität die reale Essenz des Menschen ausmacht. Locke beruft sich auf das Prinzip, „we can never mistake in putting the essence of anything for the thing itself": dies mit cartesianischen oder aristotelischen Essenzen durchzuführen, ergäbe nur Unsinn (z. B. „no one will say that rationality is capable of conversation"). Die gewöhnlichen nominalen Essenzen weisen jedoch nicht den gleichen Defekt auf (z. B. „to say an extended solid thing moves or impels another, is all one, and as intelligible, as to say *body* moves or impels"). Der Grund hierfür ist jedoch, daß die *nominale* Essenz, oder unsere Idee von ihr, folgendes mit einschließt: „besides the several distinct simple *ideas* that make them up, the confused one of substance, or of an unknown support and cause of their union". Das gesamte Argument setzt offensichtlich voraus, daß das Einbeziehen der Idee „Substanz" oder „Ding" für eine nominale Essenz charakteristisch ist, nicht für eine reale Essenz: d. h. diese Idee wäre hinfällig, wenn unsere Idee mit der realen Essenz übereinstimmen würde.

bare, daß man nicht wirklich verstehe, was man sage, d. h. man wende lediglich den allgemeinen Begriff von *Prinzip* und *Subjekt* an, den man aus der Logik kenne. Daraus folge, daß wir uns ein weiteres *Subjekt* und *Prinzip* dieses Subjektes der Ausdehnung vorstellen könnten, was *ad infinitum* fortgeführt werden könne, da der Geist sich nach Belieben Vorstellungen allgemeiner Ideen von Subjekt und Prinzip bilden könne (*Recherche de la Vérité* III. Teil II, viii. Abschnitt 2. Vgl. *Entretiens* III). Für Malebranche enthält die Aussage „Materie ist ausgedehnt" einen grammatischen Fehler, als sollte die Tautologie eher „Materie ist Ausdehnung" lauten. Es ist vermutlich bezeichnend, daß Locke erst nach der Lektüre von Malebranche seinen Hinweis auf die Sprache einbringt und den Ausdruck „*idea* of substance in general" verwendet (den er gegenüber Stillingfleet später als „the general idea of something, or being" erläutert). Locke betrachtet die Aussage „Körper ist ausgedehnt" offensichtlich nicht als grammatischen Fehler, sondern erkennt, daß wir so sprechen müssen, und zwar weil uns das von Malebranche benannte „Prinzip" der Ausdehnung unbekannt ist. Somit hätte Locke das Argument Malebranches umgekehrt. Im Gegensatz zu den meisten seiner heutigen Interpreten behandelt Locke wie viele seiner Zeitgenossen das, was wir als *logische* Fragen innerhalb einer Substanztheorie ansehen würden, als integralen Bestandteil dessen, was wir als Fragen der Wissenschaftstheorie bezeichnen könnten. Die Cartesianer glaubten, eine Lösung für das Problem des ontologischen Status der Akzidentien gefunden zu haben, d. h. für das Problem der Einheit einer Vielzahl von Akzidentien in der einen Substanz: Akzidentien sind keine „realen" Entitäten, die sich wirklich von Körpern unterscheiden, sondern Determinanten oder Grenzen der bestimmbaren Essenz, die die körperliche Substanz ist. Im Gegensatz dazu behauptete Locke, daß eine solche einfache mechanistische Ontologie nicht die Kluft zwischen einer Substanz und den Attributen, die ein Denken über sie erlauben, aufheben kann, weil die zur Verfügung stehenden Arten des mechanistischen Korpuskularismus, ob cartesianischer oder atomistischer Prägung, zu vieles unerklärt lassen: Das Verhältnis zwischen Substanz und Akzidens ist für uns nach wie vor nicht faßbar, unsere Ideen von Substanzen sind auch weiterhin unabänderlich zusammengesetzt.

Lockes Behandlung der allgemeinen Substanztermini mag zwar problematisch sein; sie reflektiert aber nicht einfach vorgegebene sprachliche Strukturen. Vielmehr muß sie als Kritik an traditionellen und zeitgenössischen philosophischen Theorien und Wissensansprüchen verstanden werden, die in Lockes agnostischer Ablehnung dieser Ansprüche begründet liegt.

(Übersetzung von Angela Kuhk)

Literatur

Aaron, R. I. 1955: John Locke. Oxford.
Ayers, M. R. 1970: Substance, Reality, and the Great, Dead Philosophers. In: American Philosophical Quarterly 7, 38–49
– 1981: Locke versus Aristotle on Natural Kinds. In: The Journal of Philosophy 78, 247–272.
– 1991: Locke. 2 Bände. London und New York.
Bennett, J. 1971: Locke, Berkeley, Hume. Oxford.
Berkeley, G. 1975: A Treatise Concerning the Principles of Human Knowledge. In: M. R. Ayers (Hrsg.): Philosophical Works. London.
Boyle, Robert 1666: The Origine of Forms and Qualities (According to Corpuscular Philosophy). In: M. A. Stewart (Hrsg.): Selected Philosophical Papers. Manchester 1979, 1–96.
Buchdahl, G. 1969: Metaphysics and the Philosophy of Science. Oxford.
Colie, R. 1969: The Essayist in his Essay. In: J. Yolton (Hrsg.): Locke. Problems and Perspectives. Cambridge, 234–261.
Copleston, F. C. 1944–66: A History of Philosophy. Band 5. London.
Gibson, John 1917: Locke's Theory of Knowledge. Cambridge.
Mandelbaum, M. 1964: Philosophy, Science, and Sense Perception. Baltimore.
Nidditch, Peter H. (Hrsg.) 1975: John Locke. An Essay Concerning Human Understanding. Oxford.
Pringle-Pattison, A. S. (Hrsg.) 1924: John Locke. An Essay Concerning Human Understanding. Abridged. Oxford.
Tipton, I. C. (Hrsg.) 1977: Locke on Human Understanding. Oxford.
Woolhouse, R.S. 1971: Locke's Philosophy of Science and Knowledge. Oxford.
Yolton, J. W. 1970: Locke and the Compass of Human Understanding. Cambridge.

Udo Thiel

Individuation und Identität*

Essay II.xxvii

Eines der ältesten philosophischen Probleme betrifft die Existenz des Allgemeinen. Gibt es nur individuelle Wesen (z. B. Udo Thiel) oder auch Universalien (z. B. das Mensch-Sein)? Die Vertreter der Auffassung, daß alles, was existiert, individuell sei, werden „Nominalisten" oder „Konzeptualisten" genannt. Denn für sie sind die Universalien nur Begriffe oder „Namen" des Verstandes: Der Terminus „Mensch" steht hiernach für einen Begriff, der lediglich Resultat einer Abstraktionsleistung unseres Verstandes ist: dieser nimmt Ähnlichkeiten an Individuen wahr und faßt sie in den Begriff des Menschen zusammen, so daß alle Individuen, die die in diesem Begriff vereinten Merkmale haben, mit dem Ausdruck „Mensch" bezeichnet werden können. Es existieren aber nur diese Individuen, es gibt keine allgemeine Realität des Mensch-Seins. Die Richtung, die an die Realität der Universalien glaubt, heißt „Realismus". Eine extreme Form des Realismus ist der als „platonisch" bekannte: Diese Lehre besagt, daß die Universalien (auch „Formen" oder „Wesenheiten" genannt) Realität ganz unabhängig von den Einzeldingen haben, denen sie zugrunde liegen. Laut der gemäßigten und einflußreicheren Position des „aristotelischen" Realismus kommt den Universalien Realität nicht unabhängig von den Einzeldingen zu, sondern nur in ihnen und durch sie. Die allgemeine Form des

---

* In diesem Beitrag werden Gedanken weiterentwickelt, die zuerst in Thiel 1983 (bes. in den Kapiteln 2 und 5) vorgestellt wurden. Vgl. zu einer ausführlichen Darstellung von Lockes Theorie im historischen Kontext auch die beiden Kapitel in der *Cambridge History of Seventeenth-Century Philosophy* (Thiel 1998).

Mensch-Seins existiert und macht das Wesen der unter sie fallenden Individuen aus, aber sie existiert nur in den Individuen. Dieser Streit um den ontologischen Status der Universalien war bekanntlich ein Hauptthema in der mittelalterlichen Philosophie (vgl. Hönigswald 1961).

Die Position des aristotelischen Realismus macht allerdings die Individualität der Einzeldinge erklärungsbedürftig: Denn für Vertreter dieser Auffassung (z. B. Thomas von Aquin) hat jedes individuelle natürliche Wesen an einer universalen Form, Wesenheit oder Essenz teil, wodurch es einer bestimmten Art angehört. Da diese Form oder Essenz etwas ist, das jedes individuelle Wesen mit allen anderen Individuen derselben Art gemein hat, stellt sich die Frage, wodurch sich die Individualität der Einzeldinge in einer gegebenen Art konstituiert. Dies ist die Frage nach dem Prinzip der Individuation: nach dem Prinzip oder der Ursache, wodurch etwas ein Individuum ist und sich von allen anderen Individuen derselben Art unterscheidet. Angesichts dieses Zusammenhanges mit dem Universalienproblem überrascht es nicht, daß auch das Individuationsprinzip ein viel und ausführlich diskutiertes Thema in der Philosophie des Mittelalters war (vgl. Gracia 1984; Gracia 1994). Und die mittelalterlichen Diskussionen sind noch für die Auseinandersetzungen in der frühen Neuzeit kritischer Bezugspunkt, wie sich unten zeigen wird. Für die Nominalisten (z. B. Wilhelm von Ockham) ist die Individualität der Einzeldinge gar kein Problem. Denn da es für sie keine realen Universalien gibt, d. h. keine allgemeinen Formen oder Essenzen, sondern nur individuelle Wesen, stellt sich die Frage gar nicht, wodurch sich die Individualität von Einzeldingen in einer Art konstituiert: alles, was existiert, ist wesentlich immer schon individuell. Folglich halten Nominalisten die Suche nach einem Individuationsprinzip für überflüssig.

Eine andere, mit dem Problem der Individuation zusammenhängende Frage können jedoch auch Nominalisten nicht umgehen: denn selbst wenn wir mit dem Nominalismus annehmen, daß die Individualität der Einzeldinge keines Prinzips bedarf, stellt sich doch die Frage, wodurch ein Einzelding *über die Zeit hinweg* dasselbe Individuum bleibt, obwohl es sich in der einen oder anderen Hinsicht verändert haben mag. Daß wir Individuen Identität über die Zeit hinweg zuschreiben, ist ganz offensichtlich: Obwohl das Individuum, das wir mit dem Namen „Udo

Thiel" bezeichnen, sich in mancher Hinsicht verändert, sind wir geneigt, ihm zu verschiedenen Zeitpunkten seiner Existenz Identität zuzuschreiben. Was aber ist es, das trotz der Tatsache kontinuierlicher Veränderung die Identität von Einzeldingen und Personen über die Zeit hinweg garantiert? Um Lockes Antworten auf die Fragen nach der Individuation und der Identität über die Zeit hinweg geht es in diesem Kapitel.

Lockes Identitätstheorie ist heute vor allem wegen seiner einflußreichen Behandlung des speziellen Problems der *persönlichen* Identität bekannt. Es ist nicht übertrieben zu behaupten, daß dieses Problem, wie es insbesondere in der analytischen Philosophie diskutiert wird, seinen Ursprung in Lockes Kapitel „Of Identity and Diversity" hat, das er der zweiten Auflage seines *Essay Concerning Human Understanding* (1694) hinzufügte. Hier wird das Thema zum ersten Mal in der Philosophie der Neuzeit systematisch behandelt. Locke stellt traditionelle Auffassungen über Personalität und Identität in Frage und entwickelt eine eigene, ganz neue Lehre, die in der Literatur oft als „revolutionär" bezeichnet wird. Viele Themen, die Locke in diesem Zusammenhang erörtert, werden noch heute lebhaft und kontrovers diskutiert[1].

Nun ist Lockes Antwort auf die Frage nach dem Grund persönlicher Identität systematisch von seiner Antwort auf die Frage abhängig, was die Identität von Gegenständen überhaupt konstituiert. Um die zuletzt genannte allgemeinere Frage geht es hauptsächlich in dem vorliegenden Beitrag. Angesichts dieser Betonung von Lockes allgemeiner Theorie können hier nicht alle relevanten Aspekte seiner Lehre von der persönlichen Identität betrachtet werden. Beispielsweise müssen ethische und rechtsphilosophische Fragen unberücksichtigt bleiben (vgl. dazu Thiel 1983, 128–151; Thiel 1990, 87–91). Im folgenden wird zunächst der historische Kontext skizziert, auf dessen Hintergrund Locke seine Ausführungen zum Thema entwickelt. Dann gehen wir zur Interpretation seiner allgemeinen Theorie von Individuation und Identität über. Erst im letzten Abschnitt werden die Grundzüge von Lockes Auffassung des speziellen Problems der Iden-

---

1 Vgl. z. B. den Literaturbericht über „Recent Work on Personal Identity" (Baillie 1993), der zahlreiche Hinweise auf Locke enthält. Michael Ayers unterscheidet ausdrücklich zwischen „Neo-Lockean and Anti-Lockean Theories of Personal Identity in Analytic Philosophy" (Ayers 1991, Band 2, 278–292).

tität von Personen erläutert, wobei die Beziehung zwischen der allgemeinen und der speziellen Theorie hervorgehoben werden soll.

1.

Im siebzehnten Jahrhundert wurde im Zuge der sich entwickelnden experimentellen Naturwissenschaften die atomistische Hypothese über das Wesen der Materie erneuert. Diese Hypothese (auch bekannt als „corpuscular philosophy"), die sich von antiken Autoren wie Demokrit und Epikur herleitet, besagt, daß die allen Körpern gemeinsame einheitliche Materie aus kleinsten sinnlich nicht wahrnehmbaren Teilchen (genannt „Atome" oder „Korpuskel") besteht, die man sich trotz ihrer Nicht-Wahrnehmbarkeit als mit jeweils besonderer Gestalt und bestimmtem Umfang ausgestattet vorzustellen hat. Die Eigenschaften der verschiedenen Körper gehen nach dieser Lehre aus der unterschiedlichen Konstellation und einigen fundamentalen Eigenschaften der Atome hervor. Locke übernimmt diese Hypothese von seinem Freund, dem Chemiker Robert Boyle, und macht sie für seine erkenntnistheoretischen Überlegungen im *Essay* fruchtbar. Boyle und Locke sind wie andere Vertreter der „corpuscular philosophy" der Auffassung, man könne alle natürlichen Phänomene durch diese Hypothese, das heißt in bezug auf die Materie und ihre Eigenschaften, erklären (Boyle 1666, 54) – und zwar ohne auf metaphysische Entitäten wie allgemeine Wesenheiten oder Formen Rücksicht zu nehmen. Die Ablehnung realer Universalien ist bei Locke und Boyle nicht zuletzt durch die „corpuscular philosophy" begründet. Und diese Ablehnung bedeutet, daß für sie, wie für alle Nominalisten, Individuation kein echtes Problem darstellt. Boyle zum Beispiel macht deutlich, daß kein „Prinzip" außer der korpuskularen Konstitution erforderlich sei, um die Individuation von materiellen Dingen zu erklären. Nach Boyle ist ein individueller Körper einfach eine „distinct portion of matter which a number of [corpuscles] [...] make up" (Boyle 1666, 30).

Locke behandelt zwar das Problem der Individuation, aber er faßt sich dabei überaus kurz. Er erneuert die alte Lehre, nach der Individuation schon durch die bloße Existenz eines Dinges gegeben ist. Im *Essay* heißt es, es sei „easy to discover", daß das viel diskutierte Individuationsprinzip einfach „Existence it self" sei, denn die Existenz „determines a Being of any sort to a particular time and place incommunicable to two Beings of the same kind" (II.xxvii.3). Dies bedeutet, daß Individualität für Locke nicht etwas ist, das Dingen zukommen oder auch nicht zukommen kann. Denn „Existenz" sei gleichbedeutend mit „Existenz an einem bestimmten Ort zu einer bestimmten Zeit"; und allein durch diese raum-zeitliche Lokalisierung sei ein Ding „that very thing, and not another, which at the same time exists in another place, how like and undistinguishable soever it may be in all other respects" (II.xxvii.1). Nun muß offensichtlich nicht jeder, der wie Locke raum-zeitliche Existenz zum Individuationsprinzip erhebt, auch die atomistische Hypothese akzeptieren; aber es leuchtet ein, daß sich diese Auffassung von der Individuation für Vertreter der „corpuscular philosophy" anbietet. Denn die postulierten Atome oder „Korpuskel" haben wir uns als distinkte individuelle Körper zu denken. Nun ist es im Prinzip möglich, daß es zwei Atome gibt, die in bezug auf alle ihre Eigenschaften (Umfang, Gestalt etc.) identisch sind. Die Individualität solcher Atome kann nur in ihrer raum-zeitlichen Position begründet sein. Dementsprechend hält Locke seinem aristotelisierenden Kritiker John Sergeant entgegen: „what complexion of accidents besides those of place & perhaps time can distinguish two attoms perfectly solid & round & of the same diameter?"[2] Nach Locke hat diese Auffassung auch den Vorteil, daß man nicht unterschiedliche Individuationsprinzipien für verschiedene Arten von Dingen postulieren muß. Denn das Prinzip der Individuation müsse dasselbe für alle Arten von Dingen sein – „the same in all the several species of creatures" (*Works* 4, 439). Und Existenz individuiere nicht nur Atome und zusammengesetzte Körper, sondern „a Being of any sort" (II.xxvii.3).

Dennoch unterscheidet Locke ausdrücklich (und ähnlich wie Descartes) zwischen drei allgemeinen Arten von Substanzen: Gott, endliche geistige Substanzen und Körper (II.xxvii.2). Er betont, daß ein Ding nur Dinge *derselben Art* aus der Raum/Zeit-Stelle seiner Existenz ausschließe; beispielsweise könnten zwei Körper nicht zur selben Zeit am selben Ort existieren; es sei aber sehr wohl möglich, daß eine geistige Substanz an derselben

---

[2] Lockes Notiz in seinem Exemplar von Sergeant 1697, 258.

Raum/Zeit-Stelle existiere wie eine körperliche Substanz. Kurz, „these three sorts of Substances, as we term them, do not exclude one another out of the same place" (II.xxvii.2). Locke ist davon überzeugt, daß wir bei der Frage der Individuation nur diese fundamentale Unterscheidung zwischen den drei Substanzarten beachten müßten.

Individuation war demnach für die Vertreter des Atomismus kein genuines Problem. Da Individualität als unproblematisch galt, verlagerte sich die Aufmerksamkeit fast ausschließlich auf das Problem der Identität über die Zeit hinweg. Zu den substantiellen Formen der Scholastiker konnten und wollten die Atomisten bei der Behandlung dieses Problems nicht Zuflucht nehmen. Aber es schien sich keine einfache Antwort auf die Frage anzubieten, wodurch die substantiellen Formen hier zu ersetzen seien. Denn die Materie und ihre Eigenschaften, in bezug auf welche die gesamte Körperwelt erklärt werden sollte, ändern sich ständig, so daß sie nicht als Garant für Identität über die Zeit hinweg fungieren können. Robert Boyle wies ausdrücklich auf dieses Problem hin: „it is no such easy way as at first it seems, to determine what is absolutely necessary and but sufficient to make a portion of matter, considered at different times or places, to be fit to be reputed the *same* body" (Boyle 1675, 193). Mit dieser Verlagerung des Diskussionsschwerpunktes auf die Frage nach der Identität über die Zeit hinweg war ein weiterer Wechsel verknüpft: dieser bestand darin, daß gar nicht mehr versucht wurde, ein ontologisches Prinzip der Identität ausfindig zu machen. Denn da man die substantiellen Formen der Scholastiker verabschiedet hatte und es nicht möglich zu sein schien, in den Dingen selbst ein Prinzip der Identität zu finden, wurde argumentiert, daß ihre Identität nur in bezug auf die *Begriffe* bestimmt werden könne, die wir als denkende und urteilende Subjekte von den Dingen hätten. Mit anderen Worten, die subjektiven Kriterien des Identifizierens von Gegenständen gerieten in das Zentrum der Auseinandersetzung. Nun war diese Frage nach den subjektiven Kriterien keineswegs völlig neu; sie war schon in den mittelalterlichen Auseinandersetzungen gestellt worden. Aber mit Boyle und vor allem Locke trat dennoch eine Wende ein. Diese bestand nicht einfach in einer stärkeren Betonung der Frage nach den subjektiven Kriterien von Identitätsaussagen, sondern vielmehr in der Behauptung, daß man das Problem der Identität überhaupt nicht rein ontologisch behandeln könne; nur durch Bezugnahme auf unsere Begriffe von den Dingen, um deren Identität es gehe, sei eine Antwort auf die Identitätsfrage möglich. Dieser Gedanke findet sich bei Boyle (Boyle 1675, 194), und auch Hobbes formuliert ihn bereits: Er verwendet dabei zwar noch scholastische Ausdrücke wie „Form", „Materie" und „Akzidentien", aber diese bezeichnen für ihn bloß subjektive Hinsichten, mittels derer wir uns auf einen Gegenstand beziehen können – Hinsichten, in bezug auf die wir einen Gegenstand so oder so benennen und die für die Bestimmung von Identität von Bedeutung sind (Hobbes 1655, 120–2). Allerdings behandelt weder Boyle noch Hobbes das Thema ausführlich und im systematischen Zusammenhang einer ausgearbeiteten Erkenntnislehre. Dies ist erst bei Locke der Fall, bei dem das Begriffspaar Form-Materie hier keine Rolle mehr spielt.

2.

Nach Locke ist Identität über die Zeit hinweg ebenso unproblematisch wie Individuation, solange wir nur einfache Substanzen (wie z. B. Atome) in Betracht ziehen. So wie die Individualität eines jeden Wesens durch „Existence it self" gewährleistet sei, so sei die Identität einfacher Substanzen über die Zeit hinweg durch deren *fortgesetzte* Existenz in Raum und Zeit gewährleistet. Locke sagt: „Let us suppose an Atom, *i.e.* a continued body under one immutable Superficies, existing in a determined time and place: 'tis evident, that, considered in any instant of its Existence, it is, in that instant, the same with it self. For being, at that instant, what it is, and nothing else, it is the same, and so must continue, as long as its Existence is continued: for so long it will be the same, and no other" (II.xxvii.3). Da ein Ding zu jedem Zeitpunkt seiner Existenz ein bestimmtes Einzelnes und von allen anderen Dingen Unterschiedenes sei, bleibe es genau dieses Einzelne, solange es existiere. Zum Beginn seiner Existenz (wie auch zu allen anderen Zeitpunkten) schließe es alle anderen Dinge derselben Substanzklasse aus seiner Stelle in Raum und Zeit aus: denn weder könne ein Ding zwei Anfangspunkte der Existenz haben, noch könnten zwei Dinge an derselben Raum/Zeit-Stelle zu existieren beginnen; und daraus folge, daß ein Ding in bezug auf seinen Existenzbeginn zu allen späteren Zeitpunkten dasselbe und von allen anderen Dingen verschieden sei, die an anderen Raum/Zeit-Stellen zu existieren begonnen hätten. Für Locke ist die Identität einer einfachen Substanz über die Zeit hinweg immer schon durch ihre besondere Beziehung zu ihrem eigenen Existenzbeginn gesichert.

Die fortgesetzte Existenz in Raum und Zeit ist natürlich auch für die Identität zusammengesetzter Dinge oder Substanzen relevant. Bei der Betrachtung von zusammengesetzten Dingen kommt jedoch ein Moment ins Spiel, das weder bei der Frage nach der Indviduation, noch bei der Frage nach der Identität der einfachen Substanzen über die Zeit hinweg in den Blick kam: die simple Tatsache, daß zusammengesetzte Dinge der Veränderung unterworfen sind. Diese unbestreitbare Tatsache der Veränderung bringt nun eine für das Identitätsproblem wichtige Frage mit sich: In welchem Ausmaß und hinsichtlich welcher Eigenschaften kann ein Einzelding sich verändern, ohne seine numerische Identität zu verlieren? Es wird also nach denjenigen Eigenschaften gefragt, die für die Erhaltung der Identität des Einzeldinges *wesentlich* sind. Das heißt, die Frage nach dem Wesen der Dinge, die bei der Behandlung des Individuationsproblems dank Lockes Nominalismus vermieden werden konnte, kommt bei dem Identitätsproblem doch wieder zur Sprache. Locke unterscheidet allerdings zwischen nominaler und realer Wesenheit (oder Essenz). Die realistische Auffassung, die an eine bestimmte Anzahl realer Wesenheiten im Sinne substantieller Formen glaubt, denen gemäß die natürlichen Dinge geschaffen sind und durch die sie bestimmten Arten angehören, weist Locke, wie wir bereits wissen, zurück. Seine Argumentation läuft darauf hinaus, daß Arten und Artzugehörigkeiten von Individuen nicht vorgegeben sind, sondern ihren Grund in den Leistungen des menschlichen Verstandes haben (III.vi.37). Die vom menschlichen Verstand gebildeten Artbegriffe stellen nach Locke jedoch nicht die reale Essenz der Substanzen vor. Mit „realer Essenz" meint Locke hier übrigens nicht eine substantielle Form, sondern die innere Beschaffenheit eines Dinges, aus welcher dessen wahrnehmbare Eigenschaften hervorgehen (III.iii.15). Da uns in der Erfahrung immer nur bestimmte Eigenschaften zugänglich seien, könnten wir die reale Essenz, in der diese Eigenschaften ihren Grund hätten, nicht erkennen. Und da die reale Essenz unerkennbar sei, könne sie nicht der Grund für dasjenige sein, was *für uns* das Wesen eines Dinges ausmache (III.vi.7). Dieser Grund liege vielmehr in den uns durch Erfahrung bekannten Eigenschaften, mittels derer wir Artbegriffe formten. Diese Begriffe seien die Essenzen oder Wesenheiten der Dinge, soweit sie dem menschlichen Verstand zugänglich seien: von Locke werden sie „nominale Essenzen" genannt.

Diese Begriffe oder nominalen Essenzen spielen nun eine zentrale Rolle in Lockes Lehre von der Identität. Da Locke die substantiellen Formen der Scholastiker ablehnt und er der Auffassung ist, daß die innere Beschaffenheit oder reale Essenz dem menschlichen Erkenntnisvermögen nicht zugänglich sei, muß die Frage nach den Eigenschaften, die zur Erhaltung der Identität über die Zeit hinweg wesentlich sind, für ihn in bezug auf die nominalen Essenzen oder Artbegriffe beantwortet werden. Nur unsere Begriffe von den Dingen, um deren Identität es gehe, gäben Kriterien an die Hand, mittels derer wir von Dingen begründeter Weise Identität oder Verschiedenheit aussagen könnten. Und darum weist Locke darauf hin, daß wir uns über diese Begriffe Klarheit verschaffen und an unseren Begriffsbestimmungen festhalten müßten, wenn wir die Identitätsfrage behandeln: „whatever makes the specifick *Idea*, to which the name is applied, if that *Idea* be steadily kept to, the distinction of any thing into the same, and divers will easily be conceived, and there can arise no doubt about it" (II.xxvii.28). Die „spezifische Idee", auf die sich Locke hier bezieht, ist natürlich nichts anderes als der Artbegriff. Und nach Locke besagt die „spezifische Idee" oder der Artbegriff nicht nur, wodurch ein Individuum einer bestimmten Art angehört, sondern auch, welche Bedingungen erfüllt werden müssen, damit ein Individuum zu verschiedenen Zeitpunkten als numerisch dasselbe Individuum angesehen werden kann: „to conceive, and judge of it [i. e. identity] aright, we must consider what *Idea* the Word it is applied to stands for: [...] for such as is the *Idea* belonging to that Name, such must be the *Identity*" (II.xxvii.7). Beispielsweise besage der Begriff einer bestimmten Baumart, wie etwa der Begriff der Eiche, nicht nur, was eine Eiche sei, sondern auch, wodurch etwas über die Zeit hinweg ein und dieselbe Eiche bleibe. Der Artbegriff gebe an, welche Bedingungen die unter ihn zu fassenden Individuen zur Erhaltung ihrer numerischen Identität über die Zeit hinweg erfüllen müßten. Dementsprechend bestimmt Locke bei seiner Diskussion von Beispielen immer zunächst den jeweiligen Artbegriff; denn diese Bestimmung komme einer Festlegung der Identitätskriterien für Individuen dieser Art gleich. Wenn es um die Identität eines Körpers gehe, müßten wir uns erst darüber im klaren sein, welchen Begriff von Körper wir verwenden. Denn unsere Antwort auf die Identitätsfrage hänge davon ab, ob wir mit „Körper" lediglich ein Aggregat von Atomen meinen oder ein lebendes Wesen (Pflanze, Tier, Mensch). Für die Identität eines Körpers im erstgenannten Sinne sei erforderlich, daß dieselbe Anzahl von Teilen (bzw. Atomen) erhalten bleibe; für die Identität von lebenden Wesen dagegen, daß die Teile, die selbst nicht identisch bleiben müßten, an demselben gemeinsamen Leben teilhätten (II.xxvii.3). Gemäß unserem Begriff von einer Eiche, so Locke, bestehen Dinge, die wir unter diesen Begriff fassen, aus einer bestimmten *Organisation* von Teilen. Eine Eiche könne daher Teile verlieren oder hinzugewinnen, damit kleiner oder größer werden, ohne ihre numerische Identität zu verlieren; es komme lediglich auf die Erhaltung des organischen Ganzen an (II.xxvii.4). Da unser Begriff von einer Eiche sich von dem eines Aggregats von Atomen unterscheide, müßten auch jeweils unterschiedliche Identitätskriterien verwendet werden: „That being then one Plant, which has such an Organization of Parts in one coherent Body, partaking of one Common Life, it continues to be the same Plant, as long as it partakes of the same Life, though that Life be communicated to new Particles of Matter vitally united to the living Plant, in a like continued Organization, conformable to that sort of Plants" (II.xxvii.4).

Entsprechendes gelte für die Identität eines Menschen: Wenn unser Begriff vom Menschen der eines „organiz'd living body" sei (II.xxvii.8) und nicht, wie nach Descartes, der Begriff einer Einheit von immaterieller Seelensubstanz und körperlicher Substanz, dann sei klar, daß die Identität eines menschlichen Wesens über die Zeit hinweg in der Organisation von Teilen zu ein und demselben Leben bestehe – „in nothing but a participation of the same continued Life, by constantly fleeting Particles of Matter, in succession vitally united to the same organized Body" (II.xxvii.6). Locke macht darauf aufmerksam, daß die Bedingungen, die für die Gültigkeit von „x ist derselbe Mensch wie y" erfüllt sein müssen, von denjenigen unterschieden seien, die für die

Gültigkeit von „x ist derselbe Körper wie y" erfüllt sein müssen (wobei „Körper" hier die Bedeutung „Aggregat materieller Teile" hat). Die Aussage, „der Embryo ist identisch mit dem Erwachsenen", ist hiernach unklar, weil unvollständig; denn er ist zwar derselbe Mensch, nicht aber derselbe Körper (*Works* 4, 320).

Trotz Lockes ausdrücklicher Hinweise auf die Bedeutung der „specific Ideas" für die Identitätsfrage wird seine Position gelegentlich so interpretiert, als spielten Artbegriffe keine Rolle bei der Bestimmung von Identitätskriterien. Nach dieser Interpretation hören sich Lockes Äußerungen zur Identität zwar bisweilen nominalistisch an, sind es aber in Wirklichkeit nicht. Es gibt zwei Hauptargumente für diese Auffassung: (1) Locke gebe für verschiedene Arten von Lebewesen nicht verschiedene Identitätskriterien an, sondern immer dasselbe allgemeine Kriterium: die Erhaltung des jeweils organischen Ganzen. Mit anderen Worten, die unterschiedlichen Artbegriffe für „Baum" und „Mensch" spielen keine Rolle bei der Bestimmung von Identitätskriterien für Individuen, die unter diese Begriffe fallen. Und (2) müsse aus Lockes Betonung der „spezifischen Ideen" eigentlich folgen, daß unterschiedliche Begriffe vom Menschen unterschiedliche Antworten auf die Frage nach Identitätskriterien für Menschen mit sich bringen: aber Locke ziehe diese Konsequenz gar nicht. Er nehme vielmehr als erwiesen an, daß jeder dasselbe allgemeine Kriterium akzeptieren würde – die Erhaltung des organischen Ganzen beim Wechsel materieller Bestandteile.

Wenn man sich Lockes Text jedoch genau betrachtet, wird deutlich, daß Locke im Gegensatz zu dieser Deutung konsequent bei der These bleibt, daß Artbegriffe eine zentrale Rolle bei der Bestimmung von Identitätskriterien spielen. Zu (1): Obwohl nach Locke die Identität eines Menschen durch dasselbe allgemeine Prinzip gewährleistet ist wie etwa die Identität eines Tieres oder einer Pflanze, betont er doch, daß es auf die jeweils besondere Art von Organismus ankomme. Locke sagt beispielsweise, eine Eiche sei „such a disposition of ... [particles of matter] as constitutes the parts of an Oak; and such an Organization of those parts, as is fit to receive, and distribute nourishment, so as to continue, and frame the Wood, Bark, and Leaves, *etc.* of an Oak, in which consists the vegetable Life" (II.xxvii.4). Und die Organisation der Teile, durch die die Identität einer Eiche gewährleistet sei, müsse speziell mit dieser Art von Lebewesen in

Einklang stehen – „conformable to that *sort* of Plants" (II.xxvii.4; Hervorhebung von U.T.). Zu (2): Es geht aus den Paragraphen 21 und 29 des Identitätskapitels eindeutig hervor, daß Locke sehr wohl annimmt, daß unterschiedliche Begriffe vom Menschen unterschiedliche Identitätskriterien für Menschen mit sich führten: wenn unsere spezifische Idee vom Menschen die einer „vital union of Parts in a certain shape" sei, dann gelte: „as long as that vital union and shape remains [...] it will be the same *Man*'"; wenn unsere Idee vom Menschen aber die eines „rational Spirit" sei, dann gelte: „the *same Spirit*, whether separate or in a Body will be the *same Man*" (II.xxvii.29). Locke ist freilich der Überzeugung, daß der von ihm vorgeschlagene Begriff des Menschen der angemessenste sei und dem „in most Peoples Sense" entspreche (II.xxvii.8). Es gibt jedoch keinen Grund anzunehmen, Locke weiche an bestimmten Stellen im Identitätskapitel von seiner expliziten Aussage ab, daß unsere Begriffe festlegten, worin die Identität von Dingen über die Zeit hinweg bestehe. Diese Auffassung bringt Locke noch einmal in aller wünschenswerten Deutlichkeit im letzten Satz des Identitätskapitels zum Ausdruck: „For whatever be the composition whereof the complex *Idea* is made, whenever Existence makes it one particular thing under any denomination, the same Existence continued, preserves it the same individual *under the same denomination*" (II.xxvii.29; letzte Hervorhebung von U. T.). Hiernach konstituiert die fortgesetzte Erfüllung der Bedingungen, die von unseren Artbegriffen angegeben werden, die Identität von den Dingen, die wir unter diese Artbegriffe subsumieren: ohne Bezugnahme auf Artbegriffe kann es keine zufriedenstellende Antwort auf die Frage nach der Identität über die Zeit hinweg geben.

Dieser Gedanke Lockes wird heute oft im Sinne der Lehre von den sortalen Prädikaten interpretiert und präzisiert (vgl. Mackie 1976, 141). Sortale Prädikate sind Begriffe, die Identitätskriterien für unter sie fallende Einzeldinge mit sich führen (vgl. Griffin 1977, 14). Dabei wird u. a. anders als bei Locke klar zwischen sortalen Prädikaten und „mass terms" wie „Wasser" oder „Schnee" unterschieden, die keine Kriterien für numerische Identität bereitstellen. Dennoch ist die Lehre von den sortalen Prädikaten schon deutlich bei Locke vorgezeichnet. Diese Lehre muß von einer anderen, verwandten Lehre unterschieden werden, die heute unter dem Titel der „Relativität der Identität" kontrovers diskutiert wird. Es sind mehrere Versionen dieser These im Umlauf, und es gibt auch unterschiedliche Auffassungen darüber, welche Version Locke vertrete[3]. Nach der Interpretation, die wir bevorzugen, kommt Lockes Theorie der Auffassung am nächsten, daß Identität über die Zeit hinweg relativ sei. Diese These besagt folgendes: unterschiedliche sortale Prädikate können auf dasselbe Einzelding *a* (zum Zeitpunkt *t*) angewandt werden. Dies hat zur Folge, daß unterschiedliche Antworten auf die Frage möglich sind, ob *b* (zum Zeitpunkt *t+n*) mit *a* identisch ist – je nachdem, welches sortale Prädikat wir anwenden (*F* oder *G* etwa). Es ist möglich, daß *a=b* mit Rücksicht auf *F*, aber nicht mit Rücksicht auf *G*, obwohl sowohl *F* als auch *G* auf *a* und *b* angewandt werden können[4]. Das heißt, ein und dasselbe Individuum kann unter verschiedene Artbegriffe oder sortale Prädikate gefaßt werden, die je unterschiedliche Identitätskriterien mit sich führen; und es ist möglich, daß diesem Individuum zu verschiedenen Zeiten bezüglich eines Artbegriffs Identität zuzuschreiben ist, bezüglich eines anderen aber Nicht-Identität, wobei dieses Individuum zu beiden Zeitpunkten auch unter diesen anderen Artbegriff gefaßt wird. Da bei Locke diese Version der Relativitätsthese Grundlage für eine neue Theorie der persönlichen Identität ist, soll sie im folgenden anhand dieser Theorie dargestellt werden. Auf diese Weise können wir auch den Zusammenhang verdeutlichen, der zwischen Lockes allgemeiner Identitätslehre und der speziellen Theorie persönlicher Identität besteht.

3.

Da Locke das Problem der persönlichen Identität in Übereinstimmung mit seiner allgemeinen Theorie behandelt, wonach sortale Begriffe Identitätskriterien mit sich bringen, argumentiert er, daß wir den Begriff der Person genau bestimmen müßten, um herauszufinden, was die Identität von Personen über die

---

[3] Vgl. Griffin 1977, 17–8; Wiggins 1980, 15–44; Chappell 1989, 69–71; Ayers 1991, Band 2, 217–9.
[4] Mackie und Griffin meinen, Locke vertrete die Relativitätsthese (Mackie 1976, 160; Griffin 1977, 131). Chappell argumentiert jedoch, daß Locke dieser These nicht verpflichtet sei (Chappell 1989, 71 ff.). Vgl. zu diesem Thema auch Uzgalis 1990, Garrett 1990 und Ayers 1991, Band 2, 217–9.

Zeit hinweg konstituiere: „to find wherein *personal Identity* consists, we must consider what *Person* stands for" (II. xxvii.9). Und um den Begriff der Person zu bestimmen, müßten wir ihn genau von dem der denkenden Substanz (eines Geistes oder einer Seele) und dem des Menschen unterscheiden. Diese drei Begriffe bezeichnen nach Locke jeweils unterschiedliche Aspekte, mit Rücksicht auf welche wir das menschliche Subjekt betrachten können; und sie müssen voneinander unterschieden werden, wenn wir die Identitätsfrage stellen, da jeder von ihnen andere Identitätskriterien mit sich führt: „But yet when we will enquire, what makes the same *Spirit, Man,* or *Person*, we must fix the *Ideas* of *Spirit, Man,* or *Person*, in our Minds; and having resolved with our selves what we mean by them, it will not be hard to determine, in either of them, or the like, when it is the *same*, and when not"[5].

Wie wir bereits sahen, ist für Locke der Begriff des Menschen der Begriff eines Wesens, das durch eine bestimmte Art der Organisation materieller Teile charakterisiert ist (II.xxvii.8). Daher besteht für ihn die *Identität* eines Menschen in der Erhaltung einer solchen organischen Einheit über die Zeit hinweg. Locke weiß natürlich, daß es andere Begriffe vom Menschen gibt (etwa den cartesischen, der den Menschen als eine Einheit zweier Substanzen ganz unterschiedlicher Art auffaßt) und daß der von ihm favorisierte Begriff nur eine nominale Essenz ausdrückt. Darum entscheidet er sich nicht definitiv gegen die cartesische Lehre. Und er bevorzugt die nicht-dualistische Position, die den Menschen einfach als ein „organiz'd living Body" begreift, nur insofern, als es um die Idee vom Menschen „in most Peoples Sense" geht (II.xxvii.8).

Von der Seele sagt Locke, daß ihre Existenz unzweifelhaft gewiß sei: Daß es in uns ein Wesen gebe, das denke und folglich ein Denk*vermögen* habe, stehe jenseits jeder Zweifelsmöglichkeit fest (IV.ix.3; IV.iii.6). Locke führt im Anschluß an Descartes aus, daß wir der Existenz des Ich als eines Wesens, das Denkvermögen besitze und „Seele" genannt werde, durch intuitive Erkenntnis versichert seien (IV.ix.2-3). Anders als Descartes meint Locke

---

5 II. xxvii.15. Vgl. auch II.xxvii.7: „But to conceive, and judge of it [i.e. identity] aright, we must consider what *Idea* the Word it is applied to stands for: It being one thing to be the same *Substance*, another the same *Man*, and a third the same *Person*, if *Person, Man,* and *Substance*, are three Names standing for three different *Ideas*; for such as is the *Idea* belonging to that Name, such must be the *Identity*."

jedoch, daß wir die reale Essenz dieses Subjekts, dem wir Denkvermögen zuschreiben, nicht erkennen könnten. Metaphysische Fragen etwa danach, ob die Seele immateriell oder materiell sei, gehen für Locke über das hinaus, was mit dem menschlichen Erkenntnisvermögen letztgültig beantwortet werden kann (IV.iii.6; II.xxiii.35).

Im Gegensatz zur Scholastik und zum Cartesianismus bestimmt Locke den Begriff der Person allein durch den des Bewußtseins. Damit verabschiedet er den damals vorherrschenden ontologischen Begriff der Person als einfacher, durch Rationalität charakterisierter Substanz. Für Locke muß das Ich, dem wir täglich durch Bewußtsein Handlungen, Gefühle und Gedanken zuschreiben und um dessen Zukunft wir uns sorgen, sowohl vom Menschen als auch von der Seelensubstanz unterschieden werden. Diese durch Bewußtsein konstituierte Einheit von Gedanken und Handlungen nennt Locke „Person" (II.xxvii.16-7). Die Frage nach dem ohnehin nicht erkennbaren Wesen der Seele sei für das Verständnis des Ich als Person völlig unwichtig. Darum seien auch Spekulationen darüber, ob die Seele nun materiell oder immateriell sei, in diesem Zusammenhang nicht relevant. Und selbst wenn wir genau wüßten, welche Auffassung vom Wesen der denkenden Substanz zutreffe, so müßte die persönliche Identität dennoch weiterhin durch das Bewußtsein erklärt werden. Locke weist darauf hin, daß „'tis evident the *personal Identity* would equally be determined by the consciousness, whether that consciousness were annexed to some individual immaterial Substance or no" (II.xxvii.23). Während die persönliche Identität in den Augen der Cartesianer durch die unveränderliche, immaterielle Natur der Seele gewährleistet ist, argumentiert Locke, daß die Frage „whether we are the same thinking thing, *i.e.* the same substance or no [...] concerns not *personal Identity* at all" (II.xxvii.10). Cartesianismus und Scholastik betrachten das menschliche Subjekt bei allen Unterschieden, die zwischen diesen beiden Traditionen bestehen, als Substanz, deren Individuation ganz unabhängig von den kognitiven Leistungen des Subjekts konstituiert wird. Nach Locke hingegen ist die Identität der Person nicht wie die Identität einer Substanz vorgegeben, sondern besteht nur vermittels der Konstitution durch Bewußtsein (zum Bewußtseinsbegriff vgl. Thiel 1983, 67-104; Thiel 1991).

Bewußtsein bezieht sich gemäß Locke nicht nur auf Gegenwärtiges, sondern erstreckt sich auch über Zeiträume hinweg in die Vergangenheit: durch Bewußtsein eignen wir uns Gedanken und Handlungen aus verschiedenen Zeiten an und konstituieren so unsere persönliche Identität über die Zeit hinweg: „'tis plain consciousness ... unites Existences, and Actions, very remote in time, into the same Person, as well as it does the Existence and Actions of the immediately preceding moment: So that whatever has the consciousness of present and past Actions, is the same Person to whom they both belong" (II.xxvii.16). Das heißt: in der Gegenwart stifte ich durch das Bewußtsein von einer vergangenen Handlung meine Identität mit derjenigen Person, der die Handlung zum Zeitpunkt ihrer Ausführung durch unmittelbaren Selbstbezug zugeschrieben worden war. Locke betont, daß vergangene Handlungen nur dann zu meiner personalen Einheit in der Gegenwart gehören, wenn ich sie mir durch gegenwärtiges Bewußtsein zuschreibe; Handlungen, die ich in der Vergangenheit zwar ausgeführt habe, die ich mir aber nicht durch mein gegenwärtiges Bewußtsein zurechne, gehören nicht zur Identität meines Ich als Person. Ich verknüpfe meine gegenwärtige bewußte Erfahrung mit der vergangenen bewußten Erfahrung zu *einem* Bewußtseinsleben: durch das Gewahrsein des vormaligen Bewußtseins von einer gegenwärtigen Perzeption konstituiere ich die Identität meiner gegenwärtigen personalen Einheit mit derjenigen, zu der die erinnerte Perzeption in der Vergangenheit gehört hatte.

Nun weiß Locke natürlich, daß wir uns zu keinem Zeitpunkt aller von uns begangenen Handlungen bewußt sind, „there being no moment of our Lives wherein we have the whole train of all our past Actions before our Eyes in one view"; er gesteht zu, daß unsere „forgetfulness" ein Problem für seine Auffassung von der persönlichen Identität darzustellen scheine (II.xxvii.10). Denn gemäß seiner Theorie wäre ich jetzt nicht dieselbe Person wie vor zehn Jahren, wenn ich mich nicht mehr an meine damaligen Handlungen und Gedanken erinnern könnte. Diese These, daß ich durch Amnesie zu einer anderen Person werde, mag absurd erscheinen. Aber nach Locke handelt es sich hier um ein Scheinproblem, das durch eine Verwechslung der Ausdrücke „Mensch" und „Person" entsteht. Man müsse lediglich an den von ihm vorgeschlagenen begrifflichen Unterscheidungen festhalten, dann gebe es dieses Problem nicht: „we must here take notice what the word *I* is applied to, which in this case is the Man only. And the same Man being presumed to be the same Person, *I* is easily here supposed to stand also for the same Person. But if it be possible for the same Man to have distinct incommunicable consciousness at different times, it is past doubt the same Man would at different times make different Persons" (II.xxvii.20). Ich bin demnach weiterhin derselbe Mensch wie vor der Amnesie, denn meine Identität als Mensch erfordert nicht ein Bewußtsein von meiner Vergangenheit; aber ich bin nicht dieselbe Person wie vorher, obwohl ich zu beiden Zeitpunkten sowohl Mensch als auch Person bin.

Diese Überlegungen Lockes machen deutlich, daß sich seine Auffassung von der persönlichen Identität in der Tat im Sinne der These von der Relativität der Identität interpretieren läßt. Betrachten wir die eben angesprochene Unterscheidung zwischen Mensch und Person. Wenn „Mensch" und „Person" unterschiedliche Artbegriffe bezeichnen, die auf das menschliche Subjekt angewandt werden können, dann sind unterschiedliche Antworten auf die Frage nach der *Identität* des menschlichen Subjekts möglich – je nachdem welchen Begriff wir anwenden. Locke sagt: „if it be possible for the same Man to have distinct incommunicable consciousness at different times, *it is past doubt the same Man would at different times make different Persons*"[6]. Das heißt: ein und dasselbe Individuum, das wir mit dem Namen „Udo Thiel" bezeichnen, kann sowohl unter den Begriff des Menschen als auch unter den Begriff der Person gefaßt werden. Und es ist möglich, daß ein Individuum über die Zeit hinweg derselbe Mensch bleibt, aber nicht dieselbe Person, obwohl es zu verschiedenen Zeiten sowohl Mensch als auch Person ist. Mit anderen Worten, es ist möglich, daß a (zum Zeitpunkt t) mit b (zum Zeitpunkt $t+n$) rücksichtlich des Begriffs des Menschen identisch ist, aber nicht rücksichtlich des Begriffs der Person, obwohl beide Begriffe sowohl auf a als auch auf b angewandt werden können. Dies entspricht ganz der These von der Relativität der Identität. Locke illustriert diese These anhand seines Gedankenspiels von

---

6 II.xxvii.20 (Hervorhebung von U.T.). Lockes Unterscheidung zwischen Mensch und Person wird auch heute noch in den Auseinandersetzungen über die persönliche Identität diskutiert. Vgl. Wiggins 1980, 29, 37, 161; Chappell 1989; Ayers 1991, Band 2, 283 ff.; Baillie 1993, 197.

einem Schuster, in dessen Leib an Stelle der eigenen Seele die eines Prinzen getreten ist (II.xxvii.15). Der Schuster ist vor und nach dem Austausch der Seele (und damit des Bewußtseins) sowohl Mensch als auch Person; denn er hat zu beiden Zeiten Bewußtsein und einen organischen Körper. Da der organische Körper derselbe geblieben ist, ist der Schuster zu beiden Zeitpunkten derselbe Mensch; aber er ist nicht mehr dieselbe Person wie vorher; denn nach Locke besteht persönliche Identität in der Kontinuität des Bewußtseins (II.xxvii.9). Diese ist hier nicht gegeben: Der Schuster erinnert sich nach dem Austausch der Seele nur noch an die Gedanken und Handlungen des Prinzen, und das heißt, er hat dessen Personalität angenommen; gleichwohl wird er noch als derselbe Schuster angesehen, denn er ist derselbe Mensch wie vorher.

Nun sind einige Interpreten der Auffassung, daß für Locke nicht Identität, sondern *Individuation* relativ sei. Diese Deutung besagt, daß es zu einem bestimmten Zeitpunkt *t* nicht *ein* Individuum gibt, auf das unterschiedliche sortale Prädikate angewandt werden können, sondern *zwei* Dinge oder Individuen, die dieselbe Stelle in Raum und Zeit einnehmen. Das heißt: „Mensch" und „Person" bezeichnen nicht unterschiedliche *Begriffe*, die in bezug auf ein und dasselbe Individuum unterschiedliche Identitätskriterien mit sich führen, sondern zwei *Dinge* oder Individuen, die zum Zeitpunkt *t* am selben Ort existieren. Und dies bedeutet, daß Identität nicht relativ ist. Denn nach dieser Interpretation tritt für Locke nie der Fall ein, daß ein Individuum *a* zwar derselbe Mensch, aber nicht dieselbe Person wie ein Individuum *b* ist. Und daher wird von Locke gesagt, er sei einer „doctrine of double existence" verpflichtet: zum Zeitpunkt *t* gibt es nicht *ein* Subjekt, auf das unterschiedliche Begriffe angewandt werden können, sondern zwei Wesen: einen Menschen und eine Person[7]. Wenn Locke sich von der Auffassung des Common Sense abgrenzt, wonach „Mensch" und „Person" synonyme Ausdrücke sind, scheint er in der Tat nahezulegen, daß er eine „doctrine of double existence" vertrete: „I know that in the ordinary way of speaking, the same Person, and the same Man, stand for

---

7 Vere Chappell z. B. interpretiert Lockes Unterscheidung zwischen Mensch und Person auf diese Weise (Chappell 1989, 76–80). Martha Brandt Bolton spricht von einer „duplication of individuals", der Locke in bezug auf seine Unterscheidung zwischen Seele und Person verpflichtet sei (Bolton 1994, 115, 120).

one and the same thing" (II.xxvii.15). Dies könnte so verstanden werden, als sei es Lockes eigene Überzeugung, daß Mensch und Person zwei verschiedene Dinge bzw. Individuen seien. Freilich muß der Satz nicht so interpretiert werden. Vielmehr kann er als eine Aussage gedeutet werden, die den Gebrauch der sprachlichen *Ausdrücke* „Mensch" und „Person" betrifft, die unterschiedliche *Begriffe* vom menschlichen Subjekt bezeichnen[8]. Und das wäre wieder mit der Relativitätsthese vereinbar.

Lockes Ausführungen zur Identitätsfrage wurden schon kurz nach ihrem Erscheinen in der zweiten Auflage des *Essay* heftig diskutiert und kritisiert: dabei sah man es gerade als besonders problematisch an, daß Locke das Thema nicht ontologisch, sondern in bezug auf unsere Begriffe (und somit subjektivistisch) behandelt. Leibniz etwa monierte, daß es sich bei Lockes Theorie zu sehr um „Wortbedeutungen" drehe, während es doch um die realen Prinzipien gehen sollte, die Identität garantierten (Leibniz 1882, 229). Und John Sergeant wies ausdrücklich Lockes Betonung der Rolle von „specific Ideas" oder Artbegriffen zurück: „how the holding to the *Specifical Idea*, in which all the *Individuums* under it do *agree*, and which makes them *one* in Nature, should clear the Distinction of *Individuals*, is altogether inexplicable" (Sergeant 1697, 268–9). Diese kritischen Bemerkungen mögen Lockes Theorie nicht vollkommen gerecht werden, aber zumindest wird hier im Gegensatz zu einigen gegenwärtigen Interpretationen der subjektivistische Charakter von Lockes Identitätslehre nicht verkannt.

---

8 Chappell gesteht zu, Locke sei „of course notorious for his use of thing-language to refer to ideas" (Chappell 1989, 72).

Literatur

Ayers, Michael 1991: Locke. 2 Bände. London und New York.
Baillie, James 1993: Recent Work on Personal Identity. In: Philosophical Books 34, 193–206.
Bolton, Martha Brandt 1994: Locke on Identity. The Scheme of Simple and Compounded Things. In: J. J. E. Gracia und K. Barber (Hrsg.): Individuation and Identity in Early Modern Philosophy. Albany/New York, 103–131.
Boyle, Robert 1666: The Origine of Formes and Qualities (According to the Corpuscular Philosophy). In: M. A. Stewart (Hrsg.): Selected Philosophical Papers. Manchester 1979,1–96.
- 1675: Some Physico-Theological Considerations about the Possibility of the Resurrection. In: M. A. Stewart (Hrsg.): Selected Philosophical Papers. Manchester 1979,192–208.
Chappell, Vere 1989: Locke and Relative Identity. In: History of Philosophy Quarterly 6, 69–83.
Garrett, Brian 1990: Persons and Human Beings. In: Logos. Philosophic Issues in Christian Perspective 11, 47–56.
Gracia Jorge J. E. 1984: Introduction to the Problem of Individuation in the Middle Ages. München und Wien.
- 1994: Individuation in Scholasticism. The Later Middle Ages and the Counter-Reformation, 1150–1650. Albany/New York.
Griffin, Nicholas 1977: Relative Identity. Oxford.
Hobbes, Thomas 1655: De Corpore. In: Sir William Molesworth (Hrsg.): Opera philosophica quae latine scripsit omnia. Band 1. London 1839.
Hönigswald, Richard 1961: Abstraktion und Analysis. Ein Beitrag zur Problemgeschichte des Universalienstreites in der Philosophie des Mittelalters. Hrsg. v. K. Bärthlein. Stuttgart.
Leibniz, Gottfried Wilhelm 1882: Nouveaux essais sur l'entendement humain. In: C. I. Gerhardt (Hrsg.): Die Philosophischen Schriften. Band 5. Berlin.
Mackie, John L. 1976: Problems from Locke. Oxford.
Sergeant, John 1697: Solid Philosophy Asserted. London. Nachdruck von Lockes Handexemplar: New York 1984.
Thiel, Udo 1983: Lockes Theorie der Personalen Identität. Bonn.
- 1990: John Locke. Reinbek bei Hamburg.
- 1991: Cudworth and Seventeenth-Century Theories of Consciousness. In: S. Gaukroger (Hrsg.): The Uses of Antiquity. The Scientific Revolution and the Classical Tradition. Dordrecht, 79–99.
- 1998: Individuation. Personal Identity. Zwei Kapitel in: M. R. Ayers & D. Garber (Hrsg.): The Cambridge History of Seventeenth-Century Philosophy. Cambridge, 212–262, 868–912.
Uzgalis, William L. 1990: Relative Identity and Locke's Principle of Individuation. In: History of Philosophy Quarterly 7, 283–297.
Wiggins, David 1980: Sameness and Substance. Oxford.

Reinhard Brandt und Heiner F. Klemme

Zur Sprachphilosophie*

Essay III

Die Bedeutung der Sprachphilosophie für das im *Essay* in Angriff genommene Projekt einer auf Beobachtung und Erfahrung beruhenden Neubegründung der Erkenntnistheorie ist Locke nach eigenem Bekenntnis erst spät klargeworden: „So muß ich denn gestehen, daß ich, als ich diese Abhandlung über den Verstand begann, aber auch noch einige Zeit danach, nicht im geringsten daran gedacht habe, daß irgendeine Betrachtung der Wörter dafür erforderlich sein würde" (III.ix.21).

Im Anschluß an die Ideenlehre (Buch 2) ist nach der von Locke ursprünglich verfolgten Konzeption aufzuzeigen, wie der Verstand die ihm im Geist gegebenen und verbundenen Ideen im Erkenntnis- oder Wahrscheinlichkeitsurteil zusammensetzt (Buch 4). In der publizierten Fassung des *Essay* findet das Buch *Of Words* („Von den Wörtern") seinen Ort zwischen der Ideenlehre und den Ausführungen über Wissen und Wahrscheinlichkeit. Für die Beantwortung der Frage nach dem Umfang und der Zuverlässigkeit unserer Erkenntnis muß der Zusammenhang zwischen Wörtern und Dingen geklärt werden. „Denn die Erkenntnis, deren Gegenstand die Wahrheit ist, hat es stets mit Sätzen zu tun. Obwohl ihr letztes Ziel zwar in den Dingen selbst liegt, so sind doch die Wörter dabei so sehr als Vermittler notwendig, daß sie von unserer allgemeinen Erkenntnis kaum trennbar zu sein scheinen" (III.ix.21).

---

* Gekürzte Fassung von „John Locke", in: Tilman Borsche (Hrsg.): Klassiker der Sprachphilosophie. München: C.H. Beck, 1996, 133–146 und 472–4.

Locke weicht mit dieser Anordnung des Stoffes von der seit Gassendi üblichen Einteilung der Logik, die auf die Erörterung der Begriffe, des Urteils und der Schlüsse die Methodenlehre folgen läßt, ab. Zwischen Ideen und Urteil wird die Sprachtheorie eingeschoben; ein für die Neuausgabe 1697 seines Werkes geplantes Buch zur Methodenlehre wird zu umfangreich und erscheint erst nach seinem Tode als eigenständige Publikation unter dem Titel *Of the Conduct of the Understanding (Über die Leitung des Verstandes*, 1706).

Der Ort von Lockes Sprachtheorie im systematischen Gefüge des *Essay* macht deutlich, daß semantische Fragen (Ding – Wort – Idee) im Vordergrund des Interesses stehen. Erst in Buch 4 können im Kontext der Urteils- und der angedeuteten Schlußlehre syntaktische Fragen angesprochen werden.

Die Problemstellung der Sprachtheorie

Locke entwickelt seine Sprachtheorie im Anschluß an eine auf Aristoteles (*De interpretatione*, Kap. 1) zurückgehende Tradition. Bei Aristoteles benennen die künstlich geschaffenen Wörter nicht unmittelbar Sachverhalte oder Gegenstände, sondern sind Zeichen *(symbola)* von Vorstellungen *(pathémata)*, die ihrerseits natürliche Wirkungen und Zeichen der Gegenstände sind. Während bei Aristoteles die Vorstellungen als „*pathémata* der Seele, die bei allen gleich sind", geführt werden, sieht Locke in ihnen „simple ideas" oder „complex ideas" des jeweiligen individuellen Wortbenutzers. Schon hier ist klar: Jedenfalls die komplexen Ideen sind private Produkte und als solche keinesfalls bei allen notwendig gleich. Hier setzt das Problem der Lockeschen Sprachtheorie ein: Da der private Binnenbereich der Ideen nicht durch irgendeine Art von Fenster für andere wahrnehmbar ist, lassen sie sich nur durch das künstliche Medium der Sprache an andere übermitteln. Dazu aber bedarf es einer bestimmten Qualifikation der Ideen und einer Sprachdisziplin. Die störungsfreie Kommunikation der subjektiven Vorstellungen ist der „Hauptzweck der Sprache" (III.v.7; III.ix.4); sie ist das „gemeinsame Band der Gesellschaft" (III.i.1), zu der der Mensch von Gott bestimmt ist. „Deshalb sind die menschlichen Organe von Natur so eingerichtet, daß sie fähig sind, artikulierte Laute zu bilden, die wir Wörter nennen" (III.i.1).

Zunächst zwei Ergänzungen zum Vorhergehenden. Wörter dienen erstens nicht nur der Kommunikation, und sie bezeichnen zweitens nicht ausschließlich Ideen. Neben der Mitteilung hat die Sprache eine essentielle Funktion in der Thesaurierung der je eigenen Vorstellungen (III.i.2; III.ii.2; III.ix.1). Und zweitens: Wörter, so lautet zwar Lockes generelle These, die keine Ideen bezeichnen, sind bedeutungslose Laute (III.i.4); in dem Kapitel *Über die Partikel* („Of Particles") wird jedoch geltend gemacht, daß viele Wörter der Bezeichnung mentaler Akte dienen, die ihrerseits keine Ideen sind („[...] signify the connexion that the Mind gives to *Ideas*, or Propositions, one with another", III.vii.1). So ist zum Beispiel das Subjekt und Prädikat verbindende Wort „ist" oder „ist nicht" als Hinweis auf die mentale Verknüpfung von zwei Ideen zu verstehen, aber nicht auf eine dritte Idee neben ihnen (III.vii.1). Wenn es im 4. Buch heißt: „Die Erkenntnis scheint mir nichts anderes zu sein als die Wahrnehmung *(perception)* des Zusammenhangs und der Übereinstimmung *(agreement)* oder der Nicht-Übereinstimmung *(disagreement)* und des Widerstreits zwischen irgendwelchen von unseren Ideen" (IV.i.2), dann können in diesem Akt selbst die mit den Wörtern *perception*, *agreement* und *disagreement* bezeichneten „Bewußtseinsmomente" (von Locke selbst nicht so benannt!) keine Ideen sein, weil sonst ein *regressus in infinitum* entsteht. Das gleiche läßt sich vom Bewußtsein und vom Ich oder Selbst geltend machen (vgl. Brandt 1994, 373–4). Allerdings kann z. B. von der geistigen Verknüpfungshandlung (bezeichnet mit „ist", „ist nicht") selber eine Idee gebildet werden, welche z. B. die Partikel unabhängig von der aktuellen Sprachhandlung bezeichnet (vgl. Ashworth 1984, 51f. und Berman 1984). So unterscheidet Locke ein sprachlich benennbares, jedoch nicht als *idea* angebbares Aktbewußtsein von dem Inhalt dieses Bewußtseins, ohne diese Unterscheidung jedoch theoretisch zu explizieren.

Einfache Ideen und der Vorwurf des semantischen Idealismus

Wir kehren zurück zu der allgemeinen These der Ideenbeziehung von Wörtern und untersuchen jetzt die Frage, ob die bisher beschriebene Lockesche Theorie nicht dem semantischen

Idealismus verfällt: Da Wörter generell auf Ideen (oder deren Korrelation) referieren, die Ideen selbst jedoch immer nur privater Natur sind, muß, so lautet ein Einwand, die Möglichkeit der Kommunikation zusammenbrechen, wenn nicht weitere Theorieteile Lockes bemüht werden (vgl. Land 1986, 35).

Hier bedarf es folgender Vorklärung: Der Vorwurf des *semantic idealism* bezieht sich nicht auf das grundsätzliche Idealismusproblem des Lockeschen *way of ideas*, sondern auf die Frage, ob die je private Welt der *ideas*, auf die die Wörter referieren, eine Chance hat, austauschbar zu sein. Gegen den Einwand des semantischen Idealismus nun ist Locke durch seine Theorie der *simple ideas* gefeit. Sie sind wie die Vorstellungen bei Aristoteles *pathémata* des Geistes und zwar in folgender Weise. Wenn die einfachen Ideen sich auf primäre Qualitäten (Solidität, Figur, Ausdehnung, Bewegung, Zahl) der Objekte beziehen, so geben sie sie isomorph wieder und sind damit bei allen auf natürliche Weise gleich. Hiermit ist die Gefahr des semantischen Idealismus schon gebannt. Bei den einfachen Ideen sekundärer Qualitäten könnte der Vorwurf zutreffen, aber er stieße dann ins Leere. Locke ist generell der Meinung, daß die Ideen sekundärer Qualitäten wie die der primären bei allen Menschen gleich sind (vgl. II.xxxii.9). Er räumt jedoch ein, daß wir unseren Ideen selbst dann nicht Falschheit vorwerfen dürften, wenn „*dasselbe Objekt im Geist verschiedener Menschen gleichzeitig verschiedene Ideen erzeugen würde*. Nehmen wir zum Beispiel an, die Idee, die ein Veilchen im Geiste des einen Menschen vermittels der Augen erzeugt, sei dieselbe, die im Geist eines anderen durch die Ringelblume erzeugt werde und umgekehrt. Dies wäre jedoch nie zu erkennen; denn der Geist des einen Menschen könnte unmöglich in den Körper des anderen übergehen, um wahrzunehmen, welche Erscheinungen durch dessen Organe erzeugt werden" (II.xxxii.15). Mit den Wortzeichen der einfachen Ideen sekundärer Qualitäten bezeichnen wir nach dieser Variante keine gleichen mentalen Zustände, weil wir die Empfindung eines anderen, die beispielsweise einem Farbwort entspricht, nicht kennen können. Unser Sprachgebrauch ist jedoch so beschaffen, daß wir mit unseren Wörtern mittelbar auf öffentliche Objekte referieren, was für die intersubjektive Verständigung über die von den Farbwörtern bezeichneten Sachverhalte ausreichend ist. Locke nimmt mit dieser Theorie des heute sogenannten invertierten Spektrums eine

Lehre auf, die schon von Aristipp, dem Sophisten- und Sokratesschüler, vertreten wurde: „Weiß und süß benennen alle gemeinsam, aber ein gemeinsames Weiß und Süß haben sie nicht. Denn jeder nennt seine eigene Empfindung wahr, ob aber diese Empfindung ihm und einer anderen Person von dem Weißen widerfährt, kann weder er selbst sagen, der die Empfindung der anderen Person nicht hat, noch die andere Person, die seine Empfindung nicht hat"[1]. Pierre Gassendi, mit dessen Schriften Locke vertraut war, stellt die Aristipp-Prädikate ausführlich in seinen *Exercitationes paradoxicae adversus Aristoteleos* (III 199b-200a)[2] dar – Locke konnte darauf vertrauen, daß in diesem Punkt ein breiter Konsens bestand.

Die Kommunikation unserer einfachen Ideen (und auf ihrer Basis auch grundsätzlich der komplexen Ideen) ist also problemlos möglich: Bei den primären Qualitäten sind sie zwar privat, aber bei allen identisch, und bei den sekundären Qualitäten ist die private und vielleicht nicht identische Beschaffenheit der Empfindungen für die Kommunikation irrelevant, weil wir für dieselben Phänomene im Dingbereich dieselben Wörter gebrauchen. – Es ist zu beachten, daß die Lösung auf dem Weg ostensiver Bezugnahme auf öffentliche Gegenstände nur für die einfachen Ideen der äußeren Sinne praktikabel ist; die parallele Problematik beim inneren Sinn wird nicht erörtert.

Zieht man eine Analogie zur Rechts- und Eigentumstheorie im *Second Treatise of Government*, so befinden wir uns bei den einfachen Ideen sowohl der primären wie auch der sekundären Qualitäten noch im Bereich der Natur, die allen als Gemeinbesitz gegeben ist. Es ist daher nicht möglich, Wahrnehmung *(sensation)* mit Arbeit *(labour)* in eine Analogie zu setzen (vgl. dagegen Peters 1989, 395). Erst die komplexen Ideen sind Produkte der privaten Aneignung; in der äußeren Natur geschieht dies durch körperliche Arbeit, hier durch „Industry and Labour of Thought" (IV.iii.6). Und erst hier stellt sich die Aufgabe, die Formierung der eigenen Ideen so zu gestalten, daß sie kommunizierbar, also,

---

1 In Mannebach 1961, 51-2 (= Sextus Empiricus, *Adversus mathematicos* VII 196-197). Zur Nachwirkung in der Kantischen Theorie des ästhetischen Urteils vgl. Brandt 1996.
2 Vgl. dazu Puster 1991, 105-111. Hacker 1976 untersucht die These sprachanalytisch und kommt zu dem Ergebnis, daß sie nicht haltbar ist.

mutatis mutandis, marktfähig sind und durch das allgemeine Äquivalent hier der Wörter, dort des Geldes ausgetauscht werden können.

Komplexe Ideen: Substanzen, Modi und Relationen

Wir können hiermit übergehen zu den Wortbezeichnungen komplexer Ideen, also der Modi, Relationen und Substanzen; danach sind die Probleme von singulären und allgemeinen Ideen zu besprechen, die ja sowohl einfach wie auch komplex sein können.

Im Fall der Substanzen wird der Archetyp des Begriffs als eine reale Essenz gedacht, die für uns jedoch unerkennbar ist und daher nur als dunkle Idee (vgl. II.xxiii.15; 32), als ein „we know not what" (I.iv.18) gegeben ist. Im *Draft A*, einem frühen Entwurf des *Essay*, ergab sich ein Dilemma bezüglich der Erkenntnis von Substanzen: Sie wurden mit Namen bezeichnet, deren Realdefinition notwendig falsch und deren Nominaldefinition sachlich irrelevant, weil rein subjektiv war. Der nächstbeste Weg war die Erkenntnis der Wirklichkeit durch bloß wahrscheinliche Urteile, für die zwar eine psychologische Rechtfertigung gegeben wurde, deren logischer Status jedoch unerörtert blieb. Im *Essay* schafft Locke nun unter dem Titel der Nominalessenz eine Instanz logischer Natur, die zwischen dem Agnostizismus in der Wahrheitsfrage und dem Subjektivismus in der Bedeutungserklärung der Substanzbegriffe im ersten Teil des *Draft A* vermittelt: Das Ideenaggregat, welches eine bestimmte Nominalessenz darstellt, gibt den Stand der Erkenntnis entsprechend der bisherigen Erscheinungsweise des Dinges und dem Zweck, den wir verfolgen, wieder. Es ist also weder die Realessenz des Dinges selbst, obwohl es auf dieses als seinen Archetyp, sein wiederzugebendes Muster, bezogen ist, noch ist es ein bloß willkürlich zusammengestelltes Ideenaggregat, obwohl es, abstrahiert man von der Erkenntnisintention, sich nur als solches darstellt. In die Nominalessenz der körperlichen Substanzen gehen auch die Eigenschaften ein, die insbesondere nach Maßgabe der auch von Locke als beste Erklärung akzeptierten Korpuskularhypothese niemals Teil der Realessenz sein dürfen.

Mit dieser in Buch 3 des *Essay* explizierten Nominalessenz kann der fortschreitende Erkenntnisprozeß durch Eliminierung nicht einschlägiger und durch Hinzufügung neu erkannter Eigenschaften begrifflich und sprachlich artikuliert werden (vgl. III.vi.46–47). Erkenntnis setzt voraus, daß diejenigen Qualitäten, die wir in der Natur ständig als verbunden beobachten, zu komplexen Substanzideen verbunden werden (vgl. III.vi.28). Der gleiche Sachverhalt läßt sich auch wie folgt umschreiben: Unsere Ideen von Substanzen können verworren sein und in der fortschreitenden Erkenntnis in ihrer Grenzziehung präzisiert werden; die Möglichkeit verworrener und bestimmter *(determined)* Ideen ist nur mit dem Bezug der Ideen auf identische Sprachzeichen gegeben[3]. Lockes Vorstellung, daß wir im Falle der Substanzideen die Natur nachahmen, ist ein normatives Element eigen.

Am Ende der Abhandlung über Namen von Substanzen geht Locke auf die Namengebung Adams ein (III.vi.44 f.). Er schließt mit der Aussage, dieselbe Freiheit, die Adam bei der Benennung von gemischten Modi hatte, hätten seitdem alle anderen Menschen auch gehabt, und die gleiche Notwendigkeit, sich bei der Namengebung von Substanzen nach den Dingen zu richten, galt für Adam wie seitdem für jeden Menschen. Der Begriff einer adamitischen Sondersprache, gegen die sich Locke wendet, besagt demgegenüber, daß Adam die Dinge mit ihrem wahren Namen benannte und daher erst mit der Rückgewinnung seiner Sprache eine Erkenntnis der Dinge selbst verbunden ist. Diese schon von den Sozinianern[4] bekämpfte Vorstellung bildet einen ähnlichen Gegensatz zur Sprachtheorie von Locke wie die Rechtstheorie von Robert Filmer zu seiner im *Second Treatise of Government* entwickelten Auffassung und wie die traditionelle Erbsündenlehre, gemäß der alle Menschen wegen der Sünde Adams der Erlösung bedürftig sind, zu der Lehre von Locke, daß nur die eigene Sünde verantwortet werden muß. Auf Grund dieser auf sehr verschiedenen Gebieten gleichen „Demokratisierung Adams" wird man vermuten können, daß die Widerlegung einer adamitischen Sondersprache für Locke wesentlich war, auch wenn er diese Wider-

---

3 *The Epistle to the Reader*; 4. Aufl., 13–14; II. xxix; vgl. Arndt 1979, 188–196.
4 Aarsleff 1964 vertritt die Auffassung, Lockes Sprachphilosophie sei wesentlich aus der Opposition gegen die adamitische Sprachtheorie erwachsen, der auch Leibniz anhängt. Zu berücksichtigen ist, daß sich diese Gegnerschaft schon bei Francis Bacon findet (vgl. dazu Formigari 1988, 1–14).

legung nicht an den Anfang seiner Spracherörterung stellte und seine eigene Theorie als einzig mögliche Alternative entwickelte.

Bei den einfachen und gemischten Modi und Relationen fallen naturgemäß Real- und Nominalessenz zusammen, oder, wie Locke sagt, sie sind ihr eigener Archetyp und somit keinem Erkenntniswandel unterworfen. Bei ihnen zeigt sich die Relevanz der Sprache – d. h. bei Locke: der Wörter – besonders deutlich, denn sie werden nur durch die Namen auf Dauer verbunden: „der Name ist es, der sie [die Ideen], als wäre er ein Knoten, fest zusammenbindet" (III.v.10). Irrtümer und Unsicherheiten im Sprachgebrauch sind Konsequenzen dieses Sachverhalts (II.xxxi.4; xxxii.5). Zur Normierung der Sprache kann der Wortgebrauch derjenigen dienen, „von denen angenommen wird, daß sie jene Namen in ihren eigentlichsten Bedeutungen verwenden" (II.xxxii.12).

Singuläre und allgemeine Ideen

Wir gelangen hiermit zu dem zweiten der angekündigten Themen, den singulären und allgemeinen Ideen. Nur Individuelles hat Existenz; dies gilt auch für Ideen, singuläre („Peter") und allgemeine („Mensch"). Zwar wäre es aus sprachtheoretischen Überlegungen prinzipiell nicht ausgeschlossen, die Vorstellung jedes individuellen Dinges mit einem Eigennamen zu benennen, doch der menschliche Verstand ist – im Gegensatz zum göttlichen Intellekt – nicht in der Lage, die Vielzahl des Individuellen als einzelnes zu thesaurieren. Besonders für die Erweiterung unserer Erkenntnis – Wissenschaft beruht auf allgemeinen Erkenntnissen – ist es daher unerläßlich, über etwas Allgemeines zu verfügen. Locke nun ist kein Nominalist; d. h. er ist nicht der Meinung, daß einzig Wörter allgemein sein können, sondern ist subjektivistischer Realist: Es gibt allgemeine Ideen, wenn letztere auch anders als bei Platon lediglich subjektive Vorstellungen und keine objektiven Entitäten sind. Die subjektiven Ideen können, wiewohl singuläre Existenzen, eine allgemeine Bedeutung dadurch gewinnen, daß wir mittels eines Abstraktionsverfahrens von bestimmten, begleitenden Nebenumständen der Sachverhalte, auf die sie sich beziehen, absehen. Allgemeine Ideen bezeichnen somit mehr als ein Individuum, ohne selbst allgemein zu werden. Das Universelle ist nach Locke als Kunstschöpfung des menschlichen Verstandes zur Klassifikation von Objekten zu verstehen. Locke gibt im *Essay* zwei etwas verschieden gelagerte Beschreibungen, wie singuläre Ideen allgemein werden können. Nach II.xi.9 macht man sie allgemein, indem man von individuellen Bestimmungen einer singulären Idee einfach absieht; nach III.iii.6 werden Ideen dadurch allgemein, daß man sie durch einen Verstandesakt „von allen örtlichen und zeitlichen Umständen trennt und alle anderen Ideen von ihnen loslöst, die sie möglicherweise auf diese oder jene Einzelexistenz beschränken könnten". Während das erste Verfahren eher den passiven Aspekt hervorhebt, wird beim zweiten Verfahren das aktive Moment herausgestellt.

Der Mißbrauch der Sprache und seine Korrektur

Die Leistungsfähigkeit einer Sprachtheorie zeigt sich nicht zuletzt darin, inwiefern es ihr gelingt, die Mängel der Sprache zu diagnostizieren und „therapeutische" Vorschläge zu entwickeln. Neben den unvermeidbaren Mängeln der Sprache (wir müssen erst lernen, die Wörter mit denselben Ideen zu verbinden) gibt es nach Locke die nicht notwendige Verwendung von Wörtern ohne klare und distinkte Idee, ohne Konstanz oder mit gewollt künstlicher Dunkelheit, indem gelehrte Wörter schon für die Dinge, die sie bedeuten sollen, genommen werden oder für etwas, was sie nicht bedeuten können, wie die Realessenz von Substanzen. Der Grund dieses letzteren Mißbrauchs liegt in der Annahme, die Natur bringe nur spezifische Erzeugungen hervor, und die Namen repräsentierten Realessenzen (III.x.1-22). Auch ergeben sich aus den verschiedenen kommunikativen Zwecksetzungen der Sprache, der schnellen und effizienten Mitteilung von Gedanken und der Vermittlung von Sachverhalten, spezifische Fehler (III.x.23-24). Der Mißbrauch der Sprache hat nicht nur theoretische, sondern auch ganz praktische Konsequenzen. Innerer und äußerer Friede der Gemeinschaften beruhen zu einem nicht geringen Teil auf einer – wie wir heute sagen würden – gelungenen Kommunikation zwischen den Personen. Die Auslegung religiöser, moralischer und juristischer Texte, die als Autoritäten anerkannt werden, kann zu Meinungsverschiedenheiten, ja selbst zu konfessionellen Kriegen führen. Bereits Thomas Hobbes hatte vorgebracht, daß die Lektüre der griechischen und römischen Klassiker an den Universitäten für den englischen Bürgerkrieg ebenso mitverantwortlich gewesen sei wie die Theologen, die das Land ins Verderben stürzten, weil sie ihre Privathypothesen zu Offenbarungen erhoben[5].

Welche Mittel stehen uns im Rahmen der Lockeschen Theorie zur Verfügung, den Sprachmängeln entgegenzuwirken und einem Mißbrauch der Wörter vorzubeugen? Nach Locke kann eine völlige Reform der Sprache nicht Ziel unserer Bemühungen sein. Vielmehr sollte niemand ein Wort ohne Bedeutung (d. h. ohne eine Idee, die es bezeichnet) gebrauchen. Die Bedeutung soll klar und distinkt sein und sich dem gewöhnlichen Sprachgebrauch anschließen. Erweist sich dies als problematisch, muß die Wortbedeutung geklärt werden. Locke schlägt vor, die Wörter im Falle einfacher Ideen durch Erläuterung ihres Vorkommens oder durch deiktischen Aufweis zu klären. Bei Substanzen ist dies zu leisten durch genaue, allgemeinverbindliche Definitionen und Zeigen (das erste bezüglich der Kräfte der jeweiligen Substanz und das zweite bezüglich der einzelnen verbundenen Eigenschaften; vgl. III.xi.17;18). Die präzisere Wortbedeutung von Dingen läßt sich durch die Erforschung der Natur erzielen, wobei ein Reallexikon mit zeichnerischen Erklärungen ein vorzügliches Hilfsmittel wäre. Locke schlägt ferner vor, nicht erklärte oder definierte Wörter oder Begriffe wenigstens konstant zu gebrauchen.

Lockes Sprachtheorie ist ganz auf die natürliche Sprache konzentriert. Im Gegensatz etwa zu Leibniz hat er weder an einen Erkenntnisfortschritt durch die Erfindung künstlicher Sprachen wie Algebra und Kombinatorik geglaubt, noch hat er beispielsweise den Nutzen einer eigenständigen Theorie der Metaphern gesehen.

---

5 Thomas Hobbes: *Behemoth: The History of the Causes of the Civil Wars of England, and of the Counsels and Artifices by which they were Carried on from the Year 1640 to the Year 1660* (1679, 1680 und 1682). In: Hobbes 1840, 167–8.

Die Einteilung der Wissenschaften

Locke schließt seinen *Essay* mit Ausführungen zur Einteilung der Wissenschaften. Nach der auf „reine spekulative Wahrheit" (IV.xxi.2) zielenden Naturerkenntnis *(physica)* und der auf das menschliche Handeln gerichteten praktischen Philosophie *(practica)* nennt Locke als dritten Bereich die Lehre von den Zeichen, die der Semiotik (bzw. der Logik), ein Begriff, den er aus der Medizin übernimmt. Noch Zedlers *Universal-Lexicon* bestimmt die Semiotik als den Teil der „Medicin, welcher von den Zeichen der Kranckheit und Gesundheit handelt, und die Kranckheiten nicht nur voll zu erkennen und zu unterscheiden, sondern auch dererselben Ausgang vernünftig zu beurtheilen lehrt" (Zedler 1743, Sp. 1758). Nach Locke kommt der Semiotik die Aufgabe zu, „die Natur der Zeichen zu untersuchen, die der Geist verwendet, um sich die Dinge verständlich zu machen oder anderen sein Wissen mitzuteilen. Denn von den Dingen, die der Geist betrachtet, ist – abgesehen von ihm selber – keines dem Verstande gegenwärtig. Daher ist es notwendig, daß er noch etwas anderes als Zeichen oder Stellvertreter des Dinges, das er betrachtet, zur Verfügung hat, und das sind die Ideen" (IV.xxi.4). Im deutschen Sprachraum hat zuerst Johann Heinrich Lambert[6] den Begriff „Semiotik" in dem von Locke geprägten Sinne verwendet. – Wir hatten gesehen, daß für Locke Wörter Zeichen der Ideen und Ideen Zeichen der Dinge darstellen. So gesehen wäre der *Essay* als ganzer als Beitrag zur Semiotik zu lesen.

Wirkung

In *Of Words* hat Locke als erster neuzeitlicher Autor ein ausschließlich der Sprachphilosophie gewidmetes Buch vorgelegt. Für die Philosophie des 18. Jahrhunderts ist dabei besonders die epistemologische Ausrichtung seiner sprachtheoretischen Überlegungen von großer Bedeutung gewesen. Die Erkenntnistheorie tritt bei Locke an die Stelle von Logik und Grammatik, die

---

[6] Der zweite Band von Lamberts *Neue(m) Organon [...]* (Leipzig 1764) ist betitelt: *Semiotik oder Lehre von der Beziehung der Gedanken und Dinge.*

vorher Gegenstand semantischer Untersuchungen waren (vgl. Kretzmann 1968, 175).

Zu den zahlreichen Autoren, die sich mit Lockes Sprachtheorie auseinandersetzen, gehören neben Leibniz und Condillac auch Christian Wolff[7] und der bereits erwähnte Johann Heinrich Lambert. In der englischsprachigen Diskussion des 18. Jahrhunderts ist besonders die von George Berkeley an Locke geübte Kritik hervorzuheben, die zu einem neuen Verständnis der Bedeutung von Wörtern führt.

Berkeleys Locke-Kritik

In der Einleitung („Introduction") seines *Treatise Concerning the Principles of Human Knowledge* (1710, 1734) stellt Berkeley sein ambitiöses erkenntnistheoretisches Programm vor. Das Haupthemmnis bei der Lösung philosophischer Probleme sieht er nicht, wie noch Locke, in unserem fehlbaren Erkenntnisvermögen, sondern in einer fehlerhaften Theoriebildung der Philosophen und Metaphysiker: „Kurz, ich bin geneigt zu glauben, daß weitaus die meisten, wenn nicht alle Schwierigkeiten, welche bisher die Philosophen hingehalten haben und ihnen den Weg zur Erkenntnis versperrt haben, durchaus von uns selbst verschuldet sind; daß wir zuerst eine Staubwolke erregt haben und uns dann beklagen, nicht sehen zu können" (Berkeley 1949, *Introduction* § 3). Gelingt es uns, Klarheit darüber zu schaffen, welche Theorien diesen Staub verursachen, werden wir auch in der Lage sein, sie aufzulösen. Wie sich zeigt, beruhen viele der überkommenen philosophischen Theorien auf Sprachverwirrungen; stiften wir hier Klarheit, verschwinden auch die Probleme, mit denen wir uns bisher erfolglos beschäftigten[8].

Locke hat nun zwar nach Berkeley den Stellenwert sprachtheoretischer Überlegungen für die Gewinnung von Erkenntnis

---

7 Obzwar Locke namentlich nicht genannt wird, hat G. Zart einen Einfluß des englischen Philosophen auf Wolffs Einteilung der Art- und Gattungsbegriffe herausgestellt (vgl. Zart 1881, 19).

8 Vgl. dazu auch Lockes *Essay, The Epistle to the Reader* (4. Aufl., 13): „The greatest part of the Questions and Controversies that perplex Mankind depending on the doubtful and uncertain use of Words, or (which is the same) *indetermined Ideas*, which they are made to stand for."

richtig eingeschätzt; doch leider ist seine eigene Theorie nicht von den Verwirrungen frei, die soviel Unheil stiften. Stein des Anstoßes ist für Berkeley eine spezielle Theorie der Bedeutung allgemeiner Wörter, die er Locke in den Mund legt. Ihr gemäß liegt uns mit den allgemeinen Termini eine Klasse von Wörtern vor, die Bedeutung haben, weil sie auf abstrakte Ideen *(abstract ideas)* referieren, die ihrerseits durch ein Abstraktionsverfahren gewonnen werden. Der allgemeine Terminus „Dreieck" hat eine Bedeutung, weil es eine abstrakte Idee eines Dreiecks gibt, der die und nur die Eigenschaften zukommen, die allen einzelnen Dreiecken gemein sind[9]. Berkeley wird nicht müde, die Absurdität dieser Theorie herauszustellen. Was kann man sich unter der Idee eines Dreiecks vorstellen, „welches weder schiefwinklig noch rechtwinklig, weder gleichseitig noch gleichschenklig noch ungleichseitig, sondern dieses alles und zugleich auch nichts von diesem ist?"[10] Weil es nach Berkeley nur geistige Substanzen geben kann, trifft derselbe Vorwurf auch für die Lockesche Substanzidee zu (Berkeley 1949, *Introduction* §§ 7, 17).

Ideen haben nach Berkeley im Geiste Gottes nur eine individuelle Existenz. Die Idee eines Dreiecks ist immer die Idee eines konkreten, individuellen Gegenstandes, der ihre Bedeutung ist. Wörter werden dadurch allgemein, daß wir partikulare Gegenstände als Beispiel für einen bestimmten Zweck verwenden. Während Namen Namen partikulärer Gegenstände sind, stellen abstrakte Termini überhaupt keine Namen dar. Ein Wort ist also nicht deshalb allgemein, weil es ein Name einer abstrakten Idee ist, sondern weil es in einer bestimmten Weise verwendet wird: „Es scheint jedoch, daß ein Wort allgemein wird, indem es als Zeichen gebraucht wird nicht für eine abstrakte allgemeine Idee, sondern für mehrere Einzelideen, deren jede es gleichermaßen im Geist anregt" (Berkeley 1949, *Introduction* § 11). Eine partikulare Idee wird allgemein, indem sie alle anderen partikularen Ideen derselben Art repräsentiert oder statt ihrer auftritt (vgl. Berkeley 1949, *Introduction* § 12).

Eine hiermit verknüpfte Kritik an Locke betrifft den Status der Ideen. Während Locke Wörter generell als Zeichen von Ideen

---

9 Vgl. Locke, *Essay* IV.vii.9, und Berkeley 1949, *Introduction* § 13.
10 Vgl. Berkeley 1949, *Introduction* § 13; vgl. Locke, *Essay* IV.vii.9.

und Ideen als Zeichen für Dinge ansah, liegen uns nach Berkeley allein bei den Namen Zeichen für Ideen vor, auf die wir uns unmittelbar beziehen. Die Lockesche Verankerung unserer einfachen Ideen in einer Welt „dort draußen" ist damit hinfällig geworden. Als Alternative übernimmt bei Berkeley Gott die Funktion, unseren Ideenstrom auf eine Art und Weise zu koordinieren, die in uns die Vorstellung einer gemeinsamen Welt erzeugt. Berkeleys Versuch, seinen Ideenidealismus mit der Begründung zu verteidigen, seine Ideenlehre schließe einen Beweis für die objektive Realität einer extramundanen Welt ein und stelle die einzige Möglichkeit dar, einen Materialismus zu vermeiden, haben nicht nur David Hume nicht überzeugt: Berkeleys Argumente führen geradewegs in den Skeptizismus, weil „sie keine Antwort gestatten und keine Überzeugung hervorrufen" („admit of no answer and produce no conviction").[11]

Ob Berkeleys Kritik an Lockes Theorie der abstrakten Ideen diese wirklich trifft, ist in der Literatur umstritten. So ist die Auffassung vertreten worden, daß Locke bei der Betrachtung partikulärer Gegebenheiten lediglich von bestimmten Begleitumständen absieht, daß er jedoch nicht behauptet, die in den Fokus der Aufmerksamkeit gerückten Ideen wie etwa die Vorstellung „rot" existierten als distinkte Entitäten im Geiste[12]. Berkeley hätte damit bei Locke eine Theorie abstrakter Ideen finden können, die er selber kritisch gegen diesen ausspielt. Dies trifft gleichermaßen für Hume zu, der im *Treatise of Human Nature* (1739/40) herausstellt, daß „alle abstrakten Ideen in Wirklichkeit nichts anderes sind als partikuläre, in einem bestimmten Licht betrachtete" Ideen (Hume 1978, 34; I 2,3).

---

11 Hume 1975, 155 Anm. („Of the Academical or Sceptical Philosophy").
12 Siehe Ayers 1981, 8–12; vgl. Berkeley 1949, *Introduction* § 6.

Literatur

Aarsleff, Hans 1964: Leibniz on Locke on Language. In: American Philosophical Quarterly 1, 165-188 (auch in Aarsleff 1982, S. 42-83).
- 1982: From Locke to Saussure. Essays on the Study of Language and Intellectual History. Minneapolis.

Arndt, Hans Werner 1979: John Locke: Die Funktion der Sprache. In: J. Speck (Hrsg.): Grundprobleme der großen Philosophen. Philosophie der Neuzeit I. Göttingen, 176-210.

Ashworth, E. Jennifer 1984: Locke on Language. In: Canadian Journal of Philosophy 14, 45-73.

Ayers, Michael R. 1981: Locke's Doctrine of Abstraction: Some Aspects of its Historical and Philosophical Significance. In: R. Brandt (Hrsg.): John Locke. Symposium Wolfenbüttel 1979. Berlin/New York, 5-24.

Berkeley, George 1949: A Treatise Concerning the Principles of Human Knowledge. In: The Works of George Berkeley, Bishop of Cloyne. Hrsg. von A. A. Luce und T. E. Jessop. Band 2. Edinburgh u. a. (Zitiert nach der von A. Klemmt besorgten deutschsprachigen Ausgabe, Hamburg 1979).

Berman, David 1984: Particles and Ideas in Locke's Theory of Meaning. In: Locke Newsletter 15, 15-24.

Brandt, Reinhard ³1994: John Locke. In: O. Höffe (Hrsg.): Klassiker der Philosophie. Band 1: Von den Vorsokratikern bis David Hume. München, 360-377.
- 1996: Überlegungen zur Begründung und zur Form des ästhetischen Urteils bei Kant. In: H. Parret (Hrsg.): Kants Ästhetik/Kant's Aesthetics/L'Esthetique de Kant. Berlin/New York (im Erscheinen).

Formigari, Lia 1988: Language and Experience in 17th-Century British Philosophy. Amsterdam.

Hacker, P. M. S. 1976: Locke and the Meaning of Colour Words. In: G. Vesey (Hrsg.): Impressions of Empiricism (Royal Institute of Philosophy Lectures. Band 9, 1974-1975). London/Basingstoke, 23-46.

Hobbes, Thomas 1840: W. Molesworth (Hrsg.): The Works of Thomas Hobbes of Malmesbury. Band 6. London, 161-418.

Hume, David 1975: An Enquiry concerning Human Understanding. Hrsg. von L. A. Selby Bigge. Third edition with text revised and notes by P. H. Nidditch. Oxford.
- 1978: A Treatise of Human Nature. Hrsg. von L. A. Selby-Bigge. Second edition with text revised and variant readings by P. H. Nidditch. Oxford.

Kretzmann, Norman 1968: The Main Thesis of Locke's Semantic Theory. In: Philosophical Review 77, 175-196. Auch in: I. C Tipton (Hrsg.): Locke on Human Understanding. Oxford 1977, 123-140.

Lambert, Johann Heinrich 1764: Neues Organon. Band 2. Semiotik oder Lehre von der Beziehung der Gedanken und Dinge. Leipzig.

Land, Stephen K. 1986: The Philosophy of Language in Britain. Major Theories from Hobbes to Thomas Reid. New York.

Mannebach, Erich (Hrsg.) 1961: Aristippi et Cyrenaicorum fragmenta. Leiden/Köln.

Peters, J. D. 1989: John Locke, the Individual and the Origin of Communication. In: The Quarterly Journal of Speech 75, 387-399.

Puster, Rolf W. 1991: Britische Gassendi-Rezeption am Beispiel John Lockes. Stuttgart/Bad Cannstatt.

Zart, Gustav 1881: Einfluss der englischen Philosophie seit Bacon auf die deutsche Philosophie des 18. Jahrhunderts. Berlin.

Zedler, J. H. 1743: Universal-Lexicon. Band 36. Leipzig/Halle.

Rolf W. Puster

Sprachanalytisches Argumentieren bei John Locke*

Essay III.x; II.xiii.8–10

1. Vorbemerkungen

Von Nicolai Hartmann stammt die Bemerkung: „Die wenigsten Entdecker wissen es ganz, was eigentlich sie entdeckt haben; sie teilen fast alle das Schicksal des Columbus. Erst die Epigonen wissen es" (Hartmann 1957, 6). Besagt das, auf unser Thema gemünzt: John Locke war der Kolumbus der analytischen Philosophie, und wir sind die Epigonen? Nun, auf eine solch dramatische Revision unseres Bildes der Philosophiegeschichte ist es im folgenden nicht abgesehen; kein analytischer Philosoph soll davon abgebracht werden, sich auf das Dreigestirn Frege, Moore und Russell zu berufen. Ich möchte lediglich dafür plädieren, Locke gewissermaßen in der noch unaufgehellten Prähistorie dieser Richtung einen angemessenen Platz anzuweisen. Damit soll weniger behauptet werden, daß er handfeste historische Verdienste um den nachmaligen Aufstieg der analytischen Philosophie hat, als daß sich die analytische Philosophie in einigen sehr spezifischen Hinsichten zu Recht hätte auf ihn berufen können.

Zweifellos hat Locke in seiner Sprachphilosophie inhaltlich und programmatisch Wege gewiesen, die der *linguistic turn* spä-

---

* Der vorliegende Beitrag ist die geringfügig veränderte und erweiterte Fassung eines Aufsatzes, der (unter demselben Titel) zuerst an folgender Stelle erschienen ist: *Analyômen: Proceedings of the 1st Conference „Perspectives in Analytical Philosophy"*. Hrsg. von Georg Meggle and Ulla Wessels. Berlin/New York: De Gruyter 1994 (= *Perspektiven der Analytischen Philosophie*; Band 1), 946–955.

terer Zeiten günstig waren[1]. Seine Hinweise auf die Unvollkommenheit und Mißbrauchbarkeit unserer sprachlichen Ausdrucksmittel[2] im dritten Buch des *Essay Concerning Human Understanding* von 1690 stellen jedoch nicht meine Gründe dafür dar, eine Verbindungslinie von Locke zur analytischen Philosophie zu ziehen; vielmehr stütze ich mich ausschließlich auf argumentative Detailarbeit, die sich fernab von aller Programmatik in inhaltlich eher peripheren Bereichen des *Essay* vollzieht. Dieser Punkt, den man unter das Stichwort „Unabhängigkeit von Doktrin und Argumentation" bringen könnte, ist mir auch deshalb besonders wichtig, weil die Philosophiegeschichte nach meiner Überzeugung noch viele Beispiele von der gleich vorzustellenden Art birgt und man die Suche nach ihnen beträchtlich erschwert, wenn man den Blick zu sehr auf die „offizielle Lehre" eines Autors richtet[3].

Noch eine letzte Vorbemerkung: Über Sprachanalyse im allgemeinen werde ich nichts sagen – vor allem deshalb, weil zuviel dazu zu sagen wäre. Statt dessen werde ich zwei Typen sprachanalytischen Philosophierens: Substitutionstests und Sprachspiel-Argumentationen, vorführen, ohne freilich behaupten zu wollen, es gebe nur diese beiden. Wie Substitutionstests funktionieren, ist am Einzelfall leicht zu sehen. Warum oder aufgrund wovon sie funktionieren, ist nicht ganz so leicht zu sehen; dieses Problem

---

1 Demgegenüber soll jedoch nicht jener Grundzug der *Essay*-Semantik vergessen werden, welcher besagt, daß Wörter private Ideen im Kopf des Sprechers bezeichnen. Eine der diesbezüglichen Kernstellen lautet: „*Words in their primary or immediate Signification, stand for nothing, but the Ideas in the Mind of him that uses them* [...]" (III.ii.2, S. 405/21–22; Hervorheb. im Orig.) – Ersichtlich findet hier das sogenannte Privatsprachenargument breite Angriffsflächen, und mithin sind der inhaltlichen Affinität zwischen Lockes Sprachphilosophie und den Vertretern der modernen analytischen Philosophie, für die in diesem Punkt die Ansichten Wittgensteins nicht obsolet sind, unübersehbar Grenzen gezogen.
2 Zuwenig Beachtung hat bisher die folgende Stelle gefunden: „[...] this I am sure, that by constant and familiar use, they [= the words; R.W.P.] *charm* Men into Notions far remote from the Truth of Things" (III.x.16, S. 499/16–17; Hervorheb. von mir). Hier ist die „die Verhexung unsres Verstandes durch die Mittel unserer Sprache" (Wittgenstein 1989, PU § 109, S. 299) deutlich präfiguriert.
3 Aus Raumgründen kann der Rahmen der Betrachtung hier nicht weiter gesteckt werden; so hätte etwa die Gegenüberstellung einer lupenreinen Sprachspiel-Argumentation Descartes' durchaus von Interesse sein können (vgl. *Principia* II. 17, S. 49 f. Seitenzahlen beziehen sich auf Descartes 1964).

werde ich hier offenlassen. Noch undurchsichtiger ist, ob – und wenn ja, weshalb – Sprachspiel-Argumentationen schlüssig sind; auch diese Frage werde ich unerörtert lassen. Mein Hauptaugenmerk gilt im folgenden der Herausarbeitung einiger Argumentationsparallelen zwischen Locke und analytischen Klassikern wie zum Beispiel Wittgenstein. Dem läßt sich entnehmen, daß die Frage nach der *Gültigkeit* der vorgetragenen Argumente ohne Schaden außer Betracht bleiben kann. Das soll jedoch niemanden, der sich von meinem Parallelisierungsversuch überzeugen läßt, daran hindern, Locke wegen seiner zukunftsweisenden Argumentationsmuster und die analytische Philosophie wegen ihres honoriger gewordenen Stammbaums höher zu schätzen als zuvor.

2. Substitutionstests

Unter den vielen Polemiken, die Locke in seinem *Essay Concerning Human Understanding* vorträgt, zielt eine gegen den Cartesischen Raumbegriff. Descartes vertritt, daß das Wesen materieller Körper nicht in ihren sinnlich wahrnehmbaren Qualitäten besteht, sondern lediglich in ihrer dreidimensionalen Ausgedehntheit. So erfahren wir etwa in seinen 1644 in Amsterdam erschienenen *Principia philosophiae*: „[...] percipiemus naturam materiæ, sive corporis in universum spectati, non consistere in eo quòd sit res dura, vel ponderosa, vel colorata, vel alio aliquo modo sensus afficiens: sed tantùm in eo quòd sit res extensa in longum, latum & profundum."[4] In einem weiteren Schritt erklärt Descartes, der Unterschied zwischen dem Raum und der ihn ausfüllenden materiellen Substanz sei kein realer, sondern nur ein vorgestellter[5]. Anders gewendet: Raum und körperliche Substanz haben dieselbe Natur, nämlich die Ausdehnung[6]. Im Einklang mit dieser Identifizierung leugnet Descartes die Möglichkeit der Existenz des Vakuums, also eines Raumes, der keinerlei körperliche Substanz enthält[7].

---

4 Descartes, *Principia* II.4, S. 42.—Vgl. auch ebenda II.5, 19 und 23.
5 Vgl. Descartes, *Principia* II.10, S. 45: „Non etiam in re differunt spatium, sive locus internus, & substantia corporea in eo contenta, sed tantùm in modo, quo à nobis concipi solent."
6 Vgl. Descartes, *Principia* II. 11, S. 46: „Et quidem facilè agnoscemus, eandem esse extensionem, quæ naturam corporis & naturam spatii constituit [...]."
7 Vgl. Descartes, *Principia* II.16, S. 49: „Vacuum autem philosophico more sumptum, hoc est, in quo nulla planè sit substantia, dari non posse manifestum est [...]."

Locke, der die soeben umrissene Cartesische[8] Position auf den Nenner bringt, „that *Body and Extension are the same thing*" (II.xiii.11, S. 171/24–25; Hervorheb. im Orig.), mobilisiert gegen sie verschiedene Argumentationsstränge[9]; von Interesse ist für uns hier derjenige, welcher darauf hinausläuft, die Verschiedenheit unserer Vorstellungen von unerfülltem Raum einerseits und von raumfüllenden Körpern andererseits so eindringlich vor Augen zu stellen, daß deren Identifikation absurd erscheint.

Aus dieser Familie von Argumenten möchte ich eines herausheben; es hat den folgenden Wortlaut: „That *Body* and *Extension*, in common use, stand for two distinct *Ideas*, is plain to any one that will but reflect a little. For were their Signification precisely the same, it would be as proper, and as intelligible to say, the *Body of an Extension*, as *the Extension of a Body*" (III.x.6, S. 493/29–32; Hervorheb. im Orig.).

Man spricht zwar nach Locke also korrekt und verständlich, wenn man die Wendung „Ausdehnung eines Körpers" gebraucht, nicht jedoch, wenn man in ihr Vorder- und Hinterglied vertauscht und den Ausdruck „Körper einer Ausdehnung" bildet.

Etwas pedantischer aufgezäumt, läßt sich das Argument so rekonstruieren: Zu dem Schema

(i) the x of a y

gibt es offenbar Einsetzungsinstanzen A und B, durch deren Einsetzung die sprachlich unanstößige Wendung „the A of a B" entsteht. Wären A und B bedeutungsgleich, so müßte die bei ihrer wechselseitigen Substitution sich ergebende Wendung „the B of an A" sprachlich ebenso unanstößig sein wie ihr Gegenstück. Die

---

8 Locke verknüpft die plenistische Position explizit erst in *Essay* IV.vii.12 mit dem Namen Descartes', jedoch bezieht er sich in der Sache beispielsweise schon in II.xiii mehrfach auf sie.

9 Bewährte (wenn auch nicht schlagende) atomistische Argumente sind Hinweise auf die Möglichkeit der Bewegung (II.xiii.22, S. 177/23) oder auf die Macht Gottes, Materie zu annihilieren und gleichzeitig die übrigen Körper(teilchen) des Universums daran zu hindern, ihren Platz zu verlassen (vgl. II.xiii.21, S. 176/27-35). – Erwähnung verdient der in II.xiii.21 und 23 unternommene Versuch Lockes, aus der *Vorstellbarkeit* des leeren Raumes auf seine *Möglichkeit* zu schließen: Um die Möglichkeit des Vakuums leugnen zu können, müsse man einen Begriff (*idea*) davon haben. Das besagt nach Locke des näheren, daß der plenistische Opponent sich also sehr wohl „Space without Body" (II.xiii.21, S. 177/18) bzw. „Extension void of Solidity" (II.xiii.21, S. 177/15) vorstellen kann und somit in Gegensatz zum Inhalt seiner These gerät.

Wörter „body" und „extension" bestehen diesen Substitutionstest nicht und erfüllen somit jene notwendige[10] Bedingung für Synonymie nicht. Wir können festhalten, daß hier die These der Identifizierung von Körper und Ausdehnung *nicht* darum verworfen wird, weil sie sich als falsch erweisen ließe, sondern weil aus ihr Redeweisen generierbar sind, die nicht im Einklang mit unserem normalen Sprachgebrauch stehen – oder genauer: die unseren Vorstellungen von grammatischer Korrektheit zuwiderlaufen[11].

Auf eine sehr verwandte, doch noch instruktivere Weise argumentiert Locke im dritten Buch seines *Essay* gegen die Identifizierung von Materie und Körper, gegen eine Position also, die vermutlich kaum mehr als ein polemisches Zerrbild von scholastischen Doktrinen darstellt, die mit einem zweifach besetzten Substanzbegriff arbeiten und sich letztlich auf Aristoteles zurückführen lassen: „For if the *Ideas* these two Terms [= „matter" und „body"; R.W.P.] stood for, were precisely the same, they might indifferently in all places be put one for another. But we see, that tho' it be proper to say, There is *one Matter of all Bodies*, one cannot say, There is *one Body of all Matters*: We familiarly say, one *Body* is bigger than another, but it sounds harsh (and I think is never used) to say, one *Matter* is bigger than another."[12]

Im vorstehenden Passus (welcher gleich zwei Argumentationen der thematischen Art enthält) sehen wir den Substitutions-

---

10 Das Bestehen des Tests ist natürlich nicht hinreichend für die Bedeutungsgleichheit von A und B: Die Wendungen „the author of a book" und „the book of an author" sind sprachlich gleichermaßen angängig, ohne daß daraus jedoch die Synonymie von „book" und „author" folgte.

11 Unter den „Miscellaneous Papers", die Peter King in seiner Sammlung kleinerer nachgelassener Locke-Texte abdruckt, findet sich ein knapp vier Druckseiten umfassendes, auf 1678 datiertes Opusculum mit dem Titel *Relation-Space*, worin Locke bereits ganz ähnlich mit Hilfe eines Substitutionstests anti-cartesisch argumentiert: „The Cartesians will except against me as speaking of space without body, which they make to be the same thing; to whom let me say, that if *spacium* be *corpus*, and *corpus spacium*, then it is as true too that *extensio* is *corpus*, and *corpus extensio*, which is a pretty harsh kind of expression […]" (Locke, in King 1884, 339; Hervorheb. im Orig.).

12 III.x.15, S. 498/14–20; Hervorheb. im Orig. – Auf diese Stelle wurde in der Literatur zwar gelegentlich schon hingewiesen; doch wurde sie meines Wissens noch nicht näher in Augenschein genommen (vgl. Schmidt 1968, 31, Hacking 1975, 6 f. und Hoche 1985, 160).

test nicht einfach nur vollzogen, sondern auch explizit ins methodologische Bewußtsein gehoben, nämlich mit der Bemerkung, daß Wörter, die für dieselben Ideen stehen, „indifferently"[13] austauschbar sein müssen. Wieder arbeitet Locke mit einer kommutativen Einsetzung, diesmal in das Schema

(ii) There is one x of all ys,

einer Einsetzung, welche ganz analog zum ersten Beispiel funktioniert: Zwar kann man sagen: „Es gibt eine Materie, die allen Körpern gemeinsam ist", aber nicht: „Es gibt einen Körper, der allen Materien gemeinsam ist".

Im dritten Substitutionstest stellt Locke den sprachlich zulässigen Satz „Ein Körper ist größer als ein anderer" dem sprachlich unzulässigen Satz „Eine Materie ist größer als eine andere" gegenüber. Diesem Test liegt offenbar das Schema

(iii) One x is bigger than another x

zugrunde, und es scheint mir eine größere Analyseschärfe zu ermöglichen als die Schemata (i) und (ii). Das Durchspielen des Schemas (ii), also die Kontrastierung der Sätze „There is one matter of all bodies" und „There is one body of all matters", hatte kaum mehr als die Einsicht in die Sprachrichtigkeit des ersteren und die Sprachwidrigkeit des letzteren erbracht. Nunmehr dringt die Analyse tiefer und liefert zumindest Hinweise darauf, wie es zu dem schon zuvor konstatierten Unterschied im *logical behaviour*[14] der kritischen Ausdrücke „matter" und „body" kommt. Das Schema (iii) wirft mittels seiner eigenen semantischen Merkmale sozusagen ein Schlaglicht auf genau diejenigen semantischen Merkmale des thematischen Wortpaars, die für das von Locke vorgeführte Scheitern des Substitutionstests verantwortlich sind. Im Jargon unseres Jahrhunderts könnte man Lockes Test vielleicht als einen rekonstruieren, der sortale und

---

13 Es wäre reizvoll herauszufinden, was Locke hier genau mit „indifferently" gemeint hat, vor allem dann, wenn er etwas anderes als „salva veritate" im Sinn gehabt haben sollte.

14 Dieser Ausdruck wurde wohl durch Gilbert Ryle gebräuchlich; vgl. Ryle 1949, 138 und passim. – Auf Ryle anzuspielen, hat in unserem Zusammenhang nichts Willkürliches, da er – nicht zuletzt mit seinem Hauptwerk *The Concept of Mind* – dem Substitutionstest Eingang ins Methodenrepertoire der analytischen Philosophie verschafft hat (vgl. Hoche 1985, 148-165).

nicht-sortale Prädikate zu unterscheiden erlaubt[15], da nur erstere als Einsetzungsinstanzen in Schema (iii) in Frage kommen. Das Resultat dieser Argumentation – zwei Wörter können nicht synonym sein, wenn es sich bei dem einen um ein sortales und bei dem anderen um ein nicht-sortales Prädikat handelt – markiert also genau die Unterschiede in der Sache, über welche sich nach Lockes Meinung die philosophische These, daß Materie und Körper dasselbe seien, fahrlässig hinwegsetzt.

Als letzten Punkt an dem zweiten vorgestellten Zitat möchte ich die ausdrückliche Berufung auf das, was wir gewöhnlich bzw. niemals sagen („we familiarly say" bzw. „I think is never used"), herausstellen; und von erdenklicher Deutlichkeit – „it sounds harsh" – ist auch Lockes Appell an die Instanz des Sprachgefühls, um die Intersubjektivität seiner sprachlichen Befunde abzusichern.

3. Sprachspiel-Analyse

Die letzte Argumentation, die ich für genuin sprachanalytisch halte, ist etwas komplexer als die vorangegangenen. Ihr Thema, welches Locke zwar nicht explizit als solches kennzeichnet, das jedoch an den argumentativen Pointen unschwer erkennbar ist, ist die Frage nach dem Ort des Universums. Die Überlegungen, die Locke im Umkreis dieses kosmologischen Problems (welches er im Zuge seiner Erläuterung der Raumidee streift) anstellt, basieren vor allem auf der Analyse alltagssprachlicher Redeweisen[16].

---

15 Sortalausdrücke unterscheiden sich von anderen Termen dadurch, daß man mit ihrer Hilfe über die Art/Sorte einzelner Gegenstände informieren kann, daß sie sich in den Plural setzen und mit Zahlwörtern verbinden lassen und daß aus der physischen Zerstückelung eines in ihre Extension fallenden Gegenstandes Entitäten mit anderer Gattungszugehörigkeit hervorgehen. Des weiteren erwirbt man mit der Kompetenz zur Verwendung eines sortalen Prädikats die Kompetenz, zwei (oder mehrere) Individuen *derselben* Art zu unterscheiden. – Vgl. Runggaldier 1985, 95–100.

16 Da der hier zugrundezulegende Text, II.xiii.8–10, S. 169/29–171/23, die übliche Zitatlänge überschreitet, paraphrasiere bzw. referiere ich im folgenden das, was mir wesentlich scheint.

Wann sagen wir unter gewöhnlichen, alltäglichen Umständen, daß etwas an derselben Stelle geblieben sei bzw. seinen Platz gewechselt habe? Von Schachfiguren beispielsweise pflegen wir zu sagen, sie hätten ihren Ort nicht verändert, wenn sie auf denselben Feldern des Schachbrettes stehen wie zuvor; das gilt selbst dann, wenn das Schachbrett an einen anderen Ort getragen wurde. Analog verfahren wir bei unserer Beurteilung der Ortsveränderung eines in einer Kajüte aufgestellten Schachbrettes, das in bezug auf diese Kajüte in seiner Position verharrt, wenngleich das Schiff sich fortbewegt hat. Ebenso sprechen wir einem still vor der Küste liegenden Schiff ab, seinen Platz verlassen zu haben, obwohl wir darum wissen, daß die Erde sich gedreht hat.

Die Rechtfertigung für unsere jeweilige Wahl des Bezugsrahmens, innerhalb dessen wir den Dingen Ortsveränderung zu- oder absprechen, liegt einzig und allein in den praktischen Zwecken, in deren Verfolgung unsere Lokalisierungsrede eingebettet ist. Was als Antwort auf die Frage, wo der schwarze König sei, angängig ist, hängt ganz von den Umständen ab: Stehen die Figuren auf dem Schachbrett, ist es angezeigt, das betreffende Feld zu nennen, und nicht, seine Position relativ zur Zimmereinrichtung zu beschreiben. Im umgekehrten Falle, wenn also die Schachfiguren in ihrem Beutel verstaut sind, ist es hingegen die natürlichste Auskunft, die Gegend des Zimmers zu spezifizieren, in welcher sich der schwarze König befindet; und gänzlich verfehlt wäre es nunmehr, seine Lage mit Bezug auf eines der vierundsechzig Felder des Schachbrettes angeben zu wollen. Aus verwandten Gründen ist es höchst uneinschlägig, auf die Frage, wo die Geschichte von Nisus und Euryalus zu finden sei, auf die Bodleian Library in Oxford zu verweisen, statt das neunte Buch von Vergils *Äneis* anzuführen[17].

---

17 Sehr verwandte Überlegungen stellt Descartes in den *Principia philosophiae* II. 13 an; dieser Abschnitt, der sogar zahlreiche Requisiten der Lockeschen Beispielsammlung (Kajüte, Schiff, Erdbewegung) für den Gedanken der Relativität der Ortsbestimmung aufbietet, hat jedoch keinerlei therapeutische Pointe (vgl. Descartes, *Principia* II.13, S. 47). – Sachlich weisen die Räsonnements von Descartes und Locke auffällige Parallelen zu Strawsons berühmten Überlegungen zur Gegenstands- und Orts-(Re-)Identifikation in *Individuals*, Part I.i auf. Dessen Beispielsinventar ist zeitgemäß modernisiert: „My hat is in the same place as it was; for it is still on the back seat of the car. But it is in a different place; for the car has travelled from London to Manchester" (Strawson 1959, 38).

Soweit zunächst die sprachliche Bestandsaufnahme Lockes. Ohne hier nun in eine Wittgenstein-Exegese eintreten zu wollen, scheint es mir auf der Hand zu liegen, daß in den soeben referierten *Essay*-Abschnitten sachlich nichts anderes als die Entfaltung eines Sprachspiels vorliegt. Zur weiteren Verständigung sei hier eine Arbeitsdefinition von „Sprachspiel" eingeschaltet, welche freilich nur einige Züge dieses auch bei Wittgenstein selbst mehrdeutigen Begriffs einfangen kann und soll. Eine hilfreiche Erläuterung bietet in meinen Augen der Neologismus „Logotop", den Hans-Ulrich Hoche in Anlehnung an den Terminus „Biotop" geprägt hat (vgl. Hoche 1985, 67–71). Ein Sprachspiel ist dieser Charakterisierung zufolge eine repräsentative Beispielsammlung bestimmter Wörter (Wortfeldnachbarn), Wendungen oder ganzer Sätze und Sequenzen in ihrer alltäglichen, natürlichen, sozusagen heimatlichen Umgebung, in welcher ihre kommunikative Verwendung in der Regel problemlos funktioniert[18]. Es exponiert also jene „normalen Fälle[…]", von denen Wittgenstein sagt, in ihnen sei „der Gebrauch der Worte uns klar vorgezeichnet; wir wissen, haben keinen Zweifel, was wir in diesem oder jenem Fall zu sagen haben".[19]

Kehren wir zu Lockes Argumentation zurück, die eine kosmologische Fragestellung so überaus unkosmologisch traktiert, so zeigt sich, daß die therapeutischen Ambitionen, die bei Wittgenstein mit dem Sprachspielbegriff verknüpft sind, auch bei Locke durchaus zum Tragen kommen[20]. Ohne Umschweife schließt er zunächst aus den zusammengetragenen sprachlichen Fakten auf die wesentlich relative Orientiertheit unserer Ortsvorstellungen:

18 „[…] die Sprachspiele [stehen] da als *Vergleichsobjekte*, die durch Ähnlichkeit und Unähnlichkeit ein Licht in die Verhältnisse unsrer Sprache werfen sollen." (Wittgenstein 1989, PU § 130, S. 304; Hervorheb. im Orig.) – „Ich werde auch das Ganze: der Sprache und der Tätigkeiten, mit denen sie verwoben ist, das ‚Sprachspiel‘ nennen." (Ebenda § 7, S. 241.) – „Es zerstreut den Nebel, wenn wir die Erscheinungen der Sprache an primitiven Arten ihrer Verwendung studieren, in denen man den Zweck und das Funktionieren der Wörter klar übersehen kann." (Ebenda § 5, S. 239.)
19 Wittgenstein 1989, PU § 142, S. 311.
20 Lockes ganze Unternehmung läßt sich zwanglos als „ein Zusammentragen von Erinnerungen zu einem bestimmten Zweck" (Wittgenstein 1989, PU § 127, S. 303) interpretieren; die Erinnerungen gelten unserer Redepraxis, der Zweck ist ein therapeutischer. Siehe auch: „Diese [philosophischen; R.W.P.] Probleme werden gelöst, nicht durch Beibringen neuer Erfahrung, sondern durch Zusammenstellung des längst Bekannten." (Ebenda § 109, S. 298 f.)

Wann immer wir eine Positionsaussage über ein Ding treffen, beziehen wir uns auf andere Dinge in seiner näheren oder ferneren Umgebung; diese lassen wir gleichsam ad hoc ein Koordinatensystem bilden, welches wir dann zur Grundlage der unserer jeweiligen Situation pragmatisch angemessenen Ortsangabe machen.

Versuchen wir nun, dieses Verfahren auch für die Frage, wo sich das Universum befindet, durchzuhalten, so stoßen wir auf unüberwindliche Schwierigkeiten. Da unter den Begriff des Universums (jedenfalls unter den, welchen Locke seinen Überlegungen zugrundelegt)[21] bereits die Gesamtheit aller physischen Entitäten fällt, finden wir keine der dringend benötigten körperlichen Angelpunkte außerhalb des zu lokalisierenden Universums mehr, die wir zur Basis unserer Ortsangabe machen könnten[22]. Daraus ergibt sich die auf den ersten Blick merkwürdige Asymmetrie, „that we can have no *Idea* of the Place of the Universe, though we can of all the parts of it" (II.xiii.10, S. 171/6–8; Hervorheb. im Orig.). Dem zweiten Blick erschließt sich jedoch das Wesen dieser Asymmetrie darin, daß zwischen den beiden Fällen eine harte Demarkationslinie verläuft: die zwischen sinnvoll und sinnlos.

Wittgenstein spricht die Forderung aus: „Wenn die Philosophen ein Wort gebrauchen [...], muß man sich immer fragen: Wird denn dieses Wort in der Sprache, in der es seine Heimat hat, je tatsächlich so gebraucht?" (Wittgenstein 1989, PU § 116, S. 300.) Locke ist einer solchen Forderung nachgekommen, und seine diesbezüglichen Überlegungen weisen eindeutig in die Richtung, daß die Frage nach dem Ort des Universums nicht sinnvoll stellbar ist. Daß Locke tatsächlich auf dieser Linie liegt, zeigt seine subtile Abweisung eines möglichen Einwands: Aus der offenkundigen Unanstößigkeit des Satzes „the world is some-

---

21 Vgl. auch Locke, *Draft B* § 61 (*Drafts*, 165: „[...] that great collective Idea of all bodys what soever signified by the Name World [...]."
22 Selbst wenn es sich anders verhielte, würde sich (so dürfen wir den Ansatz Lockes ergänzen) überdies ein empfindlicher Mangel an Hinsichten bemerkbar machen, die eine pragmatisch sinnvolle Selektion unter den möglichen Lokalisierungsvarianten leiten könnten – und zwar ganz einfach deshalb, weil die philosophisch/kosmologische Frage „Wo befindet sich das Universum?", gemessen an Fragen wie „Wo ist der schwarze König?" oder „Wo steht das Schachbrett?", über keine vergleichbare Verankerung in irgendwelchen *Lebensformen* verfügt.

where" folgt die Unanstößigkeit von Aussagen über den Ort des Universums deshalb nicht, „[f]or to say that the World is somewhere, means no more, than that it does exist; this though a Phrase, borrowed from Place, signifying only its Existence, not Location" (II.xiii.10, S. 171/12-14). Locke leistet hier in meinen Augen der Sache nach so etwas wie die Unterscheidung einer Oberflächen- und einer Tiefengrammatik des Satzes „die Welt ist irgendwo", und er bringt jenen Einwand durch den Nachweis zum Scheitern, daß der Satz, der eine indefinite Ortsangabe zu sein scheint, nichts anderes ist als eine verkleidete Existenzaussage.

Die skizzierte umfängliche Argumentation Lockes zur Frage, wo sich das Universum befindet, hat – so dürfen wir mit Wittgenstein formulieren – als Ergebnis „die Entdeckung irgendeines schlichten Unsinns und Beulen, die sich der Verstand beim Anrennen an die Grenze der Sprache geholt hat" (Wittgenstein 1989, PU § 119, S. 301). Oder kürzer: „Der Philosoph behandelt eine Frage; wie eine Krankheit."[23]

---

23 Wittgenstein 1989, PU § 255, S. 360. – Für wichtige Hinweise und wertvolle Kritik danke ich Rainer Specht, Axel Bühler, Hans Jürgen Wendel und Edith Puster.

Literatur

Descartes, René 1964: Principia philosophiae. Publiées par Charles Adam et Paul Tannery (= Œuvres de Descartes; 8.1.). Paris. Abk.: *Principia*.

Hacking, Ian 1975: Why does Language matter to Philosophy? Cambridge u. a.

Hartmann, Nicolai 1957: Der philosophische Gedanke und seine Geschichte. In: Ders.: Kleinere Schriften. Band 2: Abhandlungen zur Philosophie-Geschichte. Berlin, 1–48.

Hoche, Hans-Ulrich 1985: Grundzüge und Möglichkeiten der analytischen Philosophie. In: Ders. und Werner Strube: Analytische Philosophie. Freiburg i.Br. u. a. (Handbuch Philosophie), 21–203.

King, Peter 1884: The Life and Letters of John Locke: with Extracts from his Journals and Common-Place Books. Nachdruck: New York, N.Y. 1972. (= Philosophy and Religious History Monographs; 93).

Runggaldier, Edmund 1985: Zeichen und Bezeichnetes: Sprachphilosophische Untersuchungen zum Problem der Referenz. Berlin u. a. (Grundlagen der Kommunikation).

Ryle, Gilbert 1949: The Concept of Mind. London u. a.

Schmidt, Siegfried J. 1968: Sprache und Denken als sprachphilosophisches Problem von Locke bis Wittgenstein. Den Haag.

Strawson, Peter F. 1959: Individuals: An Essay in Descriptive Metaphysics. London.

Wittgenstein, Ludwig 1989: Philosophische Untersuchungen. In: Ders.: Werkausgabe. Band 1: Tractatus logico-philosophicus. Tagebücher 1914–1916. Philosophische Untersuchungen. Frankfurt a.M., 225–580. Abk.: PU.

John Colman

Lockes Theorie der empirischen Erkenntnis

Essay IV.i–iii, vi, xi–xii

Einer der häufigsten Einwände gegen Lockes Erkenntnistheorie ist, daß sie für empirische Erkenntnis keinen Raum bietet. Erkenntnis wird im vierten Buch des *Essay* als „*the perception of the connexion and agreement, or disagreement and repugnancy of any of our Ideas*" definiert (IV.i.2)[1]. Locke läßt keinen Zweifel daran, daß diese Definition sich auf alle Fälle der Erkenntnis beziehen soll: „Where this Perception is, there is Knowledge, and where it is not, there, though we may fancy, guess, or believe, yet we always come short of Knowledge" (ibid.). Die Definition charakterisiert den Akt der Erkenntnis als Perzeption und charakterisiert diese anschließend in bezug auf das, was perzipiert wird – die Verknüpfung usw. von Ideen. Die Frage, um die es im vorliegenden Kapitel geht, ergibt sich aus dieser zweiten Charakterisierung.

Genaugenommen gibt es zwei Fragen. Erstens: Wenn sich Erkenntnis allein auf Ideen „in the mind" bezieht, wie können dann unsere Aussagen über Dinge in der Welt je begründet werden: wie kann insbesondere der Erkenntnisanspruch empirischer Aussagen über materielle Gegenstände begründet werden? Dieses Begründungsproblem darf jedoch nicht mit dem zweiten Problem verwechselt werden, das sich aus Lockes Definition ergibt. Locke behauptet: „our Knowledge ... all consists in Propositions" (II.xxxiii.19). In *Elements of Natural Philosophy* schreibt er,

---

1 Zitate aus Lockes *Essay* beziehen sich auf die Ausgabe von P. H. Nidditch (Oxford 1975).

Erkenntnis „consists of the perception of the truth of affirmative, or negative propositions" (*Works* 3, 329)[2]. Diese Perzeption, so fährt er fort, ist immer entweder eine unmittelbare oder mittelbare „perception of the agreement or disagreement of two ideas" (ibid.). Wenn wir diese Bemerkungen mit der Definition von Erkenntnis verbinden, so ergibt dies folgendes: Erkenntnis bezieht sich stets auf die Wahrheit von Aussagen und besteht in der Perzeption der Übereinstimmung oder Nichtübereinstimmung von Ideen (wobei „Übereinstimmung oder Nichtübereinstimmung" hier verkürzt steht für „connexion and agreement, or disagreement and repugnancy" in Lockes Definition). Von welcher Art Aussagen kann nun durch die Perzeption der Übereinstimmung oder Nichtübereinstimmung von Ideen gewußt werden, daß sie wahr sind? Zur Beantwortung dieser Frage muß offensichtlich geklärt werden, was der Ausdruck „agreement or disagreement of ideas" bedeutet. Es ist bekannt, daß Locke den Terminus „idea" im *Essay* in vielfältiger Bedeutung verwendet. Es wird jedoch allgemein davon ausgegangen, daß Ideen in seiner Definition von Erkenntnis als Begriffe aufzufassen sind. Somit wäre ihre Übereinstimmung oder Nichtübereinstimmung als begriffliches Verhältnis aufzufassen[3]. Wenn dies zuträfe, würden alle Aussagen, die wir zu wissen in der Lage sind, universell sein, sie drückten begriffliche Wahrheiten aus und würden *a priori* erkannt. Kontingente empirische Aussagen könnten demnach

---

2 Vgl. auch Lockes *Second Reply* an Stillingfleet: „Every thing which we either know or believe, is some proposition" (*Works* 4, 357). Ruth Mattern hat Lockes Auffassung, daß Erkenntnis propositional ist, in einem wichtigen Aufsatz diskutiert (Mattern 1978). Mattern behauptet, Locke würde die Formulierung „agreement, or disagreement of ideas" auf zwei Weisen verwenden: (a) als Verweis auf Verknüpfungen zwischen Ideen, (b) als Verweis auf die Wahrheit oder Falschheit von Aussagen. Meines Erachtens ist für Locke die Perzeption der Wahrheit oder Falschheit einer Aussage stets ein Perzipieren der Übereinstimmung oder Nichtübereinstimmung von Ideen, wobei diese Ideen entweder die abstrakten Ideen, die in der Aussage selbst aufeinanderbezogen werden, oder Ideen (Qualitäten) in Dingen sind.
3 John Yolton meint, daß Locke, da er von „agreement or disagreement of ideas" spricht, der Auffassung sei, Erkenntnis könne gelegentlich aus der Perzeption einer Übereinstimmung oder Nichtübereinstimmung zwischen unseren Ideen und Aspekten der Außenwelt bestehen. Vgl. Yolton 1970, 110–11. Vom Text selbst scheint diese Interpretation jedoch nicht gestützt zu werden. Vgl. Mattern 1978, 680–81.

nicht mit Erkenntnisanspruch auftreten. Die Frage danach, wie wir die Behauptung begründen können, die Wahrheit oder Falschheit solcher Aussagen zu kennen, stellte sich gar nicht, da Locke leugnet, daß eine solche Behauptung überhaupt aufgestellt werden kann. Freilich kann es für einen Philosophen gute Gründe geben, den Erkenntnisbegriff sehr eng zu fassen, auch wenn dies bedeutet, daß vieles, von dem wir gewöhnlicherweise sagen, wir würden es wissen, ausgeschlossen wird. Locke setzt „erkennen" mit „Gewißheit haben" gleich[4], und eine der Hauptaufgaben des *Essay* ist es, zwischen Erkenntnis bzw. Gewißheit (*certainty*) und wahrscheinlicher Meinung zu unterscheiden. Nun wirft nicht allein Lockes vermeintlich restriktive Definition der Erkenntnis Fragen auf. Weitere Fragen entstehen durch die Verbindung von dieser Definition mit seiner Behauptung, wir hätten von kontingenter Wahrheit aposteriorische Erkenntnis.

Zahlreiche Kritiker halten Lockes Auffassung von Erkenntnis einfach für widersprüchlich. Ihm sei bewußt – oder halbbewußt –, daß seine offizielle Definition von Erkenntnis empirische Erkenntnis ausschließt, und er versuche, durch die Einführung einer separaten Theorie der von ihm sogenannten „sensitiven Erkenntnis" einen Ausweg zu finden[5]. Diese wird definiert als Erkenntnis „of the existence of particular external Objects, by that perception and Consciousness we have of the actual entrance of *Ideas* from them" (IV.ii.14); allerdings ist schon oft darauf hingewiesen worden, daß diese Erkenntnis bestenfalls ein Beispiel ist

---

4 Vgl. Lockes *Reply* an Stillingfleet: „... with me, to know and be certain, is the same thing: what I know, that I am certain of; and what I am certain of, that I know. What reaches to knowledge, I think may be called certainty; and what comes short of certainty, I think cannot be called knowledge" (*Works* 4, 145).

5 Das Urteil R. I. Aarons ist typisch: „(Locke) opens Book IV of the *Essay* with a theory of knowledge applicable, as it proves, merely to knowledge of relations between abstract ideas, a universal, hypothetical, and highly abstract knowledge of particular existences. Consequently Locke's whole account of knowledge is far from consistent, for he does not even try to remove this dualism or to relate the two theories" (Aaron 1971). Vgl. ebenfalls die Auffassung von John Jenkins „that when Locke ... comes face to face with the straightforward type of sensory knowledge ... he finds that the model (of knowledge as discerning relations between ideas) does not fit" (Jenkins 1983). R. S. Woolhouse meint: „Locke's distinction between ‚knowledge' and ‚opinion' looks forward to a more recent distinction between a priori and a posteriori knowledge" (Woolhouse 1983, 87).

für die Perzeption einer Relation zwischen einer Idee und einer Entität, die keine Idee ist.

Somit ist das Begründungsproblem der Frage nach Lockes Widersprüchlichkeit untergeordnet. Hier soll dargestellt werden, daß er innerhalb der Grenzen seiner offiziellen Definition einer Art empirischer Erkenntnis einen Platz einräumt. Diese Erkenntnis ist keine sensitive Erkenntnis, sondern das, was er gelegentlich als „experimentelle Erkenntnis" bezeichnet. Anschließend soll gezeigt werden, wie diese Erkenntnis zusammen mit der sensitiven Erkenntnis Lockes Auffassung von empirischer Erkenntnis ausmacht.

1. Ideen

Wie bei allen Untersuchungen zu Lockes Erkenntnistheorie muß auch hier zunächst seine Verwendung des Terminus' „idea" erläutert werden[6]. Lockes erklärte Absicht ist es, eine „historische" Darstellung der Entwicklung des Geistes zu bieten (angefangen beim ursprünglichen Zustand des Geistes als *tabula rasa*) und von den Operationen des Verstandes, die im Laufe dieser Entwicklung vorgenommen werden. Ideen bilden das für den Verstand notwendige Material, damit dieser seine angeborene Denkfähigkeit ausüben kann. Somit lautet Lockes Definition von „idea" wie folgt: „... that Term, which, I think, serves best to stand for whatsoever is the Object of the Understanding when a Man thinks ... whatever it is, which the Mind can be employ'd about in thinking" (I.i.8).

---

6 Das Begründungsproblem wird üblicherweise in bezug auf den ontologischen Status von Lockes Ideen diskutiert, da sie den Inhalt der Sinneswahrnehmung ausmachen. Sind für ihn Ideen geistige Entitäten, die „für" Dinge in der Außenwelt „stehen"? Oder entspricht die Idee eines Dinges in einer Wahrnehmungssituation dem Ding, wie es dem Perzipierenden erscheint? Eine kurze Zusammenfassung dieser beiden Ansichten zu Lockes Ideen findet sich unter dem Eintrag „Idea" bei Yolton 1993. Da es im vorliegenden Beitrag nicht um das Begründungsproblem geht, wird hier nicht für eine bestimmte Interpretation des Wesens von Lockes Ideen argumentiert. Zu einer umfassenden Diskussion von Lockes Ideen, ihren Funktionen und dem historischen Hintergrund zu seiner Verwendung des Begriffs der Idee vgl. Ayers 1991; Band I, Teil 1.

Ein Hinweis auf die vielfältigen Funktionen, die den Ideen nach Locke zukommen, findet sich in folgendem Passus: „The Senses at first let in particular *Ideas*, and furnish the yet empty Cabinet: And the Mind by degrees growing familiar with some of them, they are lodged in the Memory, and Names got to them. Afterwards the Mind proceeding farther, abstracts them, and by Degrees learns the use of general Names. In this manner the Mind comes to be furnish'd with *Ideas* and Language, the Materials about which to exercise its discursive Faculty" (I.ii.15).

Ideen sind zunächst Perzeptionen oder Erfahrungsinhalte. Wenn diese im Gedächtnis Aufnahme gefunden haben – was lediglich bedeutet, daß der Verstand eine Idee vom gleichen Typus wie die ursprüngliche Perzeption wieder aufleben lassen kann –, können sie als Zeichen für Dinge verwendet werden, so daß der Verstand in der Lage ist, ohne deren Anwesenheit an diese Dinge zu denken. In diesem Stadium können Worte als Zeichen für diese Ideenzeichen verwendet werden, so daß sich Sprache hier als Träger für die Übermittlung von Gedanken von einer Person zur anderen entwickelt. Später bildet der Verstand abstrakte Ideen, denen er allgemeine Namen verleiht. Ontologisch sind abstrakte Ideen, wie alle anderen Ideen, bestimmte, vom Verstand abhängige Gegenstände. Doch unterscheiden sie sich von den nicht-abstrakten Ideen, die zunächst als Zeichen gebildet wurden, darin, daß sie nicht darauf beschränkt sind, ein bestimmtes Ding, das zufällig für die ins Gedächtnis aufgenommene Perzeption verantwortlich war, vorzustellen. Im Gegenteil, abstrakte Ideen fungieren als „Standards to rank real Existences into sorts, as they agree with these Patterns, and to *denominate* them accordingly" (II.xi.9). Eine abstrakte Idee ist ein Zeichen für eine unbestimmte Anzahl von Einzeldingen, die nur durch die Bedingung begrenzt ist, daß jedes Einzelding die Merkmale aufweisen muß, die der Verstand für die Herausbildung der abstrakten Idee ausgewählt hat. Der Verstand verwendet jedoch abstrakte Ideen nicht nur beim Klassifizieren von Einzeldingen. Er betrachtet auch diese Ideen selbst und sucht nach Verknüpfungen zwischen ihnen. Abstrakte Ideen sind somit Begriffe, zwischen denen der Verstand logische Relationen erkennen kann.

Ideen sind auch Bestandteile von Aussagen. Gemäß Locke besteht das Formulieren einer Aussage in dem „*joining* or *separating* of signs" (IV.v.2). Wenn die Zeichen, die der Verstand benutzt,

Ideen sind, handelt es sich um eine „mentale Aussage". Locke erkennt ebenfalls „verbale Aussagen" an, hier bestehen die Zeichen aus Worten. Doch müssen die Worte selbst, wenn sie Bedeutung haben sollen, Zeichen von Ideen sein. Somit sind verbale Aussagen von mentalen Aussagen abhängig. Im Prinzip könnte jede verbale Aussage durch die ihr entsprechende mentale Aussage ersetzt werden.

Schließlich muß eine weitere Bedeutung des Ausdrucks „idea" hervorgehoben werden. Locke verwendet den Ausdruck in Kontexten, in denen wir normalerweise von Eigenschaften von materiellen Gegenständen sprechen würden, wie etwa in folgendem Beispiel: „... we cannot observe any alteration to be made in, or operation upon any thing, but by the observable change of its sensible *Ideas*; nor conceive any alteration to be made, but by conceiving a Change of some of its *Ideas*" (II.xxi.1).

In einem viel diskutierten Passus erklärt Locke diese scheinbar absurde Zuordnung eines geistigen Gegenstandes an materielle Gegenstände: „Whatsoever the Mind perceives in it self, or is the immediate object of Perception, Thought, or Understanding, that I call *Idea*; and the Power to produce any *Idea* in our mind, I call *Quality* of the Subject wherein that power is. Thus a Snowball having the power to produce in us the *Ideas* of *White*, *Cold*, and *Round*, the Powers to produce those *Ideas* in us, as they are in the Snow-ball, I call *Qualities*; and as they are Sensations or Perceptions, in our Understandings, I call them *Ideas*: which *Ideas*, if I speak of sometimes, as in the things themselves, I would be understood to mean those Qualities in the Objects which produce them in us" (II.viii.8).

Die Interpretation dieser Textstelle erweist sich wegen des zweifachen, uneindeutigen Bezugs von „they" als problematisch. Es steht fest, daß Locke Qualitäten, die in materiellen Gegenständen vorkommen, von selbständigen Ideen unterscheiden will. Wenn sich aber „they" in beiden Fällen auf Ideen bezieht, dann befänden sich die Ideen (als Qualitäten) sowohl im Gegenstand als auch im Verstand; wenn „they" auf die Kräfte verweist, dann sind die Kräfte im Verstand (als Ideen) und auch im Gegenstand. Nach beiden Lesarten mißlingt die von Locke intendierte Unterscheidung.

Meines Erachtens ergibt diese Textstelle einen Sinn, wenn wir sie vor dem Hintergrund der korpuskularistischen Theorie materieller Gegenstände lesen[7]. Gemäß dieser Theorie ist der Schneeball, wie er in der Welt existiert, ein Komplex von atomaren Teilchen oder Korpuskeln, die lediglich primäre Qualitäten wie Festigkeit, Ausdehnung, Gestalt und Beweglichkeit besitzen. Die verschiedenen Konfigurationen, in denen diese Atome auftreten, bewirken in uns als den wahrnehmenden Subjekten Sinneswahrnehmungen oder Ideen von Farbe, Kälte und Gestalt[8]. Bei der Beschreibung eines Schneeballs oder irgendeines anderen Gegenstandes schreiben wir diesem jene Qualitäten zu, die von uns wahrgenommen werden; d. h. wir beschreiben ihn mit Hilfe von Lockes „sekundären Qualitäten", die ohne ein wahrnehmendes Subjekt nicht existieren: „*Flame* is denominated *Hot* and *Light*; *Snow White* and *Cold*; and *Manna White* and *Sweet*, from the *Ideas* they produce in us" (II.viii.16).

Diese Qualitäten sind im Gegenstand lediglich Kräfte, die diese Sinneswahrnehmungen in uns entstehen lassen. Doch sind diese perzipierten Qualitäten in einem gewissen Sinne auch Kräfte in uns. Locke unterscheidet zwischen aktiver und passiver Kraft. Erstere ist die Fähigkeit eines Dinges, eine Veränderung herbeizuführen, letztere die Fähigkeit, verändert zu werden (II.xxi.2). Der materielle Gegenstand könnte nicht die aktive Kraft haben, Ideen im Verstand zu produzieren, wenn nicht der Verstand die passive Kraft besäße, diese Ideen in ihm entstehen zu lassen[9]. Somit kann Locke sinnvollerweise von der (aktiven) Kraft, die Sinneswahrnehmungen im Verstand hervorruft, sagen, sie existiere in den Gegenständen, und von der korrelationalen (passiven) Kraft, durch die wir Sinneswahrnehmungen empfan-

---

[7] Locke übernimmt Boyles korpuskularistische Hypothese. Vgl. dazu IV.iii.16; auch III.iii.17. Die ausführlichste Untersuchung zu Lockes Erkenntnistheorie und der korpuskularistischen Hypothese ist Alexander 1985.

[8] Es könnte behauptet werden, daß die Form eines Schneeballs seine Gestalt ist und somit zu den primären Qualitäten zählt. Locke weist jedoch darauf hin, daß Gestalt als Gegenstand des Gesichtsinns von der sekundären Qualität der Farbe nicht zu trennen ist: „Besides colour, we are supposed to see figure; but, in truth, that which we perceive when we see figure, as perceivable by sight, is nothing but the termination of colour" (*Elements of Natural Philosophy* in: *Works* 3, 325).

[9] Vgl. II.xxxi.2: „... were there no fit Organs to receive the impressions Fire makes on the Sight and Touch; nor a Mind joined to those Organs to receive the *Ideas* of Light and Heat, by those impressions from the Fire, or the Sun, there would yet be no more Light, or Heat in the World, than there would be Pain if there were no sensible Creature to feel it."

gen können, sie existiere in uns. Trotzdem hätte Locke all dies deutlicher darstellen können, wenn er etwa, anstatt den Ausdruck „Idee" für Eigenschaften von Gegenständen zu verwenden, einfach darauf hingewiesen hätte, wir sollten nicht länger von Schneebällen als weiß und kalt sprechen. Es ist jedoch nicht Lockes Anliegen, Gegenstände zu beschreiben, wie sie in der Außenwelt existieren, sondern eine „historische" Darstellung der Verstandestätigkeiten vorzunehmen, d. h. von unserem Denken über solche Gegenstände, unseren Ideen von ihnen[10].

Über diese Bedeutung von „Idee" als etwas, das sich auf Eigenschaften von Gegenständen bezieht, wird weiter unten mehr gesagt. Hier kann nur darauf hingewiesen werden, daß der Ausdruck „Übereinstimmung oder Nichtübereinstimmung von Ideen" keinen Hinweis darauf enthält, daß „Idee" in einem bestimmten Lockeschen Sinne und nicht in einem anderen aufgefaßt werden sollte. Es liegt keineswegs auf der Hand, daß „Idee" als Begriff verstanden werden muß. Ebensowenig steht fest, daß es sich bei den Ideen, die in „mentalen Aussagen" verknüpft oder getrennt werden, um abstrakte Ideen oder Begriffe handeln muß. Der Verstand kann Ideen als Zeichen verwenden und ihnen vor dem Bilden von abstrakten Ideen Namen geben.

2. Experimentelle Erkenntnis

Die Frage, ob Locke widerspruchsfrei annehmen kann, daß eine empirische Erkenntnis von kontingenten Aussagen möglich ist, wird meist im Zusammenhang mit seinem Begriff der sensitiven Erkenntnis diskutiert. Gelegentlich erwähnt Locke jedoch auch eine etwas andere Art empirischer Erkenntnis, die er „experimentelle Erkenntnis" nennt: „The Things that, as far as our Observation reaches, we constantly find to proceed regularly, we may conclude, do act by a Law set them; but yet by a Law, that we know not: whereby, though Causes work steadily, and Effects constantly flow from them, yet their *Connexions* and *Dependancies* being not discoverable in our *Ideas*, we can have but an experimental Knowledge of them" (IV.iii.29).

---

10 Eine andere Interpretation hierzu findet sich bei Alexander 1985, 116–117.

Obwohl sensitive und experimentelle Erkenntnis gleichermaßen durch die Sinne erworben werden, müssen sie doch voneinander unterschieden werden. Aus der Definition von sensitiver Erkenntnis geht hervor, daß es hier um die Existenz bestimmter Einzeldinge geht. Wenn ich also aufgrund von Erfahrung behaupte, daß vor mir ein Stück Gold liegt, so erhebe ich Anspruch auf sensitive Erkenntnis. Experimentelle Erkenntnis hingegen betrifft „secondary Qualities, Powers, and Operations" von Körpern (ibid.). Aussagen, die diese Art von Erkenntnis ausdrücken, setzen die Existenz des materiellen Dinges voraus und behaupten, daß es bestimmte Eigenschaften hat, auf andere Dinge auf bestimmte Weise einwirkt, usw.

Locke widmet dem Akt der Erkenntnis – der Perzeption – und dem Gegenstand der Erkenntnis – der Übereinstimmung oder Nichtübereinstimmung von Ideen – separate Kapitel. Ersteres Problem wird in IV.ii behandelt, letzteres findet sich hauptsächlich in IV.i und IV.iii. In bezug auf den Akt der Erkenntnis unterscheidet er zwischen intuitiver, demonstrativer und sensitiver Erkenntnis. Seine Auffassung von experimenteller Erkenntnis läßt sich jedoch am ehesten in seiner Behandlung des Gegenstandes der Erkenntnis nachvollziehen.

Locke behauptet, es gebe letztlich vier Arten der Übereinstimmung oder Nichtübereinstimmung von Ideen: „1. *Identity, or Diversity.* 2. *Relation.* 3. *Co-existence,* or *necessary connexion.* 4. *Real existence*" (IV.i.3). Die zweite und dritte Art sind für unsere Fragestellung hauptsächlich von Interesse. Denn die Erkenntnis der Identität oder Verschiedenheit ist im Grunde eine Voraussetzung für Erkenntnis. Sie besteht in der Erkenntnis, daß jede Idee mit sich selbst identisch ist und sich von allen anderen Ideen unterscheidet. Offensichtlich könnten wir nicht Übereinstimmungen oder Nichtübereinstimmungen zwischen Ideen perzipieren, wenn wir unsere Ideen nicht voneinander unterscheiden könnten. Und „real existence" bezieht sich auf die intuitive Erkenntnis unserer eigenen Existenz, die demonstrative Erkenntnis der Existenz Gottes und die sensitive Erkenntnis der Existenz von materiellen Gegenständen.

Erkenntnis der unter 2) genannten „Relation" besteht in „*the Perception of the Relation between any two Ideas*, of what kind soever, whether Substances, Modes, or any other" (IV.i.5). Diese „relationale Erkenntnis" kann zwar unmittelbar durch Intuition erworben werden, doch wird sie nach Locke zumeist durch Demonstration erlangt. Als Beispiel dieser Erkenntnis nennt er die mathematische Wahrheit: „*Two Triangles upon equal Basis, between Two Parallels are equal*" (IV.i.7). Relationale Erkenntnis ist genau die Art der Erkenntnis, die in der Sekundärliteratur oft als die einzige Erkenntnisart angesehen wird, die es gemäß Lockes Definition geben kann; es ist eine apriorische Erkenntnis von begrifflichen Verhältnissen: „In some of our *Ideas* there are certain Relations, Habitudes, and Connexions, so visibly included in the Nature of the *Ideas* themselves, that we cannot conceive them separable from them, by any Power whatsoever. And in these only, we are capable of certain and universal Knowledge" (IV.iii.29).

Genaugenommen ist jede demonstrative Erkenntnis in die zweite Gruppe einzuordnen. Eine Ausnahme macht Locke jedoch; die demonstrative Erkenntnis von der Existenz Gottes gehört für ihn in die vierte Gruppe, „real existence".

Relationale Erkenntnis wird als eine Erkenntnis eingeführt, die sich mit Ideen jeglicher Art befaßt. Die Erkenntnis der dritten Art hat nach Locke einen geringeren Umfang. Sie besteht in der Perzeption von „*Co-existence*, or *Non-co-existence* in the same Subject; and this belongs particularly to Substances" (IV.i.6). Locke illustriert diese Erkenntnis am Beispiel von Gold und seinen Eigenschaften: „... when we pronounce concerning *Gold*, that it is fixed, our Knowledge of this Truth amounts to no more but this, that fixedness, or a power to remain in the Fire unconsumed, is an *Idea*, that always accompanies, and is join'd with that particular sort of Yellowness, Weight, Fusibility, Malleableness, and Solubility in *Aqua Regia*, which make our complex *Idea*, signified by the word Gold" (ibid.).

Es sei darauf hingewiesen, daß Locke bei der Behandlung dieser Erkenntnisart den ursprünglichen Verweis auf eine „necessary connexion" wegläßt. Und in der Tat sollte er weggelassen werden. Denn „necessary connexion" legt nahe, daß Gold nicht anders als fest (*fixed*) sein kann. Doch handelt es sich bei Lockes Beispiel für die Erkenntnis von Koexistenz eindeutig um eine kontingente, empirische und aposteriorisch gewußte Wahrheit.

Die Aussage „gold is fixed" kann als Beispiel für Lockes experimentelle Erkenntnis dienen. Doch gibt es dabei eine Schwierigkeit. Experimentelle Erkenntnis ist empirische Erkenntnis von Dingen und ihren Eigenschaften, die in der Außenwelt existieren. Das Zitat aus IV.i.6 zeigt, daß die Erkenntnis dieser Aussage „amounts to no more", als daß die *Idee* von Festigkeit stets die *Idee* von Gold begleitet. Was auch immer die Perzeption von dieser Koexistenz sein mag, auf jeden Fall scheint sie sich von der Beobachtung zu unterscheiden, daß Gold die physische Qualität der Festigkeit besitzt.

Wenn wir die oben erwähnte Textstelle zum „Schneeball"-Beispiel in Betracht ziehen, läßt sich diese Schwierigkeit jedoch ausräumen: Locke spricht in der Tat gelegentlich von Ideen als etwas, das in den Dingen selbst existiert, d. h. als Qualitäten. Das Zitat aus IV.i.6 kann daher so aufgefaßt werden, daß hier von der Perzeption (der sinnlichen Erfahrung) der Koexistenz von Qualitäten in Dingen die Rede ist, die in der Außenwelt existieren. Und Locke spricht tatsächlich davon, daß wir die Erkenntnis von der Koexistenz von Qualitäten durch Erfahrung erwerben. So stellt er beispielsweise in IV.iii.14 fest: „all the Qualities that are *co-existent* in any Subject, without this dependence and evident connexion of their *Ideas* one with another, we cannot know certainly any two to *co-exist* any farther than Experience, by our Senses, informs us." Und in IV.xii.9 „*Experience here must teach me*, what Reason cannot: and 'tis by trying alone, that I can certainly know, what other Qualities co-exist with those of my complex *Idea* (of gold)." Selbstverständlich erhalten wir durch Erfahrung keine Information darüber, wie Eigenschaften unabhängig von unserer Erfahrung in den Dingen existieren (als Kräfte), sondern nur darüber, wie sie uns erscheinen (als Ideen).

Lockes „perception of co-existence, or non-co-existence in the same subject" schließt also Erfahrung von Eigenschaften der Dinge ein. Somit ist der Begriff experimenteller Erkenntnis mit seiner Formulierung „Übereinstimmung oder Nichtübereinstimmung von Ideen" vereinbar. Ist der Begriff von experimenteller Erkenntnis auch mit seiner Auffassung vereinbar, daß alle Erkenntnis propositional ist? Durch das Formulieren einer Aussage – das Zusammenfügen oder Trennen von Zeichen – erhalten wir etwas, dessen Wahrheit oder Falschheit wir erkennen können; es *konstituiert* aber ganz offensichtlich nicht Erkenntnis von etwas. Nachdem wir die Aussage gebildet haben, müssen wir herausfinden, ob sie wahr oder falsch ist. Wenn die Aussage eine begriffliche Wahrheit (oder Unwahrheit) ausdrückt, stellen wir dies allein durch eine Betrachtung der abstrakten Ideen fest, die der

Verstand beim Bilden der Aussage zusammengefügt oder getrennt hat. Drückt die Aussage eine empirische Wahrheit (oder Unwahrheit) aus, kann dies nur aposteriorisch verifiziert werden. Locke macht deutlich, daß der Akt der Erkenntnis aus einer Sinneswahrnehmung wie auch aus einer intellektuellen Perzeption von logischen Verknüpfungen zwischen abstrakten Ideen oder Begriffen bestehen kann. Bei der Diskussion unserer Erkenntnis von Eigenschaften materieller Substanzen sagt er: „... this *coexistence* can be no farther known, than it is perceived; and it cannot be perceived but either in particular Subjects, by the observation of our Senses, or in general, by the necessary *connexion* of the *Ideas* themselves" (IV.iii.14). Wenn wir die Wahrheit einer empirischen Aussage perzipieren, handelt es sich um den zuerst genannten Fall, d. i. um Erkenntnis durch die Beobachtung unserer Sinne.

„*Truth*", schreibt Locke, „signif[ies] nothing but *the joining or separating of Signs, as the Things signified by them, do agree or disagree one with another*" (IV.v.2). Nach der hier dargelegten Interpretation geht Locke davon aus, daß wir experimentelle Erkenntnis von Dingen dann erwerben, wenn wir die Koexistenz oder Nichtkoexistenz der wahrgenommenen Qualitäten (Ideen) in materiellen Gegenständen wahrnehmen. Die in der Aussage enthaltenen Ideen sind Zeichen; man kann sagen, daß sie uns mitteilt, wonach wir in der Welt suchen müssen. Zugegebenermaßen vermittelt Locke gelegentlich den Eindruck, als sei *jegliche* Erkenntnis eine Perzeption von Relationen zwischen den Ideen, aus denen eine Aussage besteht. So schreibt er beispielsweise in seiner Definition von „habitual knowledge" oder der Erkenntnis, die im Gedächtnis aufbewahrt wird: „A Man is said to know any Proposition, which having been once laid before his Thoughts, he evidently perceived the Agreement, or Disagreement of the *Ideas* whereof it consists; and so lodg'd it in his Memory, that whenever that Proposition comes again to be reflected on, he ... is certain of the Truth of it" (IV.i.8).

Lockes Auffassung wird jedoch in seinem *Second Reply* an Stillingfleet verdeutlicht. Stillingfleet wendet ein, Lockes Definition von Erkenntnis schließe „certainty by sense" aus. Locke entgegnet: „'The object of the certainty under debate', your lordship owns, 'is a proposition whose ideas are to be compared as to their agreement or disagreement'. The agreement or disagreement of the ideas of a proposition to be compared, may be examined and perceived by sense, and is certainty by sense ... v. g. may I not be certain, that a ball of ivory that lies before my eyes is not square? And is it not my sense of seeing, that makes me perceive the disagreement of that square figure to that round matter, which are the ideas expressed in that proposition?" (*Works* 4, 232)

Lockes Ausdrucksweise mag zwar gelegentlich irreführend sein, aus dieser Textstelle geht jedoch deutlich hervor, daß er einräumt, die Wahrheit einer Aussage könne durch sinnliche Wahrnehmung des regelmäßigen Vorkommens von Ideen (Eigenschaften) in Dingen erkannt werden[11].

3. Die Allgemeinheit der experimentellen Erkenntnis

Jede Erkenntnis, bemerkt Locke, sei „only of particular or *general Truths*" (IV.vi.2). Die Beobachtung, derer wir uns bei der Erforschung der Koexistenz von Qualitäten in materiellen Substanzen bedienen, bezieht sich natürlich immer auf bestimmte Körper, beispielsweise auf bestimmte Goldstücke. In Lockes Worten nehmen wir die Koexistenz von Eigenschaften „in particular objects" wahr. Besteht nach Locke die Möglichkeit, daß experimentelle Erkenntnis über singuläre Aussagen, wie etwa „dieses Stück Gold ist fest", hinausgeht? Scheinbar nicht. Denn verschiedentlich bemerkt er, daß allgemeine Wahrheiten lediglich *a priori* erkannt werden können: „... as to all general Knowledge, we must search and find it only in our own Minds, and 'tis only the examining of our own *Ideas*, that furnisheth us with that. Truths belonging to the Essences of Things, (that is, to abstract *Ideas*) are eternal, and are to be found out by the contemplation only of those Essences" (IV.iii.31; vgl. IV.vi.13).

---

[11] Locke könnte annehmen, daß die sinnliche Perzeption von Verknüpfungen von „ideas in things" in einem gewissen Sinne selbst das Bilden einer Aussage ist. Denn das Wahrgenommene beschränkt sich nicht nur auf die Ideen, wie etwa „Gold", „dehnbar", „gelb", sondern bezieht sich auch darauf (in Worte gefaßt), „daß Gold dehnbar und gelb ist". Locke schreibt: „Every one's Experience will satisfie him, that the Mind, either by perceiving or supposing the Agreement or Disagreement of any of its *Ideas*, does tacitly within it self put them into a kind of Proposition affirmative or negative" (IV.v.6).

Er kontrastiert ausdrücklich die auf diese Weise gewonnene allgemeine Erkenntnis mit experimenteller Erkenntnis, die aus der Beobachtung stammt (IV.vi.7). In IV.xvi.6 hebt er empirische allgemeine Aussagen, die die Eigenschaften und das Verhalten von materiellen Substanzen betreffen, als Beispiele für Aussagen der größten Wahrscheinlichkeit heraus, und er macht deutlich, daß „highest Probability, amounts not to Certainty; without which, there can be no true Knowledge" (IV.iii.14). Weiter sagt er über allgemeine Aussagen, die von uns als wahr erkannt werden können, „(they) concern not *Existence*" (IV.ix.1). Das heißt, sie behaupten (oder leugnen) nicht die Existenz von Dingen und setzen diese auch nicht voraus. Wenn Aussagen, die bestimmte empirische Wahrheiten ausdrücken, verallgemeinert werden, wenn beispielsweise „dieses Stück Gold ist fest" zu „jegliches Gold ist fest" umformuliert wird, geht die Gewißheit verloren: „… all *particular Affirmations or Negations*, that would not be certain if they were made general, are only concerning *Existence*; they declaring only the accidental Union or Separation of *Ideas* in Things existing, which in their abstract Natures, have no known necessary Union or Repugnancy" (IV.ix.1). Andererseits wird „gold is fixed" als Beispiel für die dritte Erkenntnisart, für die Erkenntnis der Koexistenz oder Nichtkoexistenz von Ideen, zitiert. Einige Kapitel weiter heißt es jedoch: „*All Gold is fixed*, is a Proposition whose Truth we cannot be certain of, how universally soever it be believed" (IV.vi.8).

Zweifellos gilt, daß empirische allgemeine Aussagen die Existenz von Dingen betreffen („concern existence") und nicht unter Lockes Kategorie der allgemeinen Wahrheiten fallen. Doch ist die Kategorie der bestimmten, singulären Wahrheiten vage und wird lediglich durch die Abgrenzung von begrifflichen Wahrheiten charakterisiert. Lockes allgemeine Aussagen, in bezug auf die „we are capable of certain and universal knowledge", entsprechen jenen Kants, die durch strenge Allgemeinheit charakterisiert sind. Kant stellt den Aussagen von strenger Allgemeinheit empirische Verallgemeinerungen entgegen, die auf Induktion basieren und daher bloß komparative Allgemeinheit besitzen können (*Kritik der reinen Vernunft*, B 4). Des weiteren können aber empirische allgemeine Aussagen selbst in Verallgemeinerungen von geschlossenen und offenen Klassen von Dingen unterteilt werden. Im ersten Falle handelt es sich um begrenzte

Verallgemeinerungen, im zweiten Fall um unbegrenzte. Die Unterscheidung zwischen diesen zwei Arten der Verallgemeinerung läßt sich formal nur schwer definieren, doch ist sie leicht zu illustrieren. So ist die Aussage „Alle Bücher, die jetzt auf meinem Tisch liegen, sind englische Bücher" eindeutig eine begrenzte Verallgemeinerung; sie verweist auf eine bestimmte geschlossene Klasse. „Alle Hunde haben Flöhe" (womit buchstäblich jeder Hund, der gelebt hat, jetzt lebt und leben wird, gemeint ist) ist unbegrenzt und bezieht sich auf eine offene Klasse. Locke macht diese Unterscheidung nicht ausdrücklich, aber man kann sagen, daß seine Erkenntnistheorie sie impliziert.

Wie wir bereits sahen, wird eine Erkenntnis, die durch Beobachtung der Koexistenz von Qualitäten in einer bestimmten Substanz gewonnen wurde, in einer singulären Aussage ausgedrückt. Lockes Erkenntnistheorie schließt jedoch keineswegs aus, daß singuläre Aussagen verknüpft werden können. Locke unterscheidet zwischen „actual knowledge" oder dem augenblicklichen, eigentlichen Akt der Erkenntnis und „habitual knowledge" oder der Erkenntnis, die in unserem Gedächtnis aufbewahrt wird (IV.i.8). „Actual knowledge" ist primär, da wir uns erinnern müssen, daß wir tatsächlich einmal die Verbindung zwischen den in Frage stehenden Ideen wahrgenommen haben, um etwas im Sinne von „habitual knowledge" wissen zu können (ibid.).

Dennoch wäre „actual knowledge" ohne Gedächtnis von wenig oder keinem Nutzen, da all unsere Erkenntnis dann auf den Augenblick des Erkennens beschränkt wäre (II.x.8). Wenden wir dies auf unsere empirische Erkenntnis der Festigkeit von Gold an, so können wir sagen, daß wir jedes Mal, wenn wir die Festigkeit eines bestimmten Goldstückes wahrnehmen, „actual knowledge" davon besitzen, daß dieses Goldstück fest ist, und daß wir, soweit wir uns an unsere Wahrnehmung erinnern, „habitual knowledge" davon haben, daß dieses Goldstück fest ist (oder es zumindest war). Da wir eine Anzahl verschiedener Goldstücke untersucht haben, können wir die singulären Aussagen, die unsere Erkenntnis in jedem einzelnen Fall ausdrücken, verknüpfen und somit eine allgemeine Aussage des Inhalts bilden, daß alle *von uns wahrgenommenen* Goldstücke fest sind (oder es zumindest waren). Dies ist eine begrenzte empirische Verallgemeinerung, und zwar eine, von der der Beobachter weiß, daß sie wahr ist. Nehmen wir ferner an, daß die Goldstücke weiterhin für Experimente zur Verfügung stehen, so handelt es sich um eine Verallgemeinerung, die durch eine vollständige Aufzählung der Fälle, auf denen sie basiert, überprüft werden kann. Locke denkt an dieses Verknüpfen erinnerter Erkenntnisse, wenn er beschreibt, wie wir unserer komplexen Idee von einer Substanz weitere Ideen hinzufügen können: „For upon Trial, having found that particular piece (and all others of that Colour, Weight, and Fusibility, that I ever tried) *malleable*, that also makes now perhaps, a part of my complex *Idea*, part of my nominal Essence of Gold" (IV.xii.9).

Wenn Locke empirische allgemeine Aussagen als bloß wahrscheinlich bezeichnet, dann bezieht er dies auf Verallgemeinerungen, die über die Fälle, auf denen sie basieren, hinausgehen: „… we cannot with Certainty affirm, That *all Men sleep by intervals*; That *no Man can be nourished by Wood or Stones*; That *all Men will be poisoned by Hemlock* … We must in these and the like appeal to trial in particular Subjects, which can reach but a little way. We must content our selves with Probability in the rest: but can have no general Certainty" (IV.vi.15). Offensichtlich verweist „all men" hier auf jeden einzelnen Menschen. Die von Locke genannten Aussagen sind unbegrenzte empirische Verallgemeinerungen, und es ist unmöglich, die Reihe etwas sonderbarer Beobachtungen, die für eine endgültige Verifikation erforderlich wären, jemals abzuschließen. Daher können wir von ihnen keine Erkenntnis haben. Zugegebenermaßen sagt Locke, indem er die Festigkeit von Gold als Beispiel für die Erkenntnis von Koexistenz wählt, daß die Idee der Festigkeit immer unsere Idee von Gold begleitet. Dies legt nahe, daß er die Aussage „Gold is fixed" als unbegrenzte empirische Verallgemeinerung betrachtet. Allerdings kann „immer" hier auch, ohne dem Text Gewalt anzutun, als „immer innerhalb unserer Erfahrung" verstanden werden.

Locke meint, daß solche begrenzten Verallgemeinerungen als Grundlage für wahrscheinliche Meinungen über die Außenwelt dienen können: „The first … and *highest degree of Probability*, is, when the general consent of all Men, in all Ages, as far as it can be known, concurrs with a Man's constant and never-failing Experience in like cases, to confirm the Truth of any particular matter of fact … such are all the stated Constitutions and Properties of Bodies, and the regular proceedings of Causes and Effects in the ordinary course of Nature" (IV.xvi.6). Somit ist es nicht widersprüchlich, wenn Locke ein und dieselbe Art von empirischen allgemeinen Aussagen sowohl als Beispiel für Erkenntnis als auch für wahrscheinliche Meinung nennt. Diese Verallgemeinerungen, die er als Erkenntnis von Koexistenz klassifizieren möchte, können als begrenzte Verallgemeinerungen verstanden werden; jene, die er als bloß wahrscheinlich anführt, sind unbegrenzt.

Ich habe behauptet, daß Lockes experimentelle Erkenntnis ein Fall der Perzeption von Koexistenz oder Nichtkoexistenz von Ideen ist. Es sei daran erinnert, daß Locke anfangs von der Erkenntnis der „co-existence, or necessary connexion" spricht. Aussagen, die die notwendige Verknüpfung von Eigenschaften in Substanzen behaupten, sind allgemein, gewiß und werden *a priori* erkannt. Nach Locke kann der menschliche Verstand die Wahrheit einiger weniger solcher Aussagen erkennen. In bezug auf einige primäre Qualitäten wissen wir *a priori*, daß die eine nicht ohne die andere auftreten kann; so setzt Gestalt beispielsweise Ausdehnung voraus. In bezug auf sekundäre Qualitäten wissen wir *a priori*, daß zwei Bestimmungen ein und desselben Bestimmbaren nicht in ein und derselben Substanz koexistieren können (IV.iii.14–15). Diese Erkenntnis bezieht sich jedoch lediglich auf Relationen zwischen Begriffen und betrifft nicht die Existenz irgendwelcher Substanzen. Genaugenommen gehört sie in die Gruppe „Erkenntnis von Relationen", die Relationen zwischen allen Arten von Ideen, „whether substances, modes, or any other", umfaßt. Locke weist die Auffassung zurück, daß wir von den Eigenschaften, die wir in bestimmten Substanzen beobachten, wissen, daß sie *notwendigerweise* miteinander verknüpft sind. Da wir dies nicht wissen, ist eine apriorische Naturwissenschaft unmöglich: „... our Knowledge concerning corporeal Substances, will be very little advanced ... till we are made to see, what Qualities and Powers of Bodies have a *necessary Connexion or Repugnancy* one with another ... And I doubt, whether with those Faculties we have, we shall ever be able to carry our general Knowledge (I say not particular Experience) in this part much farther. Experience is that, which in this part we must depend on" (IV.iii.16).

Locke verwirft zwar die Idee einer apriorischen Naturwissenschaft, aber dieses Zitat zeigt, daß er eine Erkenntnis von Substanzen, die sich auf „particular experience" stützt, zuläßt. Diese Erkenntnis ist Lockes experimentelle Erkenntnis.

4. Sensitive Erkenntnis

Um zu einem besseren Verständnis von Lockes sensitiver Erkenntnis zu gelangen, müssen wir an eine Unterscheidung erinnern, die er am Ende seiner Verteidigung der Realität von Erkenntnis anführt, jene nämlich zwischen gewisser und realer Erkenntnis: „Where-ever we perceive the Agreement or Disagreement of any of our *Ideas* there is certain Knowledge: and where-ever we are sure those *Ideas* agree with the reality of Things, there is certain real Knowledge" (IV.iv.18). „Certain real knowledge" wird demnach erreicht, wenn der Verstand sowohl die Übereinstimmung oder Nichtübereinstimmung von Ideen wahrnimmt, als auch Gewißheit darüber besitzt, daß diese Ideen mit der Wirklichkeit übereinstimmen. Gemäß Lockes Definition von Erkenntnis wird letztere jedoch allein durch die Perzeption konstituiert. Dies läßt vermuten, daß die epistemischen Ausdrücke „being sure" und „assurance" im *Essay* nicht bedeutungsäquivalent sind mit „knowing" und „knowledge". Und dies wiederum läßt auf eine bestimmte Interpretation von Lockes Begriff der sensitiven Erkenntnis schließen.

Die sensitive Erkenntnis wird in dem Kapitel eingeführt, in dem Locke den Akt der Erkenntnis behandelt bzw. das, was er als Grade oder Stufen von Erkenntnis bezeichnet. Der erste Grad ist die intuitive Erkenntnis, bei der der Verstand die Übereinstimmung oder Nichtübereinstimmung von Ideen unmittelbar perzipiert. Der zweite ist die demonstrative Erkenntnis, bei der der Verstand auf vermittelnde Ideen zurückgreift, um Relationen zwischen Ideen aufzuzeigen. Der dritte ist sensitive Erkenntnis. In einem späteren Kapitel sagt Locke, daß diese Erkenntnis „*extends as far as the present Testimony of our Senses*, employ'd about particular Objects, that do then affect them, *and no farther*" (IV.xi.9). Er fügt jedoch hinzu: „*by our Memory* we may be assured, that heretofore Things, that affected our Senses, have existed" (IV.xi.11). Obwohl sie zusammen eingeführt werden, gibt es wichtige Unterschiede zwischen Lockes Auffassung von Intuition und Demonstration einerseits und sensitiver Erkenntnis andererseits.

A. D. Woozley hat auf Lockes zögerlichen Umgang mit dem Ausdruck „sensitive knowledge" hingewiesen (vgl. Woozley 1972). So zeigt Locke beispielsweise einen gewissen Widerwillen, sensitive Erkenntnis neben Intuition und Demonstration zu stellen: „Intuition and Demonstration, are the degrees of our Knowledge; whatever comes short of one of these ... is but Faith, or Opinion, but not Knowledge, at least in all general Truths. There is, indeed, another *Perception* of the Mind, employ'd about *the particular existence of finite Beings* without us; which going beyond bare probability, and yet not reaching perfectly to either of the foregoing degrees of certainty, passes under the name of Knowledge" (IV.ii.14; cf. IV.xi.5). An anderer Stelle verweist er auf „sensitive Erkenntnis" als „an assurance that *deserves the name of Knowledge*" (IV.xi.3). Woozley bemerkt ganz richtig: Lockes Ausdrucksweise („passes under", „deserves the name") impliziert, daß sensitive Erkenntnis den Titel ‚Grad der Erkenntnis' lediglich als Ehrentitel zugesprochen bekommt. Nach der hier vertretenen Interpretation von Lockes Definition der Erkenntnis muß dies auch so sein; denn sensitive Erkenntnis ist nicht eine Perzeption der Übereinstimmung oder Nichtübereinstimmung von Ideen – weder von Ideen als Begriffen, noch von Ideen als Wahrnehmungen. Genaugenommen handelt es sich bei sensitiver Erkenntnis nicht um Erkenntnis, sondern um Gewißheit (*assurance*). Und wenn Locke sie nicht als Erkenntnis im engeren Sinne betrachtet, widerspricht es nicht seiner Definition, daß er sie innerhalb seiner allgemeinen Erkenntnistheorie einführt.

Es gibt einen weiteren wichtigen Unterschied zwischen Lockes Darstellung der Intuition und Demonstration und jener der sensitiven Erkenntnis. Während er bei den ersten beiden rein deskriptiv vorgeht, meint er sensitive Erkenntnis rechtfertigen zu müssen. Er versucht, die Behauptung der Skeptiker zu widerlegen, daß die Sinne keine Gewißheit (*certitude*) darüber bieten, daß etwas außerhalb des menschlichen Geistes existiert. Locke setzt dem vor allem entgegen, daß die Ideen (Perzeptionen), die wir in einer bestimmtem Wahrnehmungssituation empfangen, uns unabhängig von unserem Wollen erreichen, so daß sie von etwas außerhalb unserer selbst verursacht werden müssen: „... if I turn my Eyes at noon towards the Sun, I cannot avoid the *Ideas*, which the Light, or Sun, then produces in me. So that there is a manifest difference, between the *Ideas* laid up in my Memory; (over which ... I should have constantly the same power to dispose of them, and lay them by at pleasure) and those which force themselves upon me ... And therefore it must be some exterior cause ... that produces those *Ideas* in my mind, whether I will, or no" (IV.xi.5). Dieses Argument wird auch in einem interessanten Passus in Lockes *Second Reply* an Stillingfleet vorgebracht:

„... your lordship argues, that because I say, that the idea in the mind proves not the existence of that thing whereof it is an idea, therefore we cannot know the actual existence of anything by our senses: because we know nothing, but by the perceived agreement of ideas. But if you had been pleased to have considered my answer ... to the sceptics ... you would ... have found that you mistake one thing for another, *viz.* the idea that has by a former sensation been lodged in the mind, for actually receiving any idea, *i.e.* actual sensation ... Now the two ideas, that in this case are perceived to agree, and do thereby produce knowledge, are the ideas of actual sensation (which is an action whereof I have a clear and distinct idea) and the idea of actual existence of something without me that causes that sensation. And what other certainty your lordship has by your senses of the existence of any thing without you, but the perceived connexion of those two ideas, I would gladly know. When you have destroyed this certainty ... your lordship will have well assisted the sceptics in carrying their arguments against certainty by sense" (*Works* 4, 360).

Das Argument ist sehr komprimiert und verlangt höchste Aufmerksamkeit beim Leser. Es ist Stillingfleets Fehler anzunehmen, daß *keine* Perzeption der Übereinstimmung von Ideen im Geist die Existenz äußerer Gegenstände beweisen könne, weil (und hier stimmt Locke zu) die Existenz einer Idee (Perzeption) im Geist, die in einer bestimmten Wahrnehmungssituation erworben wurde, nicht von sich aus die Existenz eines entsprechenden Dinges in der Welt beweist. Locke lenkt die Aufmerksamkeit des Bischofs von der Betrachtung der Wahrnehmung weg auf die zwei Ideen (Begriffe) hin, die er in seiner Argumentation gegen den Skeptizismus in bezug auf die Sinne anführt: gegenwärtige, wirkliche Sinneswahrnehmung (*actual sensation*) und äußerer Grund für diese Sinneswahrnehmung. Lockes Argument läßt sich wie folgt erklären: Der Unterschied zwischen der Idee, die wir z. B. von der Sonne haben, wenn wir sie imaginieren oder in ihrer Abwesenheit an sie denken, und wenn wir sie wirklich sehen, besteht in der Tatsache, daß im ersten Fall die Idee durch unsere Willenskraft im Geist ist, während ihre Anwesenheit im zweiten Fall von der Willenskraft unabhängig ist. Deshalb muß die Idee von der Sonne in der „actual sensation" von etwas abhängen, das sich außerhalb unserer selbst befindet. Somit ist die notwendige Verknüpfung zwischen den Ideen der „actual sensation" und ihrem äußeren Grund hergestellt. Dies ist selbstverständlich eine Erkenntnis, die in Lockes zweite Gruppe, Erkenntnis von Relationen, einzuordnen ist. Wenn wir die Sonne sehen, fühlen wir uns dessen versichert, daß wir in Kontakt zu etwas stehen, das außerhalb des menschlichen Geistes existiert. Lockes Argument soll beweisen, daß wir zu Recht die Gewißheit empfinden, daß in dieser Situation eine „*actual real Existence agreeing to (our) Idea*" (IV.i.7)[12] vorhanden ist.

Wenn Lockes Antwort auf die Skeptiker hier aber endet, so kann sie nicht überzeugen. Selbst wenn angenommen wird, wir seien uns bewußt, daß im Falle der Imagination die Idee von der Sonne dank unserer Willenskraft in unserem Geist ist, so folgt daraus nicht, daß die Idee, wenn wir „die Sonne sehen", einem äußeren Grund zuzuschreiben ist. Auch in einer bestimmten Wahrnehmungssituation könnte die Idee von der Sonne in uns selbst ihren Grund haben, ohne daß wir uns dessen bewußt wären; für Personen, die unter Halluzinationen leiden, ist es typisch, daß sie das Gefühl der Gewißheit haben, das halluzinierte Objekt existiere in der Außenwelt. Lockes Argument legt ihn jedoch nicht auf die Ansicht fest, daß unsere Sinne uns niemals bezüglich der Existenz von Dingen täuschen, sondern nur darauf, daß sie uns nicht *immer* täuschen. Die Erwiderung der Skeptiker, daß unsere gesamte Erfahrung halluzinatorisch bzw. ein Traum sein kann, beantwortet er in zweifacher Weise:

---

12 Woozley behauptet, daß Locke sensitive Erkenntnis teilweise als Perzeption einer Relation zwischen Ideen charakterisiert: „Only the relation between idea of sensation and idea of existence is perceived; and this perception amounts to knowledge only when it is *both* the case that the other relation, between the idea of actual sensation and actual existence without me, is there, *and* the case that I am *sure* (or have assurance) that it is" (Woozley 1972, 14). (Woozley reagiert auf Yolton 1970, 111–12). Ähnlich meint Ayers, daß sensitive Erkenntnis, damit sie zu Lockes allgemeiner Definition von Erkenntnis paßt, aus der Perzeption bestehen muß, daß die Idee von dem perzipierten Ding mit der Idee der realen Existenz übereinstimmt (Ayers 1991, 159). Meines Erachtens ist sensitive Erkenntnis schlichtweg die Gewißheit (*assurance*), die wir selbst in einer halluzinatorischen Erfahrung haben, daß wir zu etwas in der Außenwelt in Kontakt stehen, oder in den Worten Lockes „(the) Consciousness we have of the actual entrance of *Ideas* from them" (i. e. „particular external Objects") (IV.ii.14).

"1. That 'tis no great matter, whether I remove his Scruple, or no: Where all is but Dream, Reasoning and Arguments are of no use, Truth and Knowledge nothing. 2. That I believe he will allow a very manifest difference between dreaming of being in the Fire, and being actually in it" (IV.ii.14; cf. IV.xi.5).

Da die Traumhypothese nichtig ist, hat Locke für sein Argument freie Bahn: Zweifelsohne täuschen wir uns gelegentlich in bezug auf die Existenz von Dingen, aber dies ist kein Grund zur Annahme, es müßte immer so sein. Derartige Täuschungen können durch „genaueres Hinsehen" korrigiert werden, und in der Mehrzahl der Fälle ist jeder praktische *Zweifel* fehl am Platz[13].

Da sensitive Erkenntnis nicht Erkenntnis im engen Sinne, sondern Gewißheit (*assurance*) ist, handelt es sich hier nicht um empirische *Erkenntnis*. Sie ist aber notwendig, um die empirische Erkenntnis, die Locke anerkennt, i.e. experimentelle Erkenntnis, zu begründen. Denn wenn diese Erkenntnis real sein soll, müssen die Körper, deren Eigenschaften wir durch Erfahrung kennen können, existieren.

Lockes Begriff der sensitiven Erkenntnis ist zwar nicht formal widersprüchlich, aber sein Umgang mit diesem Begriff ist zumindest ungeschickt. Er hätte seine diesbezüglichen Gedanken deutlicher zum Ausdruck bringen können, wenn er den Terminus „Erkenntnis" (*knowledge*) in diesem Kontext ganz und gar vermieden hätte. Es gibt jedoch einen Grund, weshalb Locke in bezug auf den erkenntnistheoretischen Status unseres sinnlichen Bewußtseins von Dingen zweideutig blieb. Seiner Meinung nach ist die „Perception of the Mind ... most aptly explained by Words relating to the Sight" (II.xxix.2). Dieses visuelle Modell tritt nirgends deutlicher zutage als in seiner Darstellung der Intuition und Demonstration. Über die Intuition schreibt er: „... in this, the Mind is at no pains of proving or examining, but perceives the Truth, as the Eye doth light, only by being directed toward it ... This part of Knowledge is irresistible, and like bright Sun-shine, forces it self immediatly to be perceived, as soon as ever the Mind turns its view that way" (IV.ii.1).

Da jeder Schritt innerhalb einer Demonstration mit dem nächsten durch Intuition verbunden ist, erlangt demonstrative Er-

---

13 Zu Lockes anti-skeptizistischem Argument vgl. außerdem Alexander 1985, 287–88. Siehe auch Ayers 1991, Band I, 158–59.

kenntnis ihre Gewißheit durch die dem Sehen ähnliche Unwiderstehlichkeit intuitiver Erkenntnis: „... each intermediate *Idea* must be such, as in the whole Chain hath a visible connexion with those two it is placed between, or else thereby, the Conclusion cannot be inferr'd or drawn in" (IV.xvii.4).

Somit ist gemäß Locke das Überzeugtsein (*conviction*), das wir empfinden, wenn wir buchstäblich sehen, daß etwas der Fall ist, Modell für die Gewißheit (*certainty*) bei jedem Akt der Erkenntnis. Da sie kein Beispiel für eine Perzeption der Übereinstimmung oder Nichtübereinstimmung von Ideen ist, fällt visuelle sensitive „Erkenntnis" nicht unter Lockes Definition von Erkenntnis. Sie ist jedoch ein Beispiel für die Weise des Überzeugtseins (*conviction*), die Locke in seinen Versuch, das Wesen der Gewißheit (*certainty*) zu erläutern, mit einbezieht. Deshalb ist es trotz seiner Definition der Erkenntnis verständlich, daß er zögerte, diesem „Zeugnis unserer Sinne" bezüglich der Existenz von materiellen Gegenständen die Bezeichnung „Erkenntnis" ganz und gar zu verweigern.

5. Schluß

Was für eine Theorie der empirischen Erkenntnis ist schließlich hieraus abzuleiten? Ich habe argumentiert, daß Locke empirische Erkenntnis innerhalb seiner Formel „Übereinstimmung oder Nichtübereinstimmung von Ideen" zuläßt. Es handelt sich hierbei nicht um sensitive Erkenntnis „of the existence of particular external objects", sondern um experimentelle Erkenntnis der „secondary Qualities, Powers, and Operations" solcher Gegenstände. Diese wird in singulären Aussagen wie „dieses Stück Gold ist fest" und in begrenzten allgemeinen Aussagen wie „alle Goldstücke, die bis jetzt untersucht wurden, sind fest" ausgedrückt. Die Wahrheit solcher Aussagen erkennen wir durch sinnliche Erfahrung. Da jedoch die wahrgenommenen Eigenschaften von Dingen nicht Eigenschaften sind, wie sie in den Dingen selbst existieren (d. h. Kräfte, die diese Sinneswahrnehmungen in uns hervorrufen), so ist unsere Erkenntnis dieser Aussagen eine Perzeption der Koexistenz von Ideen (Wahrnehmungen).

Bei Aussagen, die experimentelle Erkenntnis ausdrücken, geht es zwar „um Existenz", aber sie behaupten nicht die Existenz von

Dingen in der Außenwelt, sondern setzen vielmehr ihre Existenz voraus. Wer Anspruch auf experimentelle Erkenntnis erhebt, muß sich dessen gewiß sein, daß diese Voraussetzung zu Recht besteht. Das bedeutet, wenn experimentelle Erkenntnis „reale Erkenntnis" sein soll, muß sie von sensitiver Erkenntnis untermauert sein. Genaugenommen ist letztere nicht Erkenntnis im Sinne von Lockes Definition. Sie ist vielmehr „an assurance that deserves the name of Knowledge". Locke erkennt, daß diese Gewißheit (*assurance*) gegen die Angriffe der Skeptiker verteidigt werden muß. Was auch immer wir von Lockes Argument gegen den Skeptizismus in bezug auf die Sinne halten mögen, in seiner Schlußfolgerung geht es um einen bestimmten Fall der Verknüpfung von Ideen, den abstrakten Ideen der Sinneswahrnehmung und des äußeren Ursprungs der Sinneswahrnehmung. Diese Art der Erkenntnis gehört in Lockes zweite Gruppe: Erkenntnis der Relation zwischen Ideen.

Im *Essay* ist Locke immer darauf bedacht, die Auffassung zurückzuweisen, wir könnten je apriorische Erkenntnis über die inneren Funktionsweisen der Natur erlangen: „I cannot be certain from [the] complex *Idea*, whether *Gold* be fixed, or no: Because ... there is no necessary connexion, or inconsistence to be discovered betwixt a complex *Idea* of a Body, *yellow, heavy, fusible, malleable* ... and *Fixedness*, so that I may certainly know, that in whatsoever Body these are found, there *Fixedness* is sure to be" (IV.xii.9). Doch ist er ebenfalls darauf bedacht, diesen Mangel an apriorischer Erkenntnis der begrenzten Erkenntnis, die wir von Dingen erlangen können, gegenüberzustellen. So fährt er unmittelbar fort: „Here again for assurance, I must apply my self to *Experience*; as far as that reaches, I may have certain Knowledge, but no farther."[14]

(Übersetzung von Angela Kuhk)

---

14 Locke ist ein vieldeutiger Autor, was wenigstens teilweise auf den bloßen Umfang des *Essay* zurückzuführen ist. Demzufolge ist eine Interpretation von Textstellen stets ein risikoreiches Unterfangen, dem hier folgendes allgemeines Prinzip, das Locke selbst angewendet hat, zugrunde gelegt wurde: „At least I think this is due to everyone that his words should be understood in the most favourable and most consistent meaning (which) could be put upon them" (Acworth 1971).

Literatur

Aaron, R. I. 1971: John Locke. Oxford.
Acworth, Richard (Hrsg.) 1971: Locke's First Reply to John Norris. In: The Locke Newsletter 2, 7-11.
Alexander, Peter 1985: Ideas, Qualities and Corpuscles: Locke and Boyle on the External World. Cambridge.
Ayers, Michael 1991: Locke. (2 Bände). London und New York.
Jenkins, John 1983: Understanding Locke. Edinburgh.
Kant, I. 1971: Kritik der reinen Vernunft. Hrsg. v. Raymund Schmidt. Hamburg.
Mattern, Ruth 1978: Our Knowledge, which all Consists in Propositions. In: Canadian Journal of Philosophy 8, 677-95.
Woolhouse, R. S. 1983: Locke. Brighton.
Woozley, A. D. 1972: Some Remarks on Locke's Account of Knowledge. In: The Locke Newsletter 3, 7-17.
Yolton, John 1970: Locke and the Compass of Human Understanding. Cambridge.
− 1993: A Locke Dictionary. Oxford (Blackwell).

Jürgen Sprute

John Lockes Konzeption der Ethik*

Essay I.iii; II.xxi.31ff.; II.xxviii; IV.iii.18–20; IV.iv.7–10

In einem Brief an seinen jungen Freund Michael Ainsworth klagt Shaftesbury über seinen ehemaligen Lehrer und Erzieher John Locke: „It was Mr. Locke that struck at all fundamentals, threw all order and virtue out of the world and made the very ideas of these ... unnatural and without foundation in our minds."[1] Shaftesbury mißfällt, daß Locke die Moral von willkürlich oder zufällig zustande gekommenen Gesetzen oder Regeln abhängig sein läßt, der Sittlichkeit im freien Willen Gottes ein theologisches Fundament gibt (vgl. Rand 1900, 404) und moralischem Handeln grundsätzlich eine egoistische Motivation unterstellt[2]. Damit ist Locke für Shaftesbury der Hauptvertreter einer philosophischen Zeitströmung, deren Ahnherr der – wie Shaftesbury betont – originelle und geniale Thomas Hobbes war, wobei Locke wegen seiner anerkennenswerten Verdienste auf anderen Gebieten der Philosophie von Shaftesbury offenbar für wesentlich einflußreicher und gefährlicher gehalten wird als der berüchtigte und verrufene Hobbes[3]. Was Shaftesbury an Lockes moralphilosophischer Konzeption auszusetzen hat, steht im Gegensatz zu den wichtigsten Programmpunkten der Moral-Sense-Ethik.

---

* Dieser Beitrag erschien zuerst in *Studia Leibnitiana* [Franz Steiner Verlag, Stuttgart, vormals Wiesbaden] 17, 1985, 127–142.
1 Letter to Michael Ainsworth, June 3rd 1709, in Rand 1900, 403.
2 Vgl. Letter to a friend, St Giles's 2nd December 1704 (5), in Rand 1900, 344–47.
3 Shaftesburys Einstellung gegenüber Hobbes scheint zugleich von Bewunderung und Ablehnung bestimmt gewesen zu sein. Vgl. Shaftesbury, Letter to Michael Ainsworth und Letter to General Stanhope, in Rand 1900, 403 u. 414 f.

Diese Punkte sind zum einen die Begründung der Moral als natürliches, eigenständiges Phänomen und ihre Abtrennung von der Religion sowie zum anderen die Widerlegung egoistischer Motivationslehren für moralisches Verhalten und die Erklärung moralischen Urteilens und Handelns durch den Aufweis spezifisch moralischer Anlagen im Menschen. Der erste Punkt ist ausdrücklich formuliert von Shaftesbury[4], der zweite von Hutcheson[5], spielt aber auch in Shaftesburys Ethik bereits eine bedeutende Rolle. Shaftesbury ist von der Möglichkeit uneigennützigen moralischen Handelns überzeugt. Dies ist nach Lockes Theorie ausgeschlossen. Lockes Lehre läuft in Shaftesburys Sicht u. a. darauf hinaus, daß die Menschen durch Belohnungen dazu bestochen werden, Gutes zu tun, und lediglich aus Angst vor Strafe unmoralische Handlungen unterlassen[6] – alles in allem nach Shaftesburys Einschätzung „a very poor philosophy"[7]. Shaftesburys ungünstigem Urteil über Lockes Moralphilosophie scheint die geringe Resonanz zu entsprechen, die Lockes Ethik in der Philosophiegeschichte gehabt hat. Der Grund dafür dürfte jedoch weniger in den Schwächen von Lockes Theorie zu suchen sein als darin, daß man für eine Auseinandersetzung mit Locke auf dem Gebiet der Ethik erst eruieren muß, welche Ansichten zu moralphilosophischen Fragen Locke überhaupt vertreten hat. Denn obwohl Locke die Moral als die eigentliche Wissenschaft und Aufgabe der Menschheit betrachtete (IV.xii.11; 646), hat er seine moralphilosophischen Auffassungen nirgendwo zusammenhängend und umfassend dargestellt. An einer Reihe von Stellen des *Essay Concerning Human Understanding* geht Locke unter verschiedenen Aspekten auf bestimmte Probleme aus dem Bereich der Ethik ein, und auch in seinen staatsphilosophischen Abhandlungen werden moralphilosophische Fragen berührt. Außerdem hat sich Locke mit ethischen Problemen in nachgelassenen Schriften und Notizen beschäftigt (vgl. z. B. Sargentich 1974). Dazu gehören vor allem Lockes *Essays on the Law of Nature*

---

4 Vgl. Shaftesbury's *An Inquiry concerning Virtue or Merit*, in Shaftesbury II, 2; 28–32.
5 Vgl. Hutcheson, *An Inquiry into the Original of our Ideas of Beauty and Virtue*, Treatise II. Concerning Moral Good and Evil, in Selby-Bigge 1897, 72.
6 Vgl. Shaftesbury, Letter to a friend, St. Giles's, 2nd December 1704 (5), in Rand 1900, 345.
7 Letter to Ainsworth, June 3rd, 1709, in Rand 1900, 404f.

(von Leyden 1965) und ein kurzer, unvollendeter Traktat mit dem Titel *Of Ethics in General* (in King 1830 II, 122–133), der ursprünglich das Schlußkapitel des *Essay Concerning Human Understanding* bilden sollte[8].

Lockes Ethik ist von modernen Autoren als legalistisch (Colman 1983, 34), hedonistisch und rationalistisch (u. a. Aaron 1955, 257) charakterisiert worden. Diese Begriffe beleuchten jeweils nur eine Seite seiner Ethik. Und bisweilen erschien es den Kommentatoren unmöglich, sämtliche Aspekte von Lockes Ethik miteinander zu vereinbaren (z. B. Aaron 1955, 266 f.). Fragt man danach, welchem Typ normativer Ethik Lockes moralphilosophische Vorstellungen am ehesten entsprechen könnten, erscheint es nützlich, von Lockes Begriff des moralisch Guten auszugehen. Der Begriff des moralisch Guten setzt bei Locke den Begriff eines Gesetzes voraus und dieser wiederum den eines Gesetzgebers. Locke definiert das moralisch Gute und Üble im *Essay Concerning Human Understanding* folgendermaßen: „*Morally Good and Evil* then, is only the Conformity or Disagreement of our voluntary Actions to some Law, whereby Good or Evil is drawn on us, from the Will and Power of the Law-maker; which Good and Evil, Pleasure or Pain, attending our observance, or breach of the Law, by the Decree of the Lawmaker, is that we call *Reward* and *Punishment*" (II.xxviii.5; 351).

Die in der Definition des moralisch Guten erwähnten Folgen der gesetzeskonformen Handlungen sind für den Begriff des moralisch Guten keineswegs nebensächlich. Denn die Übereinstimmung mit einem Gesetz ist zwar ein notwendiges Merkmal des moralisch Guten, aber nicht des Guten als solchen. Für das Gutsein des moralisch Guten ist gerade der Umstand entscheidend, daß wir uns durch das moralisch Gute angenehme Folgen zuziehen. Dies geht schon aus Lockes allgemeiner Bestimmung des Guten hervor: „Good and Evil ... are nothing but Pleasure or Pain, or that which occasions, or procures Pleasure or Pain to us" (II.xxviii.5; 351). Das Gute ganz allgemein ist für Locke also erstens die Freude und zweitens all das, was Freude verschafft oder verursacht. Und das moralisch Gute ist dasjenige, was uns auf

---

8 Vgl. von Leydens *Introduction* zu seiner Ausgabe der *Essays on the Law of Nature*, in von Leyden 1965, 69.

eine bestimmte Art und Weise Freude verschafft, nämlich dadurch, daß wir uns die Freude gewissermaßen als Belohnung für ein gesetzeskonformes Handeln zuziehen. Diese Interpretation findet in dem nachgelassenem Traktat *Of Ethics in General* ihre Bestätigung. Dort heißt es: „The difference between moral and natural good and evil is only this; that we call that naturally good and evil, which, by the natural efficiency of the thing, produces pleasure or pain in us; and that is morally good or evil which, by the intervention of the will of an intelligent free agent, draws pleasure or pain after it, not by any natural consequence, but by the intervention of that power" (King 1830 II, 128 f.).

Locke erläutert den Unterschied am Beispiel übermäßigen Alkoholgenusses. Exzessives Trinken ist ein natürliches Übel, wenn es Kopfsehmerzen oder Krankheit verursacht, jedoch ein moralisches Übel, insofern es eine Gesetzesübertretung ist, auf der eine Strafe steht (King 1830 II, 129). Die Freude, die man sich durch das moralisch Gute, d. i. durch das willentliche gesetzeskonforme Handeln zuzieht, unterscheidet sich der Qualität nach nicht von den Freuden, die außermoralisch Gutes verursacht. „Pleasure" und „pain", Freude und Schmerz, bedeuten bei Locke Lust- und Unlustgefühle im weitesten Sinn. Locke unterscheidet zwar körperliche von geistigen Freuden (II. xxi. 41; 258), wie beispielsweise die Freuden des Essens und Trinkens von der Freude an der Musik oder an einem vernünftigen Gespräch (II.xx.18; 233), aber dieser qualitative Unterschied hat in seiner Theorie keine große Bedeutung. Das moralisch Gute kann sowohl körperliche als auch geistige Freuden nach sich ziehen. Den Vorzug moralisch bedingter Freuden sieht Locke in ihrer Intensität und Dauerhaftigkeit. In dieser Hinsicht werden von ihm am höchsten die Freuden der ewigen Seligkeit eingeschätzt, mit der Gott im Jenseits das moralisch richtige Verhalten in dieser Welt belohnt (II.xxi.60 u. 70; 273 f. und 281 f).

Auch das Interesse am moralisch Guten unterscheidet sich für Locke nicht vom Interesse, das die Menschen am natürlich Guten haben. Wer moralisch handelt, handelt nach Locke weder aus Pflichtbewußtsein noch aus rein altruistischen Neigungen, sondern, wie stets und überall im Leben, um sich von Unlustgefühlen zu befreien. Locke geht davon aus, daß die Menschen stets nach Glück streben und Unglück zu vermeiden suchen (vgl. *Of Ethics in General*, in King 1830 II, 123 u. 127). Glück und Unglück, „happiness and misery", bestehen für Locke ausschließlich aus „pleasure and pain either of mind or body or both" (King 1830 II, 127f.). Ihr persönliches Glück können die Menschen jedoch in unterschiedlichen Dingen suchen. Zwar ist das Glück für alle Menschen nach Locke ein Zustand, in dem sie Lustempfindungen haben und mehr oder weniger frei von Unlustempfindungen sind, aber welche Erlebnisse Lust- und Unlustempfindungen von welcher Intensität und Dauer auslösen, ist bei den einzelnen Menschen keineswegs immer gleich (II. xxi. 54–55; 268–270). Das persönliche Glück ist mithin einerseits relativ, andererseits vertritt Locke jedoch die Meinung, daß das mögliche irdische Glück überhaupt nicht ins Gewicht fällt gegenüber der eigentlichen unendlichen Glückseligkeit nach dem Tode, daß die Menschen dies einsehen können und sich durch moralisches Verhalten im irdischen Leben bemühen sollten, von Gott nach dem Tode mit der ewigen Seligkeit belohnt zu werden (II. xxi.70; 281f). Obwohl wir nach Locke bei all unseren Handlungen nach Glück streben (II.xxi.36; 254), führt die bloße Aussicht auf das jeweils größtmögliche Gut noch nicht zu einem entsprechenden Handeln. Wäre diese Aussicht nämlich willensbestimmend, so ließe sich, meint Locke, nicht erklären, wie der Wille „sich jemals von den unendlichen ewigen Himmelsfreuden abwenden könnte, nachdem sie einmal vorgestellt und als möglich betrachtet worden sind" (II.xxi.38; 255).

Nach Lockes Handlungstheorie kann nur ein gegenwärtig gefühltes Unbehagen (uneasiness) willensbestimmend sein. Den Willen versteht Locke als Kraft des Geistes, sowohl körperliche Bewegungen als auch geistige Aktivitäten zu beginnen oder zu unterlassen. Locke geht davon aus, daß in uns stets eine ganze Reihe von mehr oder weniger starken Unlustgefühlen vorhanden ist. Das jeweils drückendste Unbehagen von den Unbehaglichkeiten, die sich voraussichtlich beseitigen lassen, bestimmt nach Lockes Auffassung gewöhnlich den Willen zum Handeln (II.xxi.47; 263). Den Zustand des Unbehagens identifiziert Locke mit dem Begehren nach dessen Beseitigung: „This Uneasiness we may call, as it is, Desire; which is an uneasiness of the Mind for want of some absent good" (II.xxi.31; 251). Das abwesende Gut ist entweder die Linderung eines körperlichen Schmerzes oder die Beseitigung einer seelischen Beunruhigung oder ein positives Gut. Die Linderung von Schmerzen körperlicher und seelischer

Art wird mit größerer oder geringerer Intensität stets begehrt. Aber nicht jede Vorstellung eines abwesenden positives Gutes erzeugt in uns ein Unbehagen oder ein solch intensives Unbehagen, wie es der objektiven Größe des abwesenden Gutes entspricht (II.xxi.31; 251). Die Vergegenwärtigung eines abwesenden positiven Gutes – z. B. der Gedanke, daß ich nicht reich bin – erzeugt in mir nur dann ein Unbehagen, wenn ich das abwesende Gut – den Reichtum – für einen notwendigen Bestandteil meines Glücks halte (II.xxi.43; 259). Von den verschiedenen Vorstellungen über den Inhalt ihres Glücks hängt es daher ab, beim Mangel welcher positiven Güter die einzelnen Menschen Unbehagen empfinden, d. h. welche der abwesenden positiven Güter sie begehren und welche nicht.

Nach Lockes Handlungstheorie, wie sie bisher dargestellt worden ist, könnte es so scheinen, als hinge alles menschliche Handeln gewissermaßen mechanisch von der jeweils empfundenen Intensität von Unlustgefühlen ab. Das ist aber keineswegs der Fall. Locke ist nämlich der Ansicht, daß die Menschen in den meisten Fällen in der Lage sind, die Befriedigung ihres jeweiligen besonderen Begehrens aufzuschieben, bis sie reiflich geprüft haben, ob das begehrte einzelne Gut tatsächlich ein Teil ihres wahren Glücks ist oder nicht (u. a. II.xxi.50 u. 71; 265 f. u. 282 ff.). Locke glaubt offenbar, daß wir durch Reflexionen darüber, worin das größte Gut für uns besteht, in der Lage sind, einerseits gewisse aktuelle Wünsche und Begierden zu neutralisieren und andererseits Bedürfnisse in uns nach Dingen auch erst zu wecken, die unserem wahren Glück förderlich sind. Die Fähigkeit, die Befriedigung unserer jeweiligen Wünsche und Begierden hinauszuschieben und zu überprüfen, erscheint Locke als das große Privileg endlicher vernunftbegabter Wesen (II.xxi.52; 267), und darin sieht er die Freiheit menschlichen Handelns (II. xxi.71; 283). Nach Lockes Auffassung sind zwar grundsätzlich all unsere Handlungen durch unser Verlangen nach Glück bestimmt – niemand kann bewußt gegen seine eigenen Interessen handeln –, aber dasjenige, was wir als zu unserem wohlverstandenen Glück für erforderlich halten, hängt in einem gewissen Umfang von unserem eigenen Urteil ab. Bei diesem Urteil können wir das eigentlich Gute für uns verfehlen und tragen dann für unser falsches Wertbewußtsein und die daraus resultierenden Folgen selbst die Verantwortung.

Es fällt auf, daß Locke in dem eben charakterisierten Zusammenhang und auch sonst gelegentlich vom Guten und von der Größe des Guten in einem objektiven Sinn spricht, obwohl der Begriff des Guten nach seiner Theorie doch eigentlich relativ auf das empfindende Subjekt sein müßte. Das Gute hatte Locke bestimmt als Freude (pleasure) oder als dasjenige, was Freude, d. h. Lustgefühle im weitesten Sinne, verschafft (II. xxviii.5; 351). Was Freude ist, wissen wir nur auf Grund unseres subjektiven Empfindens. Und die Bedingungen für die Empfindung von Freude können von Subjekt zu Subjekt verschieden sein. Was für den einen Menschen ein Gut ist, kann daher für den anderen Menschen ein Übel sein. Demgegenüber nimmt Locke offensichtlich an, daß es auf Grund der allgemeinen Menschennatur auch objektive Güter für den Menschen gibt. Hierzu zählen zweifellos „die unendlichen ewigen Freuden des Himmels" (II.xxi.38; 255), aber auch irdische Güter wie z. B. Gesundheit, Ansehen und Wissen (vgl. *Thus I think*, in King 1830 II , 120). Wenn man diesen Punkt nicht beachtet, wird Lockes ethische Konzeption in der Tat zu einer „poor philosophy", denn dann treffen die Argumente zu, die gegen Lockes hedonistische Ethik vorgebracht worden sind (vgl. z. B. Aaron 1955, 259 f.). Nach Lockes Definition des moralisch Guten als etwas, das uns auf bestimmte Art und Weise Freude verschafft, nämlich durch unser willentliches gesetzeskonformes Verhalten, müßte die moralische Qualität von Handlungen – so könnte man dann einwenden – abhängen vom subjektiven Lustempfinden des einzelnen. Da das Lustempfinden von Person zu Person verschieden sein kann, wären moralische Urteile weder begründbar noch verallgemeinerbar. Und selbst ein und dieselbe Person dürfte kaum in der Lage sein zu beurteilen, welche der von ihr beabsichtigten Handlungen für sie persönlich moralisch gut sind; denn erstens kann das Lustempfinden auch bei ein und derselben Person zu verschiedenen Zeiten unterschiedlich sein, und zweitens läßt sich nur sehr schwer vorhersagen, welche Handlungen tatsächlich Lustempfindungen mit sich bringen oder nach sich ziehen werden, zumal die betreffenden Lustempfindungen keine natürlichen Wirkungen der Handlungen sind, sondern durch das Eingreifen einer höheren Macht zustande kommen sollen. Im Bereich der Moral wäre man daher weitgehend auf Mutmaßungen angewiesen, eine Auffassung, die mit Lockes eigenen Äußerungen (u. a. IV.iv.7; 565) über die Sicherheit moralischer Erkenntnis noch dazu im Widerspruch steht. Die vorgebrachten Einwände werden Lockes Konzeption aber schwerlich gerecht. Das legt nicht nur der Begriff eines objektiv Guten bei Locke nahe, sondern dies wird ebenfalls ersichtlich, wenn man dem Umstand Beachtung schenkt, daß man sich nach Lockes Ansicht die Freuden aus dem moralisch Guten als Belohnung für ein gesetzeskonformes Verhalten zuzieht. Das moralisch Gute sind zwar Handlungen, die Freuden verschaffen und deswegen unternommen werden, aber nach Lockes Ausführungen im *Essay* sind moralisch gute Handlungen ausschließlich gesetzeskonforme Handlungen, welche diese erfreuliche Eigenschaft haben. Locke läßt keinen Zweifel daran, daß die „moral goodness" oder „moral rectitude", wie er auch sagt (II.xxviii.14; 358), beurteilt wird nach einem Gesetz, mit dem die Handlung übereinstimmen soll (II.xxviii.6 ff.; 351 ff.). Moralische Bewertungen von Handlungen verlieren ihren Sinn, moralische Begriffe werden nach Lockes Ansicht zu leeren Worten, wenn den Bewertungen kein Gesetz zugrunde liegt, das die Handlungen gebietet oder verbietet (vgl. *Of Ethics in General*, in: King 1830 II, 130). Ein solches Gesetz legt Pflichten fest, denen die Menschen unterworfen sind. Moralität hängt für Locke zusammen mit dem Gedanken der Verpflichtung. Pflichten sind jedoch nicht ohne Gesetz, Gesetzgeber und Sanktionen denkbar[9]. Auch der Pflichtcharakter der moralisch richtigen Handlungen weist auf ihre Bestimmtheit durch ein Gesetz.

Insofern die moralische Qualität, die „moral goodness or pravity", der Handlungen abhängig ist von der Übereinstimmung oder Nichtübereinstimmung mit einem allgemeinverbindlichen Gesetz, wird der Vorwurf des Subjektivismus gegenüber Lockes Auffassung vom moralisch Guten gegenstandslos. Zwar bleibt das moralisch Gute nach wie vor etwas, das Lustempfindungen nach sich zieht, aber das subjektive Lustempfinden ist keineswegs Kriterium für das moralisch Gute. Objektiv bestimmbar ist das moralisch Gute nach der Übereinstimmung der Handlungen mit dem Gesetz. Diese Auffassung Lockes darf jedoch nicht deontologisch verstanden werden. Auch in der Ethik von Hobbes,

---

9 „But what Duty is, cannot be understood without a Law; nor a Law be known, or supposed without a Law-maker, or without Reward or Punishment" (I.iii.12; 74).

ebenso im Regelutilitarismus hängt die moralische Qualität der Handlungen von der Übereinstimmung bzw. Nichtübereinstimmung mit allgemeinen Normen ab. Das moralisch Gute wird in diesen Theorien aufgefaßt als Mittel zur Erreichung eines außermoralischen Zwecks. Bei Locke ist dieser außermoralische Zweck, dem die Befolgung des Gesetzes dient, die Gewinnung der Lustempfindungen, in denen das Glück besteht. Obwohl Lust- und Unlustgefühle keine Kriterien für das moralisch Gute und Üble sind, haben sie nach Locke auf moralischem Gebiet eine keineswegs weniger wichtige Funktion. Locke unterscheidet zwischen dem Bewußtsein moralischer Verpflichtungen und der Motivation zur Pflichterfüllung[10]. Das Pflichtbewußtsein als solches ist für Locke noch nicht handlungsauslösend. Motiviert zu moralisch richtigem Verhalten wird man erst durch Unlustempfindungen, die bei der Vorstellung der Folgen auftreten, welche die Nichterfüllung der moralischen Pflichten haben würde. Locke wird nicht müde zu betonen, wie wichtig es ist, daß ein Gesetzgeber da ist, der die Erfüllung der durch das Gesetz bestimmten Pflichten erzwingt. „... [E]s würde völlig vergeblich sein", heißt es im *Essay*, „eine Regel anzunehmen, die den freien Handlungen des Menschen vorgeschrieben ist, ohne daß ihr ein Zwang zur Durchsetzung des Guten und Üblen beigegeben wäre, um den Willen des Menschen zu bestimmen" (II.xxviii.6; 351). Ohne Belohnungen und Strafen, die der Gesetzgeber für moralisch gutes bzw. übles Verhalten austeilt, ist die Kraft der Moral dahin. Die Kraft der Moral – „the force of morality" –, von der Locke im Traktat *Of Ethics in General* spricht (King 1830 II, 129), ist die motivierende Kraft, ohne welche die Moral ihre Funktion, das Leben der Menschen zu leiten (King 1830 II, 127), nicht erfüllen kann. Praktische Prinzipien sind für das Handeln da (I.iii.3; 67). Ihre moralische Bedeutung, die handlungsleitende Kraft, erhalten sie erst durch das außermoralische Interesse der Menschen, Belohnungen zu gewinnen und Strafen zu vermeiden.

Da Locke Gott für den Gesetzgeber aller genuinen moralischen Regeln hält, ist es in moralischer Hinsicht von der größten Wichtigkeit, sich zu vergewissern, daß es einen Gott gibt, dessen

---

10 Vgl. dazu auch Euchner 1969, 184ff.

Willen und Gesetz wir unterworfen sind[11]. Die Verpflichtung der Menschen zum Gehorsam gegenüber dem Gesetz Gottes begründet Locke im *Essay* und im *Second Treatise* mit dem Gedanken, daß wir von Gott geschaffen sind und von ihm abhängen (IV.iii.18; 549). Als Geschöpfe Gottes sind wir die Diener Gottes und sein Eigentum, da wir sein Werk sind und so lange auf Erden bleiben, wie es ihm, nicht wie es uns gefällt[12]. „Wer wird bestreiten", schreibt Locke in den *Essays on the Law of Nature*, „daß der Ton dem Willen des Töpfers unterworfen ist und daß ein Stück Töpferware von derselben Hand zerschmettert werden kann, die es geformt hat?" (von Leyden 1965, 156; vgl. auch 186) Nach Locke ist diese auf Lehren der christlichen Religion gegründete Ansicht von moralischer Verpflichtung für jedermann völlig überzeugend. Im *Essay* betont Locke ebenfalls: „That God has given a Rule, whereby Men should govern themselves, I think there is no body so brutish as to deny. He has a Right to do it, we are his Creatures" (II.xxviii.8; 352). Diese Regel oder das Gesetz, wie Locke meistens sagt, hat Gott den Menschen auf zweierlei Weise bekannt gemacht, durch das Licht der Natur, d. i. die Vernunft, und durch die Stimme der Offenbarung (II.xxviii.8; 352). Aber selbst wenn das Gesetz und die Verpflichtung, dem Gesetz zu gehorchen, den Menschen auf beide Weisen völlig einsichtig sein sollten, würden die Menschen das Gesetz schon bei der geringsten Unlust dazu nicht mehr befolgen, wenn der Gesetzgeber den Bruch des Gesetzes nicht mit Strafen belegt hätte. Die bloße Einsicht hat nach Lockes Überzeugung keine motivierende Kraft: Der Gesetzgeber muß die Abhängigkeit des Menschen von seinen Unlustempfindungen berücksichtigen und die Befolgung des Gesetzes durch Sanktionen erzwingen.

Nun geht Locke nicht, wie man vielleicht erwarten könnte, von einem einzigen Gesetz als Maßstab der moralischen Richtigkeit aus, sondern von mehreren unterschiedlichen Gesetzen. Locke läßt sich anscheinend von der Erfahrung leiten und führt an, nach was für Gesetzen die Menschen gewöhnlich Handlun-

---

11 Vgl. *Essays on the Law of Nature*, in von Leyden, 1965, 150. Locke selbst hat im IV. Buch des *Essay* einen Gottesbeweis gegeben, der von der Gewißheit der eigenen Existenz ausgeht und nach dem Kausalprinzip, daß das Nichts kein reales Sein hervorbringen kann, die Existenz Gottes zu erschließen sucht.
12 Vgl. *Second Treatise*, II, 6, in Locke 1960, 289.

gen moralisch beurteilen. Die Gesetze, auf welche die Menschen im allgemeinen ihre Handlungen beziehen, um deren moralische Richtigkeit oder Falschheit (rectitude or pravity) zu beurteilen (II.xxviii.6; 351), sind im *Essay* folgende: 1. the divine law, das göttliche Gesetz, 2. the civil law, das bürgerliche Gesetz, und 3. the law of opinion or reputation, das Gesetz der öffentlichen Meinung oder des guten Rufes (II.xxviii.7; 352). Mit dem Ausdruck „law" meint Locke jeweils einen Komplex oder ein System von Regeln, denen je nach der Eigenart des Gesetzes eine besondere Art von Sanktionen, Belohnungen und Strafen, beigegeben ist (II.xxviii.6; 351). Nach dem göttlichen Gesetz beurteilt man, ob eine Handlung Sünde oder Pflicht ist, nach dem bürgerlichen Gesetz beurteilt man, ob eine Handlung strafbar oder straffrei ist und nach dem Gesetz der öffentlichen Meinung, ob sie tugend- oder lasterhaft ist (II.xxviii.7; 352). Das göttliche Gesetz nimmt unter den drei Gesetzen eine Vorzugsstellung ein, insofern es den einzigen „true touchstone of moral rectitude" darstellt (II.xxviii.8; 352). „Indem die Menschen ihre Handlungen mit diesem Gesetz vergleichen, beurteilen sie, was an ihnen in der wichtigsten Hinsicht moralisch gut oder übel ist, d. h. sie beurteilen, ob ihnen ihre Handlungen als Pflichten oder Sünden wahrscheinlich Glück oder Unglück aus den Händen des Allmächtigen eintragen werden" (II.xxviii.8; 352).

Eine zuverlässige moralische Beurteilung kann auf zwei Weisen erfolgen. Man kann die Handlungen an den von Gott in der Heiligen Schrift geoffenbarten Geboten überprüfen oder an dem unabhängig von der Offenbarung mit der Vernunft erkennbaren „natural law", dem Naturrecht. Gott hat den Menschen seinen Willen zum einen in Form eines religionsunabhängigen natürlichen Gesetzes bekannt gemacht und zum anderen in Form eines in der Heiligen Schrift geoffenbarten positiven Gesetzes, das durch den Glauben erfaßt wird. Locke vertritt die Auffassung, daß die in der Heiligen Schrift geoffenbarten Gebote Gottes inhaltlich mit einem System von Normen übereinstimmen, die der Mensch unabhängig von der Offenbarung sicher durch den Gebrauch der Vernunft erkennen kann. Beide, das natürliche wie das geoffenbarte Gesetz, sind Ausdrucksformen desselben göttlichen Gesetzes. Von den drei angeführten Gesetzen gilt für Locke einzig und allein das göttliche Gesetz als absolut zuverlässiger und untrüglicher Wegweiser, da das göttliche Gesetz natürlich ohne

Fehl sein muß, während die beiden anderen Gesetzesarten durchaus Mängel haben können. Das dritte Gesetz für die moralische Beurteilung war das Gesetz der öffentlichen Meinung oder des guten Rufes. Nach diesem Gesetz richten sich unsere Vorstellungen von Tugend und Laster. Sie sind abhängig von der Moral der jeweiligen Gesellschaft, in der wir leben. Die moralische Bewertung nach den Regeln der Gesellschaft findet ihren Ausdruck in Billigung und Mißbilligung, Lob und Tadel, die „sich durch eine stillschweigende, unausgesprochene Vereinbarung in den verschiedenen Gemeinschaften, Sippschaften und Vereinigungen der Menschen in der Welt eingebürgert haben"[13]. Billigung und Mißbilligung, Lob und Tadel, sind auch die Belohnungen und Strafen, welche die Menschen dazu bewegen, die jeweiligen moralischen Regeln der Gesellschaft, das „law of opinion or reputation", einzuhalten. Die Gesellschaft übt einen sehr wirksamen sozialen Druck aus, der den einzelnen zur Konformität zwingt (II.xxviii.12; 357).

Angesichts der von Locke dargestellten Möglichkeit, Handlungen nach drei verschiedenartigen Gesetzen moralisch zu beurteilen, drängt sich die Frage auf, ob ein und dieselbe Handlung in moralischer Hinsicht nicht bisweilen verschieden beurteilt werden würde, je nachdem, welches Gesetz man als Maßstab anlegt, das Gesetz Gottes, das bürgerliche Gesetz, d. i. das positive Recht des Staates, oder das Gesetz der öffentlichen Meinung, d. i. die Gruppenmoral einer bestimmten Gesellschaft oder Gesellschaftsschicht. Hinsichtlich des Gesetzes der öffentlichen Meinung ist auch Locke klar gewesen, daß keineswegs alle Verhaltensweisen in allen Gesellschaften zu allen Zeiten moralisch gleich beurteilt worden sind (vgl. u. a. I.iii.10). Im Hinblick auf das bürgerliche Gesetz ist ebenso offenkundig, daß das positive Recht der Staaten voneinander abweicht und daß es Diskrepanzen zwischen dem positiven Rechtssystem eines Staates und der Gruppenmoral seiner Gesellschaft geben kann. Und was das göttliche Gesetz anlangt, so erscheint es schwer vorstellbar, daß das allgemeine, ewige und unveränderliche Gesetz Gottes jemals irgendwo sowohl mit dem positiven Rechtssystem als auch mit der Gruppenmoral der betreffenden Gesellschaft völlig überein-

---

13 II.xxviii.10; 353. Die Übersetzung folgt hier wie auch sonst noch öfter C. Winckler.

gestimmt hat. Selbstverständlich kommt dem göttlichen Gesetz nach Locke bei der moralischen Beurteilung der Vorrang zu. Das göttliche Gesetz ist ja nach Locke der „wahre Prüfstein der moralischen Richtigkeit" (II.xxviii.8; 352). Aber Locke erweckt keineswegs den Eindruck, als seien die anderen beiden Gesetze als Maßstäbe für die moralische Beurteilung völlig zu verwerfen. Wenn das bürgerliche Gesetz und das Gesetz der öffentlichen Meinung jedoch auch als Orientierungspunkte für die moralische Beurteilung in Betracht kommen, dann muß es ein gewisses Maß an Übereinstimmung zwischen allen drei Gesetzen geben (vgl. dazu auch Colman 1983, 171 ff.).

Nun könnte man Locke vielleicht die Ansicht unterstellen, daß eine mögliche Übereinstimmung nur die fundamentalen Normen der drei Gesetze betrifft. Aber selbst bei dieser Beschränkung bleibt die Frage der Übereinstimmung problematisch. Locke löst das Problem jedoch sehr einfach dadurch, daß er behauptet, alle Menschen stimmten im großen und ganzen in ihren moralischen Anschauungen überein und diese Anschauungen entsprächen überall in großem Maße dem Gesetz Gottes. Locke führt dazu aus: „Nun mag es zwar die Ungleichheit des Temperamentes, der Erziehung, der Mode, der Maximen oder des Interesses der verschiedenen Menschenklassen mit sich bringen, daß Dinge, die an einem Ort für lobenswert galten, an einem anderen dem Tadel nicht entgingen und daß auf diese Weise in verschiedenen Gesellschaften Tugenden und Laster vertauscht wurden; in der Hauptsache blieben sie jedoch fast überall die gleichen. Denn da nichts natürlicher sein kann, als mit Achtung und Wertschätzung das zu fördern, worin jeder seinen Vorteil findet, und das zu tadeln und zu mißbilligen, was das Gegenteil davon ist, so ist es kein Wunder, daß Hochachtung und Geringschätzung, Tugend und Laster in großem Maße überall mit der unveränderlichen Regel des Richtigen und Falschen übereinstimmen, die das Gesetz Gottes aufgestellt hat" (II.xxviii.11; 356).

Als Begründung für diese Übereinstimmung führt Locke unmittelbar im Anschluß daran an, nichts gewährleiste und fördere so unmittelbar und offensichtlich das Allgemeinwohl der Menschheit in dieser Welt wie der Gehorsam gegenüber den von Gott gegebenen Gesetzen, nichts erzeuge so viel Unheil und Verwirrung wie ihre Mißachtung (II.xxviii.11; 356). Daher können sich die Menschen, die ihrem Eigeninteresse stets treu bleiben und zur Wahrnehmung ihres Vorteils von Gott aufs beste ausgestattet sind, mit ihren staatlichen Gesetzen und den Regeln der jeweiligen Gesellschaftsmoral von den optimalen Normen des göttlichen Gesetzes gar nicht allzuweit entfernen. Das Argument beruht auf Lockes Überzeugung, daß die Regeln des göttlichen Gesetzes u. a. auf eine Förderung des Allgemeinwohls der Menschen abzielen. Gott hat „virtue", Tugend, d. i. die Übereinstimmung des Handelns mit seinem Gesetz, und „public happiness" untrennbar miteinander verbunden und die Ausübung der Tugend für die Erhaltung der Gesellschaft notwendig und für alle nützlich gemacht[14]. Wegen dieser Zielgerichtetheit des göttlichen Gesetzes können die Regeln der jeweiligen Gruppenmoral, mit denen ja dasselbe Ziel verfolgt wird, vom Gesetz Gottes nicht allzu verschieden sein. Würden die Menschen nach moralischen Regeln zusammenleben, die nicht wenigstens im großen und ganzen dem göttlichen Gesetz entsprächen, würden die Menschen sich unvernünftig verhalten. Sie würden – wie Locke es ausdrückt – „allem Verstand und aller Vernunft und ihrem eigenen Interesse entsagen, dem sie doch so beständig treu sind" (II.xxviii.11; 356). Motiviert zur Befolgung der drei genannten Gesetze werden die Menschen mithin nach Locke nicht nur durch die mit den Gesetzen verbundenen Sanktionen, sondern zusätzlich noch durch die Aussicht auf die günstigen Folgen, welche die Befolgung der Gesetze für das Allgemeinwohl in dieser Welt hat. Locke nimmt an, daß die Menschen einsehen, daß sie ihr persönliches Glück nur im Zusammenhang mit dem Allgemeinwohl erreichen können[15]. Das Allgemeinwohl muß in notwendigen Bedingungen bestehen für die Erreichung des persön-

---

14 „For God, having, by an inseparable connexion, joined Virtue and public Happiness together; and made the Practice thereof, necessary to the preservation of Society, and visibly beneficial to all, with whom the Virtuous Man has to do ... (I.iii.6; 69). In den *Essays on the Law of Nature* vertritt Locke die Auffassung, daß die durch das natürliche Gesetz festgelegten Pflichten aus der Natur des Menschen folgen (vgl. von Leyden 1965, 200). Dem Menschen sind von Gott der menschlichen Natur entsprechende Pflichten auferlegt, die ihm zum Wohl gereichen. Die Befolgung des natürlichen Gesetzes führt u. a. zu Frieden, harmonischen Beziehungen, Freundschaft, Sicherheit, alles in allem zu Glück (ebenda 214) und allgemeinem Wohlergehen (ebenda 206).
15 Das Allgemeinwohl ist dasjenige, „wherein every one finds his advantage" (III.xxviii.11; 356). Vgl. auch I.iii.6; 69.

lichen Glücks, das ja nach Locke zumindest auf Erden individuell verschieden ist.

Wenn durch die Befolgung des göttlichen Gesetzes das Allgemeinwohl realisierbar ist und auf diese Weise die notwendigen Bedingungen erfüllbar werden für die Erreichung des persönlichen irdischen Glücks, dann wird für die Menschen als Architekten ihres Glücks der Gedanke Lockes wichtig, daß sich das göttliche Gesetz auch unabhängig von der Offenbarung erkennen läßt. Dadurch müßte es selbst den Nicht-Christen möglich sein, auf Erden glücklich zu werden, sofern sie ihre Vernunft richtig gebrauchen und entsprechend handeln. Die letztere Bedingung ist jedoch nach Locke von Atheisten offenbar nicht erfüllbar, da er ihnen die Toleranz verwehrt (vgl. Locke 1968, 134). Versprechen, Verträge und Eide können für Atheisten nicht die übliche Geltung besitzen; denn von Gott, an den die Atheisten nicht glauben, haben sie nach einem Bruch eingegangener Verpflichtungen ja nichts zu befürchten. Die Atheisten stehen auf Grund dieser Konsequenzen ihres Unglaubens außerhalb der menschlichen Gemeinschaft. Der Gebrauch der Vernunft, den Locke auch den Atheisten wohl zugestehen müßte, nützt ihnen nichts ohne angedrohte Sanktionen. Das göttliche Gesetz, unter seinem rationalen Aspekt von Locke gewöhnlich Naturgesetz genannt, wird von ihm bisweilen sogar direkt als „reason" apostrophiert[16]. Auf das Naturgesetz als Quelle der moralischen Normen beruft sich Locke nicht nur in seinen Bemerkungen zur Ethik (z. B. II.xxviii.11; 356), sondern auch in seiner Staatsphilosophie dient ihm das Naturgesetz als Legitimationsinstanz für die nach seiner Auffassung erforderlichen politischen Rechte und Pflichten. Was den Inhalt dieses Naturgesetzes im einzelnen genau ausmacht, bleibt unklar. Im Traktat *Of Ethics in General* werden als allgemeine Kriterien für Tugendhaftigkeit und Lasterhaftigkeit die absolute Notwendigkeit der Handlungen zur Erhaltung der Gesellschaft genannt und die zerstörende Wirkung für die Bande der Gemeinschaft (vgl. King 1830 II, 125). Im *Essay Concerning Human Understanding* erwähnt Locke gelegentlich die Norm „that one should do as he would be done unto" und charakterisiert sie als die unerschütterlichste Regel der Moral und Grund-

---

16 *Second Treat.*, II, 6, in Locke 1960, 289.

lage aller sozialen Tugend (I.iii.4; 68). Ob die goldene Regel[17] jedoch das alleinige Grundprinzip des Naturgesetzes sein soll, bleibt offen. Im *Second Treatise of Government* führt Locke als „fundamental law of nature" an, daß die Menschheit so weit wie möglich erhalten werden soll[18]; daneben finden sich einige andere Regeln des Naturgesetzes wie z. B. das Verbot, anderen zu schaden, das Gebot der Selbsterhaltung u. dgl. mehr[19]. In den *Essays on the Law of Nature* werden als Vorschriften des Naturgesetzes einige tugendhafte Verhaltensweisen genannt wie Gehorsam gegenüber Vorgesetzten, Einhaltung von Versprechen, Aufrichtigkeit und ähnliches (von Leyden 1965, 126 ff.). Obwohl Locke überzeugt ist, daß „moral rules are capable of demonstration" (I.iii.1; 66) und daß man für jede moralische Regel mit Recht eine Begründung verlangen kann (I.iii.4 u. I.iii.1; 68 u. 66), hat Locke für die von ihm angeführten Regeln keine rationale Begründung gegeben. Er scheint einige wichtige Regeln, insbesondere im *Second Treatise*, einfach aus der Naturrechtstradition übernommen zu haben. Wenn er gelegentlich moralische Regeln zu rechtfertigen sucht, geschieht dies durch Rückgriff auf christliche Lehrmeinungen oder gar auf bestimmte Stellen in der Heiligen Schrift[20]. Was die Rationalität der Regeln des Naturgesetzes betrifft, so erfährt man von Locke immerhin so viel, daß sie der Erhaltung der Gesellschaft und dem Allgemeinwohl dienen. Dies dürften jedoch für den christlichen Ethiker Locke keineswegs die einzigen Zwecke des natürlichen und zugleich göttlichen Gesetzes sein. Denn im *Essay* erfahren wir an einer Stelle (IV.xii.11; 646), daß die Moral als eigentümliche Wissenschaft und Aufgabe der Menschheit unserem Hauptinteresse dient, der Bemühung um das höchste Gut, das von Locke dort in unserem ewigen Zustand nach dem Tode gesehen wird.

Auch wenn Locke keine rationale Begründung für die Regeln des Naturgesetzes, d. i. der eigentlichen Moral, gegeben hat, so war er nicht nur von der Notwendigkeit einer solchen Begründung überzeugt, sondern er hat sogar eine strenge Wissenschaft von der Moral für möglich gehalten, eine Wissenschaft, die wie

---

17 Zur goldenen Regel bei Locke vgl. Colman 1983, 199 ff.
18 *Second Treat.*, III, 16, in Locke 1960, 296 f.
19 *Second Treat.*, II, 6, in Locke 1960, 289.
20 Vgl. z. B. *Second Treat.*, V, 31, in Locke 1960, 308.

die Mathematik der Demonstration fähig ist. Für eine solche rationale normative Ethik sind von Locke im *Essay Concerning Human Understanding* einige programmatische Gedanken formuliert worden (vgl. insbesondere III.xi.15 ff.; IV.iii.18ff. u. iv.7 ff). „Moralische Erkenntnis ist echter Gewißheit ebenso fähig wie die Mathematik" (IV.iv.7; 565). Daß dies bisher noch nicht aufgefallen ist, liegt nach Locke daran, daß man nicht von genauen Definitionen der moralischen Ideen ausgegangen ist und die Beziehungen der Ideen zueinander nicht angemessen untersucht hat (IV.iii.20; 552). Eine genaue Definition moralischer Ideen hält Locke deswegen für möglich, weil die moralischen Ideen nach seiner Erkenntnistheorie gemischte Modi oder Relationen sind (III.xi.15 u. II.xxviii.4; 516 u. 350 f.). Die gemischten Modi, Ideen von Qualitäten, sind komplexe Ideen, die aus einfachen Ideen verschiedener Art zusammengesetzt sind. Bei der Zusammensetzung solcher Ideen verfährt der Geist nach eigener Wahl. Aus realen Qualitätsaggregaten werden bestimmte einfache Ideen ausgewählt und nach den Bedürfnissen und Interessen des Geistes zu komplexen Ideen zusammengesetzt, ohne sich dabei an Archetypen zu halten. Die gemischten Modi und damit auch die moralischen Ideen sind ihre eigenen Archetypen (III.xi.15 u. IV.iv.7; 516 u. 565). Reale Essenz und nominale Essenz fallen bei ihnen zusammen. Daher lassen sich die moralischen Ideen erschöpfend und genau definieren (III.xi.15; 516). Ferner gibt es moralische Ideen, die Ideen einer besonderen Art von Relationen sind, nämlich der Übereinstimmung oder Nichtübereinstimmung der willentlichen Handlungen mit einer Regel, auf die sie bezogen und nach der sie beurteilt werden (II.xxviii.4; 350). Locke hält moralische Ideen auch für demonstrierbar. Die Demonstrierbarkeit betrifft anscheinend moralische Ideen, die sich aus bereits definierten moralischen oder anderen Ideen ergeben. In mit mathematischer Strenge beweisbaren Sätzen über die Beziehungen moralischer Ideen untereinander oder zu anderen Ideen müßte nach Locke dann die moralische Erkenntnis bestehen. Über die Art und Weise der von ihm für möglich gehaltenen Demonstration moralischer Erkenntnisse hat Locke nur Andeutungen gemacht. Die „Idee eines höchsten Wesens von unendlicher Macht, Güte und Weisheit, dessen Werk wir sind und von dem wir abhängen" sowie „die Idee von uns selbst als mit Verstand und Vernunft begabten Wesen" sollen „die Grundlagen für unsere Pflicht und die Regeln unseres Handelns" bieten (IV.iii.18; 549). Daraus sind die Maßstäbe des moralisch Richtigen und Falschen (measures of right and wrong) abzuleiten (IV.iii.18; 549). Für eine solche Ableitung im einzelnen hat Locke zwei Beispiele gegeben:

„‚Wo es kein Eigentum gibt, da gibt es keine Ungerechtigkeit', ist ein Satz, der genauso gewiß ist wie jeder beliebige Beweis des Euklid. Denn die Idee des Eigentums bedeutet ein Recht auf irgendeine Sache, und die Idee, welche ‚Ungerechtigkeit' genannt wird, bedeutet einen Eingriff oder eine Verletzung dieses Rechtes. Es ist klar: Wenn diese Ideen in dieser Weise festgesetzt und bekannt sind, dann kann ich mit derselben Sicherheit wissen, daß jener Satz wahr ist, wie daß die Summe der Winkel eines Dreiecks gleich derjenigen zweier rechter Winkel ist. Ein anderes Beispiel: ‚Keine Regierung gestattet absolute Freiheit'. Die Idee der Regierung bedeutet die Organisation der Gesellschaft auf der Grundlage bestimmter Regeln und Gesetze, die Befolgung verlangen, und die Idee der absoluten Freiheit bedeutet, daß jeder tun kann, was ihm gefällt. Ich kann der Wahrheit dieses Satzes ebenso gewiß sein wie derjenigen jedes beliebigen Satzes in der Mathematik" (IV.iii.18; 549 f.).

Was Locke mit diesen Beispielen zeigt, ist die Deduktion analytisch wahrer Aussagen aus den Definitionen zugrunde gelegter Begriffe. Nun handelt es sich in den von Locke angeführten Beispielen um deskriptive Aussagen. Eine Wissenschaft von der Moral, wie sie Locke konzipiert hat, müßte jedoch zu normativen Sätzen gelangen, in denen allgemeine Vorschriften für das Handeln formuliert werden. Selbst wenn diesem Einwand kein allzu großes Gewicht zukommen sollte, da mit der Idee Gottes im Sinne Lockes die Idee des Anspruchs auf Befolgung seiner Gesetze verbunden sein dürfte und mit der Idee des Menschen die Idee der Pflicht zur Befolgung von Gottes Gesetzen, selbst dann bleibt Lockes Gedanke einer rationalen Ethik nach dem Vorbild der Mathematik unausführbar. Denn wie Locke selbst betont hat, sind für eine derartige Ethik genaue Definitionen erforderlich. Locke hat offenbar gemeint, daß man sich bei den Definitionen der einschlägigen Begriffe in erster Linie an der Natur des Menschen und dessen Bedürfnissen, insbesondere am menschlichen Verlangen nach Glück orientieren muß. Aber wie man durch Ergründung der menschlichen Natur, die sich nach Lockes Erkenntnistheorie (vgl. dazu u. a. Krüger 1973) auf Wahrnehmung zu stützen hat, die moralischen Ideen und ein konsistentes moralisches Normensystem konstruieren kann, das dem in der Heiligen Schrift geoffenbarten Gesetz Gottes inhaltlich voll entspricht, bleibt unbegreiflich (vgl. dazu u. a. Euchner 1969, 157 ff.). Daran ändert sich auch nichts, wenn man mit Locke den Begriff Gottes als Schöpfer der Welt und der Menschen in die Grundlagen der auszuarbeitenden Ethik einbezieht. Locke selbst war sich der Schwierigkeiten der Ausarbeitung einer Ethik more geometrico als eines konsistenten Systems moralischer Normen von Anfang an bewußt (IV.iii.19 f.; 550 ff.). Es scheint, daß er später diese Schwierigkeiten noch deutlicher gesehen hat[21]. In einem Brief an Molyneux vom 30. März 1696 bezweifelt Locke, daß es klug sei, noch in seinem Alter und in gesundheitlich schlechter Verfassung mit der Abfassung des erwünschten Traktats über die Moral zu beginnen. Locke tröstet sich damit, daß das Evangelium eine solch vollkommene Ethik enthält, daß der Vernunft die Untersuchung erlassen werden kann, da sie die Pflicht des Menschen klarer und leichter in der Offenbarung als in sich selbst finden könne (*Correspondence* 5, 595).

Versucht man Lockes Ethik, im ganzen gesehen, typologisch zu bestimmen, gerät man sehr schnell in Verlegenheit. An Lockes Ethik lassen sich traditionell naturrechtliche, aber auch hedonistisch-egoistische Züge entdecken. Zu welcher Einschätzung man kommt, hängt vor allem von der Beurteilung von Lockes Naturrechtsauffassung und des Stellenwertes ab, der dem Glücksbegriff in seiner Theorie zukommt. Und das Urteil darüber ist wiederum abhängig vom Gewicht, das man bestimmten Schriften oder Äußerungen Lockes zumißt. Das Bild ändert sich je nachdem, ob man beispielsweise die von Locke nicht publizierten *Essays on the Law of Nature* oder den *Essay Concerning Human Understanding* in erster Linie zur Grundlage seiner Deutung macht. Diese Lage spiegelt sich in den kontroversen Meinungen der Sekundärliteratur. Dort ist Locke als Anhänger der traditionellen Naturrechtslehre interpretiert worden (Polin 1960) und von anderen als Nachfolger Hobbes', der mit dieser Lehre gerade gebrochen hat (Strauss 1956; Cox 1960). Wiederum andere meinen, daß Locke eine widerspruchsvolle Zwischenstellung

---

21 Vgl. *The Reasonableness of Christianity as delivered in the Scriptures*, in *Works* 7, 140 u. 142 f.

zwischen traditioneller und moderner Naturrechtstheorie einnahm (z. B. Euchner 1969, 10 ff.). Es ist behauptet worden, daß Locke eine konsistente ethische Theorie vertreten habe (Colman 1983, 5), und von anderer Seite, daß die Suche nach einer widerspruchsfreien Ethik bei Locke völlig vergeblich sei (Aaron 1955, 266 ff.). Eine einheitliche Klassifikation von Lockes Ethik, die alle Schriften berücksichtigt, erscheint daher schwierig, wenn nicht gar unmöglich. Konzentriert man sich jedoch auf Lockes Äußerungen zur Ethik im *Essay Concerning Human Understanding*, der als publizierte Schrift auch die ethische Diskussion anregen konnte, läßt sich Lockes Konzeption der Ethik als egoistische normative Theorie charakterisieren, und zwar als eine egoistische Theorie, die auf theologischer Grundlage ein am hedonistisch verstandenen Glück der Menschheit orientiertes System rational begründbarer Normen enthält. Die dem Glück der Menschheit dienenden allgemeinen moralischen Normen werden als Mittel verstanden, durch deren Anwendung man sich auf Grund von Gottes Fügung Freude zuzieht, sei es bereits in diesem Leben oder im Jenseits. Zur Befolgung der moralischen Normen werden die Menschen nach Lockes Theorie doppelt motiviert, einmal durch die Aussicht auf die für das Individuum angenehmen Folgen, die sich aus einer allgemeinen Respektierung der moralischen Normen ergeben, und zum anderen durch die Verheißung Gottes, moralisch richtiges Verhalten in dieser Welt im Jenseits zu belohnen. Das erste Motiv allein hat Locke nicht für ausreichend angesehen. Die menschliche Natur braucht nach Lockes Überzeugung zu ihrem eigenen Wohl die Androhung göttlicher Strafen.

Gegen die egoistische Interpretation der Lockeschen Ethik könnte man vielleicht versuchen, einen Einwand zu gewinnen aus Lockes Lehre der Verpflichtung zum Gehorsam gegenüber Gottes Gesetz. Die Verpflichtung zum Gehorsam wird von Locke nicht egoistisch begründet, sondern mit dem Argument, daß wir die Geschöpfe Gottes sind. Die bloße Einsicht in die Verpflichtung ist nach Locke aber nicht handlungsauslösend und damit moralisch im Sinne Lockes völlig bedeutungslos. Denn die Moral ist für das Handeln da. Ohne Interesse an der Erfüllung der Verpflichtung wäre „Verpflichtung", moralisch gesehen, nur ein leeres Wort. Und auch wenn es eine Verpflichtung aus dem angegebenen Grund nicht gäbe, bliebe der Gehorsam gegenüber

Gottes Gesetz moralisch gut wegen der Sanktionen, die Gott seinem Gesetz beigegeben hat[22]. Die Lehre von der Verpflichtung kann daher im *Essay* allenfalls ein zusätzliches Argument für die Richtigkeit des Gehorsams gegenüber Gottes Gesetz sein. Obwohl einige Bemerkungen Lockes über das allgemeine Glück und Wohl der Menschen als Zweck moralischer Normen utilitaristisch klingen, kann man Locke nicht unterstellen, daß er für die Definition moralischer Begriffe oder den Aufbau eines Systems rational begründbarer moralischer Normen als Orientierungspunkt so etwas wie das größte Glück der größten Zahl oder die tatsächlichen Präferenzen der Menschen angenommen haben könnte. Wenn ein der menschlichen Natur entsprechender Begriff allgemeinen Glücks Bezugspunkt für das System der zu konstruierenden Normen ist, dann muß es sich um einen Glücksbegriff handeln, der dem Evangelium entspricht. Dies ergibt sich schon aus der von Locke vorausgesetzten inhaltlichen Identität des geoffenbarten Gesetzes mit dem Naturgesetz, das die rationale Ethik rekonstruieren soll. In dieser Identität liegt aber auch eine besondere Crux des Lockeschen Entwurfes. Der weltliche Ethiker macht sich aus Eigeninteresse Gottes Einrichtung des Daseins nach dem Tode zunutze und richtet die Konzeption seiner Normen nicht nur an einem Begriff irdischen Glücks, sondern auch an den himmlischen Freuden aus. Wie das bei Lockes empiristischer Erkenntnistheorie möglich sein soll, bleibt unverständlich. Locke hat der Ethik Ziele gesetzt, die auch unter seinen eigenen Voraussetzungen schwerlich erreichbar gewesen wären. Locke wollte die Moral der Gesellschaft, das staatliche Recht, das Naturrecht und die christliche Moral aus ein und demselben Prinzip erklären, nämlich aus der Voraussetzung von Gottes Schöpfung und Fürsorge für den Menschen. Gott hat den Menschen ein Gesetz gegeben, das der Erfüllung ihres Verlangens nach Glück dient, und Gott hat die Menschen so ausgestattet, daß sie auch unabhängig von der Offenbarung seines Geset-

---

22 Vgl. die Definition des moralisch Guten, II.xxviii.5; 351: „... Morally Good ... is only the Conformity ... of our voluntary Actions to some Law, whereby Good or Evil is drawn on us, from the Will and Power of the Law-maker." In den *Essays on the Law of Nature* ist demgegenüber von Locke eine nicht-egoistische Auffassung entwickelt worden. Vgl. *Essay* VIII (von Leyden 1965, 204 ff.). Zu Lockes moralphilosophischen Ansichten in den *Essays* vgl. u. a. Mabbott 1973, 107 ff.

zes die Regeln dieses Gesetzes mit der Vernunft erkennen können. Die auf rationale Weise auffindbaren Regeln machen das Naturgesetz aus, das in der jeweiligen Moral der Gesellschaft und im staatlichen Recht nur unsystematisch und mit mehr oder weniger großen Einschränkungen seinen Niederschlag gefunden hat. Dieses Naturgesetz soll sich nach Locke jedoch mit mathematischer Strenge und Systematik rekonstruieren lassen.

Denkt man an Shaftesburys kritische Bemerkungen über Lockes moralphilosophische Ansichten zurück, wird man Shaftesburys Urteil trotz aller Schwächen der Lockeschen Konzeption kaum darin folgen können, daß dieser Entwurf einer Ethik „poor philosophy" sei. Die Ansicht, unter oder hinter den verschiedenen moralischen Regeln der unterschiedlichen Gesellschaften ließen sich identische fundamentale Normen entdecken, die in allen Gesellschaften gelten, findet sich auch bei modernen Ethikern. Daß moralische Urteile begründbar sind und daß es höchst erstrebenswert ist, eine Theorie moralischer Argumentation zu erarbeiten, mit der sich ein mehr oder weniger weitgehender Konsens über moralische Fragen erreichen läßt, ist heutzutage ebenfalls eine verbreitete Überzeugung, wenngleich niemand an eine solche Theorie die hohen Ansprüche Lockes stellen dürfte. Und schließlich wird von manchen Ethikern auch ein Lockes Überlegungen teilweise ähnlicher egoistischer Begründungsansatz der Moral verfolgt, nach dem zumindest ein gewisser fundamentaler Bestand allgemeiner Normen seinen Grund in wichtigen Interessen des einzelnen hat – Interessen, die, wie die Erfahrung lehrt, jeder Mensch verfolgt, z. B. das Interesse an der Selbsterhaltung, an körperlicher Unversehrtheit, an Bewegungs- und Handlungsfreiheit u. dgl. mehr (vgl. z. B. Hoerster 1983, 225–38). Ob ein derartiger egoistischer Ansatz haltbar ist, erscheint heutzutage nicht weniger fraglich als zur Zeit der Moral-Sense-Philosophen.

Auch wenn man Lockes Konzeption der Ethik nicht so negativ sieht wie Shaftesbury, bleibt Shaftesburys Ablehnung dieser Art von Ethik verständlich. Lockes Menschenbild und die dadurch bedingte egoistische Ausrichtung der Ethik sowie die Anbindung der Moral an die Religion waren für die Moral-Sense-Philosophen nicht akzeptierbar. Die Existenz des Menschen als moralisches Wesen war für sie nicht mehr bedingt durch ein dem Menschen auferlegtes Gesetz Gottes, sondern unabhängig von der christlichen Religion betrachteten sie das moralische Bewußtsein als Eigentümlichkeit des Menschen schlechthin. Moralisches Urteilen und moralisches Handeln wurden durch spezifische Anlagen der menschlichen Natur erklärt (vgl. dazu Sprute 1980), der psychologische Egoismus durch genauere Untersuchungen der Handlungsintentionen überwunden. Neben der Abgrenzung gegen die zeitgenössische rationalistische Ethik war es gerade die Auseinandersetzung mit egoistischen Theorien, die bei den Moral-Sense-Philosophen zu neuen, wesentlich subtileren und gegenstandsnäheren Analysen der Moral führte und eine Entwicklung der Moralphilosophie einleitete, von der später auch Kant nicht unbeeinflußt geblieben ist.

Literatur

Aaron, R. I. ²1955: John Locke. Oxford.
Colman, John 1983: John Locke's Moral Philosophy. Edinburgh.
Cox, R. H. 1960: Locke on War and Peace. Oxford.
Euchner, W. 1969: Naturrecht und Politik bei John Locke. Frankfurt a. M.
Hoerster, N. 1983: Moralbegründung ohne Metaphysik. In: Erkenntnis 19, 225–38.
King, Peter 1830: The Life of John Locke, with Extracts from his Correspondence, Journals and Commonplace Books. 2 Bände. London.
Krüger, Lorenz 1973: Der Begriff des Empirismus. Erkenntnistheoretische Studien am Beispiel John Lockes. Berlin.
Locke, John 1960: Two Treatises of Government. Hrsg. von P. Laslett. Cambridge.
– 1968: Epistola de Tolerantia. A Letter of Toleration. Hrsg. von R. Klibansky und J. W. Gough. Oxford.
Mabbott, J. D. 1973: John Locke. London.
Polin, R. 1960: La Politique morale de John Locke. Paris
Rand, B. (Hrsg.) 1900: The Life, Unpublished Letters and Philosophical Regimen of Anthony, Earl of Shaftesbury. London 1900.
Sargentich, Thomas 1974: Locke and Ethical Theory: Two MS Pieces. In: The Locke Newsletter 5, 24–31.
Selby-Bigge, L. A. (Hrsg.) 1897: British Moralists. Band 1. Oxford. Nachdruck.
Shaftesbury, Earl of: Complete Works, selected Letters and posthumous Writings. Standard Edition. Hrsg., übers. und kommentiert von G. Hemmerich, W. Benda, U. Schödlbauer. Stuttgart.
Sprute, Jürgen 1980: Der Begriff des Moral Sense bei Shaftesbury und Hutcheson. In: Kant-Studien 71, 221–37.
Strauss, L. 1956: Naturrecht und Geschichte. Stuttgart.
von Leyden, Wolfgang (Hrsg.) 1965: John Locke. Essays on the Law of Nature. Oxford.

Michel Malherbe

Vernunft und Glaube

Essay IV.xvii–xix

Eine bloß spekulative Untersuchung ist bei manchen Gegenständen nicht möglich. Das gilt für die Frage des Glaubens, zumindest für die Menschen des siebzehnten Jahrhunderts. Wer glaubt, wird sich nie mit einer theoretischen Abhandlung über den Glauben begnügen, denn der Glaube ist eine Handlung im Leben (wenn auch vielleicht eine Illusion). Und dieses Motiv, das der philosophischen Rede fremd ist, dringt so tief in diese ein, daß es deren Ausrichtung, wenn nicht gar ihren Sinn verändert. Wie soll man das Verhältnis von Vernunft und Glauben philosophisch untersuchen, ohne es zugleich auch religiös zu behandeln, mithin ohne jene dunkle Verbindung aufrechtzuerhalten, die man doch gerade zu erhellen sucht?

Bayle oder auch Hume haben es auf ihre Weise versucht. Locke wendet in seinem Werk ein anderes Verfahren (wenn man es so nennen kann) an, das der Trennung. Zum einen entwickelt er im vierten Buch seines *Essay Concerning Human Understanding* eine allgemeine Theorie der menschlichen Erkenntnis, ihrer Abstufungen und ihrer Grenzen und gelangt auf diesem Wege zu einer neuen Definition der Vernunft. Diese neue Definition der Vernunft aber führt gewissermaßen *en passant* zu einer neuen Untersuchung der altbekannten, jedoch am Ende des siebzehnten Jahrhunderts vieldiskutierten Frage nach dem Verhältnis von Vernunft und Glauben. Es geht Locke hier nicht eigentlich darum, das Wesen des Glaubens an sich erneut zu untersuchen, sondern darum, aus einer erneuten Untersuchung des Wesens der Vernunft sinnvolle Schlußfolgerungen in bezug auf den

Zuständigkeitsbereich der Vernunft bzw. des Glaubens zu ziehen. Zum anderen versucht er in seiner Schrift *The Reasonableness of Christianity*, ausgehend von dem Glauben an den Messias, in Anerkennung der religiösen Bedeutung der Bibel und in Auseinandersetzung mit den Religionsdebatten seiner Zeit, die sittliche und religiöse Bedeutung der göttlichen Botschaft zu umreißen[1].

Die zeitliche Nähe und die gedankliche Verwandtschaft der beiden Texte verbieten es jedoch, es bei der bloßen Feststellung einer unterschiedlichen Intention bzw. Einstellung zu belassen, ist dieser Unterschied doch so groß, daß er der Forderung nach philosophischer Einheit widerspricht. Will man jedoch das Ganze erfassen, so stößt man wiederum auf die bereits erwähnte Schwierigkeit: Wie läßt sich die philosophische Analyse eines dogmatischen Glaubensinhaltes, die sich als rational begreift, mit einer zugleich sittlichen und religiösen Haltung vereinbaren, die dem Verständnis der Offenbarung und der Bibel zugrundeliegt? Es geht hier nicht darum, einen Konflikt zwischen verschiedenen Thesen zu lösen oder eine theoretische Spannung abzumildern, sondern darum, zu zeigen, ob oder wie es möglich ist, daß das praktische Prinzip des Glaubens eine ansonsten hinreichende Theorie der Vernunft im Bereich der Religion als unzureichend ausweist. Diese Problematik ist keineswegs neu. Sie kommt bei Locke allerdings beispielhaft zum Ausdruck. Im Anschluß an frühere Untersuchungen[2] soll deshalb im vorliegenden Beitrag versucht werden darzulegen, wie Locke

---

1 In diesen Zusammenhang gehört auch *A Paraphrase and Notes on the Epistles of St Paul*. Die beiden Werke gehören unterschiedlichen Textsorten an und unterscheiden sich auch in ihrer Intention, was den Kommentar sehr erschwert.

2 Die gängigste Interpretation führt das Verständnis von *The Reasonableness of Christianity* auf den *Essay* und die darin behandelten philosophischen Fragen, insbesondere diejenige des Verhältnisses von Vernunft und Glauben, zurück. Siehe dazu Griffin 1992, demzufolge der neue Begriff der Vernunft, den Locke in seinem *Essay* entwickelt, seine latitudinarischen Tendenzen von innen her zerstört und wenn nicht subjektiv, so doch objektiv den Rationalismus der Deisten vorbereitet. Eine solche Interpretation verstärkt (jedenfalls potentiell) den Lockeschen Rationalismus; sie findet sich schon sehr früh, bereits in *Christianity not mysterious* (1696) von John Toland, der sich auf Locke beruft (siehe dazu Biddle 1976). In letzter Zeit gibt es jedoch eine deutliche Tendenz zu einer genaueren Betrachtung von Lockes religiösen Vorstellungen, verbunden mit der Forderung, *The Reasonableness of Christianity* als eigenständiges Werk zu lesen und somit bei der Untersuchung dieses Textes die im *Essay* aufgeworfene Frage des Verhältnisses von Glauben und Vernunft als zweitrangig anzusehen. Einen recht vollständigen Überblick

diese Problematik philosophisch behandelt. Sie betrifft jedoch ebenso den Interpreten, der sich nicht auf die Haltung eines über den Dingen stehenden Analytikers zurückziehen kann. Konflikte, die Wahrheitsansprüche betreffen, lösen oder ergeben sich am Ende immer von selbst. Zu bestimmen, wie man sich im Leben als Philosoph verhalten kann, verlangt dagegen ständig eine erneute Prüfung.

Ich werde zunächst die philosophische Argumentation verfolgen, die im *Essay* entwickelt wird. Was auch immer die ursprüngliche oder letztliche Absicht Lockes gewesen sein mag, die Anordnung des Textes macht eines deutlich: die neue Definition der Vernunft, die Locke hier vornimmt, führt dazu, daß das Verhältnis von Vernunft und Glauben genauer bestimmt und (Locke zufolge endgültig) erhellt wird. Davon ausgehend, werde ich anschließend untersuchen, auf welche Weise der *Essay* und *The Reasonableness of Christianity* in Einklang miteinander gebracht werden können: so wenig man die Lehren des *Essay* außer acht lassen kann, so wenig darf man übersehen, daß das zweite Werk den Beweis einer unzweifelhaften Glaubenserfahrung zu erbringen sucht, die jedem Versuch einer rationalistischen Reduktion widersteht. Meine Schlußfolgerung lautet, daß Locke dem Glauben einen religiösen Sinn gibt, so daß der Glaube schlicht auf einer anderen Ebene angesiedelt ist als die Vernunft: der Glaube ist nicht dogmatisch; gläubig sein, zu glauben bedeutet, daß man zur Gottheit eine Beziehung praktischer Art hat; es bedeutet nicht, daß man Wahrheiten darstellt oder verkündet, die, jenseits der Vernunft liegend, mit dieser in Konflikt treten könnten.

1. Die Vernunft wird neu definiert: der Bereich der Vernunft

Man kann den Weg von der Vernunft zum Glauben verfolgen, weil der Bereich der Vernunft weniger umfassend ist als der Bereich des Lebens und des menschlichen Handelns. Im engeren

hierzu findet man bei Wallace 1984 (mit Bibliographie). Die extremste Auffassung in dieser Hinsicht vertritt R. Ashcraft, der so weit geht anzunehmen, daß „Locke's primary commitment was to certain principles of the Christian faith, and that it is within that context the *Essay* should be read in order to gain an appreciation of Locke's viewpoint" (Ashcraft 1969).

Sinne ist die Vernunft die Fähigkeit, die Wahrheit der Verknüpfungen zu erkennen, die zwischen Ideen bestehen. Der Geist hat weder die Macht, eine neue einfache Idee zu bilden, das heißt aus sich selbst heraus das Material seiner Erkenntnisse zu erweitern, noch eine irgendwie geartete neue Grundlage der Ideenverknüpfung zu erfinden, die von der Grundlage unterschieden wäre, die sich zwangsläufig bei der Untersuchung und dem Vergleich dieser Ideen für den Geist ergibt. Er ist unfähig, die Ideen und ihre notwendigen Verknüpfungen anders zu erfassen als durch Intuition (auf unmittelbare oder mittelbare Weise). Es liegt hier eine Art ursprünglicher Passivität des Geistes vor, die von den Willensanstrengungen unberührt bleibt, die darauf zielen, den Geist auf die zu entdeckenden Gegenstände zu richten und seine Aufmerksamkeit auf deren jeweiligen Inhalt zu lenken. Die Wahrheit ist in ihrer Notwendigkeit selbst nicht das Werk des Geistes; denn dieser ist, wenn er verknüpft, nicht der Grund der Verknüpfung. Welchen Beitrag der Verstand auch zur Bildung komplexer Ideen leisten mag, die eigentliche Erkenntnis besteht vor allem im Rezipieren der Wahrheit.

Dieser Bereich der rationalen, unmittelbar oder mittelbar intuitiven Erkenntnis ist nun aber sehr eng: es wäre für den Menschen unmöglich, allein auf dieser Grundlage sein Leben zu führen, da der Bereich der zum Leben notwendigen Kenntnisse beträchtlich über den Bereich der an eine echte Wissenschaft gebundenen Gewißheit hinausgeht, und da jeder Mensch sich häufig gezwungen sieht, in bestimmten Situationen Entscheidungen zu treffen, ohne daß ihm das erforderliche Wissen zur Verfügung steht. Für dieses Fehlen einer deutlichen und gewissen Erkenntnis muß also in den Fällen, wo eine solche nicht erreichbar ist, Abhilfe geschaffen werden. Das Urteil muß dann über die Vernunft hinausgehen, wobei das Urteil als jene Fähigkeit bestimmt wird, „whereby the mind takes its *ideas* to agree, or disagree; or which is the same, any proposition to be true, or false, without perceiving a demonstrative evidence in the proofs" (IV.xiv.3). Diese Abhilfe geschieht folgendermaßen: Da die eigentlich rationale Erkenntnis in dem Begreifen der Übereinstimmung oder Nichtübereinstimmung der Ideen besteht, und da eine derartige Verknüpfung hier nicht perzipiert wird, muß sich der Geist mit dem *Anschein* einer Verknüpfung begnügen, die nicht evident ist, und sein Urteil darüber, ob die Aussage, die die Verknüpfung ausdrückt, wahr oder falsch ist, wird nicht im Lichte der rationalen Notwendigkeit erfolgen, die deren Wahrheit erweisen kann, sondern auf etwas beruhen, das ihm selbst fremd ist. Seine Erkenntnis kann mithin keine Gewißheit beanspruchen; sie gilt als bloß wahrscheinlich.

Dieses Hinausgehen über die rein rationale Erkenntnis ist jedoch Regeln unterworfen. Die Zustimmung zu einer gegebenen Aussage erfolgt aufgrund des mehr oder weniger hohen Grades des Anscheins, von dem aus auf einen mehr oder weniger hohen Grad der Wahrscheinlichkeit für die Wahrheit der Verknüpfung geschlossen wird. Voraussetzung ist dabei, daß man begreift, daß die Zustimmung hier ein eigentlich subjektives Moment ist, das objektiv geregelt werden muß, während sie in der absoluten Gewißheit nichts anderes ist als die Auswirkung der in ihrer Notwendigkeit begriffenen Wahrheit. Daraus folgt eine erste Unterscheidung von Glauben (im Sinne einer Zustimmung zu einer Wahrheit, die nicht vernunftbedingt ist) und Vernunft (im engeren Sinne einer rationalen Erkenntnis): Glaube, und nicht intuitive oder demonstrative Erkenntnis, liegt dann vor, wenn „that which makes me believe, is something extraneous to the thing I believe" (IV.xv.3). Dem Glauben haftet insofern ein Mangel an, als er nicht Gewißheit ist (und dieser Mangel kennzeichnet auch den religiösen Glauben); aber er ist aktiv: er geht gewissermaßen ein Risiko ein, das es abzuwägen gilt. Die Vernunft erhält mithin einen neuen Sinn: war sie zuvor die Perzeption der Wahrheit einer notwendigen Verknüpfung, so wird sie nun die Regel für die Verhältnismäßigkeit der Zustimmung. Der Glaube im allgemeinen hat Abstufungen, die genauer zu bestimmen sind; und kein Glaube kann gültig sein, wenn nicht seine Abstufungen bestimmt sind. Mit anderen Worten geht der Glaube über die Vernunft (als rationale Erkenntnis) hinaus, aber dieses subjektive Hinausgehen muß objektiv von der Vernunft (als Fähigkeit kritischer Bewertung und Beurteilung) kontrolliert werden[3]. Noch anders ausgedrückt, der Verstand kann einfache Ideen verknüpfen, um komplexe Ideen zu bilden; wenn jedoch diese Ideen in die Form von Aussagen gebracht werden, muß die Verknüpfung wahrheitsgemäß erfolgen: entweder genügt der

---

3 Rogers 1966 und Vienne 1991, 108 stellen zu Recht einen Zusammenhang zwischen Locke und Boyle her.

Vergleich von Ideen, durch ihre Übereinstimmung oder Nichtübereinstimmung, um die Wahrheit der Verknüpfung (intuitiv oder demonstrativ) aufzuzeigen, dann liegt der enge Wortsinn von *Vernunft* vor; oder man muß sich an eine externe Begründung halten; dann aber, da keine Gewißheit gegeben ist, muß man über die Gründe urteilen, aus denen man eine Aussage für wahr oder falsch hält, und es ist die Rede von Vernunft im weiteren Sinn. In diesem Fall ist die Vernunft allerdings weniger ein direktes Erfassen als eine Operation zweiten Grades, mit der einer externen Begründung ein mehr oder weniger großer *Anschein* von Wahrheit beigemessen wird.

Was bloß wahrscheinlich ist, ist nicht bewiesen; der Geist muß seine Urteile Regeln unterwerfen: „*The mind, if it will proceed rationally, ought to examine all the grounds of probability*, and see how they make, more or less, *for or against* any probable proposition, before it assents to or dissents from it, and upon a due ballancing the whole, reject, or receive it, with a more or less firm assent, proportionably to the preponderancy of the greater grounds of probability on one side or the other" (IV.xv.5). Dadurch, daß rationale Erkenntnis möglich ist, läßt sich der Sinn der *ratio* als Diskurs und Argumentation, als Verknüpfung von Gründen oder Relationen aufrechterhalten, die gemäß der Übereinstimmung oder Nichtübereinstimmung der Ideen von ersten Prinzipien zu Schlußfolgerungen fortschreitet und dabei der notwendigen Evidenz aller dieser Verknüpfungen unterworfen ist; daß sie weder *de facto* noch *de iure* den ganzen Bereich menschlichen Wissens erfaßt, ist Beweis genug dafür, daß sich daraus kein Gefüge eingeborener und einfacher Wahrheiten machen läßt. Denn so objektiv die *ratio* (in ihrer Eigenschaft) als Notwendigkeit der Übereinstimmung oder Nichtübereinstimmung von Ideen auch ist (wenn der Geist diese erkennen kann), im Hinblick auf die Erfindung und die Disposition dieser Übereinstimmungen oder Nichtübereinstimmungen und vor allem im Hinblick auf die Ausweitung der Erkenntnis über den Bereich des Beweises (im engeren Sinn) hinaus, ist sie subjektiv. Genauer gesagt, ist die Vernunft in diesem weiteren Sinn der Akt der Erweiterung der Erkenntnis durch den Verstand – denn dieser Akt ist ein Regeln unterworfener Akt. Wir brauchen die Vernunft „both for the enlargment of our knowledge, and regulating our assent" (IV.xvii.2). Ebensowenig wie das intuitive Erfassen der Ideenverknüpfungen zu einer demonstrativen Logik taugt (Locke hält wie viele seiner Zeitgenossen nicht viel von der Syllogistik), ergibt nun die Wahrscheinlichkeit ein Kalkül. Die Operation der Vernunft ist hier im wesentlichen reflexiv; auch in ihrer kritischen Gebärde ist die Vernunft noch ein Vermögen der Perzeption; anstatt jedoch die Notwendigkeit der Ideenverknüpfungen zu sehen, sieht sie hier die Beweggründe des Verstandes bei der Zustimmung, die er der jeweiligen Aussage beimißt, und das Verhältnis dieser Beweggründe zu der betreffenden Aussage. Streng genommen müßte die Vernunft als Funktion oder Wahrscheinlichkeitskalkül definiert werden, da nunmehr ein Maßstab im Spiel ist. So weit geht Locke jedoch nicht. Sowohl im Falle der gewissen Erkenntnis als auch im Falle der Wahrscheinlichkeit bleibt es bei einer Definition der Vernunft als natürlichem Licht; die Vernunft wird nicht objektiv oder logisch definiert: sie ist und bleibt die natürliche Fähigkeit des Geistes, die Evidenz von Relationen zu begreifen – die unterschiedlicher Art sind, wie hier betont werden muß, da es sich zum einen um Beziehungen der Übereinstimmung, zum anderen aber um solche der Verhältnismäßigkeit handelt. Letztere aber liegen vor, wenn im Falle einer nicht vollständigen und somit (im engeren Sinne) nicht rationalen Evidenz ein Maßstab eingeführt werden muß, um das nunmehr subjektive Moment der Zustimmung oder Entscheidung zu messen. Selbst hier sieht Locke jedoch die Vernunft als eine Art natürlicher Disposition an, die den Geist kraft der Reflexion befähigt, sich in der Welt seiner Gedanken zu orientieren. Locke gelangt nicht zu einem wahrhaften Begriff von kritischer Vernunft.

Der Bereich der Wahrscheinlichkeit, und somit der kritischen Vernunft, ist unermeßlich. Er beruht auf zwei Grundlagen, erstens der Übereinstimmung des betrachteten Gegenstandes mit dem gegenwärtigen Horizont unserer Erkenntnis und Erfahrung, und zweitens dem Zeugnis anderer. Diese beiden Grundlagen stellen auch einen Maßstab bereit: Je nach dem Grad der Übereinstimmung des betrachteten Gegenstandes mit unserer Erfahrung und dem Grad der Allgemeingültigkeit des Zeugnisses anderer ist die Erkenntnis mehr oder weniger wahrscheinlich und reicht vom Urteil, das der vollkommenen Gewißheit nahekommt, bis zur äußerst zweifelhaften Aussage, zu der wir dennoch Stellung nehmen. Daraus folgt weiter eine Art Typologie der wahrscheinlichen Gegenstände, die sich aus dem Wesen der

Verknüpfung zwischen den betrachteten Ideen ergibt. Wenn eine Aussage mit unserer Erfahrung übereinstimmt und durch ein allgemeingültiges Zeugnis bestätigt wird, so erhält man der Reihe nach, je nachdem ob die Verknüpfungen gleichbleibend, häufig oder indifferent sind, die Menge der allgemeingültigen Erfahrungswahrheiten, die der empirischen Häufigkeiten und schließlich die der geschichtlichen Ereignisse. In dieser Art Wahrscheinlichkeit beruft sich die kritische Vernunft zugleich auf die Regel der Gleichförmigkeit und auf die Erfordernis der Beständigkeit des Zeugnisses. Und man betrachtet solchermaßen Gegenstände, die sich prinzipiell wahrnehmen lassen, auch wenn dies gegenwärtig nicht der Fall ist. Es gibt nun aber Gegenstände, die sich grundsätzlich unserer Einsicht entziehen, etwa die Existenz der Eigenschaften und Handlungen der Geister und der Engel oder die innere Funktionsweise der Natur, kurz alles, was jenseits unserer Wahrnehmung liegt, selbst wenn es noch dem Bereich der Natur angehört oder diesem angehören könnte. In diesem Fall liegt nun kein Zeugnis vor, und einzig der Grad an Ähnlichkeit oder Kohärenz mit unserer erworbenen Erfahrung bleibt hier als Begründung übrig; dennoch kann der Geist über solche Gegenstände Ausssagen machen, und zwar gemäß den Graden der Analogie, die sich folgern lassen, und auf der Grundlage des Postulates der Kontinuität und der qualitativen Beständigkeit der Natur. Es läßt sich ein letzter Fall denken, bei dem allein das Zeugnis anderer uns belehrt und uns von einem Gegenstand Kenntnis gibt, der ansonsten in keiner Hinsicht dem ähnelt, was wir kennen und was wir erfahren, und der manchmal sogar gegen die Naturgesetze verstößt, nämlich das Wunder. So wenig Locke die Analogie (bei Fehlen des Zeugnisses) als möglichen Maßstab einer wahrscheinlichen Erkenntnis ablehnt, so wenig wendet er sich auch dagegen, daß man dem Wunder (bei Fehlen einer Analogie) zustimmen kann, sofern es hinreichend belegt ist (IV.xvi.13)[4]. Im Unterschied zur Analogie, die Ähnlichkeiten von Gründen ans Licht bringt, belegt das Zeugnis jedoch nur die Tatsache und beschränkt sich darauf, den Ursprung der betrach-

---

[4] Im *Essay* wird, anders als in Humes *Enquiry Concerning Human Understanding* (Abschnitt X), keine Beziehung zwischen der relativen Stärke des Zeugnisses und dem Wahrscheinlichkeitsgrad des bezeugten Gegenstandes im Hinblick auf den Erfahrungsbereich hergestellt.

teten Wahrheit zu bezeichnen, ohne dieser im eigentlichen Sinn eine Rechtfertigung zu geben.

Man kann mithin, abgesehen von dem Sonderfall des Wunders, den Bereich der wahrscheinlichen Vernunft mit Hilfe der beiden Verfahren abgrenzen, die diesen gewöhnlich bestimmen. Es sind dies einerseits der Grad der Übereinstimmung mit Wissen und Erfahrung, in Verbindung mit dem Maß an Beständigkeit, das das Zeugnis aufweist, und andererseits der Ähnlichkeitsgrad bei der Analogie. Damit ist zugleich extensional definiert, was im Bereich der Vernunft liegt: die Gesamtheit der Aussagen, deren Wahrheit wir durch eine Untersuchung der in ihnen enthaltenen Ideen entdecken können, die auf Sensation und Reflexion beruhen, und die wir je nach der Art ihrer Verknüpfungen für wahr oder wahrscheinlich halten können. Im Gegensatz dazu liegt eine Aussage außerhalb dieses Vernunftbereiches, wenn wir in ihr keine aus der Erfahrung stammenden Ideen erkennen können, oder wenn wir die Wahrheit der Ideenverknüpfung weder als bewiesen noch als wahrscheinlich erkennen können.

2. Einen Konflikt zwischen den Zuständigkeitsbereichen von Vernunft und Glauben gibt es nicht

Man könnte annehmen, daß es keine weiteren Schwierigkeiten im Hinblick auf das Verhältnis von Vernunft und Glauben gebe, sobald der Bereich der Vernunft einmal genau abgesteckt ist. Der Glaube ist die Zustimmung zur Offenbarung, die auf einem Zeugnis Gottes beruht, ob sie nun mit der allgemeinen Erfahrung übereinstimmt oder nicht (IV.xvi.14). Kommt ein solches Zeugnis von Gott (und ist man überzeugt, daß dem so ist), so kann es nicht falsch sein; es bringt vielmehr eine unumstößliche Gewißheit mit sich. Der Glaube hat also eine andere Grundlage als die Vernunft. Die Tatsache der Offenbarung, die vom Zeugen belegt ist, bildet den Beweis. „*Faith* [...] is the assent to any proposition, not thus made out by the deductions of reason; but upon the credit of the proposer, as coming from God, in some extraordinary way of communication. This way of discovering truths to men we call *revelation*" (IV.xviii.2). Dabei ist Locke stets geblieben.

Soll man daraus schließen, daß die Frage nach dem Verhältnis von Vernunft und Glauben nur eine Scheinfrage ist, der man aufgrund einer Tradition nachgeht, die an der Idee eines Konfliktes zwischen diesen beiden Prinzipien festhält, weil sie es versäumt hat, den Sachverhalt vorab zu klären, und daß es also genügen würde, die Grenzen zwischen ihren Zuständigkeitsbereichen zu ziehen, um sämtliche Schwierigkeiten zu beseitigen? Grenzen sind ihrem Wesen nach einzigartig, sie gehören jedoch zugleich zwei Ländern an. Grenzen muß man ziehen.

Für Locke gibt es in dieser Hinsicht keinen Zweifel. Die Grenze zwischen den beiden Bereichen muß leicht zu ziehen sein, und zwar von der Vernunft. Man braucht nur einerseits die Unterscheidung zwischen dem, was die Vernunft übersteigt (und zulässig ist), und dem, was vernunftwidrig (und nicht zulässig) ist, anzuwenden und andererseits die verschiedenen Arten von Mängeln der menschlichen Erkenntnis zu berücksichtigen (also der Reihe nach erstens in bezug auf das Material der Erkenntnis den Mangel an Ideen; zweitens in bezug auf die Verknüpfung dieser Ideen zum einen den Mangel an Beweisen, die Gewißheit mit sich bringen, und zum anderen den Mangel an Beweisen, die auf Wahrscheinlichkeit beruhen). Daraus ergibt sich ein Raster, aufgrund dessen ein Urteil darüber möglich wird, ob der Glaube jeweils dort Gültigkeit hat, wo bedingt durch die menschliche Endlichkeit keine Erkenntnis durch die Vernunft erlangt werden kann.

Wenden wir uns zunächst der traditionellen Unterscheidung zwischen Übervernünftigem und Widervernünftigem zu (IV.xvii.23)[5]: Aussagen, deren Wahrheit oder Wahrscheinlichkeit nicht durch die Vernunft ermittelt werden kann, übersteigen die Vernunft; widervernünftig sind Aussagen, die mit unseren klaren und deutlichen Ideen unvereinbar sind. Diese Unterscheidung ist in ihrer Einfachheit recht irreführend; das Wort *Vernunft* hat nämlich jeweils einen anderen Bedeutungsumfang. Im ersten Fall bezeichnet es sämtliche Wahrheiten, gleich ob sie auf intuitiver oder demonstrativer Gewißheit beruhen oder lediglich wahr-

---

5 Einen knappen Überblick über die Geschichte dieser Unterscheidung bietet Vienne 1991, 110–113.

scheinlich sind; im zweiten Fall bedeutet es dagegen lediglich die intuitive oder demonstrative Vernunft. Daraus folgt, daß eine Aussage, die zwar nicht der Erkenntnis im engeren Sinn, wohl aber den (aufgrund von Wahrscheinlichkeit bekannten) Wahrheiten der Erfahrung widerspricht, nicht als vernunftwidrig gilt.

Betrachten wir nun den ersten Mangel, den Zustand der Unwissenheit, in dem wir uns befinden, wenn uns die Ideen fehlen. Es ist vorstellbar, daß Gott im Geist eines Menschen eine noch nie dagewesene Idee entstehen läßt, die nicht wie üblich durch Sensation und Reflexion entsteht. Eine solche Idee kann auf keinen Fall in Widerspruch zu den klaren und deutlichen Ideen stehen, die wir sonst haben, es sei denn, man nimmt an, daß Gott uns täuscht. Es ist aber völlig unmöglich, sie einem anderen Geist mitzuteilen, der sie nicht seinerseits von Gott erhalten hätte[6]. Die Bedingung des Zeugnisses (d.h. daß ich in meinem Geist die Idee haben kann, die im Geist des Zeugen ist) ist hier nicht erfüllt. Eine partikuläre (private) Offenbarung bleibt unumstößlich partikulär; sie läßt sich nicht einmal ausdrücken, da die Sprache nur dann bedeutungstragend ist, wenn die Wörter bestimmten Ideen entsprechen, die der Geist zuvor bereits aufgenommen hat. Das Wort kann aus sich heraus keine Idee bilden. Dieser Art von Offenbarung sind zwar infolge der göttlichen Macht keine Grenzen gesetzt; man kann sie jedoch völlig außer acht lassen, es sei denn, man ist selbst der Geist, auf den Gott unmittelbar einwirkt. Kurz gesagt, kann aus einer privaten Offenbarung keine überlieferte (d.h. eine Vermittlung voraussetzende) Offenbarung werden, wie Locke es selbst ausdrückt (IV.xviii.3).

Was den zweiten Mangel angeht, so ist nicht auszuschließen, daß Gott uns durch Offenbarung Wahrheiten (über Ideenverknüpfungen) mitteilt, die auch durch die Vernunft beweisbar sind. Da aber im Falle solcher Wahrheiten die Gewißheit vollständig ist, weil sie Ausdruck der Notwendigkeit der Ideenverknüpfung ist, so muß die Erkenntnis rational sein; mit der

---

6 Nach Griffin läuft dies darauf hinaus, daß die Offenbarung nichts einführen kann, was nicht durch die Vernunft erkannt wird (Griffin 1992, 108–110). Diese Annahme macht jedoch den Latitudinarismus zunichte, den Locke in seinen Grundzügen übernimmt (demzufolge kann die Offenbarung nicht im Widerspruch zur Vernunft stehen, sie muß im Einklang mit der Moralität stehen und kann durch Wunder bestätigt werden).

Verknüpfung der Ideen erkennen wir auch gleichzeitig deren Übereinstimmung. In diesem Bereich kann nichts die Vernunft übersteigen, denn das wäre natürlich notwendig vernunftwidrig. Eine Offenbarung der rationalen Wahrheiten wäre im übrigen von geringem Nutzen, da diese Wahrheiten eine absolute Gewißheit beinhalten, wenn sie von der Vernunft erkannt werden, während sie im Falle der Offenbarung von der Überlieferung und dem Zeugnis anderer abhängig wären, wobei die Evidenz des letzteren immer geringer ist als die Evidenz eines Vernunftbeweises. So zeigt sich die Schwäche des Zeugnisses an sich: gleich ob natürlich oder göttlich, das Zeugnis kann uns wohl übermitteln, was jenseits des Bereiches der beweisführenden Vernunft liegt; es kann dies aber immer nur mit einem geringeren Grad der Gewißheit tun. Das gilt übrigens auch für die sinnliche Erkenntnis. Jedes Zeugnis bringt eine Vermittlung in die Rezeption der Wahrheit ein und damit eine geringere Gewißheit als die unmittelbare Intuition sowohl des empirisch bestimmten Inhaltes der Ideen als auch ihrer rationalen Verknüpfungen. Der Glaube im Sinne der Zustimmung zu einer Wahrheit auf einer Grundlage, die nicht Ausdruck eben dieser Wahrheit ist, kann auf keinen Fall in den Bereich der Intuition gehören: der Glaube ist nicht die Gewißheit, die uns die göttliche Manifestation in ihrer höchsten Wahrheit einflößt; er ist lediglich die Anerkennung eines äußeren Grundes, der von dieser Wahrheit zeugt, ohne deren Ausdruck zu sein. Gerade deshalb kann der Glaube nicht im Widerspruch zur Vernunft stehen: seine Gewißheit ist geringer, sein Fundament ist nicht die Evidenz der Wahrheit selbst. Deshalb auch dient die Vernunft dem Glauben als Richtschnur: „Since no evidence of our faculties, by which we receive such *revelations*, can exceed, if equal, the certainty of our intuitive knowledge, we can never receive for a truth any thing, that is directly contrary to our clear and distinct knowledge" (IV.xviii.5).

Der Glaube ist mithin als Weg zur Wahrheit nur im Bereich des Wahrscheinlichen angesiedelt, wo das Zeugnis erforderlich ist. Übermittelt der Zeuge eine göttliche Offenbarung, so hat er eine Autorität, die seiner Quelle, nämlich der Gottheit, entspricht, bei der Täuschung undenkbar ist; daraus folgt ein hoher Grad der Zustimmung. Im Gegensatz dazu hat der Zeuge natürlicher Dinge lediglich die Autorität, die er aus der Bestätigung durch andere Zeugen erfährt. Locke geht hier jedoch sehr weit, denn für ihn gilt, daß die Autorität eines von Gott kommenden Zeugnisses der wahrscheinlichen Erkenntnis überlegen ist, die die Menschen aus ihrer Erfahrung der Natur ableiten können, einer gemeinsamen Erfahrung, die stets Ähnlichkeit oder Analogie beinhaltet. In dem stets denkbaren Fall eines Autoritätskonfliktes hat das Zeugnis Gottes Vorrang. Wenn die Offenbarung uns etwa die Auferstehung des Leibes nach dem Tod lehrt (es liegt keine notwendige Verknüpfung zwischen der Idee des Leibes und der Idee des Todes vor), während unsere natürliche Erkenntnis uns den Tod des Leibes lehrt (ausgenommen unseres eigenen Todes, der unsere einzige unmittelbare Erfahrung wäre), so ist das Zeugnis der Bibel das entscheidende. So stark die Erfahrung auch sein mag, der Glaube kann stärker sein, denn er ist Zustimmung zu einer göttlichen Lehre (zwar nicht in der sichtbaren Ordnung der Natur, aber in dem, was jenseits dessen liegt, was wir von der Natur erkennen können).

Andererseits muß aber jede Autorität geprüft werden, zwar nicht in dem Sinne, daß sie aus sich selbst heraus illusorisch sein könnte, doch insofern, als man untersuchen muß, ob derjenige, der sich als mit einer solchen Autorität versehen ausgibt, auch wirklich darüber verfügt. Im Falle natürlicher Zeugnisse läßt sich die Berechtigung des Zeugen zweifach überprüfen: zum einen durch die Übereinstimmung der übermittelten Botschaft mit der Erfahrung und dem, was allgemein als wahr akzeptiert wird, zum anderen durch die Glaubwürdigkeit des Zeugnisses. Der König von Siam, dem der holländische Botschafter (ein besonnener Mann) berichtet, daß in seinem Land das Wasser so stark gefriert, daß es Elefanten tragen kann, entzieht ihm nicht zu Unrecht sein Vertrauen, da ein Konflikt zwischen den beiden Grundlagen vorliegt (IV.xv.5). Da jedoch im Falle der Offenbarung die Botschaft eine Wahrheit betrifft, die nicht im Bereich der Natur liegt, und ein Maßstab der Gleichförmigkeit nicht denkbar ist, wird hier die Echtheit des Zeugnisses nicht auf natürliche Weise überprüft; und doch muß sie festgestellt werden, wenn man unterscheiden will zwischen dem, was von Gott kommt, und dem, was dem Fanatismus oder irgendeiner anderen menschlichen Leidenschaft entspringt. Wie läßt sich nun aber feststellen, daß das Zeugnis von Gott kommt? Zwei Möglichkeiten bieten sich an: entweder durch eine unmittelbare und besondere göttliche Offenbarung, die ohnehin nicht vernunftwidrig sein kann und nicht mitteilbar ist, oder aber durch die Vernunft. Das heißt, man bedarf entweder einer besonderen (ursprünglichen) Offenbarung, um das Zeugnis der Offenbarung (insbesondere die Autorität der Bibel) zu stützen, oder man muß auf das natürliche Licht (die Vernunft) zurückgreifen. „Without such a [direct] *revelation*, the believing, or not believing that proposition or Book, to be of Divine authority, can never be matter of *faith*, but matter of reason; and such, as I must come to an assent to, only by the use of my reason, which can never require or enable me to believe that, which is contrary to it self: it being impossible for reason, ever to procure any assent to that, which to it self appears unreasonable" (IV.xviii.6). Nun gibt es aber nur wenige Menschen, die selbst eine unmittelbare Offenbarung erfahren durften; die meisten gründen daher ihren Glauben auf die Bibel oder eine befugte Person. Die Vernunft muß deshalb durch Gründe die Echtheit des Zeugnisses bestätigen, das den Glauben und somit die Wahrhaftigkeit der überlieferten Botschaft begründet.

Hat man nun eine solche Bestätigung durch die Vernunft im Rahmen der Wahrscheinlichkeit erfahren, so kann und muß die Offenbarung den wahrscheinlichen Annahmen der Vernunft überlegen sein. Wenn die Offenbarung uns das Aufbegehren Luzifers oder die Auferstehung des Leibes lehrt und wenn sie hinreichend von der Bibel belegt ist (was Locke annimmt), so muß sie im Geist der Menschen, die hierüber nur ungesicherte Vermutungen anstellen können, Vorrang haben. Gewiß wäre das Zeugnis für den Fall, daß der Inhalt vernunftwidrig wäre, widerlegt, jedoch vor allem deshalb, weil Vernunftwahrheiten eine Gewißheit eignet, die eine auf Autorität gegründete Wahrheit nie erreichen kann. Die Offenbarung kann nur dann als wahr angenommen werden, wenn die Glaubwürdigkeit des Zeugen, der sie übermittelt, gesichert ist. Darüber urteilt jedoch die Vernunft: „Whatever God hath revealed, is certainly true; no doubt can be made of it. This is the proper object of *faith*: but whether it be a divine revelation, or no, *reason* must judge" (IV.xviii.10).

Zusammenfassend ist festzuhalten, daß es in der Tat einen dem Glauben eigenen Bereich gibt, der jenseits des Bereiches der Vernunft liegt; in diesem Bereich ist der Glaube zuständig und kann die Zustimmung der Menschen verlangen. Er stützt sich dabei auf die Glaubwürdigkeit, die dem Zeugnis zukommt, das seine Botschaft übermittelt. Diese Erweiterung der menschlichen Erkenntnis durch die Offenbarung stellt jedoch die menschlichen Fähigkeiten so wenig in Frage, daß es der Vernunft zukommt zu entscheiden, wann man sich auf den Glauben berufen muß. Wir glauben an Wahrheiten, die jenseits der Vernunft liegen, wir glauben aber nie grundlos.

3. Das Fundament des Glaubens und das Wunder

Man könnte der Auffassung sein, die dem Glauben zugebilligte Eigenständigkeit sei recht ungewiß, da die Zubilligung von der Vernunft kontrolliert wird, die fordert, es müsse stets einen Grund zu glauben geben. „*Reason* is natural *revelation*, whereby the eternal father of light, and fountain of all knowledge communicates to mankind that portion of truth, which he has laid within the reach of their natural faculties; *revelation* is natural *reason* enlarged by a new set of discoveries communicated by God immediately, which *reason* vouches the truth of, by the testimony and proofs it gives, that they come from God" (IV.xix.4). Hier liegt eine irreführende Reziprozität vor, die nur folgendes bedeuten kann: die Vernunft kann nur insoweit eine natürliche Offenbarung sein, als die Offenbarung selbst Vernunft oder doch eine Erweiterung der Vernunft ist, vom Natürlichen hin zum Übernatürlichen.

Der Rationalismus ist unbestreitbar allen Versuchen überlegen, dem Glauben eine Evidenz zuzusprechen, die größer wäre als der Grad der Gewißheit, den das Zeugnis verleiht. Da nun Glaubenssätze in den Bereich der Wahrscheinlichkeit fallen, kann keine dieser Aussagen absolute Gewißheit für sich beanspruchen. Ebenso unbestreitbar ist der Rationalismus allen Versuchen der Schwärmerei überlegen, die Offenbarung unter Mißachtung der Vernunft zu rechtfertigen, was Locke zufolge gleichermaßen die Vernunft und die Offenbarung zunichte macht (IV.xix.3). In Lockes Analyse werden subjektive Elemente in der Erkenntnis gewissermaßen allgemein angezweifelt. Subjektivität läßt sich als erlebte Wahrheit bestimmen; selbst im Fall der rationalen Wahrheiten liegt stets erlebte Wahrheit vor, da diese als evident rezipiert werden. Im Fall der Wahrscheinlichkeit (in deren Bereich der Glaube gehört) ist das Erlebte jedoch nicht an die Evidenz der Wahrheit gebunden. Deshalb sind manche Menschen so schnell bereit, die Regeln zu mißachten, die die Zustimmung in ein Verhältnis zu den verschiedenen Stufen der Wahrscheinlichkeit setzen, und aus dem Erlebten selbst die Evidenz der Wahrheit zu machen. Während im Falle der rationalen Erkenntnis Unmittelbarkeit in bezug auf die Gründe der Erkenntnis vorliegt, beruft man sich im Falle der Schwärmerei auf die Unmittelbarkeit des Gefühls. Locke sagt dies auch ausdrücklich: glauben heißt nicht sehen (IV.xix.10). Gewiß hat, wer sagt, er erfahre eine göttliche Wahrheit, eine Gefühlserfahrung (angenommen er ist ehrlich). Er sagt jedoch außerdem, er erfahre kraft einer inneren Erleuchtung eine Wahrheit, und zwar eine göttliche. Hier liegt nun der Widerspruch: Wenn diese Wahrheit natürlich (rational) ist, kann sie zwar als evident erfahren werden, dann braucht aber nicht bewiesen zu werden, daß sie von Gott kommt; es wird jedoch die Hypothese aufgestellt, daß diese Wahrheit nicht rational, sondern übernatürlichen Ursprungs ist. Wie kann dann dieser Mensch wissen, daß das, was in seinem Geist ist, von Gott kommt? Beantwortet er diese Frage nicht, so ist sein Gefühl der Gewißheit unbegründet und rührt von einer Leidenschaft oder der Einbildung her. Diese Frage allein genügt, um die Schwärmerei aus dem Feld zu schlagen: man muß dem Glauben eine Begründung geben; man muß das subjektive Moment der Zustimmung auf das objektive Moment einer Wahrheit zurückführen, die sich nicht aus sich selbst heraus darstellt. So stark der Glaube auch sein mag, er ist nicht als solcher ein Beweis des Gegenstandes des Glaubens.

Dieses Argument entwickelt Locke sehr klar und souverän, was von der Bedeutung zeugt, die er ihm zumißt. Es läuft darauf hinaus, daß wir nicht unmittelbar wissen können, daß die Offenbarung von Gott kommt, wenn Gott uns auch zweifellos durch eine spezielle Offenbarung eine Wahrheit übermitteln kann: wir müssen unseren Glauben begründen. „*Reason* must be our last judge and guide in every thing" (IV.xix.14). Locke stellt hier allerdings klar, daß er damit nicht sagen will, die Vernunft entscheide rational über jede Wahrheit, und ebensowenig, daß eine Wahrheit deshalb zu verwerfen sei, weil sie sich nicht natürlich beweisen lasse; er will lediglich sagen, daß wir prüfen müssen, ob eine Aussage von Gott kommt oder nicht, was wir nur mit Hilfe der Vernunft tun können. Schon dies zeigt, wie problematisch es ist, in Locke den Begründer des Deismus zu sehen. Es hebt jedoch nicht die Schwierigkeit auf, mit der sich der Deismus nicht auseinandergesetzt hat: Wie können wir durch die Vernunft bestimmen, daß eine Wahrheit von Gott kommt, ohne daß der Grund, auf den wir uns berufen, eine rationale Erkenntnis oder eine wahrscheinliche Erkenntnis ist, d. h. ohne daß dieser in den Bereich von Beweis und Erfahrung fällt? Wie kann eine Begründung nicht-rationaler Art sein und doch von der Vernunft berücksichtigt und legitimiert werden?

Dieses Fundament des Glaubens, auf das man sich beruft, ist zum einen das Zeugnis anderer, soweit es hinreichend beständig ist, zum anderen, und wesentlich, das Zeugnis Gottes selbst. Wenn wir moderne Menschen aufgrund des Zeugnisses der Propheten und Apostel glauben, so glaubten letztere kraft eines göttlichen Zeichens, das einherging mit einer besonderen göttlichen Offenbarung, die ihnen zuteil wurde. „They were not left to their own persuasions alone, that those persuasions were from God; but had outward signs to convince them of the author of those revelations" (IV.xix.15). Letztlich zeugt Gott mithin durch Wunder von seiner Offenbarung. Wunder sind die letztendlichen Gründe zu glauben, daß die Wahrheiten der Religion von Gott kommen.

Daraus ergibt sich unmittelbar die Frage, ob ein Wunder überhaupt als Begründung oder Rechtfertigung fungieren kann. Wie kann ein Wunder eine hinreichende Grundlage sein, um die Zustimmung des Gläubigen vernunftgemäß zu *rechtfertigen*, wo doch das Wunder – vorausgesetzt, es ließe sich durch die Sinne oder das Zeugnis anderer belegen – grundsätzlich nicht mit all jenen Gründen übereinstimmt, die zusammengenommen das System der menschlichen Erkenntnis bilden? Dazu kommt noch eine weitere mögliche Frage: setzt das Wunder, wenn es der Grund des Glaubens ist, weil es belegt, daß das Zeugnis von Gott kommt, nicht die Erleuchtung des Glaubens voraus, damit es als Wunder erkannt werden kann?

In der erst nach Lockes Tod erschienenen Schrift *A Discourse of Miracles* (1706) findet sich eine Antwort, die allerdings eine in mehrfacher Hinsicht eigenartige ist. Das erste erstaunliche Element, das Locke übrigens selbst erkennt, besteht darin, daß die wunderbare Natur des Ereignisses subjektiv beurteilt wird: Ein Wunder liegt dann vor, wenn etwas, das von den Sinnen des Betrachters erfaßt wird und über dessen Verständnis hinausgeht, von eben diesem Betrachter als dem regulären Lauf der Natur zuwiderlaufend erachtet wird. Es folgt daraus, daß, was dem einen wunderbar erscheint, dem anderen keineswegs so erscheinen muß, wenn dieser über mehr Wissen oder mehr Erfahrung verfügt. Diese Variabilität ist für Locke nun aber nicht nur kein Hindernis, sondern sie ist der beste Garant der Verbreitung der Offenbarung unter den Menschen, und diese Verbreitung ist die Bedingung des Glaubens. Beruhte der Grund des Glaubens auf Evidenz, so wäre dieser einzigartig, da er sich von selbst verstünde; da er aber Zeugnis, Beleg der göttlichen Offenbarung den Menschen gegenüber ist, muß die Subjektivität dessen, an den sich dieser Beleg richtet, berücksichtigt werden.

Weiter muß betont werden, daß das Wunder als solches keine Botschaft trägt: es belegt lediglich, daß derjenige, der die Botschaft überbringt, von Gott kommt. Es kann deshalb von Gott nur dessen Macht übermitteln, eben die Macht, den regulären Lauf der Natur zu verändern; des weiteren, wie Locke betont, die Macht, anderen möglicherweise konkurrierenden Mächten überlegen zu sein. Die Betrachtungsweise bleibt hier stets die des Gläubigen, der nach seinem Grund zu glauben fragt: sollten etwa von zwei Boten sich beide auf Gott berufen, so sind die stärkeren Zeichen die Zeichen der höheren Macht und als solche die Zeichen Gottes selbst, da keine höhere Macht als Gott denkbar ist. So hat unser Herr Jesus Christus, wie eine feste, gesicherte Überlieferung lehrt, seine Lehre durch wunderbare Zeichen gestützt, die hinreichend stark und offensichtlich waren, um den falschen Propheten gegenüber zu zeigen, daß er der Gesandte Gottes ist.

Dieses Argument der Manifestation der göttlichen Macht im Wunder, das die wunderbare Manifestation allein auf die göttliche Macht zurückführt, ist in mehrfacher Hinsicht bemerkenswert. Zunächst einmal ist die Manifestation diejenige einer relativen, einer zwar höchsten, aber nicht absoluten Macht. Dies ist deshalb der Fall, weil der Gläubige nie vor Gott selbst steht, sondern stets vor einem Zeichen, so daß die göttliche Macht sich nie um ihrer selbst willen manifestiert, sondern stets zur Unterstützung eines Wortes, dessen transzendenter Ursprung behauptet wird.

Da dieses Zeichen der Macht außerdem nicht den Inhalt der übermittelten Botschaft berührt und lediglich besagt, daß das

Wort von Gott kommt, bleibt die Botschaft selbst weiter den zuvor definierten Kriterien unterworfen: sie übermittelt Wahrheiten, die die Vernunft übersteigen, zu dieser aber nicht in Widerspruch stehen können; sie stimmt daher mit den demonstrativen Wahrheiten der natürlichen Religion und der Moral überein (soweit die letztere diesen Status erreicht).

Obwohl das Wunder nur den Beweis des göttlichen Ursprunges erbringt und über Gott als solchen nichts aussagt, es sei denn seine Macht, in die Natur einzugreifen, ist schließlich festzuhalten, daß es mit dem übereinstimmt, was die Offenbarung übermittelt. Schon die Zeitgenossen Lockes setzten sich mit dem dogmatischen Inhalt seiner religiösen Überzeugungen kritisch auseinander, und manche beschuldigten ihn prompt des Sozinianismus. Weder in *The Reasonableness of Christianity* noch in seiner Paraphrase der Paulusbriefe spricht Locke sich gegen den göttlichen Charakter Christi oder gegen die Dreieinigkeit aus; er setzt oder entwickelt aber auch an keiner Stelle diese beiden grundlegenden Dogmen des Christentums[7]. Gestützt auf das Wunder, zeugt der Zeuge von einem göttlichen Ursprung, spricht aber nicht vom Wesen Gottes. Da weiter die rationale Theologie und die natürliche Religion uns hinreichend über die göttlichen Lehren und sittlichen Gebote unterrichten, bleibt eigentlich kein der Offenbarung eigener Inhalt, es sei denn die Heilsgeschichte selbst oder genauer gesagt die Verkündigung des rettenden Eingriffs Gottes in die Geschichte der Menschen. Hinsichtlich der geoffenbarten Religion knüpft Locke an eine Art Nominalismus an: Von Gott können wir nur wissen, wie seine natürliche Macht und seine Macht der Gnade die Wirklichkeit der Natur und des Menschen verändern. Wunder und Zeugnis stimmen überein; das Wunder ist Ausdruck des Eingreifens Gottes, das Zeugnis unterrichtet uns von diesem Eingreifen und übermittelt uns dessen Sinn.

Dieses Argument hat mehrere Vorzüge. Es ermöglicht erstens die Annahme eines dem Glauben eigenen Fundaments aufgrund der (erfahrbaren) Wirkungen. Zweitens macht es aus dem Glauben kein Glaubensbekenntnis als Ausdruck eines dogmatischen Inhaltes, sondern einen Akt des Glaubens, der sich auf das Eingreifen Gottes in die Geschichte der Menschen bezieht: Ich glaube und erkläre, daß Gott eingegriffen hat. Damit ist eine

---

7 Immerhin behauptet er die Präexistenz von Christus; vgl. Locke 1705–7, 616.

religiöse Erfahrung hinreichend charakterisiert, die zwar immer noch vermittelt ist und insofern nie eine unmittelbare Erfahrung von Gott selbst ist, sich jedoch als praktische Beziehung zwischen dem Gläubigen und Gott beschreiben läßt. Wenn drittens die Botschaft der geoffenbarten Religion wesentlich praktischer Natur ist, so ist man nicht mehr gehalten, zwischen einer rationalen Theologie (bei der die Vernunft den Glauben mindert) und einer religiösen Philosophie (bei der der Glaube die Vernunft leitet) zu wählen. Der Konflikt wird so vermieden, denn Vernunft und Glaube stehen in keiner Verbindung zueinander; der Glaube ist einfach nicht dogmatisch (wie Hobbes schon ausgeführt hatte). Alles, was zum Dogma gehört oder dessen Kontrolle betrifft, liegt im Bereich der Vernunft. Der Glaube ist nur durch die dogmatisch äußerst begrenzte Botschaft des übernatürlichen Eingreifens Gottes in die Welt betroffen, durch die Botschaft des Heils, das Gott den Menschen zuteil werden läßt, die sich auf natürliche Weise nicht rechtfertigen lassen. Kurz, in der Offenbarung ist kein Dogma.

4. Der religiöse und sittliche Akt des Glaubens

Da nun der Glaube keinen eigentlich dogmatischen Inhalt übermittelt, so kann er unschwer als *vernünftig* erwiesen werden. Gewiß ist *vernünftig* hier nicht gleichbedeutend mit *rational*; es ist nicht erforderlich, die Sprache des Glaubens in die Sprache der Vernunft zu übersetzen. Anders ausgedrückt, es gibt nicht eine Erleuchtung des Glaubens und eine Erleuchtung der Vernunft, die in Übereinstimmung zu bringen wären; die einzige Erleuchtung kommt von der Vernunft, der Glaube aber ist ein *Akt* des Glaubens. Man kann auch nicht sagen, wie es später andere tun werden, daß die Erleuchtung durch den Glauben die Menschen in einer Zeit erhellt habe, als sie noch in tiefer Unwissenheit lebten, daß es nun aber, da die Zeit der Erkenntnis gekommen sei, genüge, den rationalen Sinn der biblischen Botschaft darzulegen[8].

---

8 Wegen der Schwierigkeiten, die Moral rational zu begründen, neigt Locke diesem Argument jedoch zu.

Die religiöse Botschaft des Christentums ist in der Bibel enthalten. Locke bezweifelt den göttlichen Ursprung der Heiligen Schrift nicht. Möglicherweise genügt ihm das Argument aus *A Discourse of Miracles*: Der Polytheismus braucht das Wunder nicht, um seinen Glauben zu begründen, da er mehrere Götter annimmt; nur der Monotheismus bedarf des Beweises der Macht als Macht des einzigen Gottes. Da es nun aber nur drei zulässige monotheistische Religionen gibt, den Islam, die jüdische Religion und das Christentum, und da Mohammed, der sich als vom wahren Gott gesandt ausgibt, sich nicht auf Wunder beruft, um seine Sendung zu belegen, so bleiben nur Moses und Jesus Christus, die sich (zugunsten des letzteren) gegenseitig bestätigen.

Die Wundertaten, die Christus nach Moses vollbracht hat, bestätigen uns in dem Glauben, daß die Bibel von Gott kommt. Selbst die ungebildetsten Menschen lassen sich davon überzeugen. Die Überlieferung ist hinreichend manifest. Auch kann die Bibel als nicht-dogmatischer Text sich an alle wenden, ohne gelehrte Erklärungen oder Vermittlung eines Schriftgelehrten; die Heilige Schrift ist im unmittelbaren, direkten Sinn der Texte zu lesen, und dieser Sinn ist der Vernunft eines jeden zugänglich, der Vernunft als natürlichem Licht, das Gott allen Menschen geschenkt hat[9]. Für hermeneutische Analysen geistlicher Natur läßt Locke keinen Raum. Um vom wörtlichen Sinn zum geistlichen Sinn vorzudringen, bedürfte es der Chiffre, wie Pascal es nannte, eines Interpretationsschlüssels, den nur Gott selbst offenbaren kann und der allein es ermöglicht, in einer nunmehr übernatürlichen Erleuchtung den hinter dem Wortsinn verborgenen geistlichen Sinn zu begreifen. In Lockes Lektüre der Heiligen Schrift ist eine derartige Offenbarung nie gegeben; abgesehen von dem unmittelbaren Sinn, der dem Eingreifen Gottes zukommt, wird sein Kommentar nie von einer göttlichen Inspiration geistlich befruchtet. Dies erhellt hinreichend aus einem einzigen Beispiel:

---

9 Im Vorwort zu seiner Paraphrase der Paulusbriefe betont Locke, im Unterschied zu einer sonst üblichen Praxis, ausdrücklich die Notwendigkeit, die Heilige Schrift unmittelbar, unvoreingenommen und vorurteilslos zu lesen und dabei nur zwei zusammengehörigen Prinzipien zu folgen, nämlich den Text in seiner diskursiven Kontinuität zu lesen und seine Kohärenz aufzuspüren. Diese beiden Prinzipien gelten selbstredend nicht nur für die Bibel, sondern für jede Art von Diskurs (vgl. Locke 1705–7, 106 f.).

Nachdem Adam gesündigt hatte, wurde er aus dem Paradies vertrieben und verlor den Zustand der Unsterblichkeit und der Glückseligkeit.

Welcher Art ist nun die Botschaft? Sie ist soteriologisch, d.h. sie betrifft das Erlösungswerk Christi. Nach dem Gesetz der Werke ist jeder Mensch verdammt, da niemand stark oder fromm genug ist, um stets richtig zu handeln. Dieses Gesetz der Werke ist eben das Gesetz der Vernunft oder das moralische Gesetz, das Moses in den Zehn Geboten niedergelegt hat. Als Gesetz verlangen diese vollkommenen Gehorsam und kennen keine Gnade; deshalb kann niemand auf rationale Weise vor ihnen gerechtfertigt werden und auf Belohnung durch das ewige Leben hoffen. Gott lehrt uns nun aber das Gesetz des Glaubens, das ein Gesetz des Heils ist; Gott hebt das Gesetz der Werke nicht auf, und die Menschen bleiben der Moralität unterworfen. Der Glaube ersetzt jedoch den vollkommenen Gehorsam; wir können gerettet werden, wenn wir an das Wort Gottes glauben, das ein Wort der Gnade ist, mögen wir auch nicht durch unsere Taten gerechtfertigt sein, vorausgesetzt, wir erfüllen weiterhin unsere Pflichten oder bemühen uns, dies zu tun.

Gott verlangt von uns zu glauben, daß Jesus Christus der Messias ist (oder Gottes Sohn, was damit gleichbedeutend ist). Dies ist der einzige Glaubenssatz der Bibel[10]. Locke führt den Leser immer wieder auf diese grundlegende Aussage zurück, die er im übrigen als solche nie recht erhellt. Jesus Christus ist der Messias – was bedeutet das eigentlich? Der Leser sollte hierin nicht den dogmatischen Grund einer Christologie zu erkennen suchen. Die Aussage ist vielmehr performativer Art. Zu sagen, daß Jesus Christus der Messias ist, ist eben der Akt des Glaubens, durch den der Gläubige anerkennt und setzt, daß Gott die Menschen durch seine Gnade rechtfertigen wird, daß Er in die Geschichte der Menschen eingegriffen hat, nicht um sie von den Werken zu befreien, sondern um ihnen die durch das Leben Christi dokumentierte Auferstehung und den Zugang zum ewigen Leben zu gewähren, obwohl sie darauf als Sünder keinen eigentlichen Anspruch haben. Die Lehre des (prinzipiell) rational beweisbaren natürlichen Gesetzes lautet, man solle seine Hand-

---

10 Diese Aussage durchzieht wie ein Leitmotiv *The Reasonableness of Christianity*, findet sich aber auch in Locke 1705–7, 183.

lungen am Sittengesetz ausrichten. Der Mensch soll seine Sünden bereuen; der Akt des Glaubens setzt genau diese Haltung des (reuigen) Sünders voraus, die gewissermaßen darin besteht, niederzuknien, sich zu Gott zu bekennen und ihn um Erbarmen anzuflehen. Der Mensch soll glauben, daß Jesus Christus der Messias ist, daß Gott ihm unter diesen Umständen das ewige Leben schenken wird, auch wenn er durch seine Werke nicht gerechtfertigt ist. Dies erinnert durchaus an Hobbes' Argumente im *Leviathan*[11]. Der Glaube besteht ganz und gar in der Handlung des Glaubens, das heißt, in einer Handlung, die Gott veranlaßt, denn Gott ist der Ursprung der Offenbarung, wobei der Gläubige jedoch der Handelnde ist, denn dies ist die Bedingung seiner Errettung. Ein Machtakt Gottes: zum einen die Macht des Wunders, zum anderen die Macht, die Menschen dort zu rechtfertigen, wo sie dies selbst nicht tun können. Bei Locke ist es zugleich aber auch, mehr als bei Hobbes, ein Akt der Gnade und des Erbarmens auf seiten Gottes und ein Akt der Demut und der Hoffnung auf seiten des Menschen.

Wir haben es hier unbestreitbar mit einer echten religiösen Erfahrung zu tun. Der Glaube läßt sich nie an der Elle von Gründen messen; er setzt voraus, daß eine Beziehung zwischen Mensch und Gott hergestellt wird. Diese bedingt einen Akt des Menschen, durch den er den am Anfang stehenden göttlichen Akt anerkennt, anruft oder liebt. Ein Christ mag Lockes Christentum oder auch seine Lektüre der Heiligen Schrift recht dürftig finden. Doch gerade weil Vernunft und Glaube nie zusammentreffen, da sie nicht auf einer Ebene liegen (oder sollte man sagen: da sie unterschiedlichen Bereichen angehören?), und weil zudem die Möglichkeit einer rationalen Theologie und Moral die geoffenbarte Theologie und Moral, abgesehen von sekundären Praktiken, gegenstandslos macht, weil schließlich der Glaube nicht Dogma, sondern Akt ist, folgt daraus eine sehr geläuterte, wenn nicht minimale Definition des Glaubens. Allerdings beruht diese ganze Analyse auf der Sorge des Menschen hinsichtlich seiner Rechtfertigung und seiner Hoffnung auf das

---

11 Hobbes hätte folgender Formulierung wohl zugestimmt: „The law of faith then, in short, is for everyone to believe what God requires him to believe, as a condition of the covenant he makes with him" (*The Reasonableness of Christianity*, in Locke 1759, 517).

ewige Leben[12]. Kann man jedoch leben und moralisch handeln, ohne zu hoffen? Alle Religionen besagen, daß der Glaube eine Angelegenheit des Lebens ist. Auf die verbleibende Frage, ob der Glaube von den Menschen oder von Gott kommt, hat die Philosophie keine Antwort.

(Übersetzung von Barbara Kaltz)

Literatur

Ashcraft, Richard 1969: Faith and Knowledge in Locke's Philosophy. In: J. W. Yolton (Hrsg.): John Locke, Problems and Perspectives, 194–223. Cambridge.
Biddle, J. C. 1976: Locke's Critique of Innate Principles and Toland's Deism. In: Journal of the History of Ideas 37, 411–422.
Griffin, M. I. J. 1992: Latitudinarianism in the Seventeenth-Century Church of England. Leiden/New York/Köln.
Locke, John 1705–7: A Paraphrase and Notes on the Epistles of St Paul. Hrsg. von A. W. Wainwright. Oxford 1987.
– 1759: The Works. 6. Auflage. Band 2. London.
Rogers, G. A. J. 1966: Boyle, Locke and Reason. In: Journal of the History of Ideas 17, 205–216.
Vienne, J. M. 1991: Expérience et raison. Les fondements de la morale selon Locke. Paris.
Wallace, D. D. 1984: Socinianism, Justification by Faith, and the Sources of John Locke's The Reasonableness of Christianity. In: Journal of the History of Ideas 45, 49–66.

---

12 Zur Bedeutung dieser Frage der Rechtfertigung und zum dazugehörigen geschichtlichen Kontext siehe Wallace 1984, 165.

Auswahlbibliographie

1. Bibliographien

Attig, John C. 1994 ff. John Locke Bibliography. A Comprehensive Listing of Publications by and about John Locke. (Wird ständig auf den neuesten Stand gebracht). Online-Publikation: http://www.libraries.psu.edu/tas/locke.

Hall, Roland (Hrsg.) 2001 ff.: Locke Studies. York (erscheint jährlich). Von 1970 bis 2000 unter dem Titel „The Locke Newsletter" publiziert.

Hall, Roland & Woolhouse, Roger 1983: 80 Years of Locke Scholarship. A Bibliographical Guide. Edinburgh.

Totok, Wilhelm 1981: Handbuch der Geschichte der Philosophie. Band IV. Frühe Neuzeit. 17. Jahrhundert. Frankfurt/M., 455–492.

Yolton, Jean S. 1998: John Locke: A Descriptive Bibliography. Bristol.

Yolton, Jean S./Yolton, John W. 1985: John Locke. A Reference Guide. Boston, Mass.

Weitere Bibliographien in Brandt 1988 und Thiel 2000[2] (siehe unten „Biographien und Gesamtdarstellungen") und Newman 2007 (siehe unten „Aufsatzsammlungen").

2. Werkausgaben

The Works of John Locke. A New Edition, Corrected. 10 Bände. London 1823. Nachdruck Aalen 1963.

The Clarendon Edition of the Works of John Locke. Oxford 1975 ff. Erste textkritische Gesamtausgabe.

Davon bisher erschienen, u. a.:

An Essay Concerning Human Understanding. Hrsg. v. Peter H. Nidditch. 1975.

The Correspondence of John Locke, 9 Bände. Hrsg. v. E. S. de Beer. 1976 ff. Band 9 (mit Register) ist noch in Vorbereitung.

Drafts for the Essay Concerning Human Understanding, and other Philosophical Writings. Band 1. Drafts A and B. Hrsg. von Peter H. Nidditch und G. A. J. Rogers. 1990.

The Reasonableness of Christianity. Hrsg. v. John C. Higgins-Biddle. Oxford. 1999.

3. Moderne Einzelausgaben und deutsche Übersetzungen

An Essay Concerning Human Understanding. 2 Bände. Hrsg. v. A. C. Fraser. Oxford 1894. Nachdruck New York 1959.

An Essay Concerning Human Understanding. 2 Bände. Hrsg. v. John W. Yolton. London–New York 1961 u. ö.

An Essay Concerning Human Understanding. Hrsg. v. P. H. Nidditch. Oxford 1979 (Paperback-Ausgabe der im Rahmen der Clarendon-Gesamtausgabe erschienenen Edition).

An Essay Concerning Human Understanding. Hrsg. v. K. P. Winkler. (Gekürzte Studienausgabe). Indianapolis 1996.

Deutsche Übersetzungen:

Über den menschlichen Verstand. 2 Bände. Übers. v. Th. Schultze. Leipzig 1898 u. ö.

Versuch über den menschlichen Verstand. 2 Bände. Übers. v. Carl Winckler. Hamburg 1911–13. 5., durchgesehene Aufl. 2000.

The Reasonableness of Christianity. Hrsg. v. Victor Nuovo. Bristol 1997.
Deutsche Übersetzung: Reasonableness of Christianity (Vernünftigkeit des biblischen Christentums) 1695. Übers. v. Carl Winckler. Hrsg. v. Leopold Zscharnack. Gießen 1914.
Of the Conduct of the Understanding. Hrsg. v. Francis W. Garforth. New York 1966.
Of the Conduct of the Understanding. Nach der ersten Werkausgabe 1714. Hrsg. v. T. Boswell, R. Pozzo u. C. Schwaiger. Stuttgart-Bad Cannstatt 1996.
Deutsche Übersetzungen:
Über die Leitung des Verstandes. Übers. v. Th. Schultze. In: Über den menschlichen Verstand. Übers. v. Th. Schultze. Leipzig 1898 u. ö. Band II, 449–547.
Über den richtigen Gebrauch des Verstandes. Übers. v. Otto Martin. Hamburg 1920. Nachdruck 1978.
Anleitung des menschlichen Verstandes. Übers. v. Georg D. Kypke. Nachdruck der Ausgabe von 1755. Hrsg. v. T Boswell, R. Pozzo u. C. Schwaiger. Stuttgart-Bad Cannstatt 1996.
Die Leitung des Verstandes. Übers. v. Jürgen Bona Meyer [1883]. Hrsg. v. Klaus H. Fischer. Schutterwald/Baden 1999.
An Early Draft of Locke's Essay: Together with Excerpts from his Journals. Hrsg. v. R. I. Aaron u. Jocelyn Gibb. Oxford 1936.
Essays on the Law of Nature. ... Together with Transcripts of Locke's Shorthand in his Journal for 1676. Hrsg. v. Wolfgang von Leyden. Oxford 1954. 2. Nachdruck 1988.
Deutsche Übersetzung: Von den acht „Essays" zum Naturgesetz liegen die letzten beiden in deutscher Übersetzung vor. In: John Locke: Bürgerliche Gesellschaft und Staatsgewalt. Sozialphilosophische Schriften. Übers. v. K. U. Szudra. Hrsg. v. Hermann Klenner. Leipzig 1980. Berlin 1986, 77–93.
Selected Correspondence. Hrsg. v. Mark Goldie. Oxford 2002.

4. Biographien und Gesamtdarstellungen
Aaron, Richard I. 1971[3]: John Locke. Oxford. Nachdruck (mit Korrekturen) 1973.
Brandt, Reinhard 1988: John Locke. Anhänger und Gegner von Locke. In: J. P. Schobinger (Hrsg.): Grundriß der Geschichte der Philosophie. Begründet von Friedrich Ueberweg. Völlig neubearbeitete Ausgabe. Die Philosophie des 17. Jahrhunderts. Band 3. England. Basel/Stuttgart, Kap. 9, §§ 29–30.
Cranston, Maurice 1957: John Locke. A Biography. London. Paperback-Ausgabe Oxford 1985.
Dunn, John 2003: Locke: A Very Short Introduction. Oxford.
Feser, Edward 2007: Locke. Oxford.
Fox Bourne, Henry R. 1876: The Life of John Locke. 2 Bände. London. Nachdruck Aalen 1969.
Jolley, Nicholas 1999: Locke: His Philosophical Thought. Oxford.
King, Peter 1830: The Life and Letters of John Locke. New Edition. 2 Bände. London. Nachdruck New York 1972.
Lowe, E. J. 2005: Locke. London/New York.
Rogers, G. A. J. 1998: Locke's Enlightenment: Aspects of the Origin, Nature and Impact of his Philosophy. Hildesheim.
Specht, Rainer 1989: John Locke. München.

Thiel, Udo 2000[2]: John Locke. Mit Selbstzeugnissen und Bilddokumenten. Reinbek bei Hamburg. (1. Auflage 1990).
Woolhouse, Roger 2007: Locke. A Biography. Cambridge.
Yolton, John W. 1985: John Locke. An Introduction. Oxford (Blackwell).
− 1993: A Locke Dictionary. Oxford (Blackwell).

5. Historischer Hintergrund

Anstey, Peter 2000: The Philosophy of Robert Boyle. London, New York.
Brandt, Reinhard 2003: Selbstbewußtsein und Selbstsorge: Zur Tradition der *oikeiosis* in der Neuzeit. In: Archiv für Geschichte der Philosophie 85, 179–197.
Hazard, Paul 1947: John Locke (1632–1704) und sein Zeitalter. Hamburg.
Hertling, Georg Freiherr von 1892: John Locke und die Schule von Cambridge. Freiburg.
Hunter, Michael 1981: Science and Society in Restoration England. Cambridge.
Kenney, W. Henry 1959: John Locke and the Oxford Training in Logic and Metaphysics. (Diss.) St. Louis.
Lasswitz, Kurd 1890: Geschichte der Atomistik vom Mittelalter bis Newton. 2 Bände. Hamburg.
Milton, J. R. 1984: The Scholastic Background to Locke's Thought. In: The Locke Newsletter 15, 25–34.
Popkin, Richard H. 1979: The History of Scepticism from Erasmus to Spinoza. Berkeley, Calif.
Puster, Rolf W. 1991: Britische Gassendi-Rezeption am Beispiel John Lockes. Stuttgart-Bad Cannstatt.
Tellkamp, August 1927: Über das Verhältnis John Lockes zur Scholastik. Münster.
Van Leeuwen, Henry G. 1971[2] : The Problem of Certainty in English Thought 1630–1690. Den Haag.
Willey, Basil 1934: The Seventeenth Century Background. London. Nachdruck 1953 u. ö.
Wundt, Max 1939: Die deutsche Schulmetaphysik des 17. Jahrhunderts. Tübingen. Nachdruck Hildesheim 1964.

6. Aufsatzsammlungen

Anstey, Peter (Hrsg.) 2003: The Philosophy of John Locke: New Perspectives. London, New York.
Anstey, Peter (Hrsg) 2006: John Locke: Critical Assessments. Series II. 4 Bände. Abdingdon, Oxon., New York.
Brandt, Reinhard (Hrsg.) 1981: John Locke. Symposium Wolfenbüttel 1979. Berlin/New York.
Chappell, Vere (Hrsg.) 1994: The Cambridge Companion to Locke. Cambridge.
Chappell, Vere (Hrsg.) 1998: Locke (Oxford Readings in Philosophy). Oxford.
Kreimendahl, Lothar (Hrsg.) 2006: John Locke: Aspekte seiner Theoretischen und Praktischen Philosophie. Hamburg (= Aufklärung, Band 18).
Newman, Lex (Hrsg.) 2007: The Cambridge Companion to Locke's Essay concerning Human Understanding. Cambridge.
Rogers, G. A. J. (Hrsg.) 1994: Locke's Philosophy. Content and Context. Oxford.
Schuurman, Paul (Hrsg.) 2009: Encyclopedia of Locke and his Times. London/ New York. In Vorbereitung.
Stewart, M. A. (Hrsg.) 2000: English Philosophy in the Age of Locke. Oxford.

Thiel, Udo (Hrsg.) 2002: Locke: Epistemology and Metaphysics. Aldershot, Brookfield, VT.
Tipton, I. C. (Hrsg.) 1977: Locke on Human Understanding. Selected Essays. Oxford.

7. *Erkenntnis- und Wissenschaftstheorie*
Allgemein

Ayers, Michael R. 1991: Locke. I. Epistemology. II. Ontology. 2 Bände. London.
Alexander, Peter 1985: Ideas, Qualities and Corpuscles. Locke and Boyle on the External World. Cambridge.
Cassirer, Ernst 1922³: Das Erkenntnisproblem in der Philosophie und Wissenschaft der neueren Zeit. Band 2. Berlin. Nachdruck Darmstadt 1974, 227–274.
Gäbe, Lüder 1976: Zur Apriorisätsproblematik bei Leibniz-Locke in ihrem Verhältnis zu Descartes und Kant. In: Hans Wagner (Hrsg.): Sinnlichkeit und Verstand. Bonn, 75–106.
Gibson, James 1917: Locke's Theory of Knowledge and its Historical Relations. Cambridge. Nachdruck 1960.
Kambartel, Friedrich 1968: Erfahrung und Struktur: Bausteine zu einer Kritik des Empirismus und Formalismus. Frankfurt/M., 15–49.
Klemmt, Alfred 1952: John Locke. Theoretische Philosophie. Meisenheim am Glan.
Kreimendahl, Lothar 1994: John Locke: Versuch über den menschlichen Verstand. In: L. Kreimendahl: Interpretationen. Hauptwerke der Philosophie. Rationalismus und Empirismus. Stuttgart, 51–87.
Krüger, Lorenz 1973: Der Begriff des Empirismus. Erkenntnistheoretische Studien am Beispiel John Lockes. Berlin/New York.
Lowe, E. J. 1995: Locke on Human Understanding. London/New York.
Mackie, J. L. 1976: Problems from Locke. Oxford.
Puster, Rolf W. 1999: John Locke. Die Idee des Empirismus. In: Lothar Kreimendahl (Hrsg.): Philosophen des 17. Jahrhunderts. Darmstadt, 91–112.
Riehl, Alois 1908²: Der philosophische Kritizismus. Band 1. Leipzig.
Specht, Rainer 1977: Über empiristische Ansätze Lockes. In: Allgemeine Zeitschrift für Philosophie 3, 1–35.
Tomida, Yasuhiko 1995: Idea and Thing. The Deep Structure of Locke's Theory of Knowledge. Dordrecht.
Uzgalis, William 2007: Locke's Essay concerning Human Understanding: A Reader's Guide. London/New York.
Walmsley, Peter 2003: Locke's Essay and the Rhetoric of Science. Lewisburg.
Webb, Thomas 1857:The Intellectualism of Locke. An Essay. Dublin. Nachdruck New York 1973.
Woolhouse, R. S. 1971: Locke's Philosophy of Science and Knowledge, Oxford.
– 1983: Locke. Brighton.
Yolton John W. 1956: John Locke and the Way of Ideas. Oxford. Nachdruck 1968.
– 1970: Locke and the Compass of Human Understanding. Cambridge.
– 2004: The Two Intellectual Worlds of John Locke: Man, Person and Spirit in the Essay. Ithaca.

Innatismus-Kritik

De Rosa, Rafaella 2004: Locke's *Essay* Book 1: The Question-begging Status of Anti-Nativist Arguments. In: Philosophy and Phenomenological Research 69, 37–64.
Hill, Benjamin 2002: Locke's Refutation of Innatism – Essay I.ii. In: Southwest Philosophy Review 18/1, 123–134.
Meier, Matthias 1919: Locke und die Lehre von den eingeborenen Ideen. In: Philosophisches Jahrbuch 32, 48–77.
Rogers, G. A. J. 1979: Locke, Newton, and the Cambridge Platonists on Innate Ideas. In: Journal of the History of Ideas 40, 191–206.
Soles, David, 2002: Locke's Refutation of Innatism Reconsidered. In: Southwest Philosophy Review 18/2, 127–132.
Winchester, S. J. 1985: Locke and the Innatists. In: History of Philosophy Quarterly 2, 411–420.

Erfahrungs- und Ideenbegriff

Ayers, Michael R. 1983: Locke's Logical Atomism. Dawes Hicks Lecture on Philosophy 1981. British Academy. Oxford.
- 1986: Are Locke's „Ideas" Images, Intentional Objects or Natural Signs? In: The Locke Newsletter 17, 3–36.
- 1997: Locke – Ideas and Things. London.
Hall, Roland 1987: Locke and Sensory Experience – Another Look at Simple Ideas of Sensation. In: The Locke Newsletter 18, 11–31.
- 2001: The Role of Experience in Locke. In: Locke Studies 1, 15–30.
Puster, Rolf W. 2004: Die Selbigkeit des Erinnerten: Zu einem Dilemma des Lockeschen Konzeptualismus. In: M. Siebel, M. Textor (Hrsg.): Semantik und Ontologie: Beiträge zur Philosophischen Forschung. Frankfurt/M., 305–318.
Scharp, Kevin 2008: Locke's Theory of Reflection. In: British Journal for the History of Philosophy 16, 25–63.
Schumacher, Ralph 2007: Locke on the Individuation of Sensory Ideas. In: S. Knuuttila (Hrsg.): Theories of Perception in Medieval and Early Modern Thought. Helsinki, 271–283.
Schuurman, Paul 2004: Ideas, Mental Faculties and Method: The Logic of Ideas of Descartes and Locke and its Reception in the Dutch Republic, 1630–1750. Leiden, Boston.
Specht, Rainer 1996: Ideen von mehr oder weniger Süße oder Licht. In: Zeitschrift für Philosophische Forschung 50, 291–308.
Stewart, M. A., 1979–80: Locke's Mental Atomism and the Classification of Ideas. I–II. In: The Locke Newsletter 10–11, 53–82; 25–62.
Tomida, Yasuhiko 2001: Inquiries into Locke's Theory of Ideas. Hildesheim.

Primäre und Sekundäre Qualitäten

Bolton, Martha B. 1976: The Origins of Locke's Doctrine of Primary and Secondary Qualities. In: Philosophical Quarterly 26, 305–316.
Casati, Roberto 1990: Primary and Secondary Qualities: A Reply to Kienzle. In: Studia Leibnitiana 22, 194–8.
Kienzle, Bertram 1990: Lockes Qualitäten: Erwiderung auf Casati. In: Studia Leibnitiana 22, 199–202.

Shockey, R. Matthew 2007: Lockean Primary Quality Perception Reconstructed. In: History of Philosophy Quarterly 24, 221–235.

Stuart, Matthew 2003: Locke's Colors. In Philosophical Review 112, 57–96.

Substanz und Essenz

Alexander, Peter 1980–1: Locke über Substanz-im-allgemeinen I–II. In: Ratio 22–23, 97–112; 1–19.

Ayers, Michael R. 1981: Locke versus Aristotle on Natural Kinds. In: The Journal of Philosophy 78, 247–272.

Freytag, Willy 1899: Die Substanzenlehre Lockes. Halle. Nachdruck Hildesheim 1980.

Jones, Jan-Erik 2007: Locke vs Boyle: The Real Essence of Corpuscular Species. In: British Journal for the History of Philosophy 15, 659–684.

Mattern, Ruth 1986: Locke on Natural Kinds as the „Workmanship of the Understanding". In: The Locke Newsletter 17, 45–92.

McCann, Edward 2001: Locke's Theory of Substance under Attack! In: Philosophical Studies 106, 87–105.

Sprache

Aarsleff, Hans 1964: Leibniz on Locke on Language. In: American Philosophical Quarterly 1, 165–188. Auch in: H. Aarsleff: From Locke to Saussure. Essays on the Study of Language and Intellectual History. London 1982, 42–83.

Arndt, Hans W. 1979: John Locke. Die Funktion der Sprache. In: J. Speck (Hrsg.): Grundprobleme der großen Philosophen I. Göttingen, 176–210.

Ashworth, E. J. 1984: Locke on Language. In: Canadian Journal of Philosophy 14, 149–165.

Dawson, Hannah 2007: Locke, Language and Early Modern Philosophy. Cambridge.

Gil, T. 1997: Der Zeichenbegriff in John Lockes Empiristischer Erkenntnistheorie. In: Semiosis 22, 181–189.

Losonsky, Michael 2006: Lingusitic Turns in Modern Philosophy. Cambridge.

Ott, Walter R. 2004: Locke's Philosophy of Language. Cambridge.

Weimann, Karl-Heinz 1965: Vorstufen der Sprachphilosophie Humboldts bei Bacon und Locke. In: Zeitschrift für deutsche Philologie 84, 498–508.

Erkenntnis und Wissenschaft

Anstey, Peter R. 2002: Locke, Bacon and Natural History. In: Early Science and Medicine 7, 65–92.

Barnes, Jonathan 2001: Locke and the Syllogism. In: R. W. Sharples (Hrsg.): Whose Aristotle? Whose Aristotelianism? Aldershot, Burlington, VT., 105–132.

Carson, Emily 2002: Locke's Account of Certain and Instructive Knowledge. In: British Journal for the History of Philosophy 10, 359–378.

Farr, J. 1987: The Way of Hypotheses. Locke on Method. In: Journal of the History of Ideas 48, 51–72.

Mattern, Ruth 1978: Locke: ‚Our Knowledge, Which All Consists in Propositions'. In: Canadian Journal of Philosophy 8, 677–695.

Milton, John R. 2001: Locke, Medicine, and the Mechanical Philosophy. In: British Journal for the History of Philosophy 9, 221–243.

Soles, D. E. 1985: Locke on Knowledge and Propositions. In: Philosophical Topics 13, 19–30.

Specht, Rainer 1981: Erfahrung und Hypothesen: Meinungen im Umkreis Lockes. In: Philosophisches Jahrbuch 88, 20–49.
- 1982: Sinnliches Wissen bei Locke. In: K. M. Meyer-Abich (Hrsg.): Physik, Philosophie und Politik. Festschrift für Carl Friedrich von Weizsäcker zum 70. Geburtstag. München, 253–262.
- 1983: Über Wahrheit und Wissen bei Locke. In: U. Neemann und E. Walther-Klaus (Hrsg.) Logisches Philosophieren. Festschrift für Albert Menne zum 60. Geburtstag. Hildesheim, 135–152.

Walmsley, Jonathan 2008: Sydenham and the Development of Locke's Natural Philosophy. In: British Journal for the Histroy of Philosophy 16, 65–83.

Woolhouse, Roger 2005: Locke and the Nature of Matter. In: Christia Mercer und Eileen O'Neill (Hrsg.): Early Modern Philosophy: Mind, Matter, and Metaphysicis. Oxford, 127–141.

8. Persönliche Identität

Conn, Christopher Hughes 2003: Locke on Essence and Identity. Dordrecht, Boston, London.

Garrett, Don 2003: Locke on Personal Identity, Consciousness, and ‚Fatal Errors'. In: Philosophical Topics 31, 95–125.

Kienzle, Bertram 1985: Lockes Perspektiventheorie der persönlichen Identität. In: Studia Leibnitiana 17, 52–65.

Lotter, M.-S. 2006: Rechtsprechung im Jenseits: Personale Identität und Verantwortung bei Locke. In: Archiv für Rechts- und Sozialphilosophie 92, 505–534.

Matthews, Eric 1977: Descartes and Locke on the Concept of a Person. In: The Locke Newsletter 8, 9–34.

Thiel, Udo 1983: Lockes Theorie der personalen Identität. Bonn.
- 1998: Personal Identity. In D. Garber, M. R. Ayers (Hrsg.): The Cambridge History of Seventeenth-Century Philosophy. Cambridge, 868–912.

Winkler, Kenneth P. 1991: Locke on Personal Identity. In: Journal of the History of Philosophy 29, 201–226.

9. Ethik

Colman, John 1983: John Locke's Moral Philosophy. Edinburgh.

Haakonssen, Knud 1996: John Locke. In: K. Haakonssen: Natural Law and Moral Philosophy. From Grotius to the Scottish Enlightenment. Cambridge, 51–58.

Illhardt, Franz Josef 1992: Die Historisch-genetische Methode bei John Locke und die Medizinische Ethik. In: Medizinhistorisches Journal 27, 86–97.

Mathewson, Mark D. 2006: John Locke and the Problems of Moral Knoweldge. In: Pacific Philosophical Quarterly 87, 509–526.

Mattern, Ruth 1980: Moral Science and the Concept of Person in Locke. In: Philosophical Review 89, 24–45.

Münz, Bernhard 1883: Lockes Ethik. In: Philosophische Monatshefte 19, 344–352.

Passmore, John A. 1980: Locke and the Ethics of Belief. Dawes Hicks Lecture on Philosophy. British Academy 1978. Oxford.

Priddat, B. & Scherf, H. 1984: Ethik bei J. Locke und J. M. Keynes. In: Ökonomie und Gesellschaft 2, 106–117.

Rauche, G. A. 1958: Die praktischen Aspekte von Lockes Philosophie. Pretoria.

Schneewind, J. B. 1998: The Invention of Autonomy. Cambridge, 141–159.

Short, Bradford William 2004: The Healing Philosopher: John Locke's Medical Ethics. In: Issues in Law and Medicine 20, 103–154.
Von Leyden, Wolfgang 1956: John Locke and Natural Law. In: Philosophy 31, 23–35.
Wolterstorff, Nicholas 1996: John Locke and the Ethics of Belief. Cambridge.
Zinaich, Samuel Jr. 2006: John Locke's Moral Revolution: From Natural Law to Moral Relativism. Lanham, Md.

10. Vernunft und Glaube

Brown, Vivienne 1998: On Theological Discourse in Locke's Essay. In: The Locke Newsletter 29, 39–57.
Crous, Ernst 1910: Die religionsphilosophischen Lehren Lockes und ihre Stellung zu dem Deismus seiner Zeit. Halle. Nachdruck Hildesheim 1980.
Jolley, Nicholas 2007: Leibniz, Locke and the Epistemology of Toleration. In: Pauline Phemister und Stuart Brown (Hrsg.): Leibniz and the English-speaking World. Dordrecht, 133–143.
Kato, Takashi 1981: The „Reasonableness" in the Historical Light of the „Essay". In: The Locke Newsletter 12, 5–59.
Lechler, Gotthard V. 1841: Geschichte des englischen Deismus. Stuttgart/ Tübingen, 154–179. Nachdruck, mit einem Vorwort und bibliographischen Hinweisen von G. Gawlick: Hildesheim 1965.
Owen, J. Judd 2007: Locke's Case for Religious Toleration: Its Neglected Foundation in the Essay cocnerning Human Understanding. In: Journal of Politics 69, 156–168.
Polinska, Wioleta 1999: Faith and Reason in John Locke. In: Philosophy and Theology 11, 287–309.
Snyder, D. C. 1986: Faith and Reason in Locke's Essay. In: Journal of the History of Ideas 47, 197–213.

11. Wirkungsgeschichte

Brandt, Reinhard 1988: John Locke. Anhänger und Gegner von Locke. In: J. P. Schobinger (Hrsg.): Grundriß der Geschichte der Philosophie. Begründet von Friedrich Ueberweg. Völlig neubearbeitete Ausgabe. Die Philosophie des 17. Jahrhunderts. Band 3. England. Basel/Stuttgart, Kap. 9, §§ 29–30.
– 1991: Locke und Kant. In: M. P. Thompson (Hrsg.): John Locke und Immanuel Kant. Historische Rezeption und gegenwärtige Relevanz. Berlin, 87–108.
Brown, Francis A. 1951: German Interest in John Locke's Essay 1688–1800. In: Journal of English and Germanic Philology 50, 466–482.
Buickerood, James G. 1985: The Natural History of the Understanding: Locke and the Rise of Facultative Logic in the Eighteenth Century. In: History and Philosophy of Logic 6, 157–190.
Cartwright, David E. 2003: Locke as Schopenhauer's (Kantian) Philosophical Ancestor. In: Schopenhauer-Jahrbuch 84, 147–156.
Drobisch, M. W. 1862: Über Locke, den Vorläufer Kant's. In: Zeitschrift für exacte Philosophie 2, 1–32.
Fox, Christopher 1988: Locke and the Scriblerians. Identity and Consciousness in Early Eighteenth-Century Britain. Berkeley/Los Angeles/London.
Gawlick, Günter 1983: Über einige Charakteristika der britischen Philosophie des 18. Jahrhunderts. In: Studia Leibnitiana 15, 30–41.

Hazard, Paul 1946: La Pensée Européenne au XVIIIe Siècle de Montesquieu à Lessing. Paris. Dt.: Die Herrschaft der Vernunft. Hamburg 1949.

Jolley, Nicholas 1984: Leibniz and Locke. A Study of the New Essays on Human Understanding. Oxford.

Martin, Raymond und Barresi, John 2000: Naturalization of the Soul: Self and Personal Identity in the Eighteenth Century. London/ New York.

Petrocchi, Ivano 2004: Locke's Nachlaßschrift Of the Conduct of the Understanding und ihr Einfluß auf Kant. Frankfrut a. M.

Pollok, Konstatin (Hrsg.) 2004: Locke in Germany: Early German Translations of John Locke 1709–1761. 8 Bände. Bristol.

Ready, Kathryn J. 2002: Damaris Cudworth Masham, Catherine Trotter Cockburn and the Feminist Legacy of Locke's Theory of Personal Identity. In: Eighteenth-Century Studies 35, 563–576.

Rogers, G. A. J. 2007: Locke's Essay concerning Human Understanding: The Philosophical Legacy. In: Eighteenth-Century Thought 3, 169–187.

Schøsler, Jørn 2001: La diffusion de Locke en France: l'Essai sur l'entendement de Locke et la lutte philosophique en France au XVIIIe siècle. (Studies on Voltaire and the Eighteenth Century). Oxford.

Schuurman, Paul 2007: Locke's Modest Impact on Eighteenth-Century Natural Science: The Encyclopedic Evidence. In: Eighteenth-Century Thought 3, 189–206.

Schwitzgebel, Gottfried 2000: Edward Stillingfleet als Kritiker der Ideenlehre John Lockes. Frankfurt/M., New York.

Thiel, Udo 1994: Hume's Notions of Consciousness and Reflection in Context. In: British Journal for the History of Philosophy 2, 75–115.

- 2001: Person und Persönliche Identität in der Philosophie des 17. und 18. Jahrhunderts. In: Dieter Sturma (Hrsg.): Person: Philosophiegeschichte, Theoretische Philosophie, Praktische Philosophie. Paderborn, 79–101.

- 2004: Erkenntnislehre und Psychologie im Gefolge Lockes. In: H. Holzhey und V. Mudroch (Hrsg.): Grundriss der Geschichte der Philosophie. Die Philosophie des 18. Jahrhunderts. Band 1: Grossbritannien und Nordamerika. Niederlande. Basel, 387–419.

- 2006: Self-Consciousness and Personal Identity. In: Knud Haakonssen (Hrsg.): The Cambridge History of Eighteenth-Century Philosophy. Cambridge: 2006, 286–318.

Weber, Marcel 2005: Über die Vergleichbarkeit metaphysischer Systeme: Der Fall Leibniz kontra Locke. In: Zeitschrift für Philosophische Forschung 59, 202–222.

Winter, Alois 1986: Selbstdenken – Antinomien – Schranken. Zum Einfluß des späten Locke auf die Philosophie Kants. In: Aufklärung 1, 27–66.

Wundt, Max 1932: Die Philosophie an der Universität Jena in ihrem geschichtlichen Verlauf dargestellt. Jena.

- 1945: Die deutsche Schulphilosophie im Zeitalter der Aufklärung. Tübingen.

Yolton, John W. 1984.: Thinking Matter. Materialism in Eighteenth-Century Britain. Oxford.

- 1991: Locke and French Materialism. Oxford.

Zart, G. 1881: Einfluss der englischen Philosophen seit Bacon auf die deutsche Philosophie des 18. Jahrhunderts. Berlin.

Glossar

Das Glossar bietet kurze Erläuterungen von einigen zentralen Begriffen aus Lockes *Essay*. Nicht selten weicht Lockes Verwendung eines Begriffs von heutigen alltäglichen und philosophischen Gewohnheiten ab. Die Anordnung erfolgt alphabetisch nach deutschen Übersetzungen nebst Angabe des von Locke benutzten englischen Ausdrucks. Die Kapitel- und Seitenzahlen am Ende der Stichworte verweisen auf Stellen im vorliegenden Band.

ARCHETYP(US), *archetype*
Urbild, Original, Muster. Bei Locke hat dieser Ausdruck die Funktion, den Realitätsbezug unserer Ideen zu bezeichnen (vgl. II.xxx.1; II.xxxi.1). *Modi* und *Relationsideen* haben Realität, weil sie vom menschlichen Verstand hervorgebracht werden und so ihre eigenen Archetypen sind (II.xxx.4; II.xxxi.14). *Substanzideen* hingegen beziehen sich auf Gegenstände, die unabhängig von den Konstruktionen des Verstandes existieren, und sie können daher ihre Archetypen nicht adäquat vorstellen (II.xxxi.6, 13).
Kapitel 7, S. 174, 176.

AUSSAGE, *proposition*
Eine Aussage oder Proposition wird durch die Verknüpfung von Zeichen *(Ideen* oder *Wörter)* gebildet. Locke unterscheidet zwar zwischen mentalen (Ideen) und verbalen (Wörtern) Propositionen, gesteht aber zu, daß wir in den meisten Fällen nicht mit mentalen Propositionen auskommen, sondern verbale Propositionen bilden müssen, die in Sätzen ausgedrückt werden (IV.v.5). Die in verbalen Propositionen benutzten Wörter bezeichnen Ideen. Da genaugenommen nur Aussagen oder Propositionen wahr oder falsch sein können (II.xxxii.1), ist *Erkenntnis* wesentlich propositional (II.xxxiii.19). Der Begriff der Aussage oder der Proposition muß bei Locke von dem Begriff des *Urteils* unterschieden werden.
Kapitel 9, S. 197-199, 207-213.

AXIOME, *axioms*
Siehe *Maximen*

BEWUSSTSEIN, *consciousness*
„Bewußtsein" ist bei Locke in einem selbstbezüglichen Sinn aufzufassen. Der Ausdruck bezeichnet ein unmittelbares Gewahrsein dessen, „was im eigenen Geiste vorgeht" (II.i.19). Durch die Eigenschaft der Unmittelbarkeit unterscheidet sich Bewußtsein von *Reflexion*.
Kapitel 6, S. 163-166.

DEMONSTRATION, *demonstration*
Siehe *Erkenntnis, Vernunft*

DENKEN, *thinking*
Der Begriff des Denkens ist wie der Begriff der Idee sehr weit gefaßt. Locke schränkt „Denken" nicht auf intellektuelle Operationen ein, sondern wendet diesen Ausdruck auch auf Willenshandlungen, Akte der Einbildungskraft und sogar Sinneswahrnehmungen an (II.xix.1-2). Zur Frage, ob Materie denken könne, siehe *Materie*.
Kapitel 2, S. 61; Kapitel 6, S. 162-163.

ERFAHRUNG, *experience*
Erfahrung ist die letztendliche Quelle aller unserer *Ideen*. Locke gliedert sie in innere Erfahrung *(Reflexion)* und äußere Erfahrung *(Sensation)*. Der menschliche Geist kann aber selbständig auf die ihm durch Erfahrung vermittelten Ideen Operationen wie Vergleichen, Abstrahieren usw. anwenden und so komplexe *Ideen* bilden, die über das hinausgehen, was die Erfahrung selber bereitstellt.
Kapitel 3, S. 68-88.

ERKENNTNIS, *knowledge*
Erkenntnis wird als eine Perzeption von Ideenverknüpfungen definiert, genauer als „die Perzeption der Übereinstimmung oder Nichtübereinstimmung von Ideen" (IV.i.2). Locke hat solche Ideenverknüpfungen im Blick, die *Aussagen* bzw. Propositionen sind. Eine Ausnahme bildet die
Intuitive Erkenntnis. Erkenntnis durch Intuition ist unmittelbar und bedarf keiner Vermittlung durch andere Ideen. Eine solche Erkenntnis haben wir zum Beispiel von unserer eigenen Existenz und von der *Identität* und dem Gehalt unserer *Ideen*.
Demonstrative Erkenntnis besteht in der Perzeption von Ideenverknüpfungen „durch Vermittlungen einer oder mehrerer anderer Ideen" (IV.xvii.17). Diese Erkenntnisart wird von Locke auch als „rationale Erkenntnis" bezeichnet. Siehe *Vernunft*.
Sensitive Erkenntnis bezieht sich auf die „Existenz einzelner äußerer Gegenstände" (IV.ii.14). Diese Erkenntnisart scheint nicht mit Lockes allgemeiner Definition von Erkenntnis als Perzeption von Ideenverknüpfungen in Einklang zu stehen. Locke wendet sich zwar gegen skeptische Zweifel in bezug auf die Existenz der Außenwelt, gesteht aber zu, daß der sensitiven Erkenntnis ein geringerer Gewißheitsgrad zukommt als den intuitiven und demonstrativen Erkenntnisarten.
Kapitel 9, S. 197-220.

ESSENZ, *essence*
Wesen, Wesenheit. Allgemein definiert Locke „Essenz" als „das eigentliche Sein eines Dinges, wodurch es ist, was es ist" (III.iii.15). Er nimmt aber eine für seine Erkenntnistheorie zentrale Unterscheidung zwischen zwei Arten von Essenz vor:
Nominale Essenz. Hiermit wird die *Abstrakte Idee* bezeichnet, durch die wir eine bestimmte Art von Dingen vorstellen. Die nominale Essenz besteht also aus demjenigen Komplex von Eigenschaften, die wir durch Erfahrung kennen und die in unserer abstrakten Artidee vereinigt sind (III.vi.2).
Reale Essenz. Dies ist die „wirkliche, innere Beschaffenheit aller Dinge, auf der ihre erkennbaren Eigenschaften beruhen" (III.iii.15).
In bezug auf natürliche *Substanzen* können wir uns nie sicher sein, ob die nominale Essenz (unsere abstrakte Idee von einer Substanzart) der realen Essenz entspricht.

Denn die innere Beschaffenheit von Substanzen ist der Erfahrung nicht zugänglich. In bezug auf *Modi* (z. B. mathematische Ideen wie „Dreieck", „Kreis" usw.) fallen reale und nominale Essenz jedoch zusammen, da diese Ideen Schöpfungen des menschlichen Verstandes sind und sie sich nicht auf Gegenstände beziehen, deren innere Beschaffenheit uns verborgen ist. Siehe *Archetypus, Wissenschaft.*
Kapitel 5, S. 139-147.

FREIHEIT, *liberty, freedom*
Freiheit besteht in der Fähigkeit, die Erfüllung gegenwärtiger Begierden aufzuschieben und zu prüfen, welche Handlungen wirklich der Glückseligkeit dienlich sind. Aufgrund dieser Freiheit sind wir in der Lage, uns im Handeln zu bestimmen (II.xxi.47-56). Da Freiheit mit Selbstbestimmung verknüpft ist, glaubt Locke, daß auch die Verantwortlichkeit des Menschen in ihr gründet. Der politische Freiheitsbegriff ist mit dem im *Essay* thematisierten Begriff der Freiheit verwandt, aber nicht identisch. Zum politischen Freiheitsbegriff siehe Lockes *Zwei Traktate über die Regierung.*
Kapitel 10, S. 228.

GESETZ, *law*
Es muß zwischen Gesetzen, die Gegenstand der Naturwissenschaft sind (laws of nature), und dem moralischen Naturgesetz (law of nature) unterschieden werden. Das moralische Gesetz der Natur ist der Inbegriff überpositiver, absolut verbindlicher praktischer Normen. Es kann sowohl durch *Vernunft* als auch durch Offenbarung (siehe *Glaube*) erkannt werden. Letzteres bedeutet, daß das moralische Gesetz göttlichen Ursprungs ist (II.xxviii.8). Des weiteren sind vom moralischen Naturgesetz zu unterscheiden: das positive bürgerliche Gesetz (civil law) - „eine vom Staat für die Handlungen seiner Angehörigen festgesetzte Regel" (II.xxviii.9), und „das Gesetz der öffentlichen Meinung" (II.xxviii.10).
Kapitel 10, S. 223-225, 230-238.

GLAUBE, *faith*
Im Gegensatz zur *Vernunft* besteht religiöser Glaube in der Zustimmung zu solchen Sätzen, „die im Vertrauen auf die Glaubwürdigkeit dessen, der sie aufstellt, als auf außerordentliche Weise von Gott kommend akzeptiert werden. Diese Art, den Menschen Wahrheiten zu entdecken, nennen wir ‚Offenbarung'" (IV.xviii.2). Zu reinen Glaubenssachen gehören Sätze, die zwar nicht von der Vernunft erkannt werden können, ihr aber auch nicht widersprechen, sondern sie übersteigen. Zu diesen Glaubenssachen gehört beispielsweise die Lehre von der Auferstehung der Toten.
Kapitel 11, S. 255-270.

HYPOTHESE, *hypothesis*
Hypothesen sind Annahmen, mit deren Hilfe wir Phänomene zu erklären suchen, von denen wir keine gesicherte Erkenntnis haben. Locke argumentiert, daß Hypothesen in *Erfahrung* und Beobachtung gründen müssen (II.i.10). Als allgemeine Hypothese zur Erklärung natürlicher Phänomene akzeptiert Locke wie viele seiner Zeitgenossen die korpuskularistische oder atomistische Hypothese. Siehe hierzu *Materie.*
Kapitel 5, S. 119-120.

IDEE, *idea*
Dieser von Locke häufig benutzte Begriff ist sehr weit gefaßt. Als „idea" bezeichnet Locke dasjenige, „was immer es sei, das den Geist beim Denken beschäftigen kann" (I.i.8). Ideen sind das „Material der Erkenntnis" (II.i.1; II.xxxiii.19). Bei Locke heißen alle bewußten Denkgehalte „Ideen". Er unterscheidet allerdings zwischen verschiedenen Arten von Ideen:
Einfache Ideen sind Ideen, die uns durch die inneren und äußeren Sinne vermittelt werden (d.i. durch *Sensation* und *Reflexion*). Sie sind einheitliche, nicht weiter analysierbare Denkgehalte.
Komplexe Ideen sind Ideen, die sich prinzipiell in elementarere Ideen analysieren lassen. Bei seiner Unterscheidung zwischen Arten von komplexen Ideen folgt Locke den Gegenstandsarten, auf die sie sich beziehen:
Substanzideen sind komplexe Ideen, „die man als Darstellungen bestimmter, selbständig bestehender Einzeldinge ansieht" (II.xii.6). Siehe *Substanz*.
Relationsideen beziehen sich auf Verhältnisse von Ideen zueinander (II.xii.1). Sie werden durch die Operation des Vergleichens gebildet und sind wie die *Modi* subjektive Schöpfungen des Geistes. Es gibt so viele Relationsideen wie es Arten des Vergleichens gibt (II.xxviii.17). Siehe *Archetypus*.
Modi sind Verbindungen von Ideen, die im Gegensatz zu Substanzideen nicht die Wirklichkeit abbilden sollen, sondern vom Geist selbst ihre Realität zugesprochen bekommen, „wie etwa die Ideen, die durch die Wörter ‚Dreieck', ‚Dankbarkeit', ‚Mord' usw. bezeichnet werden" (II.xii.4). Siehe *Archetypus*.
Abstrakte Ideen sind allgemeine Ideen, die durch die geistige Operation des Abstrahierens gebildet werden. Man kann sie als Artbegriffe bezeichnen. In der Literatur ist umstritten, ob abstrakte oder allgemeine Ideen nach Lockes Verständnis komplexe Ideen sein müssen.
Einleitung; Kapitel 2, S. 60–62; Kapitel 7, S. 169–173; Kapitel 9, S. 200–204.

IDENTITÄT, *identity, sameness*
Das logische Prinzip der Identität („Alles, was ist, das ist") ist dem menschlichen Geist nicht eingeboren (I.ii.4-5). Seine Evidenz läßt sich durch die von uns immer schon durch *Intuition* erkannte Identität und Distinktheit der Ideengehalte (IV.vii) erklären. Die Identität von *Gegenständen* ist bei Locke als Identität zu verschiedenen Zeitpunkten zu verstehen. Diese Frage nach der Identität eines Gegenstandes über die Zeit hinweg wird in bezug auf den Artbegriff oder die abstrakte *Idee* beantwortet, der wir den Gegenstand zuordnen (II.xxvii.7, 28).
Kapitel 6, S. 149–151, 154–167.

INDIVIDUATION, *individuation*
Nach Locke existieren keine allgemeinen Wesenheiten, sondern nur Einzeldinge. Daher erübrigt sich für ihn die Suche nach einem Prinzip, durch das innerhalb einer Art die Einzelheit der Einzeldinge konstituiert wird. Einzeldinge sind schon durch ihre bloße Existenz in Raum und Zeit individuell (II.xxvii.2-3).
Kapitel 6, S. 150–155.

INTUITION, *intuition*
Siehe *Erkenntnis*

KORPUSKEL, *corpuscles*
Siehe *Materie*, *Hypothese*

KRAFT, *power*
„Kraft" scheint im *Essay* meist gleichbedeutend mit „Fähigkeit" zu sein. Die deutlichste *Idee* der Kraft erhalten wir durch *Reflexion* auf unsere geistigen Operationen (II.xxi.1). Aber auch *Qualitäten*, die wir Körpern zuschreiben, sind Kräfte. Wie andere vor ihm unterscheidet Locke zwischen passiver Kraft (der Fähigkeit, Veränderungen zu erleiden) und aktiver Kraft (der Fähigkeit, Veränderungen hervorzurufen).
Kapitel 5, S. 124–128.

MATERIE, *matter*
Locke folgt der zu seiner Zeit von Boyle und anderen Naturwissenschaftlern wiederbelebten atomistischen *Hypothese*. Hiernach gibt es nur eine einheitliche Materie. Diese besteht aus kleinsten Teilchen, die „Korpuskel" oder „Atome" genannt werden. Dabei handelt es sich um postulierte Entitäten, die nicht Gegenstand der Erfahrung sind. Gleichwohl werden ihnen dieselben primären *Qualitäten* zugeschrieben, die wahrnehmbare Körper haben (Ausdehnung, Gestalt, Festigkeit usw.). Wahrnehmbare Körper entstehen durch die Interaktion von Atomen (III.x.15; IV.iii.25).
Obwohl Locke nicht glaubt, daß Materie die Fähigkeit zu denken habe (IV.x.10), ist er der Auffassung, daß der Begriff der denkenden Materie keinen Widerspruch enthalte (IV.iii.6). Aufgrund dieses Zugeständnisses wurde Locke von zeitgenössischen Kritikern der Vorwurf des Materialismus gemacht.
Kapitel 6, S.152–153; Kapitel 9, S. 202–203.

MAXIMEN, *maxims*
Maximen werden von Locke auch „Axiome" genannt. Hiermit sind fundamentale theoretische Prinzipien gemeint (wie z. B. das Prinzip der *Identität*), die oft als Fundament jeglicher Erkenntnis angesehen wurden. Nach Locke sind diese Prinzipien weder eingeboren noch Grundlage der *Erkenntnis*. Locke argumentiert, daß die Evidenz dieser Prinzipien durch *Intuition* erkannt werden kann. Beispielsweise macht das Prinzip der Identität nur dasjenige explizit, was wir immer schon durch die Intuition der Identität von Ideengehalten wissen (IV.vii–viii).

MENSCH, *man*
Gelegentlich ist der Mensch für Locke einfach ein „lebender organisierter Körper" (II.xxvii.6); an anderen Stellen verwendet er einen dualistischen Begriff des Menschen als Einheit von körperlicher Substanz und geistiger Substanz (II.xxvii.21). Locke entscheidet sich nicht definitiv für einen dieser Begriffe. Des weiteren gibt es eine Differenz zwischen dem Menschen „im physischen Sinne" und dem „moralischen Menschen" (III.xi.16). In jedem Fall ist der Begriff des Menschen von dem der *Person* zu unterscheiden.
Kapitel 6, S. 158–160, 164–167.

MODI, *modes*
Siehe *Idee*

MORAL, *morality*
Obwohl „die Moral die eigentliche Wissenschaft und Aufgabe der Menschheit im allgemeinen darstellt" (IV.xii.11), wird sie im *Essay* nur unter erkenntnistheoretischem Aspekt behandelt. Da moralische Begriffe wie der Begriff der Gerechtigkeit *Modi* sind, muß es im Prinzip eine *Wissenschaft* von der Moral geben können, die Locke allerdings nirgendwo entwickelt. Siehe auch *Gesetz*.
Kapitel 10, S. 223–245.

PERSON, *person, personality*
Locke unterscheidet zwischen der *Seele*, als *Substanz*, und der Person. Für das Ich als Person ist die Selbstbezüglichkeit durch *Bewußtsein* wesentlich. Die Person (oder Personalität) ist eine durch Bewußtsein konstituierte Einheit von Gedanken und Handlungen. Durch die Selbstzuschreibung von Gedanken und Handlungen wird die Person zur verantwortlichen Instanz des Ich. Bewußtsein konstituiert auch die *Identität* einer Person über die Zeit hinweg (II.xxvii.9–29). Locke unterscheidet zwischen *Mensch* und Person (II.xxvii.7, 15, 20).
Kapitel 6, S. 161–167.

PROPOSITION, *proposition*
Siehe *Aussage*

QUALITÄTEN, *qualities, properties*
Qualitäten werden von Locke allgemein als Kräfte von Körpern beschrieben, die Veränderungen in anderen Gegenständen oder im menschlichen Geist (Ideen) hervorrufen können. Locke unterscheidet wie vor ihm der Naturwissenschaftler Robert Boyle zwischen primären und sekundären Qualitäten physischer Gegenstände. Primäre Qualitäten (z. B. Ausdehnung, Gestalt, Festigkeit) sind mit jedem Körper untrennbar verbunden. Sekundäre Qualitäten sind bloße Kräfte, die im Geist *Ideen* wie Farb-, Ton- und Geschmackswahrnehmungen hervorrufen. Siehe *Kraft, Materie*.
Kapitel 4, S. 91–95, 97–111, 113–117.

REFLEXION, *reflection*
„Reflexion" ist bei Locke nicht gleichbedeutend mit „Überlegung" oder „Nachdenken", sondern bezeichnet den inneren Sinn, d.i. einen Ursprung von *Ideen*. Durch Reflexion auf die Operationen unseres Geistes erhalten wir Ideen von diesen Operationen (also Ideen vom Perzipieren, Erinnern, Unterscheiden usw.), die daher „Ideen der Reflexion" heißen (II.i.4). Die Reflexion erfordert eine besondere Aufmerksamkeit des Geistes und ist schon aus diesem Grund von dem Selbstbezug durch *Bewußtsein* zu unterscheiden.
Kapitel 2, S. 61; Kapitel 3, S. 78–79.

RELATIONEN
Siehe *Ideen*, Relationsideen

SEELE, *soul*
„Seele" ist im *Essay* meist gleichbedeutend mit „Geist" (mind). Die Seele ist eine *Substanz*, die die Fähigkeit zu *Denken* (II.i.10) besitzt. Die Existenz der je eigenen

Seele kann durch *Intuition* mit absoluter Gewißheit erkannt werden (IV.ix.2-3). Durch *Reflexion* haben wir Ideen von ihren Operationen und können so auf entsprechende Fähigkeiten oder Dispositionen schließen. Aber weiter als innere Erfahrung oder Reflexion reicht unsere Kenntnis der Seele nicht. Das Wesen der Seele, ihre reale *Essenz*, ist für uns unerkennbar. Wir können bestenfalls „wahrscheinliche Meinungen" dazu äußern. Locke unterscheidet zwischen Seele und *Person*.
Kapitel 6, S. 162-163.

SENSATION, *sensation*
Mit „ Sensation" wird die äußere Erfahrung bezeichnet (II.i.3). Durch die äußeren Sinne erhalten wir *Ideen* von den wahrnehmbaren Eigenschaften der Gegenstände. Einfache Ideen der Sensation sind beispielsweise Farbvorstellungen, Geschmacksempfindungen, die Idee der Festigkeit und Vorstellungen von Geruchsqualitäten.
Kapitel 2, S. 61.

SUBSTANZ, *substance*
Substanzen sind „selbständig bestehende Einzeldinge" (II.xii.6). Es muß zwischen *Ideen* von bestimmten Substanz*arten* und dem Begriff „von der reinen Substanz im allgemeinen" (auch „Substrat" genannt) unterschieden werden (II.xxiii.2-3). Locke kennt ähnlich wie Descartes drei allgemeine Substanzarten: Gott, geistige Substanzen und Körper (II.xxvii.2). Um wahrgenommene Eigenschaften als zu einem einheitlichen Ding gehörig auffassen zu können, müssen wir sie auf einen Träger (Substrat) beziehen, der eine einheitsstiftende Funktion erfüllt. Dieser Begriff der „reinen Substanz im allgemeinen" ist Bestandteil aller Ideen von bestimmten Substanzarten. Wie Locke das Verhältnis zwischen Substrat und realer *Essenz* sieht, ist in der Literatur umstritten. Siehe *Ideen*, Substanzideen.
Kapitel 5, S. 119-124, 129-148.

SUBSTRAT, *substratum*
Siehe *Substanz*

URTEIL, URTEILSKRAFT, *judgment*
Der Begriff des Urteils ist bei Locke nicht mit dem Begriff der Proposition oder der *Aussage* identisch. Beim Urteilen werden Ideen verknüpft, „obwohl deren Übereinstimmung oder Nichtübereinstimmung nicht perzipiert, sondern bloß vermutet wird" (IV.xiv.4). Die Urteilskraft ist für die Fälle zuständig, „in denen ein klares und sicheres Wissen nicht zu erlangen ist" (IV.xiv.3). Also verweist der Begriff des Urteils auf den Begriff der *Wahrscheinlichkeit*. Siehe auch *Vernunft*.
Kapitel 11, S. 250-256.

VERNUNFT, *reason*
Die Vernunft ist das Vermögen des Geistes zu schließen. Das bedeutet näherhin, daß der Vernunft die Aufgabe zukommt, vermittelnde *Ideen* aufzufinden und mit Hilfe dieser bestehende Verbindungen zwischen Ideen aufzudecken (IV.xvii.2). Als Vermögen zu schließen spielt die Vernunft sowohl bei der demonstrativen *Erkenntnis* als auch bei der Zustimmung zu bloß wahrscheinlichen Aussagen eine wichtige Rolle (IV.xv-xvi). Sie ist die Fähigkeit, die Gewißheit oder Wahrschein-

lichkeit von Aussagen aus gegebenen Ideen zu deduzieren. Locke kritisiert die traditionelle Auffassung, nach der der Syllogismus „das geeignete Hilfsmittel" der Vernunft und „die zweckmäßigste Form ihrer Betätigung ist" (IV.xvii.4). Die Vernunft kann gemäß Locke auch das moralische *Gesetz* erkennen. Locke betont: „Die Vernunft muß unser oberster Richter in allen Dingen sein" (IV.xix.14). Siehe *Glaube, Urteil, Wahrscheinlichkeit.*
    Kapitel 11, S. 249-263, 265-269.

VERSTAND, *understanding*
Obwohl „Verstand" im Titel des *Essay* vorkommt, wird dieser Ausdruck von Locke nirgendwo genau definiert. „Geist" (mind) und „Verstand" werden oft synonym verwendet. In einem weiten Sinn scheint für Locke der Verstand der Inbegriff aller geistigen Fähigkeiten zu sein; in einem engeren Sinn umfaßt der Verstand nur einige besondere Fähigkeiten, wie beispielsweise die *Urteilskraft*, nicht aber Fähigkeiten wie die der Sensation und der Erinnerung. In diesem Sinne wird der Verstand auch vom *Willen* unterschieden (II.xxi.5-6).
    Kapitel 2, S. 60-62; Kapitel 3, S. 74, 76, 79.

WAHRSCHEINLICHKEIT, *probability*
Wahrscheinlich sind *Aussagen*, für die es Argumente gibt, aufgrund welcher sie „für wahr gelten oder angenommen werden können", ohne daß wir mit Sicherheit wüßten, ob sie wahr sind (IV.xv.3). Unsere Aussagen über das Wesen natürlicher Phänomene verbleiben stets im Bereich des bloß Wahrscheinlichen. Siehe *Urteil, Vernunft, Wissenschaft.*
    Kapitel 11, S. 251-255.

WILLE, *will*
Als „Wille" wird die *Kraft* des Geistes bezeichnet, aufgrund seiner eigenen Anordnung „verschiedene Tätigkeiten unseres Geistes und Bewegungen unseres Körpers zu beginnen oder zu unterlassen, fortzusetzen oder abzuschließen" (II.xxi.5).
    Kapitel 10, S. 227.

WISSENSCHAFT, *science*
Lockes Begriff der Wissenschaft beruht auf seiner Konzeption der *Erkenntnis*. Unter „Wissenschaft" im strengen Sinn wird daher ein System allgemeiner, durch reine *Vernunft* beweisbarer und absolut gewisser Wahrheiten verstanden. Da wir die reale *Essenz* natürlicher *Substanzen* nicht erkennen können, kann es für uns keine Wissenschaft von der Natur geben, sondern nur eine „natural philosophy", wie es bei Locke und seinen Zeitgenossen heißt, d. h. ein Studium der Natur, das sich systematisch geleiteter Erfahrung bedient und so zu immer genaueren Beschreibungen natürlicher Phänomene und zu wohlbegründeten *Hypothesen* gelangen kann. Disziplinen, in denen wir es nicht mit Substanzideen zu tun haben, sondern mit *Modi*, können Lockes strenge Bedingungen von Wissenschaftlichkeit prinzipiell erfüllen. Zu diesen Disziplinen gehören die Ethik bzw. die *Moral* und die Mathematik. Siehe *Archetypus, Urteil, Wahrscheinlichkeit.*

WÖRTER, *words*
Das dritte Buch von Lockes *Essay* ist betitelt „Von den Wörtern" (Of Words). Wörter sind konventionelle Zeichen, die für *Ideen* stehen (III.i.2). Locke argumentiert für präzisen und konsistenten Gebrauch von Wörtern, gerade in Philosophie und Wissenschaft. Für Lockes erkenntnistheoretische Zielsetzung hat die Analyse der „allgemeinen Ausdrücke" (III.iii) eine besondere Bedeutung; denn sie bezeichnen allgemeine *Ideen*, und diese wiederum bezeichnen Arten bzw. nominale Essenzen. Siehe *Essenz*.

Stellenverzeichnis

Es sind alle Stellen aus Lockes *Essay* angegeben, auf die im vorliegenden Band durch Zitate, Hinweise oder Erwähnung verwiesen wird.

Epistle to the Reader (Brief an den Leser):	3, 21–22, 40, 66–67, 70, 131, 175, 180

Erstes Buch:

I.i.2:	3, 6, 67, 72
I.i.3:	6
I.i.6:	40
I.i.8:	5, 200, 283
I.ii.1:	39, 40, 41, 44, 76
I.ii.3:	39
I.ii.4:	5, 283
I.ii.5:	39, 45, 49, 283
I.ii.7:	39
I.ii.9:	39, 40
I.ii.11:	39
I.ii.14:	40, 52
I.ii.15.	39, 40, 201
I.ii.16:	39
I.ii.18:	39
I.ii.22:	39, 45, 52
I.ii.25:	44, 45
I.ii.26:	45, 49
I.ii.28:	39
I.iii.1:	39, 82, 238
I.iii.2:	5
I.iii.3:	40, 231
I.iii.4:	238
I.iii.6:	236
I.iii.8:	34
I.iii.10:	234
I.iii.11:	34, 45
I.iii.12:	40, 230
I.iii.13:	40, 45
I.iii.14:	34
I.iii.15:	41
I.iii.16:	39
I.iii.20:	34, 44, 52 f., 82
I.iii.21:	34, 44
I.iii.22:	34, 39, 44, 53
I.iii.23:	44
I.iii.24:	34
I.iii.25:	44, 52, 53
I.iii.26:	34, 44
I.iii.27:	44
I.iv.9:	42
I.iv.11:	40
I.iv.12:	40, 49
I.iv.18:	174
I.iv.19:	44
I.iv.20:	45, 48
I.iv.22:	44, 54
I.iv.23:	44
I.iv.24:	33, 44, 54, 55

Zweites Buch

II.i.1:	283
II.i.2:	40
II.i.3:	6, 286
II.i.4:	6, 78, 79, 285
II.i.5:	81
II.i.10:	140, 282, 285
II.i.15:	40
II.i.19:	280
II.i.25:	74, 75
II.ii.1:	134
II.iv.1:	111
II.iv.4:	77
II.viii.7:	92
II.viii.7–26:	6

II.viii.8:	92, 94, 98, 102, 133, 202	II.xxi.2:	203
II.viii.9:	94–95, 110–111, 114	II.xxi.3:	133, 137
II.viii.10:	101, 103, 104, 105, 106, 107, 114	II.xxi.4:	125
		II.xxi.5:	287
II.viii.12:	97	II.xxi.6:	287
II.viii.13:	91	II.xxi.31:	227, 228
II.viii.14:	103–104	II.xxi.36:	227
II.viii.15:	94, 95, 125	II.xxi.38:	227, 229
II.viii.16:	94, 203	II.xxi.41:	226
II.viii.18:	114	II.xxi.43:	228
II.viii.21:	93, 96–97	II.xxi.47:	227
II.viii.22:	99	II.xxi.47–56:	282
II.viii.23:	97, 98, 99, 100, 103, 105, 106, 107, 114	II.xxi.50:	228
		II.xxi.52:	228
II.viii.24:	103, 105, 106, 108	II.xxi.54:	227
II.viii.25:	105	II.xxi.55:	227
II.viii.26:	104, 106, 108	II.xxi.60:	226
		II.xxi.70:	226, 227
II.ix.8:	101	II.xxi.71:	228
		II.xxi.73:	113–114
II.x.2:	48, 49		
II.x.8:	211	II.xxii.11:	125, 126–127
II.xi.9:	73–74, 78, 177, 201	II.xxiii.1:	132, 134, 135
II.xi.14:	80	II.xxiii.2:	7, 138, 286
II.xi.17:	95	II.xxiii.3:	137, 138, 144, 286
		II.xxiii.4:	137, 138
II.xii.1:	73, 74, 283	II.xxiii.5:	120, 141
II.xii.4:	283	II.xxiii.6:	140
II.xii.6:	283, 286	II.xxiii.7–10:	133
II.xii.8:	79, 80, 81	II.xxiii.10–14:	127
		II.xxiii.11:	95, 113
II.xiii.8–10:	191–192	II.xxiii.12:	113
II.xiii.10:	194, 195	II.xxiii.14:	135
II.xiii.11:	188	II.xxiii.15:	140, 174
II.xiii.16–20:	123–124	II.xxiii.16:	120
II.xiii.18:	140, 142	II.xxiii.23–24:	139
II.xiii.19:	136	II.xxiii.30:	120
II.xiii.21:	188	II.xxiii.32	174
II.xiii.22:	188	II.xxiii.35:	163
II.xiii.23:	188	II.xxiii.37:	137
II.xv.9:	111–112, 131	II.xxvi.1:	126, 133
		II.xxvi.2:	126
II.xix.1–2:	281		
II.xx.18:	226	II.xxvii.1:	153
		II.xxvii.2:	153, 154, 283, 286
II.xxi.1:	124, 202, 284	II.xxvii.3:	153, 155, 158, 283

Stellenverzeichnis 291

II.xxvii.4:	158, 159, 160	Drittes Buch:	
II.xxvii.6:	158, 284		
II.xxvii.7:	157, 162, 283, 285	III.i.1:	170
II.xxvii.8:	158, 160, 162	III.i.2:	171, 288
II.xxvii.9:	162, 166	III.i.4:	171
II.xxvii.9–29:	285		
II.xxvii.10:	163, 164	III.ii.2:	116, 171, 186
II.xxvii.15:	162, 166, 167, 285		
II.xxvii.16:	163, 164	III.iii.6:	177
II.xxvii.17:	163	III.iii.7–9:	76
II.xxvii.20:	165, 285	III.iii.10:	85
II.xxvii.21:	160, 284	III.iii.11:	47, 74
II.xxvii.23:	163	III.iii.12:	47
II.xxvii.28:	157, 283	III.iii.13:	47, 78
II.xxvii.29:	160	III.iii.14:	47
		III.iii.15:	120, 142, 156, 281
II.xxviii.4:	239	III.iii.17:	203
II.xxviii.5:	225, 229, 243		
II.xxviii.6:	230, 231, 233	III.iv.2:	73
II.xxviii.7:	233	III.iv.4:	116
II.xxviii.8:	232, 233, 235, 282	III.iv.7:	76–77
II.xxviii.9:	282	III.iv.12–14:	85
II.xxviii.10:	234, 282	III.iv.16:	76
II.xxviii.11:	235, 236, 237	III.iv.17:	75
II.xxviii.12:	234		
II.xxviii.14:	230	III.v.4:	47, 116
II.xxviii.17:	283	III.v.5:	47
		III.v.6:	47
II.xxix.2:	210	III.v.7:	170
		III.v.10:	176
II.xxx.1:	280	III.v.12:	47
II.xxx.4:	280	III.v.13:	47
		III.v.14:	47
II.xxxi.1:	280		
II.xxxi.2:	203	III.vi.2:	281
II.xxxi.4:	176	III.vi.3:	127
II.xxxi.6:	280	III.vi.7:	157
II.xxxi.12:	73, 74	III.vi.21:	146
II.xxxi.13:	143, 280	III.vi.28:	175
II.xxxi.14:	280	III.vi.37:	47, 156
		III.vi.39:	129
II.xxxii.1:	280	III.vi.44:	175
II.xxxii.5:	176	III.vi.46:	175
II.xxxii.9:	172	III.vi.47:	175
II.xxxii.12:	176		
II.xxxii.15:	172	III.vii.1.	171
II.xxxiii.19:	197, 280, 283	III.viii.1:	84

III.ix.1:	171	IV.iv.6:	86
III.ix.4:	170	IV.iv.7:	86, 229, 239
III.ix.14:	76	IV.iv.8:	8
III.ix.21:	169	IV.iv.18:	214
III.x.1–21:	177	IV.v.2:	201, 208
III.x.6:	145, 188	IV.v.5:	280
III.x.15:	121, 189, 284	IV.v.6:	209
III.x.16:	186		
III.x.23:	177	IV.vi.2:	209
III.x.24:	177	IV.vi.7:	210
		IV.vi.8:	210
III.xi.15:	239	IV.vi.13:	209
III.xi.16:	284	IV.vi.14:	120
III.xi.17:	178	IV.vi.15:	212
III.xi.18:	178		
		IV.vii.9:	47, 181
		IV.vii.12:	188

Viertes Buch:

IV.i.2:	90, 171, 197, 281	IV.viii.3:	83
IV.i.3:	83, 205	IV.viii.2–4:	83
IV.i.4:	84	IV.viii.8:	85, 86
IV.i.5:	205	IV.viii.12:	83
IV.i.6	206, 207		
IV.i.7:	206, 217	IV.ix.1:	210
IV.i.8:	208, 211	IV.ix.2:	162, 286
		IV.ix.3:	162, 286
IV.ii.1:	218		
IV.ii.14:	199, 215, 217, 218, 281	IV.x.10:	284
IV.iii.1:	8	IV.xi.3:	215
IV.iii.6:	162, 163, 173, 284	IV.xi.5:	215, 216, 218
IV.iii.14:	207, 208, 210, 213	IV.xi.9:	214
IV.iii.15:	213	IV.xi.11:	214
IV.iii.16:	96, 120, 203, 213		
IV.iii.17:	120	IV.xii.3:	47
IV.iii.18:	232, 239, 240	IV.xii.8:	86
IV.iii.19:	241	IV.xii.9:	207, 212, 220
IV.iii.20:	54, 239	IV.xii.11:	224, 238, 285
IV.iii.21:	96	IV.xii.12:	35, 120
IV.iii.25:	284		
IV.iii.29:	35, 120, 126, 204, 205, 206	IV.xiv.3:	250, 286
		IV.xiv.4:	286
IV.iii.31:	209		
		IV.xv.3:	251, 287
IV.iv.3:	90	IV.xv.5:	252, 259
IV.iv.4:	90		
IV.iv.5:	90	IV.xvi.6:	210, 212

IV.xvi.13:	254	IV.xix.2:	35
IV.xvi.14:	255	IV.xix.3:	261
		IV.xix.4:	261
IV.xvii.2:	252, 286	IV.xix.10:	262
IV.xvii.4:	219, 287	IV.xix.14:	9, 262, 287
IV.xvii.17:	281	IV.xix.15:	263
IV.xvii.23:	256		
		IV.xx.4:	37
IV.xviii.2:	9, 255–256, 282		
IV.xviii.3:	257	IV.xxi.2:	179
IV.xviii.5:	258	IV.xxi.4:	179
IV.xviii.6:	260		
IV.xviii.7:	9		
IV.xviii.10:	260		

Personenverzeichnis

Aaron, R. L.   25, 41, 49, 51, 52, 78, 120, 199, 225, 229, 242
Aarsleff, H.   175
Acworth, R.   220
Ainsworth, M.   223, 224
Alexander, P.   89, 114, 203, 204, 218
Apelles   42
Argyll (A. Campbell), Graf von   30
Aristipp   173
Aristoteles   13, 121, 134, 135, 170, 172, 189
Arnauld, A.   25
Arndt, H. W.   175
Ashcraft, R.   27, 30, 31, 32, 249
Ashworth, E. J.   171
Ayers, M.   7, 119, 122, 132, 151, 161, 165, 182, 200, 217, 218

Bacon, F., Baron Verulam   13, 17, 60, 175
Baillie, J.   151, 165
Bayle, P.   247
Bennett, J.   120, 123, 132, 133
Berkeley, G.   89, 110, 121, 132, 180–182
Berman, D.   171
Bernier, F.   25
Biddle, J.   19, 248
Boehner, O. F. M. P.   47
Bolton, M. Brandt   166
Bonno, G.   25
Borsche, T.   169
Boyle, R.   13, 16, 17, 20, 23, 34, 67, 89, 121, 129, 136, 138, 141, 142, 152, 154, 155, 203, 251, 284
Brandt, R.   171, 173
Buchdahl, G.   120, 138, 143, 144, 145
Bühler, A.   195
Burthogge, R.   43
Busby, R.   15

Carnap, R.   69, 70, 84
Chappell, V.   161, 165, 166, 167
Cherbury, H. v.   41

Chillingworth, W.   19
Clarke, E.   29, 30, 31
Clauberg, J.   51
Colie, R.   131
Colman, J.   225, 235, 238, 242
Condillac, E. Bonnot de   180
Cooke, H. J.   36
Copleston, F. C.   120
Cordemoy, G. de   25, 51
Cox, R. H.   241
Cranston, M.   26, 30, 66
Cudworth, D.   (s. Masham, Lady Damaris)
Cudworth, R.   14, 26
Culverwell, N.   43

de Beer, E.   15
Demokrit   152
Descartes, R.   12, 16, 17, 25, 35, 41, 42, 43, 51, 58, 59, 60, 66, 122, 140, 141, 146, 153, 158, 162 f, 186, 187, 188, 192, 286
Dewhurst, K.   66
Du Hamel, J.-B.   28

Epikur   17, 152
Euchner, W.   231, 241, 242
Euklid   240

Falkland (L. Cary), 2. Vicomte   19
Filmer, Sir Robert   56, 175
Fonseca, P. de   50, 51
Formigari, L.   175
Fox Bourne, H. R.   21
Frank jr., R.   17
Fraser, A. C.   52, 67
Frege, G.   185

Galilei, G.   12
Garrett, B.   161
Gassendi, P.   17, 25, 40, 41, 42, 60, 170, 173
Geil, G.   43
Gibb, J.   25, 51

Gibson, J. 43, 120, 127, 132, 133, 134
Gracia, J. J. E. 150
Griffin, M. I. J. 248, 257
Griffin, N. 160, 161

Hacker, P. M. S. 173
Hacking, I. 189
Hartlib, S. 13
Hartmann, N. 185
Harvey, W. 13, 16
Hertling, G. Freiherr von 43, 52
Hilbert, D. 86
Hobbes, Th. 12, 14, 17, 18, 28, 42, 155, 178, 223, 230, 241, 266, 269
Hoche, H. U. 189, 190, 193
Hoerster, N. 244
Hönigswald, R. 150
Hooke, R. 13
Hume, D. 51, 52, 68, 128, 182, 247
Hutcheson, F. 224
Hutton, S. 26
Huygens, Chr. 67

Jenkins, J. 199

Kambartel, F. 69, 70, 72, 74
Kant, I. 61, 85, 210, 245
Karl I., König von England, Schottland und Irland 15
Karl II., König von England, Schottland und Irland 20, 21, 27, 29
Kepler, J. 13
Kienzle, B. 7
King, P. 189, 225, 226, 227, 229, 230, 231, 237
Kolumbus, Chr. 185
Kopernikus, N. 13
Kretzmann, N. 180
Kronecker, L. 86
Krüger, L. 241

La Forge, L. de 25, 51
Lambert, J. H. 179, 180
Land, S. K. 172
Laslett, P. 55, 56
Leibniz, G. W. Freiherr von 17, 41, 75, 128, 145, 167, 175, 178, 180

Leyden, W. v. 25, 40, 57, 58, 60, 225, 232, 236, 238, 243
Limborch, Ph. van 37
Locke sen., J. 15
Lough, J. 25
Lower, R. 16, 17

Mabott, J. D. 243
Mackie, J. L. 160, 161
Malebranche, N. de 17, 146, 147
Mandelbaum, M. 120
Mannebach, E. 173
Maria II. Stuart, Königin von England, Schottland und Irland 14
Masham, Lady Damaris (geb. Cudworth) 15, 16, 26
Mattern, R. 198
Meggle, G. 185
Mohr, H. 112
Molière (J.-B. Poquelin) 131
Molyneux, W. 55, 101, 241
Monmouth (J. Scott), Herzog von 27, 30
Montuori, M. 33
Moore, G. 185
More, H. 14, 43

Newton, Sir Isaac 35, 67
Nicole, P. 25
Nidditch, P. H. 3, 25, 89, 123, 197
Norris, J. 49

O'Connor, D. J. 43
Oldenburg, H. 13
Owen, J. 15

Parker, S. 43
Pascal, B. 25, 267
Pembroke (Th. Herbert), Graf von 29, 30, 31, 32
Peters, J. D. 173
Platon 176
Polin, R. 241
Pringle-Pattison, A. S. 120, 121, 122, 140, 142, 143
Puster, E. 195
Puster, R. W. 173

Rand, B. 223, 224
Régis, P.-S. 25
Rogers, G. A. J. 11, 21, 25, 26, 251
Rohault, J. 25
Runggaldier, E. 191
Russell, B. 77, 79, 81, 125, 185
Ryle, G. 190

Sargentich, Th. 224
Schaffer, S. 36
Schmidt, S. J. 189
Schobinger, J. P. 63
Schochet, G. J. 30
Selby-Bigge, L. A. 224
Sergeant, J. 153, 167
Sextus Empiricus 17, 173
Shaftesbury (A. A. Cooper), 1. Graf von 12, 20, 21, 25, 27, 32, 36
Shaftesbury, (A. A. Cooper), 3. Graf von 223, 224, 244
Sidney, A. 56
Smith, J. 26
Sokrates 173
Specht, R. 195
Spinoza, B. de 14, 17
Sprute, J. 245
Stanhope, J. 223
Stillingfleet, E. 123, 131, 147, 198, 199, 216
Strauss, L. 241
Strawson, P. F. 192
Stubbe, H. 17, 18, 34
Sydenham, Th. 20, 36, 67

Thiel, U. 5, 149, 151, 163
Thomas, D. 17
Thomas von Aquin 122, 150
Tipton, I. C. 119
Toland, J. 248
Tyrrell, J. 22, 27, 28, 31

Uzgalis, W. L. 161

Vergil (Publius Vergilius Maro) 192
Vienne, J. M. 251, 256

Wallace, D. D. 249, 270
Wendel, H.-J. 195
Wessels, U. 185
Whichcote, B. 14
Wiggins, D. 161, 165
Wilhelm v. Ockham 45, 46, 47, 48, 50, 150
Wilhelm III. von Oranien, König von England, Schottland und Irland 14
Winckler, C. 234
Wittgenstein, L. 8, 186, 187, 193, 194, 195
Wolff, Chr. 180
Woolhouse, R. S. 120, 143, 199
Woozley, A. D. 214, 215, 217

Yolton, J. W. 43, 80, 81, 120, 123, 138, 198, 200, 217

Zart, G. 180
Zedler, J. H. 179

Sachverzeichnis

Abstrahieren, Abstraktion (vgl. auch Idee, abstrakte) 6, 61, 73, 74, 76, 77, 78, 79, 149, 176, 181, 281, 283
Agnostizismus 121, 141, 174
Allgemeines (s. auch Universalien) 61, 209-213
Analogie 254, 255, 259
Archetyp 174, 176, 239, 280
Arten, Artbegriffe s. Klassen, Klassifizieren
Assoziation (von Ideen) 24
Atomismus (einschl. Korpuskularhypothese, Korpuskularismus) 17, 91, 96ff, 109, 115, 120, 121, 125, 127, 138, 139, 140, 142, 147, 152, 153, 154, 174, 202, 203, 282, 284
Aufklärung 10, 53, 54, 55, 65
Aussage(n) (s. auch Proposition) 8, 9, 58, 62, 67, 71, 81, 83, 85, 87, 88, 109, 197, 198, 199, 201, 202, 204, 207-213, 219, 240, 250-257, 261, 262, 280, 281, 286, 287

Beobachtung 13, 14, 66, 68, 72, 124-126, 128, 130, 131, 134, 138, 169, 207-211, 282
Bewußtsein 66, 163-166, 171, 199, 217, 218, 231, 245, 280, 285

Definition 77, 78, 86, 134, 135, 145, 178, 240
Deismus, Deisten 248, 263
Demonstration (s. auch Erkenntnis, demonstrative) 4, 35, 85, 206, 214, 215, 218, 238, 239, 256, 257
Denken (einschl. Denkakt, Denkvermögen) 46, 47, 48f., 61, 127, 146, 162 f, 171, 200, 281, 285

Empirismus 6, 7, 8, 65-75, 77, 79-82, 85-88, 91, 92, 115, 116, 117
Erbsündenlehre 175
Erfahrung 4-6, 8, 10, 19, 23, 24, 41, 44, 59, 62, 68-73, 75, 77-84, 86-88, 91, 116, 117, 124-126, 128, 135, 156, 157, 169, 205, 207, 212, 213, 217, 218, 220, 232, 253, 254, 255, 257, 259, 263, 264, 266, 281, 282, 286
Erinnerung (einschl. Gedächtnis) 45, 47, 48, 49, 50, 51, 61, 79, 135, 164, 201, 208, 211, 214, 215
Erkenntnis (s. auch Wissen) 3-8, 10, 19, 21, 24, 32-35, 46, 47, 70, 74, 80, 87, 119, 123, 125, 128, 137, 140, 143-145, 157, 163, 169, 171, 174, 175, 180, 197-200, 204-211, 213-220, 247, 250-253, 256-259, 261-263, 266, 281, 284, 287
– demonstrative (s. auch Demonstration) 205, 206, 214, 251, 265, 281, 286
– empirische 200, 211, 218, 219
– experimentelle 200, 204, 205, 206, 207, 208, 209, 210, 213, 218, 219, 220
– intuitive (s. auch Intuition) 46, 163, 205, 214, 219, 251, 258, 281
– moralische 19, 230, 239
– reale 214, 218, 220
– sensitive 45, 199, 205, 214, 215, 217, 218, 219, 220, 281
Essenz (einschl. Wesen, Wesenheit) 4, 7, 35, 121, 122, 128, 135, 139, 140, 143-146, 149, 150, 209, 281
– nominale 120, 140, 146, 156, 157, 162, 174, 176, 212, 239, 281, 282, 288
– reale 120, 136, 137, 139, 140-146, 156, 157, 163, 174, 176, 177, 239, 281, 282, 286, 287
Ethik (s. auch Moral) 3, 4, 8, 22, 34, 35, 37, 119, 199, 212, 223-245
Experiment 14, 66, 211-2

Freiheit 59, 228, 240, 244, 282

Gedächtnis s. Erinnerung

Geometrie (vgl. auch Mathematik) 119
Gesetz
- bürgerliches 233, 234, 235, 236, 282
- göttliches (s. auch Gesetz, moralisches; vgl. auch Prinzipien, moralische) 232, 233, 234, 235, 236, 237, 238, 240, 241, 243, 244, 268, 282
- moralisches (s. auch Gesetz, göttliches; vgl. auch Prinzipien, moralische) 18, f., 32, 40, 55-57, 58, 223, 225, 230, 231, 232, 233, 240, 241-244, 268, 269, 282, 287
- naturwiss. 143, 204, 254, 282
- der öffentlichen Meinung 233-236, 282
- der Werke 268
Gewißheit 9, 32, 34, 35, 57, 59, 66, 67, 86, 87, 119, 123, 199, 208, 210, 212, 214-220, 232, 239, 250-253, 255-258, 260-262, 286
Glaube (vgl. auch Offenbarung) 9, 19, 33, 58, 215, 247-249, 251, 255, 256, 258-270, 282
Glück(seligkeit) und Unglück 226, 227, 228, 231, 233, 236, 237, 240, 242, 243
Gut 225-230
- moralisches 225, 226, 229, 230, 231, 243

Hypothese 13, 35, 109, 120, 126, 127, 282, 287

Idealismus 172, 182
- semantischer 171, 172
Idee(n) 5-9, 23, 24, 39, 44, 46, 48-50, 59, 61, 71, 79-86, 88, 89-96, 119, 127 f, 130, 132, 134, 144, 146, 157, 167, 169-172, 176, 178, 179, 181, 182, 186, 189, 190, 197-217, 219, 250, 252-254, 256-258, 283, 285, 286, 287, 288
- abstrakte, allgemeine 47, 61, 72, 73, 75, 83, 84, 135, 136, 147, 174, 176, 177, 181, 182, 199, 201, 204, 207, 208, 220, 283, 288

- adäquate, inadäquate 59
- angeborene (oder ‚eingeborene'; vgl. auch Innatismus; Prinzipien, angeborene) 4, 8, 19, 33, 34, 39-60, 62, 67, 71, 82
- besondere (oder ‚singuläre', ‚partikuläre') 72, 73, 74, 75, 77, 78, 174, 176, 177, 181, 182
- einfache 24, 61, 62, 72-78, 80, 84, 89, 90, 111, 113, 116, 117, 132-134, 136, 138, 146, 170-174, 178, 182, 239, 250, 251, 283, 286
- klare und distinkte 177, 178, 256, 257
- komplexe (oder ‚zusammengesetzte'; vgl. auch Modi, Relationen, Substanzideen) 6, 7, 24, 62, 72, 73, 78, 84, 85, 89, 116, 117, 130, 131, 133-136, 143, 145, 147, 160, 170, 173, 174-176, 212, 220, 239, 250, 251, 283
Identität 5, 7, 24, 41, 85, 149-151, 154-163, 165-167, 205, 281, 283, 284
- persönliche 7, 10, 24, 151, 152, 161-166, 285
Individuation 129-130, 149, 150-156, 163, 166, 283
Innatismus (s. auch Ideen, angeborene; Prinzipien, angeborene) 4, 5, 43, 81, 82, 128, 252
Intuition (s. auch Erkenntnis, intuitive) 8, 85, 205, 214, 215, 218, 252f, 256, 257, 258, 283, 284, 286

Kausalität 125, 126, 127, 128, 133, 204, 212, 232
Klassen, Klassifizieren (einschl. Arten, Artbegriffe) 61, 134, 140, 143, 156-161, 167, 177, 180, 201, 210, 211, 288
Konzeptualismus, konzeptualistisch 43, 45, 48, 50, 60, 149
Korpuskularhypothese, Korpuskularismus s. Atomismus
Kraft, Kräfte (einschl. Idee der Kraft) 7, 24, 39f., 60, 61, 102-106, 108, 124-131, 133, 136, 137, 140, 144,

SACHVERZEICHNIS 299

178, 202, 203, 207, 219, 284, 285, 287

Latitudinarismus, Latitudinarier 14, 257
Logik (vgl. auch Schlußlehre) 81, 122, 145, 147, 170, 179, 253
Lust- und Unlustgefühle 226–229, 232

Mathematik (vgl. auch Geometrie) 4, 8, 66, 68, 85, 86, 87, 239, 240
Materialismus 14, 182, 284
Mensch, Idee vom Menschen 158–160, 162, 164–167, 284
Methode, Methodenlehre 16, 17, 36, 121, 170, 190
Modi 24, 62, 174, 205, 280, 282, 283, 287
- einfache 62, 176
- gemischte 59, 62, 129, 175, 176, 239
Moral (s. auch Ethik) 52, 68, 85–87, 257, 265, 266, 268, 269, 285, 287
Moral Sense 223, 244, 245

Natur 4, 35, 87, 178, 220, 254, 259, 264, 265, 287
Naturgesetz, natürliches Gesetz s. Gesetz, göttliches; moralisches
Naturwissenschaft (vgl. auch Gesetz, naturwiss.; Wissenschaft) 13, 15, 16, 17, 22, 23, 24, 35, 36, 87, 119, 120, 128, 152, 213, 287
Nominalismus 84, 85, 149, 150, 152, 156, 159, 176, 265

Offenbarung (vgl. auch Glaube) 9, 55, 57, 81, 178, 232, 233, 237, 241, 243, 248, 255–267, 269, 282

Person 151, 161–167, 284, 285
Perzeption s. Wahrnehmung
Pflicht (einschl. Verpflichtung) 226, 230–233, 236, 237, 240, 242
Politik 18 f., 22, 25
- und Philosophie 29–35, 44, 53–58

Prinzip(ien) 4, 5, 8, 9, 34, 39, 53, 54, 55, 56, 57, 252, 284
- angeborene (vgl. auch Ideen, angeborene; Innatismus) 5, 8, 19, 33, 34, 39, 40, 41, 44, 53, 54, 56, 58, 67, 71, 283
- moralische (oder ‚praktische'; vgl. auch Gesetz, moralisches) 5, 19, 34, 231
- theoretische 5, 39, 284
Proposition, propositional (s. auch Aussage) 33, 171, 197, 198, 260, 286

Qualitäten, primäre und sekundäre 6–7, 10, 23, 89, 91–95, 97–111, 113–117, 125, 136–137f, 143, 172, 173, 203, 205, 213, 219, 285

Rationalismus 65, 66, 68, 128, 248, 258
Raum 111, 112, 123, 130, 153–156, 166, 187, 188, 189, 191f.
Realismus 149, 150, 156, 176
Recht(e) (vgl. auch Gesetz, moralisches, göttliches) 18, 55, 56
Reflexion (innerer Sinn) 6, 24, 61, 78, 79, 80, 95, 132, 173, 255, 257, 280, 281, 284, 285, 286
Relation(en), Relationsideen 24, 62, 80, 81, 86, 129, 174, 205, 206, 208, 213, 214, 217, 239, 252, 253, 280, 283
Religion (vgl. auch Theologie) 3, 8–9, 14, 19, 21, 24, 34, 35, 52, 85, 87, 224, 247, 248, 265, 266, 267, 270

Schluß(folgerung) 62, 170, 252
Schlußlehre, Syllogistik (vgl. auch Logik) 170, 253, 287
Scholastik, Schulphilosophie 4, 13, 41, 43, 45, 50, 51, 60, 61, 67, 163
Schwärmerei 24, 35, 261, 262
Seele 158, 162, 163, 166, 285, 286
Semiotik 179
Sensation (s. auch Wahrnehmung) 6, 24, 61, 80, 92, 95, 96, 97, 101,

102, 103, 107, 111, 114, 173, 255, 281, 286
Skeptizismus, Skeptiker 4, 17, 182, 215, 216, 217, 218, 220
Sortale Prädikate 160, 161, 166, 190–191
Soteriologie, soteriologisch 268
Sozinianismus, Sozinianer 175, 265
Sprache (einschl. Wörter) 7, 8, 10, 59, 67, 69, 70, 74, 77–79, 82–85, 87, 145–148, 169–182, 185–195, 201, 257, 288
Substanz(en) (einschl. Substanzideen, Idee der Substanz) 4, 7, 24, 59, 62, 119–124, 126, 129–148, 153–156, 158, 162, 163, 174, 175, 177, 178, 181, 187, 189, 205, 209, 210, 212, 213, 280, 281, 283, 284, 285, 286, 287
Substrat 7, 120, 121, 122, 131, 132, 134, 140, 141, 143, 286

Theologie (vgl. auch Religion) 11, 17, 22, 35, 57, 265, 269
Toleranz 14, 15, 17, 18, 20, 21, 25, 32, 33, 34, 35, 36, 37, 237

Universalien (s. auch Allgemeines) 59, 130, 149, 150, 152, 177
Ursache und Wirkung s. Kausalität
Urteil, Urteilskraft 5, 54, 228, 229, 244, 245, 250, 252, 253, 256, 280, 286, 287
Utilitarismus 231, 243

Vernunft 4, 8, 9, 33, 40, 53, 57, 66, 68, 232, 233, 236, 237, 239, 241, 244, 247, 248, 249–263, 265–269, 282, 286, 287
Verpflichtung s. Pflicht
Verstand 4, 6, 8, 16, 40, 47, 62, 74, 76, 79, 83, 87, 95, 119, 125, 127, 130, 140, 149, 156, 169, 176, 177, 179, 200, 201, 203, 204, 214, 239, 250, 251, 252, 253, 287

Wahrheit 4, 9, 17, 35, 53, 54, 55, 82, 83, 87, 169, 174, 179, 198, 199, 206–210, 212, 215, 218, 219, 249–252, 254, 255–263, 265
Wahrnehmung, Wahrnehmen (einschl. Perzeption; vgl. auch Sensation, Reflexion) 6–8, 47, 61, 62, 66, 67, 72–74, 78, 80, 87, 89, 91–94, 98, 99, 100, 101, 103–110, 112–116, 132, 133, 135, 136, 138, 152, 171, 173, 197–203, 206–209, 214–219, 241, 251, 253, 254, 281, 286
Wahrscheinlich(keit) 5, 33, 86, 169, 174, 199, 210, 212, 213, 215, 251–262, 286, 287
Wesen, Wesenheit s. Essenz
Wille, Wollen 24, 127, 215, 216, 217, 225, 226, 227, 229, 233, 243, 287
Wissen (s. auch Erkenntnis) 4, 41, 58, 59, 67, 68, 72, 83–86, 89, 169, 252, 255, 264, 285, 286
Wissenschaft (vgl. auch Naturwissenschaft) 4, 8, 58, 62, 66, 68, 69, 81, 86, 119, 176, 179, 224, 238, 250, 285, 287, 288
Wissenschaftstheorie 3, 119, 121, 124, 136
Wörter s. Sprache
Wunder 254, 255, 257, 261, 263, 264, 265, 267, 269

Zeit 7, 111, 112, 130, 150, 151, 153–158, 160, 161, 162, 164, 165, 166

Hinweise zu den Autoren

Michael Ayers ist Professor em. für Philosophie an der Universität Oxford und dort seit 1965 Fellow am Wadham College. Neben Beiträgen zur gegenwärtigen philosophischen Diskussion zahlreiche Aufsätze zur Geschichte der Philosophie. Buchveröffentlichung: *Locke: Epistemology and Ontology*, 2 Bde. (1991); Herausgeber (mit Daniel Garber): *The Cambridge History of Seventeenth-Century Philosophy* (1998).

Reinhard Brandt, geb. 1937. Von 1972 bis 2002 Professor für Philosophie an der Philipps-Universität Marburg; Leiter des Marburger Kant-Archivs; Leiter der Arbeitsstelle der Göttinger Akademie zur Kant-Edition (Vorlesungen); Mitglied der Wissenschaftlichen Gesellschaft an der Universität Frankfurt. Wichtigste Veröffentlichungen: *Rousseaus Philosophie der Gesellschaft* (1972), *Eigentumstheorien von Grotius bis Kant* (1974), *Die Interpretation philosophischer Werke* (1984), *Die Urteilstafel: Kritik der reinen Vernunft A67–76* (1991), *D'Artagnan und die Urteilstafel* (1991). Aufsätze zur Philosophie- und Kunstgeschichte, zur Rechtsphilosophie und Hermeneutik.

John Colman, geb. 1942, ist Honorary Research Associate an der School of Philosophy der Universität Tasmanien in Hobart (Australien). Buchveröffentlichung: *John Locke's Moral Philosophy* (1983). Arbeitsgebiete: Philosophie des 17. und 18. Jahrhunderts, Ethik.

Bertram Kienzle, geb. 1948, ist Professor für Philosophie an der Universität Rostock. Buchveröffentlichungen: *Die semantische Form des Guten* (1983); *Dimensionen des Selbst* (Hrsg. mit H. Pape) (1991); *Zustand und Ereignis* (Hrsg.) (1994); zahlreiche Aufsätze, Übersetzungen und Rezensionen. Arbeitsgebiete: Logik (Zeit- und Ereignislogik); Semantik; Metaphysik; Erkenntnistheorie; praktische Philosophie.

Heiner F. Klemme, geb. 1962, ist Professor für Philosophie an der Universität Mainz und Leiter der Kant-Forschungsstelle. Buchveröffentlichung: *Kants Philosophie des Subjekts. Systematische und entwicklungsgeschichtliche Untersuchungen zum Verhältnis von Selbstbewußtsein und Selbsterkenntnis* (1996). Herausgeber: *Immanuel Kant, Über den Gemeinspruch (...) – Zum ewigen Frieden* (1992; in polnischer Übersetzung Toruń 1995); *Die Schule Immanuel Kants. Mit dem Text von Christian Schiffert über das Königsberger Collegium Fridericianum* (1994). Mitautor: *David Hume in Deutschland. Literatur zur Hume-Rezeption in Marburger Bibliotheken* (1989). Aufsätze, Beiträge und Rezensionen zur Philosophie der Aufklärung.

Lorenz Krüger (†) war Professor für Philosophie an der Universität Göttingen. Buchveröffentlichung: *Der Begriff des Empirismus. Erkenntnistheoretische Studien am Beispiel John Lockes* (1973). Herausgeber (u. a.): *Universalgenie Helmholtz. Rückblick nach 100 Jahren* (1994).

Michel Malherbe, geb. 1941, ist Professor em. für Philosophie an der Universität Nantes. Buchveröffentlichungen: *La philosophie empiriste de Hume* (1976), *Kant ou Hume* (1980), *Hobbes ou l'œuvre de la raison* (1984), *Trois essais sur le sensible* (1991). Zahlreiche Aufsätze zur britischen Philosophie des 17. und 18. Jahrhunderts.

Rolf W. Puster, geb. 1957, ist Professor für Philosophie an der Universität Hamburg. Veröffentlichungen: *Zur Argumentationsstruktur Platonischer Dialoge. Die „Was ist X?"-Frage in ‚Laches', ‚Charmides', ‚Der größere Hippias' und ‚Euthyphron'* (1983); *Britische Gassendi-Rezeption am Beispiel John Lockes* (1991); *Die Metaphysik der Sprachanalyse: Das Sagbarkeitsprinzip und seine Verwendung von Platon bis Wittgenstein* (1997). Herausgeber: *Veritas filia temporis? Philosophiehistorie zwischen Wahrheit und Geschichte. Festschrift für Rainer Specht zum 65. Geburtstag* (1995). Aufsätze zu Platon und Locke.

G. A. J. Rogers ist Professor em. für Geschichte der Philosophie an der Universität Keele. Mitbegründer und Herausgeber des *British Journal for the History of Philosophy*; Herausgeber (mit Peter Nidditch †) von *Drafts for the Essay Concerning Human Understanding* (3 Bde.) im Rahmen der *Clarendon Edition* der Schriften John Lockes. Buchpublikation: *Locke's Enlightenment* (1998). Herausgeber und Verfasser zahlreicher Bücher und Aufsätze über die Philosophie des 17. Jahrhunderts.

Rainer Specht, geb. 1933. Habilitiert 1964 in Hamburg. Von 1966 bis 1995 Professor für Philosophie in Mannheim. Arbeitsgebiete: Späte Scholastik, Rationalismus und Empirismus. Bücher und Aufsätze über Philosophien des 16. bis 18. Jahrhunderts.

Jürgen Sprute ist Professor für Philosophie (i. R.) an der Universität Göttingen. Veröffentlichungen: *Der Begriff der DOXA in der platonischen Philosophie* (1962); *Die Enthymemtheorie der aristotelischen Rhetorik* (1982); *Vertragstheoretische Ansätze in der antiken Rechts- und Staatsphilosophie* (1989). Aufsätze zur antiken Philosophie und zur praktischen Philosophie des 17. und 18. Jahrhunderts.

Udo Thiel, geb. 1954, ist Senior Lecturer für Philosophie an der Australian National University in Canberra. Veröffentlichungen in Zeitschriften und Sammelbänden zur Philosophie des 17. und 18. Jahrhunderts. Mitarbeit an der *Cambridge History of Philosophy* (Bände zum 17. und 18. Jahrhundert) und an der neubearbeiteten Ausgabe von Ueberwegs *Grundriß der Geschichte der Philosophie* (18. Jahrhundert). Buchveröffentlichungen: *Lockes Theorie der personalen Identität* (1983); *John Locke* (Rowohlts Monographien, 2000^2). In Vorbereitung: *Selbstbewußtsein und persönliche Identität in der Philosophie des 18. Jahrhunderts* (Oxford University Press).

Akademie Verlag

Klassiker Auslegen
Herausgegeben von Otfried Höffe

Antike

Aristoteles: Metaphysik. Die Substanzbücher (Z, H, Θ)
Christof Rapp (Hrsg.)
ISBN 978-3-05-002865-1

Aristoteles: Nikomachische Ethik
Otfried Höffe (Hrsg.)
ISBN 978-3-05-004240-4

Aristoteles: Politik
Ottfried Höffe (Hrsg.)
ISBN 978-3-05-003575-8

Platon: Politeia
Otfried Höffe (Hrsg.)
ISBN 978-3-05-004163-6

Mittelalter

Augustinus: De civitate dei
Christoph Horn (Hrsg.)
ISBN 978-3-05-002871-2

Frühe Neuzeit

Hobbes: Leviathan
Wolfgang Kersting (Hrsg.)
ISBN 978-3-05-00444-6

Hume: Eine Untersuchung über den menschlichen Verstand
Jens Kulenkampff (Hrsg.)
ISBN 978-3-05-002866-8

Locke: Essay über den menschlichen Verstand
Udo Thiel (Hrsg.)
ISBN 978-3-05-004481-1

Rousseau: Vom Gesellschaftsvertrag
Reinhard Brandt, Karlfriedrich Herb (Hrsg.)
ISBN 978-3-05-003237-5

Spinoza: Ethik
Michael Hampe, Robert Schnepf (Hrsg.)
ISBN 978-3-05-004126-1

Alle Bände Broschur, 130 x 210 mm, € 19,80 bzw. (*) € 39,80

www.akademie-verlag.de | info@akademie-verlag.de

Akademie Verlag

Klassiker Auslegen
Herausgegeben von Otfried Höffe

Klassischer deutscher Idealismus

Fichte:
Grundlage des Naturrechts
Jean-Christophe Merle (Hrsg.)
ISBN 978-3-05-003023-4

Hegel: Grundlinien der Philosophie des Rechts
Ludwig Siep (Hrsg.)
ISBN 978-3-05-004164-3

Hegel: Phänomenologie des Geistes
Dietmar Köhler, Otto Pöggeler (Hrsg.)
ISBN 978-3-05-004234-3

Hegel: Wissenschaft der Logik
Anton Friedrich Koch, Friedrike Schick (Hrsg.)
ISBN 978-3-05-003711-0

Kant: Kritik der praktischen Vernunft
Otfried Höffe (Hrsg.)
ISBN 978-3-05-003576-5

Kant:
Kritik der reinen Vernunft
Georg Mohr, Marcus Willaschek (Hrsg.)
ISBN 978-3-05-003277-1 (*)

Kant: Kritik der Urteilskraft
Otfried Höffe (Hrsg.)
ISBN 978-3-05-004342-5

Kant: Metaphysische Anfangsgründe der Rechtslehre
Otfried Höffe (Hrsg.)
ISBN 978-3-05-003025-8

Kant: Zum ewigen Frieden
Otfried Höffe (Hrsg.)
ISBN 978-3-05-004084-4

Schelling: Über das Wesen der menschlichen Freiheit
Otfried Höffe, Annemarie Pieper (Hrsg.)
ISBN 978- 3-05-002690-9

Alle Bände Broschur, 130 x 210 mm, € 19,80 bzw. (*) € 39,80

www.akademie-verlag.de | info@akademie-verlag.de

Akademie Verlag

Klassiker Auslegen

Herausgegeben von Otfried Höffe

Philosophie des 19. und 20. Jahrhunderts

Adorno: Negative Dialektik
Axel Honneth, Christoph Menke (Hrsg.)
ISBN 978-3-05-003046-3

Gadamer:
Wahrheit und Methode
Günter Figal (Hrsg.)
ISBN 978-3-05-004125-4

Heidegger: Sein und Zeit
Thomas Rentsch (Hrsg.)
ISBN 978-3-05-004375-3

James: Pragmatismus
Klaus Oehler (Hrsg.)
ISBN 978-3-05-003092-0

Nietzsche:
Also sprach Zarathustra
Volker Gerhardt (Hrsg.)
ISBN 978-3-05-002872-9

Nietzsche:
Genealogie der Moral
Otfried Höffe (Hrsg.)
ISBN 978-3-05-003026-5

Popper:
Logik der Forschung
Herbert Keuth (Hrsg.)
ISBN 978-3-05-004368-5

Rawls: Eine Theorie
der Gerechtigkeit
Otfried Höffe (Hrsg.)
ISBN 978-3-05-004267-1

Sartre:
Das Sein und das Nichts
Bernard Schumacher (Hrsg.)
ISBN 978-3-05-003236-8

Wittgenstein: Tractatus
logico-philosophicus
Wilhelm Vossenkuhl (Hrsg.)
ISBN 978-3-05-002694-7

Wittgenstein: Philosophische
Untersuchungen
Eike von Savigny (Hrsg.)
ISBN 978-3-05-003038-8

Alle Bände Broschur, 130 x 210 mm, € 19,80 bzw. (*) € 39,80

www.akademie-verlag.de | info@akademie-verlag.de

www.ingramcontent.com/pod-product-compliance
Lightning Source LLC
Chambersburg PA
CBHW051601230426
43668CB00013B/1937